Kirsten Scheiwe / Johanna Krawietz (Hrsg.)
(K)Eine Arbeit wie jede andere?
Die Regulierung von Arbeit im Privathaushalt

Juristische Zeitgeschichte
Abteilung 2, Band 20

Juristische Zeitgeschichte
Hrsg. von Prof. Dr. Dr. Thomas Vormbaum
(FernUniversität in Hagen, Institut für Juristische Zeitgeschichte)

Abteilung 2:
Forum Juristische Zeitgeschichte
Hrsg. von Prof. Dr. Dr. Thomas Vormbaum

Band 20

De Gruyter

Kirsten Scheiwe / Johanna Krawietz (Hrsg.)

(K)Eine Arbeit wie jede andere?

Die Regulierung von Arbeit im Privathaushalt

De Gruyter

Fritz Thyssen Stiftung
FÜR WISSENSCHAFTSFÖRDERUNG

Wir danken der Fritz Thyssen Stiftung für die Förderung.

ISBN 978-3-11-055417-5
e-ISBN (PDF) 978-3-11-035896-4
e-ISBN (EPUB) 978-3-11-038669-1

Bibliografische Information der Deutschen Nationalbibliothek

Die Deutsche Nationalbibliothek verzeichnet diese Publikation in der Deutschen Nationalbibliografie; detaillierte bibliografische Daten sind im Internet über http://dnb.d-nb.de abrufbar.

Dieser Band ist text- und seitenidentisch mit der 2015 erschienenen gebundenen Ausgabe.

Druck: CPI books GmbH, Leck
∞ Gedruckt auf säurefreiem Papier

Printed in Germany

www.degruyter.com

Inhaltsverzeichnis

JOHANNA KRAWIETZ und KIRSTEN SCHEIWE
Einleitung: Die historische Entwicklung von Arbeit im Privathaushalt – die Vielfalt der Formen und ihre Regulierung ... 1

TEIL I
VOM GESINDERECHT ZUM ARBEITS- UND SOZIALRECHT

THOMAS VORMBAUM
Gesinderecht und Politik im 19. Jahrhundert ... 23

STEPHAN MEDER
Gesinderecht als Familienrecht: 'Versorgung gegen Gehorsam' statt 'Lohn gegen Arbeit' ... 41

KIRSTEN SCHEIWE
Arbeitszeitregulierung für Beschäftigte in Privathaushalten – entgrenzte Arbeit, ungenügendes Recht? ... 60

EVA KOCHER
Die Ungleichbehandlung von Hausangestellten in der 24-Stunden-Pflege gegenüber anderen Arbeitnehmerinnen und Arbeitnehmern – eine Frage des Verfassungsrechts ... 85

TEIL II
FAMILIALE ARBEIT, HAUSWIRTSCHAFTLICHE TÄTIGKEITEN UND DIENSTLEISTUNGEN – RECHT, ÖKONOMIE, POLITIK

HARRY WILLEKENS
Die rechtliche (Nicht-)Anerkennung der Familienarbeit ... 111

UTA MEIER-GRÄWE
Hauswirtschaftliche Tätigkeiten als produktive Arbeit
Eine kurze Geschichte aus haushaltswissenschaftlicher Perspektive ... 135

EVA M. WELSKOP-DEFFAA
Share Economy und Care Economy zusammen denken: Gute Arbeit im Privathaushalt ... 165

JOHANNA KRAWIETZ
Kontroversen um den Haushalt zu Beginn des 20. Jahrhunderts in Deutschland – Ambivalenzen der Haushaltsrationalisierung und die Zementierung der Hausfrauenarbeit 180

TEIL III
PERSONALE DIENSTLEISTUNGEN UND CAREARBEIT IM 'EIGENEN ZU HAUSE'

HEIKE HOFFER
Häusliche Pflege im Privathaushalt – von familiärer Sorgearbeit zum Pflegemix 205

HELGA SPINDLER
Grenzen für die Ablösung familiärer Sorgearbeit durch die Leistungsstruktur der Pflegeversicherung – Thesen und Lösungsvorschläge 222

MARGARETE SCHULER-HARMS
Heimarbeit in einem hochregulierten Sozialleistungsbereich: Professionalisierungstendenzen in der Kindertagesbetreuung 238

FLORIAN EßER und TOBIAS STUDER
Professionalisierung von Familie? Pflegefamilien zwischen Erwerbsarbeit und Ehrenamt 262

ANHANG

Autorenverzeichnis 287

Johanna Krawietz und Kirsten Scheiwe

Einleitung: Die historische Entwicklung von Arbeit im Privathaushalt – die Vielfalt der Formen und ihre Regulierung

Arbeit in Privathaushalten ist von enormer gesellschaftlicher und wirtschaftlicher Relevanz. Die weltweite Bedeutung der Tätigkeit von Hausangestellten wurde von der Internationalen Arbeitsorganisation (ILO) im Zusammenhang mit der Verabschiedung des Abkommens C 189 'Menschenwürdige Arbeit für Hausangestellte' (Domestic Workers Convention) mehrfach betont. Die Anzahl der Beschäftigten in Privathaushalten weltweit ist in den letzten 15 Jahren von 33,2 Millionen im Jahre 1995 auf mindestens 52,6 Millionen Personen im Jahre 2010 gestiegen. Da nicht alle Beschäftigten in der Statistik erfasst sind, dürfte ihre tatsächliche Anzahl wohl noch weitaus größer sein (vgl. ILO 2013: 19, 24). In Deutschland gehen Schätzungen des Statistischen Bundesamtes von 712.000 Hausangestellten aus (Körner / Puch 2011: 44, zitiert nach ILO 2013: 15), wobei auch hier die Anzahl der tatsächlich im Haushalt Beschäftigen aufgrund der häufig irregulären Beschäftigung deutlich höher liegt (vgl. auch Schupp 2011); die Nachfrage nach haushaltsnahen Dienstleistungen steigt. Berücksichtigt man darüber hinaus den zeitlichen Umfang der alltäglich in Privathaushalten geleisteten unbezahlten hauswirtschaftlichen und fürsorglichen Tätigkeiten (vgl. Schäfer 2004) sowie deren Wertschöpfung, so ist die Kluft zwischen der hohen Bedeutung dieser Arbeit auf der einen und ihrer geringen gesellschaftlichen und rechtlichen Anerkennung auf der anderen Seite nicht zu übersehen.

Arbeit im Privathaushalt weist eine Reihe von Besonderheiten auf, die sie von anderen Arbeitsplätzen und Wirtschaftsbereichen unterscheidet: Die private Wohnung ist zugleich Arbeitsplatz und relativ isoliert, es werden in der Regel nur wenige Arbeitskräfte beschäftigt. Die Arbeit wird sowohl unentgeltlich und als Selbstversorgung durch Haushaltsmitglieder geleistet wie auch in Form von bezahlter Erwerbsarbeit und Dienstleistungen durch Dritte (vgl. Geissler 2010). Bei Arbeit im Privathaushalt handelt es sich um einen Sektor mit einem enorm hohen Anteil von weiblichen Beschäftigten, die soziale und rechtliche Anerkennung dieser Tätigkeiten ist relativ gering. Schwarzarbeit und irreguläre Beschäftigungsverhältnisse sind stark verbreitet (vgl. Weinkopf 2011). Rechtliche Sonderregeln und Benachteiligungen der Regulierung von Erwerbsarbeit im Privathaushalt im Vergleich zum 'Normalarbeitsverhältnis' werden häufig mit der 'Familienähnlichkeit' oder vermeintlichen Besonderheiten dieser Tätigkeiten legitimiert. Unbezahlte familiale Arbeit im Privathaushalt unterliegt anderen Regeln der Anerkennung oder Abwertung als bezahlte Arbeit und marktförmige oder soziale Dienstleistungen für den Privathaushalt. Verschiedene Rechtsgebiete sind dafür von Bedeutung. Für abhängig Beschäftigte gilt das Arbeits- und Sozialrecht (früher die Gesindeordnungen), aber auch das Steuer- und Gewerberecht. Für Familienangehörige ist das Familienrecht und das Sozialrecht von Bedeutung, für ehrenamtlich Tätige oder Selbstständige im Bereich der Tagespflege oder Vollzeitpflege das Jugendhilferecht (und verstärkt auch das Steuer- und Gewerberecht, seitdem Tagespflegepersonen immer öfter als Selbstständige klassifiziert werden). Im Zuge der Globalisierung spielt auch das Aufenthalts- und Ausländerrecht sowie das Freizügigkeits- und Niederlassungsrecht der Europäischen Union zunehmend eine Rolle. Die Systemlogiken und Regulierungen unterscheiden sich, reiben sich aneinander.

Der (rechts-)historische Blick auf den Wandel der Regulierung

Die Beiträge des vorliegenden Bandes analysieren rechtliche und soziale Veränderungsprozesse, um Kontinuitäten und Brüche bei der Regulierung von Arbeit im Privathaushalt aufzuzeigen. Sie setzen dafür im letzten Drittel des 19. Jahrhunderts an, als der Arbeitsplatz Privathaushalt immer mehr arbeits- und sozialrechtlich geregelt, dabei aber gleichzeitig als im Vergleich zu sonstigen Arbeitsplätzen 'anders' konstruiert wurde. Das häusliche Dienstpersonal verblieb im Gesinderecht. Während die Gesindeordnungen bis zu ihrer Aufhebung im Jahr 1919 noch zahlreiche Elemente feudal-ständischen Rechtsdenkens enthielten (vgl. *Vormbaum* und *Meder* in diesem Band), herrscht im heutigen Recht Vertragsfreiheit und formale Gleichheit und das Arbeits- und Sozialrecht gelten grundsätzlich auch für Arbeitnehmerinnen im Privathaushalt. Zudem wurde die weltweite Bedeutung der Arbeit von Hausangestellten von der Internationalen Arbeitsorganisation durch die Verabschiedung des IAO-Übereinkommens C 189 'Menschenwürdige Arbeit für Hausangestellte' anerkannt (vgl. Scheiwe / Schwach 2012; 2013).

Allerdings stellt sich die historische Entwicklung der Regulierung von Arbeit im Privathaushalt als ein insgesamt ungleichzeitiger, uneinheitlicher und widersprüchlicher Prozess dar. Die Regulierungspfade oszillieren zwischen der Auslagerung von Arbeit aus dem Haushalt an Externe und Professionelle auf der einen und der Zuschreibung an – überwiegend weibliche – Familienmitglieder auf der anderen Seite. Der Wandel von Arbeit im Privathaushalt bewegt sich im Spannungsverhältnis von Verberuflichungs- und Verwissenschaftlichungsbestrebungen einerseits und der Behauptung ihres 'unqualifizierten' Charakters andererseits, die mit geringer symbolischer und materieller Anerkennung einhergeht. Teile dieser Tätigkeitsfelder haben sich „auf dem Weg zur Lohnarbeit den Mantel des Häuslichen abgestreift" (Thiessen 2004: 375), andere wiederum nicht. Mittlerweile sind im Feld der Erziehung, Pflege, Versorgung und Betreuung über ein Jahrhundert gewachsene Berufstraditionen vorhanden, dennoch gibt es bis heute keine klare Abgrenzung zu privat geleisteter Arbeit (ebd.: 367). Auch hauswirtschaftliche Tätigkeiten wurden 'verberuflicht' und im Rahmen von Ausbildungs- und Prüfungsordnungen hauswirtschaftlicher Berufe reguliert (vgl. Degenkolb 2000) bis hin zur (in Deutschland relativ späten) Einführung von Hochschulstudiengängen wie Ökotrophologie und Haushaltswissenschaften in den 1970er-Jahren (vgl. Richarz 1991). Dennoch scheinen manche Tätigkeiten in Privathaushalten in gewisser Weise 'professionalisierungsresistent' zu sein. Trotz vorhandener Ausbildungsmöglichkeiten erwarten ArbeitgeberInnen von Hausangestellten in Privathaushalten selten formale hauswirtschaftliche Qualifikationen. In der Kindertagespflege trifft man auf Ansätze zur Qualifizierung von Tagespflegepersonen. Diese sind jedoch auf einem sehr niedrigen Niveau angesiedelt und basieren nicht auf einer beruflichen Ausbildung (vgl. *Schuler-Harms* in diesem Band). In § 23 Abs. 3 SGB VIII sind vielmehr 'Persönlichkeit, Sachkompetenz und Kooperationsbereitschaft mit den Erziehungsberechtigten' als Eignungsvoraussetzungen benannt. Diese Formulierung legt nahe, dass es keiner spezifischen Ausbildung bedarf, um Kinder zu betreuen. Stattdessen scheinen die erforderlichen Fähigkeiten quasi natürlich in der Persönlichkeit der Tagespflegepersonen zu liegen.

Trotz der Produktivitätsschübe, der zumindest partiellen gesellschaftlichen und rechtlichen Anerkennung sowie der Ausgliederungs- und Professionalisierungsprozesse in Bezug auf manche Tätigkeiten lässt sich die historische Entwicklung der Arbeit in Privathaushalten insgesamt nicht als 'Erfolgsstory' interpretieren. Dagegen spricht nicht nur die Kontinuität von Ungleichbehandlungen und Benachteiligungen, sondern auch die Herstellung neuer Ungleichheiten und Hierarchien, vor allem im Zuge der Globalisierung und Migrationsbewegungen (vgl. Lutz 2008). Die Regulierung von Tätigkeiten der Erziehung, Pflege und Haushaltsarbeit folgt nicht einfach dem Pfad einer linearen 'Modernisierung', wonach bisher innerhalb der Familie erbrachte unbezahlte Arbeit immer mehr auf Professionelle verlagert wird, die dafür eine angemessene symbolische und finanzielle Anerkennung erhalten. Vielmehr zeichnen sich auch Tendenzen einer Re-Familialisierung und Prekarisierung der Arbeit im Privathaushalt ab. Hierzu zählt unter anderem die Zunahme der (irregulären) Beschäftigung von Migrantinnen als Haushaltshilfen und Betreuungskräfte, die in entwickelten Industrieländern als *live-ins* in Privathaushalten arbeiten und leben (vgl. Scheiwe / Krawietz 2010; Krawietz 2010; 2014).

Barbara Thiessen (2004: 367 f.) macht zwei gegensätzliche Entwicklungslinien in Bezug auf Tätigkeiten im Privathaushalt aus. Zum einen konstatiert sie eine Bewegung von der Erwerbsarbeit hin zur Eigenarbeit und damit eine Rückverlagerung in private Zuständigkeit. Zweitens gibt es jedoch auch eine Bewegung in umgekehrter Richtung im Sinne einer Ausweitung von Erwerbsarbeit im Privaten, allerdings auf geringem Qualifikationsniveau. Wie *Irmhild Kettschau* (2000: 153) bemerkt, lassen sich so zunehmend „Mischungen von Eigen- und Fremdleistungen" im Privathaushalt beobachten, die vielfältige Formen annehmen und von unterschiedlichen Akteuren teilweise auch parallel angeboten werden können: als über den Markt vermittelte oder vom Staat erbrachte Dienstleistungen oder auch als unbezahlte familiale Unterstützung.

Arbeit im Privathaushalt – vielfältig und nicht 'unproduktiv'

Der Blick auf den Wandel von Arbeit im Privathaushalt muss deren Vielfalt berücksichtigen: Es geht um Erwerbsarbeit in Privathaushalten und damit um die Regulierung der Arbeit abhängig beschäftigter Hausangestellter und den Privathaushalt als Arbeitgeber, aber auch um haushaltsnahe und personenbezogene Dienstleistungen durch Selbstständige, Agenturen und Unternehmen oder Sozialleistungsträger. Gegenstand ist zudem die unbezahlte Arbeit von Familienmitgliedern, die vom *cooking* über das *cleaning* bis zum *caring* reichen kann und die nach wie vor den größten Teil der im Privathaushalt insgesamt geleisteten Arbeit ausmacht.

Darüber hinaus gilt es jedoch auch, hybride Formen von Arbeit im Privaten zu thematisieren, zu denen ehrenamtliche Arbeit gehört, die eine gewisse sozialrechtliche Anerkennung erfährt und sich teils verberuflicht hat. Solche hybriden Formen treffen wir in unterschiedlichen Tätigkeitsfeldern an, wie etwa im Bereich der Tages- oder Vollzeitbetreuung von 'fremden' Kindern und Jugendlichen im 'eigenen Zuhause' im Rahmen der Jugendhilfe oder auch in der häuslichen Altenpflege. Arbeit in Privathaushalten ist nicht nur Konsumption oder gar 'unproduktiv', wie die heutige Mainstream-Ökonomie in einem reduktionistischen Wirtschaftsverständnis und auch manche arbeitsrechtliche Argumentation behauptet. Der Privathaushalt ist Arbeitsort und Betriebsstätte der Güter- oder Dienstleistungsproduktion. Trotz der grundlegenden wirtschaftlichen und gesellschaftlichen Veränderungen bestehen weiterhin 'Familienunternehmen', bei denen Arbeitsstätte und Wohnort auch noch weitgehend ungetrennt sind, wie etwa bäuerliche Betriebe oder kleine Handwerksunternehmen.[1] Der Privathaushalt ist Ort der Eigenproduktion und Selbstversorgung, aber auch der Herstellung von Gütern und Dienstleistungen für Haushaltsmitglieder oder für externe Dritte, sei es in Form der klassischen Heimarbeit von ArbeitnehmerInnen oder in den modernisierten Formen entgrenzter Arbeit wie Telearbeit oder neuer Selbstständigkeit, die in der globalen Dienstleistungsgesellschaft zunehmend losgelöst vom klassischen Betrieb und teilweise weit entfernt vom Kunden stattfindet.

Mit diesen Perspektiven schließt die vorliegende Publikation an die wissenschaftlichen und politischen Debatten zur gesellschaftlichen Organisation von Sorgearbeit (*care*) und ihrer Regulierung durch *care policies* an (vgl. Daly 2002; Ostner 2011). Hierzu gehört zum einen die kritische Reflexion des gesellschaftlichen Umgangs mit Sorgetätigkeiten, die zu einem großen Teil abgewertet als scheinbar natürliche Aufgaben Frauen zugewiesen und als unbezahlte Arbeit im privaten Raum der Familie unsichtbar gemacht werden. Zum anderen rücken Überlegungen in den Vordergrund, Care-Arbeit „zu einem öffentlichen Thema der Gerechtigkeit zu machen und die Anerkennung von 'Care' als notwendige gesellschaftliche Aufgabe einzufordern" (Brückner 2010: 43). Dabei können unterschiedliche Dimensionen für die Analyse aufgegriffen werden: die Gestaltung der jeweiligen Arbeitsbedingungen mit besonderem Blick auf bezahlte versus unbezahlte Arbeit, die Verteilung der Kosten für die Sorgearbeit sowie die Frage, ob und inwieweit die Verantwortung für Care-Arbeit der Familie, dem Staat und / oder weiteren AkteurInnen zugewiesen wird (vgl. Daly / Lewis 1998).

Dies erfordert einen interdisziplinären Zugang. Die vorliegende Publikation vereint rechtswissenschaftliche, rechtshistorische, sozialwissenschaftliche, ökonomische, haushaltswissenschaftliche, sozialpädagogische und sozialpolitische Perspektiven, deren Blickwinkel sich überlagern. Sie ermöglichen es, die Regulierung von Arbeit im Privathaushalt im gesellschaftlich-sozialen Kontext zu thematisieren und soziale (Veränderungs-)Prozesse und den Wandel von Institutionen in ihrer Komplexität zu untersuchen. Auf der Basis dieser interdisziplinären Analysen wird herausgearbeitet, ob der Haushalt als produktive oder unproduktive Einheit verstanden wird. Auf diese Weise wird erkennbar, dass und wie Arbeit im Privaten dadurch als bezahlte oder unbezahlte Arbeit, als soziale Dienstleistung oder familiäre Aufgabe konstruiert wird. Einen

---

1 Mit Fragen der rechtlichen Anerkennung der Mitarbeit von Angehörigen in Familienunternehmen befassen wir uns hier jedoch nicht; vgl. dazu insbesondere die Arbeiten von *Lieb* (1970) und von *Köbl* (2005).

weiteren Schwerpunkt der Beiträge bilden die Diskussionen über sozial- und rechtspolitische Reformoptionen und Analysen des Akteurshandelns.

Grenzziehungen und Legitimationen von Ungleichbehandlungen

Die Analyse des Wandels und der rechtlichen Regulierung von Arbeit in Privathaushalten lässt sich nicht von den ideologischen und gesellschaftlichen Grenzziehungen zwischen 'öffentlicher' und 'privater' Sphäre, der Zuschreibung von Geschlechterrollen und 'Geschlechtercharakteren' (vgl. Hausen 1976) und von der Institutionalisierung der Zuständigkeiten von Familie, Markt, Staat und Gesellschaft für Care-Arbeit trennen (vgl. Klinger 2012).

Aus einer historischen Perspektive ist der gesellschaftliche Strukturwandel von der früh-neuzeitlichen Ständegesellschaft zur modernen Wirtschaftsgesellschaft bedeutsam (vgl. Senghaas-Knobloch 2005). Zu diesem Strukturwandel gehörte es, unterschiedlichen Sphären 'öffentlichen' oder 'privaten' Charakter zuzuschreiben – mit tief greifenden Folgen für das Verständnis von Arbeit im Privathaushalt. Politik, Ökonomie, Recht und Wissenschaft entwickelten sich als Teile einer Sphäre des Öffentlichen mit eigenen institutionellen Logiken (vgl. Klinger 2012). Der bürgerliche Haushalt und die bürgerliche Familie wurden hingegen der Sphäre des Privaten zugeschlagen. Sie sollten den in der Öffentlichkeit und besonders in der betrieblichen Erwerbsarbeit geltenden Anforderungen entzogen bleiben, als „lebensweltliche Idylle“ (Thiessen 2004: 70) Freiraum, Geborgenheit und Erholung bieten und als Ort des Rückzugs dienen (vgl. Klinger 2012). Die Arbeit im Privathaushalt wurde zur 'unentgeltlichen Liebesarbeit' deklariert (vgl. Bock / Duden 1977) und somit umgewertet. Frauen wurden im 19. Jahrhundert von sämtlichen öffentlichen Tätigkeitsfeldern der politischen Partizipation, vom selbstständigen Erwerb und von höherer Bildung ausgeschlossen (vgl. Klinger 2012). Diese ideologisierten Grenzziehungen zwischen 'öffentlich' und 'privat' waren in sich äußerst widersprüchlich; *Frances Olsen* hat diesen Prozess aus rechtsphilosophischer und rechtswissenschaftlicher Perspektive bereits 1983 in einem grundlegenden Artikel kritisch analysiert (Olsen 1983).

Die 'Privatheit' der bürgerlichen Familie, die Trennung von 'öffentlichem' und 'privatem' Lebensbereich sowie die Zuweisung der 'Privatsphäre' an die Frau und ihr Ausschluss von der gleichberechtigten Teilnahme am 'öffentlichen Leben' war mit einer 'Polarisierung der Geschlechtercharaktere' (vgl. Hausen 1976) verbunden. All dies trug dazu bei, die produktiven und reproduktiven Funktionen des Haushalts zu ignorieren und die damit verbundenen

Tätigkeiten abzuwerten, obwohl sie weiterhin eine zentrale Form gesellschaftlich notwendiger Arbeit darstellen. Wie *Uta Meier-Gräwe* (in diesem Band) eindrucksvoll belegt, spiegeln auch ökonomische Theorien diesen Abwertungsprozess wider. Diese Theorien nahmen ihren Ausgangspunkt zunächst in der Wirtschaft des gesamten Hauses (*oikos*). Mit dem Vordringen der kapitalistischen Produktionsweise und der Trennung der Sphären von Marktproduktion und (Familien-) Haushalt wurden die hauswirtschaftlichen Bereiche jedoch immer mehrvernachlässigt und verdrängt und der Privathaushalt zunehmend zum Ort der bloßen 'Konsumption' konstruiert. Dieser Prozess der Abwertung verlief nicht widerspruchsfrei. Auch gab es Ökonomen und Ökonominnen, die die Bedeutung des Privathaushaltes als reproduktives soziales System und auch als Produktionsstätte stets betont haben, von den *home economics* und der Hauswirtschaftslehre bis hin zur Herausbildung der Haushaltswissenschaften und Ökotrophologie als wissenschaftliche Disziplinen. Diese Ansätze werden jedoch vom Mainstream der ökonomischen Theorie nach wie vor marginalisiert oder gar komplett ignoriert.

Auch die herrschende Meinung in den (Arbeits-)Rechtswissenschaften negiert die produktive Funktion und Bedeutung von Privathaushalten. Sie argumentiert beispielsweise, dass einige Gesetze wie das Kündigungsschutzgesetz oder das Betriebsverfassungsgesetz nicht auf Privathaushalte anwendbar seien, weil es sich dabei nicht um einen 'Betrieb' im Sinne dieser arbeitsrechtlichen Gesetze handle.[2] Zur Begründung dieser Auffassung greift die arbeits- und wirtschaftsrechtliche Literatur stets auf den Betriebsbegriff von *Jacobi* aus den 1920er-Jahren zurück. Gerade *Jacobi* vertrat in den Kontroversen dieser Zeit jedoch ausdrücklich die Position, der Privathaushalt sei sehr wohl ein Betrieb (vgl. Scheiwe / Schwach 2012: 335 f.) – diese Tatsache scheint im Mainstream jedoch dem Vergessen anheimgefallen zu sein.

Heutzutage ist die gesellschaftliche Organisation von 'Care'-Tätigkeiten im Zuge der Globalisierung und der Migrationsbewegungen einem rasanten Wandel unterworfen. Durch die Digitalisierung der Dienstleistungsgesellschaft lösen sich die zeitlichen, räumlichen und sachlichen Strukturen von Arbeit immer mehr auf. Neben dieser Entgrenzung von Arbeit verändert sich auch die Zuschreibung der Verantwortung für Haus- und Sorgearbeit zwischen Familien, Geschlechtern, Markt, Staat und Gesellschaft. Dadurch ist ein komplexes Gewebe hauswirtschaftlicher und sozialer Dienstleistungen entstanden, ein Neben- und Miteinander von 'Eigenproduktion' im Privathaushalt und der

---

2 Zur Anwendung des arbeitsrechtlichen Betriebsbegriffs auf den Privathaushalt vgl. *Kocher* (2013: 931) und *Scheiwe / Schwach* (2012: 335–337).

Auslagerung bestimmter Tätigkeiten auf Externe, von unbezahlter und bezahlter Arbeit, von marktförmigen und vom Sozialstaat gewährten Leistungen, von ehrenamtlichen und beruflichen Formen der Unterstützung.

Die Dienstleistungsgesellschaft und -ökonomie durchdringt die unterschiedlichsten Bereiche der Versorgung und Unterstützung von Menschen, die in Haushalten zusammenleben. Der häufig verwendete Begriff der 'familialen Dienstleistungen' verkürzt diesen Sachverhalt. *Eva Welskop-Deffaa* (in diesem Band) weist darauf hin, dass die Charakterisierung haushaltsnaher Dienstleistungen als *familienbezogen* der (Re-)Familialisierung von Care-Arbeit und der Rekultivierung ihres Charakters als 'Arbeit aus Liebe' Vorschub leisten und einer möglichen Entwicklung der Professionalisierungs- und Emanzipationspotenziale in den Care-Aufgaben entgegenwirken kann.

Zu den Beiträgen im Einzelnen

Vom Gesinderecht zum Arbeits- und Sozialrecht

Die rechtliche Regulierung der Arbeitsverhältnisse von Beschäftigten im Privathaushalt hat sich historisch stark verändert. Das Gesinderecht wurde 1918 abgeschafft und seither gilt das allgemeine Arbeitsvertragsrecht; 2013 ratifizierte Deutschland die ILO-Konvention C 189 'Menschenwürdige Arbeit für Hausangestellte' (vgl. Blackett 2011; Kocher 2012; 2013; Scheiwe / Schwach 2012; 2013). Aber dennoch: Angesichts zahlreicher irregulärer Beschäftigungsverhältnisse, vielfacher massiver Verstöße gegen das bestehende Arbeits- und Sozialrecht und fortbestehender rechtlicher Ungleichbehandlungen von Hausangestellten im Arbeits- und Sozialrecht handelt es sich noch nicht um 'Gute Arbeit' im Sinne der *decent work*-Agenda (vgl. hierzu Senghaas-Knobloch 2010) und der Kernarbeitsnormen der ILO. Die seit dem 18. Jahrhundert bestehenden Gesindeordnungen für 'Haus- und Hofgesinde' unterwarfen Mägde und Dienstpersonal harschen Arbeitsbedingungen und rechtlichen Einschränkungen (vgl. Tenfelde 1979; Dürr 1995; Gerhard 1989). Verglichen mit den Industriearbeitern setzten die rechtlichen Veränderungen weg von ständischen Herrschaftsbeziehungen hin zur allgemeinen Arbeitsvertragsfreiheit für das überwiegend weibliche Hauspersonal erst mit erheblicher Verzögerung ein (vgl. Stolleis 2003). Beschäftigte im Privathaushalt wurden auch erst spät in den Anwendungsbereich arbeits- und sozialrechtlicher Bestimmungen für gewerbliche ArbeitnehmerInnen einbezogen, wie *Erna Magnus* bereits 1934 in ihren international rechtsvergleichenden Darstellungen für die ILO zeigte (vgl. Magnus 1934), und dieser Prozess blieb bis heute unvollständig. In Zeiten der Liberalisierung, der Herstellung von Gewerbe-, Vertrags-

und Koalitionsfreiheit verblieb das Gesinde in der tradierten persönlichen Verbundenheit hausrechtlicher Art, beeinflusst von den Interessen ostelbischer Gutsherren (vgl. Dürr 1997: 134). Erst im November 1918 wurden die Sondergesetze für häusliche und landwirtschaftliche Bedienstete außer Kraft gesetzt (vgl. *Vormbaum* in diesem Band). Auch im Sozialversicherungsrecht oszillierte die Stellung des Hauspersonals zwischen Einbeziehung und Ausschließung, etwa im Bereich der Krankenversicherung (vgl. Hausen 1997: 736; Kleeis 1928; Scheiwe / Schwach 2012: 327 f., 341 ff.). Von den Mutterschutzregelungen blieben die in der Hauswirtschaft Beschäftigten ebenfalls lange Zeit ausgenommen. Die Debatte über die Ausgestaltung der Sozialversicherungspflicht geringfügig Beschäftigter ist auch heute noch virulent; der Sonderarbeitsmarkt haushaltsnaher Dienstleistungen (Scheiwe 2010) weist für ‘Minijobs’ und geringfügige Beschäftigungen weiterhin arbeits-, sozial- und steuerrechtliche Ausnahmeregelungen auf, die zur Prekarität dieser Beschäftigungen beitragen. Die trotz Geltung des allgemeinen Arbeits- und Sozialrecht weiterhin bestehenden Sonderregelungen und Ausnahmevorschriften sind kein deutscher Sonderweg (zum internationalen Vergleich vgl. Ramirez-Machado 2003 und ILO 2013), etwa hinsichtlich des Arbeitszeitrechts, des Kündigungsschutzrechts, des Sozialrechts für geringfügige Beschäftigungsverhältnisse (‘Minijobs’) in Privathaushalten und Ähnliches. Obwohl das deutsche Recht weitgehend den Mindestanforderungen der 2013 von Deutschland ratifizierten ILO-Konvention C 189 entspricht (vgl. Kocher 2012; Scheiwe / Schwach 2012; 2013; Visel 2013), sind einzelne Regelungen des deutschen Rechts durchaus problematisch; damit setzen sich die Beiträge von *Eva Kocher* und *Kirsten Scheiwe* auseinander.

Thomas Vormbaums Untersuchung zu Gesinderecht und Politik im 19. Jahrhundert weist nach, dass das Gesinderecht zahlreiche Elemente feudalständischen Rechtsdenkens in den Bereichen des Privatrechts, des öffentlichen Rechts und des Strafrechts enthielt – von der Gehorsamspflicht des Gesindes über unbegrenzte Arbeitszeiten über das ‘Gesindepolizeirecht’ und das fehlende Streik- und Koalitionsrecht bis hin zum Züchtigungsrecht der Dienstherrschaft. Das Gesinde blieb von den für die gewerblichen ArbeiterInnen erkämpften sozialen Fortschritten ausgenommen; seine rechtliche Lage änderte sich bis zum Ende des Kaiserreichs 1918 kaum. *Vormbaum* ordnet diese Entwicklung rechtshistorisch zwischen den Polen der feudalständischen und der bürgerlichen Ordnung auf drei Ebenen (Gesellschafts-, Verbands- und Familienstruktur) ein. Auch diskutiert er mögliche Gründe für diese im Vergleich zur Rechtssituation der gewerblichen ArbeiterInnen, aber auch zur Rechtssituation in anderen europäischen Nachbarstaaten wie Frankreichs zeitlich verzögerte Liberalisierung; eine Erklärung sieht er in einer Koinzidenz der Interessen landwirtschaftlicher Großgrundbesitzer und des städtischen Groß- und Mittelbürgertums als Arbeitgeber des Gesindes.

Auch *Stephan Meder* untersucht aus rechtshistorischer Perspektive den Wandel des Gesinderechts vom herrschaftlichen Gewaltverhältnis zum schuldrechtlichen 'Arbeitsverhältnis'. Dabei verortet er das Gesinderecht als Teil des vorbürgerlichen 'öffentlichen' Familienrechts und betrachtet den Veränderungsprozess hin zum bürgerlichen Familienrecht des 19. Jahrhunderts. Ausgehend vom römisch-rechtlichen Begriff des Familienverbandes (*familia*) und der *patria potestas* als Herrschaftsverband über das vorbürgerliche 'öffentlichen' Familienrecht mit seinem 'staatsrechtlichen' Modell von Familie bis hin zur bürgerlichen Familie zeichnet er die Rechtsbeziehungen nach, bis das Gesinde immer mehr an den Rand der Familie gerät und das Arbeitsverhältnis schließlich schuldrechtlich konzipiert wird. *Meder* betont die Bedeutung von differenten Reziprozitätsformen und Austauschbeziehungen: Bis zur Abschaffung des patriarchalischen Familienmodells und des 'Gehorsamsparagraphen' im Eherecht 1958 geht es im Familienrecht um 'Versorgung gegen Gehorsam', während die Leitidee im schuldrechtlichen Arbeitsverhältnis 'Lohn gegen Arbeit' lautet.

Eva Kocher thematisiert die besondere Behandlung von Hausangestellten im aktuellen Recht am Beispiel der Stellung von Hausangestelltenverbänden im Arbeitskampf- und Tarifrecht sowie der Ausnahmeregelung für *live-ins* im öffentlich-rechtlichen Arbeitszeitschutzrecht (§ 18 Abs. 1 Nr. 3 ArbZG). Sie untersucht diese Beispiele unter verfassungsrechtlichen Aspekten und zieht zur Auslegung die 2013 von Deutschland ratifizierte ILO-Konvention C 189 'Menschenwürdige Arbeit für Hausangestellte' heran. Auf der Grundlage eines Bundesverfassungsgerichtsurteils aus dem Jahr 1960 wurde die Tariffähigkeit von Hausangestelltenvereinigungen trotz fehlender Arbeitskampf- und Durchsetzungsfähigkeit letztlich bejaht. Kocher hält die damals vom Bundesverfassungsgericht angeführten Argumente für eine Sonderbehandlung der Tariffähigkeit von Hausangestelltenvereinigungen durch Verzicht auf das Erfordernis ihrer 'Durchsetzungsfähigkeit' im Vergleich zu anderen Arbeitnehmervereinigungen weder für überzeugend noch für schlüssig. Auch hinsichtlich der Ausnahmeregelung in § 18 Abs. 1 Nr. 3 ArbZG (vgl. hierzu auch *Scheiwe* in diesem Band) äußert *Kocher* gemessen an den Maßstäben des Grundrechts auf körperliche Unversehrtheit (Art. 2 Abs. 2 S. 1 GG) sowie des Gleichbehandlungsgebots und Diskriminierungsverbots aufgrund des Geschlechts (Art. 3 Abs. 2 GG) verfassungsrechtliche Bedenken.

Das Arbeitszeitrecht für Beschäftigte in Privathaushalten steht im Mittelpunkt des Beitrags von *Kirsten Scheiwe*. Sie erörtert die Sonderregeln für Dienstboten und Hausangestellte vom Gesinderecht über die Ausnahmen vom Arbeitszeitrecht für Hausgehilfinnen nach 1919 bis zur späten Einbeziehung der Beschäftigung in Privathaushalten in den Geltungsbereich des Arbeitszeitgesetzes 1993. Ihre Darstellung belegt eine Kontinuität von Benachteiligungen im Vergleich zum 'Normalarbeitsverhältnis', die bis heute anhält. Zwar ist Haushaltsbeschäftigung mittlerweile überwiegend geringfügige Teilzeitarbeit, doch die Zahl der *lie-ins* mit Maxi-Jobs und Rund-um-die-Uhr-Einsätzen steigt. *Scheiwe* referiert die Kernelemente des öffentlichen Arbeitszeitschutzrechts und stellt ihnen die oft rechtswidrige Praxis etwa im Bereich der sogenannten 24-Stunden-Pflege gegenüber. Sie kritisiert die Ausnahmeregelung des § 18 Abs. 1 Nr. 3 ArbZG für *live-ins* und die Tatsache, dass Deutschland im Jahr 2013 bei der Ratifizierung der ILO-Konvention C 189 eine diesbezügliche Ausnahme angemeldet hat. Auch widerlegt sie die zur Legitimation dieser rechtlichen Ungleichbehandlung von Hausangestellten immer wiederherangezogenen Argumentationsmuster der 'Familienähnlichkeit' der Tätigkeiten, eines 'besonderen Vertrauensverhältnisses' oder der 'Unmöglichkeit der Trennung von Arbeitszeit und Freizeit'.

Familiale Arbeit, hauswirtschaftliche Tätigkeiten und Dienstleistungen – Recht, Ökonomie, Politik

Familienarbeit im eigenen Haushalt und Mitarbeit im Familienbetrieb waren und sind keine Arbeit 'wie jede andere'; sie werden durch Familienrecht, Erbrecht und Familiensozialrecht deutlich anders reguliert. Zwar wurden die Sozialversicherung und insbesondere die Rentenversicherung von mitarbeitenden Familienangehörigen inzwischen ausgeweitet, doch auch für diese Gruppe bestehen weiterhin zahlreiche Probleme der rechtlichen Anerkennung ihrer Arbeit. Die Eigenarbeit im Familienhaushalt, die Erziehung und Pflege von Kindern und Angehörigen unterliegt anderen Mustern der rechtlichen Anerkennung oder Abwertung als Erwerbsarbeit. Die Arbeit in einem Familienhaushalt zeichnete sich historisch zunächst durch patriarchale Leitungs- und Kontrollbefugnisse des Ehemannes und rechtlich kodifizierte Verpflichtungen der Ehefrau zur Hausarbeit aus; nach dem geschlechtshierarchischen Ehemodell des BGB von 1900 mussten Ehefrauen Hausarbeit und Kindererziehung leisten (§ 1356 Abs. 2 BGB; vgl. Gerhard 1997; Schwab 1970). Diese Tätigkeiten galten nicht als Unterhaltsbeitrag, sondern als unentgeltliche Dienste (Scheiwe 1999: 85 f.). Dies änderte sich erst durch die Rechtsprechung des Bundesverfassungsgerichts im Jahre 1953. Insbesondere im Fall einer Trennung oder Scheidung zeigt sich, dass das Versprechen der sozialen Absicherung der Übernahme von unbezahlter Familienarbeit durch die Ehe und das

Scheidungsfolgenrecht in den meisten Fällen nicht trägt und dass die ökonomischen Folgen überwiegend Frauen treffen (vgl. Andreß 2007). Die Kontroversen um das 2008 geänderte Unterhaltsrecht und die verschärften Anforderungen an die 'Eigenverantwortung' und Erwerbstätigkeit nach der Scheidung haben das Problem nochmals verdeutlicht: Es ist hochriskant, auf die familienrechtliche Absicherung des 'Arbeitsplatzes Privathaushalt' zu vertrauen. Dies gilt erst recht für die Übernahme von Familienarbeit in nichtehelichen Formen des Zusammenlebens, die in Deutschland kaum abgesichert ist, weder im Familien- und Eherecht noch im Familiensozialrecht (vgl. *Willekens* in diesem Band; Schumann 2013).

Harry Willekens widmet sich in seinem Beitrag der Frage, wie und in welchem Umfang das deutsche Recht Familienarbeit anerkennt, wie dies zu bewerten ist und welcher Veränderungsbedarf besteht. Zunächst verdeutlicht er die Notwendigkeit, den Begriff 'Familienarbeit' genauer zu definieren: Geht es dabei um die Versorgung und Erziehung von Kindern, um Sorgearbeit für (erwachsene) Familienmitglieder, die sich nicht umfassend selbst versorgen können, um Versorgungsleistungen für Familienmitglieder, auch wenn diese durchaus selbst für sich sorgen könnten, oder sind damit noch weitergehend auch die Mithilfe von Kindern im Haushalt oder die Mitarbeit von Angehörigen im Familienunternehmen gemeint? *Willekens* konzentriert sich auf die beiden erstgenannten Aspekte und legt eine detaillierte Bestandsaufnahme der (unzureichenden) rechtlichen Anerkennung dieser gesellschaftlich notwendigen Familienarbeit schwerpunktmäßig im deutschen Familienrecht und im Erb-, Steuer- und Familiensozialrecht vor. Das kritische Fazit zeigt zum einen, dass der potenzielle Schutz der Familienarbeit überwiegend an der Ehe respektive der eingetragenen Lebenspartnerschaft anknüpft, häufig jedoch nicht danach differenziert, ob innerhalb dieser Institutionen tatsächlich Familienarbeit geleistet wird. Zum anderen wird deutlich, dass Familienarbeit außerhalb der Ehe familienrechtlich fast gar nicht anerkannt wird. Aus dieser Kritik heraus entwickelt *Willekens* auf der Grundlage von Gerechtigkeits- und Effizienzargumenten differenzierte Reformvorschläge für eine veränderte Anerkennung von Familienarbeit durch Recht unabhängig von der Ehe.

Hauswirtschaftliche Tätigkeiten sind gesellschaftlich notwendige und produktive Arbeit; sie schaffen enorme volkswirtschaftliche Werte, die bisher jedoch nicht in die Berechnung des Bruttoinlandsproduktes einfließen. *Uta Meier-Gräwe* skizziert die Geschichte der hauswirtschaftlichen Tätigkeiten aus haushaltswissenschaftlicher, ökonomischer und soziologischer Perspektive, von der Wertschätzung der *oikonomia* seit Aristoteles in vorindustriellen Gesellschaften über die Abwertung im Übergang zu kapitalistischen Industriegesellschaften bis hin zu Theorien der feministischen Care-Ökonomie, die Gegenentwürfe zu einem reduktionistisch-androzentrischen Wirtschaftsverständnis entwickelt haben. Sie wirft die Frage auf, wie ein am 'guten Leben' orientiertes ökonomisches Theoriekonzept aussehen sollte, und plädiert für 'das Ganze der Ökonomie, Markt- und Versorgungsökonomie' und ein geschlechtergerechtes Konzept der Gesamtwirtschaft. Ein solches Konzept sollte dem Leitbild einer 'Doppelorientierung' folgen, wonach alle Erwachsenen im Lebenslauf sowohl Erwerbsarbeit als auch familiale Fürsorgeaufgaben übernehmen, und sicherstellen, dass beides rechtliche und gesellschaftliche Anerkennung erfährt.

Johanna Krawietz behandelt in ihrem Beitrag die um die Jahrhundertwende und in den 1920er-Jahren aufkommenden Bestrebungen, die Organisation des Haushalts zu rationalisieren. Anhand der Diskussionen um die Modelle des 'Einküchenhauses' und der 'Frankfurter Küche' zeigt sie die Begründungsmuster auf, mit denen die jeweiligen AkteurInnen die Rationalisierung der Haushaltsorganisation durchzusetzen versuchten. *Krawietz* geht davon aus, dass Arbeit im Haushalt nicht lediglich instrumentell-verrichtungsbezogen betrachtet werden kann, sondern stets auch als Beziehungsarbeit verstanden werden muss. In den Kontroversen um die Rationalisierung des Haushalts wurde insbesondere über die Frage debattiert, welche Rolle die Haushaltsarbeit für die Herstellung von Familie und das Familienleben einnehmen sollte. *Krawietz* zufolge tritt in diesen Debatten der ambivalente Charakter der Bestrebungen zur Haushaltsrationalisierung zutage: Einerseits stellten die Forderungen nach mehr Wirtschaftlichkeit und Effizienz traditionelle Strukturen der Haushaltsorganisation infrage. Dass Haushaltsarbeit zunehmend als erlernbar galt, konterkarierte das damals vorherrschende Weiblichkeitsverständnis, demzufolge Frauen 'geborene' Hausfrauen und Mütter sind. Gleichzeitig beließ man die Verantwortung für die Haushaltsarbeit aber weiterhin bei der (Ehe-)Frau, schrieb so ihre Rolle als Hausfrau fest und isolierte sie darüber hinaus immer mehr im Haushalt.

Eva Welskop-Deffaa analysiert, wie sich vor dem Hintergrund einer immer stärker globalisierten Dienstleistungsgesellschaft und transnationaler Migrationsbewegungen auch die Arbeit im Privathaushalt zusehends verändert. Zur Durchsetzung von 'guter Arbeit' im Privathaushalt sind ihrer Ansicht nach deshalb nicht nur Regulierungen auf internationaler Ebene wie etwa durch die ILO-Konvention C 189 notwendig. Vielmehr gilt es des Weiteren, die bisher getrennten konzeptionellen Debatten über 'Care Economy' (als derjenige Teil der Wirtschaft, der die überwiegend Frauen zugeschriebene, unbezahlte und auch marktförmig erbrachte Fürsorgearbeit organisiert) und 'Share Economy' (als Wirtschaftsweise des Teilens, die zu einer geringeren Nachfrage nach Gütern und einer steigenden Nachfrage nach individuell zugeschnittenen Dienstleistungen im persönlichen Raum führt) miteinander zu verbinden. Der Share Economy-Diskurs nimmt eher hochtechnisierte, hohes Einkommen generierende Dienstleistungen und männlich konnotierte Arbeit in den Blick, während es im Kontext der Care-Economy-Debatte um eher unterbezahlte, oft prekäre Pflege- und Sorgearrangements und die gesellschaftliche (Um-) Organisation von Fürsorgearbeit geht. *Welskop-Deffaa* fordert, beides zusammenzudenken, um jenseits der bestehenden gravierenden Ungerechtigkeiten – etwa im Bereich der irregulären Beschäftigung in Privathaushalten – die Emanzipationspotenziale zu nutzen, die expandierende Beschäftigungsmöglichkeiten in Privathaushalten auch für eine Neuverteilung von bezahlter und unbezahlter Arbeit in Privathaushalten und von Frauen- und Männerarbeit in Paarbeziehungen bieten.

Personale Dienstleistungen und Care-Arbeit im 'eigenen Zuhause'

Das Kapitel behandelt die Regulierung der Pflege pflegebedürftiger Angehöriger, aber auch der Erziehung, Pflege und Betreuung 'fremder' Kinder im eigenen Zuhause als Tagespflege oder als Vollzeitpflege. In diesen Tätigkeitsfeldern haben sich die Trennungslinien zwischen privaten, als familial definierten Aufgaben einerseits und den sozialen Dienstleistungen und der 'Privatwohltätigkeit' durch Ehrenamtliche andererseits sehr stark verändert. Auch wenn die Hilfe zur Pflege im Sozialversicherungsrecht eine minimale Entschädigung für die Pflegearbeit von Familienangehörigen vorsah, wurde und wird bis heute die häusliche Pflege als unentgeltliche familiäre Unterstützung im Recht vorausgesetzt. Zwar wurden mit Einführung der Pflegeversicherung Mitte der 1990er-Jahre erste Ansätze erkennbar, die Pflegeverantwortung Angehöriger finanziell zu honorieren und sozial- und arbeitsrechtlich abzufedern. Es handelt sich jedoch lediglich um wenige Ansprüche, die zudem geringfügig sind. Die häusliche Pflege durch Angehörige wird weiterhin als familiär ehrenamtliche Tätigkeit und nicht als abhängiges Beschäftigungsverhältnis eingeordnet.

Was die Erziehung und Betreuung von Kindern angeht, so hat sich inzwischen ein komplexer Mix an Care-Tätigkeiten herausgebildet, der neben der unbezahlten Arbeit im Rahmen familiärer Beziehungen und der professionell geleisteten Arbeit in Einrichtungen verschiedene weitere Formen umfasst, zu denen beispielsweise die Kindertagespflege gehört. Heutzutage ist die Bandbreite der Angebotsstruktur und Beschäftigungsverhältnisse in der Kindertagespflege groß; sie reicht von Heimarbeit bis zur Verbundtagespflege, in der sich mehrere Tagespflegepersonen zusammenschließen und Kinder in gemeinsam angemieteten oder von Dritten zur Verfügung gestellten Räumen betreuen. Viele der in diesem Bereich Tätigen haben den Status von Arbeitnehmerinnen, andere arbeiten als Selbstständige. Auch wenn sich in den letzten Jahren arbeitnehmerähnliche Beschäftigungsformen entwickelt haben, weist die Beschäftigung grundsätzlich immer noch den Charakter einer Hilfs- und Zuverdiensttätigkeit auf (vgl. Lode 2010).

Heike Hoffer zeichnet in ihrem Beitrag die historische Entwicklung staatlicher Leistungen zur häuslichen Pflege vom Ende des 19. Jahrhunderts bis heute nach. Sie folgt dabei der Frage, welche Vorstellung von häuslicher Pflege der Ausgestaltung des Sozialrechts jeweils zugrunde lag: professionelle Erwerbsarbeit, bürgerschaftliches Engagement oder unentgeltliche informelle Pflegearbeit. Staatliche Leistungen zur häuslichen Pflege dienten über lange Zeit lediglich als Nothilfen in besonderen Lebenslagen und vorübergehende Unterstützung; der Prozess hin zu einer Pflichtleistung zur Absicherung eines allgemeinen Lebensrisikos in der Pflegeversicherung vollzog sich sehr langsam. Des Weiteren wurden Leistungen zur sozialen Sicherung pflegender Angehöriger zwar schrittweise ausgebaut, insgesamt setzen die rechtlichen Regelungen jedoch weiterhin auf einen hohen informellen und kostengünstigen Einsatz der Pflegenden. Dennoch interpretiert *Hoffer* die Entwicklung insgesamt als einen Wandel des Verständnisses von Pflege, die inzwischen nicht mehr als selbstverständliche, unbezahlte familiäre Verpflichtung, sondern verstärkt als gesamtgesellschaftliche Aufgabe betrachtet wird.

Helga Spindler erörtert in ihrem Beitrag kritisch, inwieweit die Einführung der Pflegeversicherung Mitte der 1990er-Jahre dazu beigetragen hat, unentgeltlich geleistete familiäre Pflegearbeit als Arbeit anzuerkennen. Ihr zufolge hat die Pflegeversicherung zwar die finanzielle Belastung von Angehörigen reduziert und ihre sozialrechtliche Stellung verbessert. Das Prinzip ‘ambulant vor stationär’ setze jedoch weiterhin voraus, dass Angehörige überwiegend unentgeltlich pflegen. Pflegearbeit von Angehörigen wird nicht wie eine erwerbsmäßig erbrachte Tätigkeit reguliert. Ein wesentlicher Grund dafür ist nach Ansicht von *Spindler* im Interesse der Kostenträger zu suchen, die Ausgaben für die Pflege möglichst niedrig zu halten. Abschließend diskutiert sie Möglichkeiten zur Weiterentwicklung der Versorgungsstrukturen. Sie sieht Handlungsbedarf, das Angebotsspektrum in der ambulanten Versorgung auszudifferenzieren, und gibt zu bedenken, dass eine Verbesserung der Versorgungsstrukturen in der häuslichen Pflege nicht kostenneutral zu haben sei.

Margarete Schuler-Harms geht in ihrem Beitrag der Frage nach, inwieweit sich seit der Verabschiedung des Tagesbetreuungsausbaugesetzes im Jahr 2005 Tendenzen feststellen lassen, die Kindertagespflege von einer ehrenamtlichen Tätigkeit zu einem eigenständigen Beruf zu entwickeln. *Schuler-Harms* prüft entlang von Kriterien wie Zugangs- und Qualifikationsanforderungen, aber auch der Form der Entlohnung und der sozialen Sicherung, ob von einer Verberuflichung der Kindertagespflege gesprochen werden kann. Dabei zeigt sich, dass sich in der Großtagespflege Ansätze finden lassen, die Tagespflege als Beruf zu profilieren. Gleichzeitig bleibt die in Heimarbeit organisierte Tagespflege jedoch dem alten Bild der Gefälligkeitspflege verhaftet: Die Tätigkeit ist nach wie vor niedrig bezahlt und die soziale Absicherung vor allem der selbstständig in diesem Bereich Arbeitenden weist Lücken auf. Die rechtliche Konstruktion als geringfügiger Nebenerwerb macht deutlich, dass es sich bei der Kindertagespflege im Privathaushalt nach wie vor um einen nicht voll anerkannten Beruf handelt.

Florian Eßer und *Tobias Studer* untersuchen, wie sich die Vollzeitpflege von Kindern in Deutschland und der Schweiz historisch im Spannungsfeld zwischen ehrenamtlicher Tätigkeit und Erwerbsarbeit entwickelt hat. Weil das Pflegekinderwesen weder eindeutig der privaten Sphäre 'normaler Familienarbeit' noch der öffentlichen Sphäre professionalisierter Erwerbsarbeit zuzuordnen ist, müssen die beteiligten AkteurInnen die Grenzen zwischen familiärer Zuordnung und öffentlicher Verantwortung stets neu herstellen. *Eßer* und *Studer* zeigen auf, dass sich in der Vollzeitpflege verschiedene Formen ausdifferenziert haben, zu denen auch weiterhin private Pflegeverhältnisse zählen, die jedoch gleichzeitig verstärkt professionalisiert und öffentlich kontrolliert werden.

Danksagung

Die vorliegende Publikation ist im Rahmen des von der Thyssen-Stiftung finanzierten Forschungsprojekts „Die Regulierung des Arbeitsplatzes Haushalt – Verrechtlichung und Ausdifferenzierung haushaltsnaher Tätigkeiten und sozialer Dienste“ am Institut für Sozial- und Organisationspädagogik der Universität Hildesheim entstanden. Im Rahmen dieses Projekts fand ein Forschungsworkshop statt, aus dem etliche Beiträge des vorliegenden Sammelbandes hervorgingen; wir bedanken uns bei den Teilnehmerinnen und Teilnehmern für anregende Diskussionen und Kritik.

Zum Gelingen dieses Buches haben viele beigetragen. Unser Dank gilt zunächst den Autorinnen und Autoren, die bereit waren, sich auf diese interdisziplinäre Kooperation einzulassen. Auch möchten wir uns besonders bei Prof. Dr. Dr. Thomas Vormbaum von der Fernuniversität Hagen für die Aufnahme des Bandes in die von ihm herausgegebene Reihe 'Juristische Zeitgeschichte' bedanken. Der Fritz-Thyssen-Stiftung danken wir für die finanzielle Unterstützung. Weiterhin gilt unser großer Dank Petra Schäfter für das Lektorat und die redaktionelle Betreuung des gesamten Bandes und Anne Gipperich für das Erstellen der Druckvorlage.

Literatur

ANDREß, Hans-Jürgen, 2007: „Marital Disruption in Germany: Does the Conservative Welfare State care? Changes in Material Well-being and the Effects of Private and Public Transfers", Schmollers Jahrbuch: Zeitschrift für Wirtschafts- und Sozialwissenschaften Jg. 127 H. 2 (2007), S. 193–226.

BLACKETT, Adelle, 2011: „Introduction: Regulating Decent Work for Domestic Workers", Canadian Journal of Women and the Law Jg. 23 H. 1 (2011), S. 1–46.

BOCK, Gisela / Duden, Ursula, 1977: „Arbeit aus Liebe – Liebe als Arbeit: Zur Entstehung der Hausarbeit im Kapitalismus", in: Frauen und Wissenschaft. Beiträge zur Berliner Sommeruniversität für Frauen im Juli 1976. Berlin, S. 118–199.

BRAUN, Lily, 1901: Frauenarbeit und Hauswirtschaft. Berlin.

BRÜCKNER, Margrit, 2010: „Die Entwicklung der Care-Debatte – Wurzeln und Begrifflichkeiten", in: Apitzsch, Ursula / Schmidbauer, Marianne (Hg.): Care und Migration. Die Ent-Sorgung menschlicher Reproduktionsarbeit entlang von Geschlechter- und Armutsgrenzen. Opladen / Farmington Hills, S. 43–58.

DALY, Mary, 2002: „Care Policies in Western Europe", in: Daly, Mary (Hg.): Care Work: The Quest for Security. Geneva, S. 33–52.

DALY, Mary / Lewis, Jane, 1998: „Introduction: Conceptualising Social Care in the Context of Welfare State Restructuring", in: Lewis, Jane (Hg.): Gender, Social Care and Welfare State Restructuring in Europe. Aldershot, S. 86–103.

DEGENKOLB, Alexandra, 2000: „Das Berufsfeld Ernährung und Hauswirtschaft. Bestandsaufnahme beruflicher Ausbildungsgänge und Perspektiven für Veränderungen", in: Friese, Marianne (Hg.): Modernisierung personenorientierter Dienstleistungen. Innovationen für die berufliche Aus- und Weiterbildung. Opladen, S. 116–140.

DÜRR, Renate, 1995: Mägde in der Stadt. Das Beispiel Schwäbisch-Hall in der Frühen Neuzeit. Frankfurt am Main.

DÜRR, Renate, 1997: „Der Dienstbote ist kein Tagelöhner … Zum Gesinderecht (16. bis 19. Jahrhundert)", in: Gerhard, Ute (Hg.): Frauen in der Geschichte des Rechts. München, S. 115–139.

Geissler, Birgit, 2010: „Haushaltsarbeit und Haushaltsdienstleistungen“, in: Böhle, Fritz / Voß, G. Günter / Wachtler, Günther (Hg.): Handbuch Arbeitssoziologie. Wiesbaden, S. 931–962.

Gerhard, Ute (Hg.), 1997: Frauen in der Geschichte des Rechts. Von der Frühen Neuzeit bis zur Gegenwart. München.

Gerhard, Ute, 1989: Verhältnisse und Verhinderungen: Frauenarbeit, Familie und Rechte der Frauen im 19. Jahrhundert. 4. Auflage. Frankfurt am Main.

Gestrich, Andreas / Krause, Jens-Uwe / Mitterauer, Michael, 2003: Geschichte der Familie. Stuttgart.

Hausen, Karin, 1976: „Die Polarisierung der ‘Geschlechtercharaktere’ – Eine Spiegelung der Dissoziation von Erwerbs- und Familienleben“, in: Werner, Conze (Hg.): Sozialgeschichte der Familie in der Neuzeit Europas. Stuttgart, S. 363–393.

Hausen, Karin, 1997: „Arbeiterinnenschutz, Mutterschutz und gesetzliche Krankenversicherung im Deutschen Kaiserreich und in der Weimarer Republik. Zur Funktion von Arbeits- und Sozialrecht für die Normierung und Stabilisierung der Geschlechterverhältnisse“, in: Gerhard, Ute (Hg.): Frauen in der Geschichte des Rechts. Von der Frühen Neuzeit bis zur Gegenwart. München, S. 713–743.

ILO [International Labour Office], 2013: Domestic Workers across the World: Global and Regional Statistics and the Extent of Legal Protection. Geneva. http://www.ilo.org/wcmsp5/groups/public/---dgreports/---dcomm/---publ/documents/publication/wcms_173363.pdf, Zugriff: 29.01.2014.

Kettschau, Irmhild, 2000: „Aus- und Weiterbildung in der Hauswirtschaft. Vom Dienstmädchen zur Dienstleistung“, in: Friese, Marianne (Hg.): Modernisierung personenorientierter Dienstleistungen. Innovationen für die berufliche Aus- und Weiterbildung. Opladen, S. 151–168.

Kleeis, Friedrich, 1928: Die Geschichte der sozialen Versicherung in Deutschland. Berlin / Bonn [Nachdruck 1981].

Klinger, Cornelia, 2012: „Leibdienst – Liebesdienst – Dienstleistung“, in: Dörre, Klaus / Sauer, Dieter / Wittke, Volker (Hg.): Arbeitssoziologie und Kapitalismustheorie. Frankfurt am Main, S. 258–272.

Kocher, Eva, 2012: Hausarbeit als Erwerbsarbeit: Der Rechtsrahmen in Deutschland: Voraussetzungen einer Ratifikation der ILO-Domestic-Workers Convention durch die Bundesrepublik Deutschland. Gutachten für die Hans-Böckler-Stiftung, http://www.boeckler.de/pdf_fof/S-2012-524-3-1.pdf, Zugriff: 29.01.2014.

Kocher, Eva, 2013: „Hausangestellte im deutschen Arbeitsrecht: Ratifikation der ILO-Konvention 189“, Neue Zeitschrift für Arbeitsrecht Jg. 30 H. 17 (2013), S. 929–984.

Köbl, Ursula, 2005: „Familienarbeit und soziale Sicherheit. Zur Ausgrenzung vom gesetzlichen Unfallversicherungsschutz“, in: Hofer, Sibylle / Klippel, Diethelm /

Walter, Ute (Hg.): Perspektiven des Familienrechts: Festschrift für Dieter Schwab. Bielefeld, S. 997–1026.

KÖRNER, Thomas / Puch, Katharina, 2011: Assessment of the Coherence of the German Labour Force Survey with the National Accounts and the Unemployment Register. Final Report. Wiesbaden.

KRAWIETZ, Johanna, 2010: „Pflegearbeit unter Legitimationsdruck – Vermittlungsagenturen im transnationalen Organisationsfeld", in: Scheiwe, Kirsten / Krawietz, Johanna (Hg.): Transnationale Sorgearbeit. Rechtliche Rahmenbedingungen und gesellschaftliche Praxis. Wiesbaden, S. 249–275.

KRAWIETZ, Johanna, 2014: Pflege grenzüberschreitend organisieren. Eine Studie transnationaler Vermittlungen der Care-Arbeit. Frankfurt am Main.

LIEB, Manfred, 1970: Die Ehegattenmitarbeit im Spannungsfeld zwischen Rechtsgeschäft, Bereicherungsausgleich und gesetzlichem Güterstand. Tübingen.

LODE, Maren, 2010: Die soziale Absicherung von Tagespflegepersonen. Berlin.

LUTZ, Helma, 2008: Vom Weltmarkt in den Privathaushalt. Die neuen Dienstmädchen im Zeitalter der Globalisierung. 2. Auflage. Leverkusen.

MAGNUS, Erna, 1934: „The Social, Economic, and Legal Conditions of Domestic Servants", International Labour Review Jg. 30, S. 190–207 (Teil I) und 336–364 (Teil II).

OLSEN, Frances, 1983: „The Family and the Market: A Study of Ideology and Legal Reform", Harvard Law Review Jg. 96 H. 7, S. 1497–1578.

OSTNER, Ilona, 2011: „Care – ein Schlüsselbegriff im Bereich sozialer Dienste?", in: Evers, Adalbert / Heinze, Rolf G. / Olk, Thomas (Hg.): Handbuch Soziale Dienste. Wiesbaden, S. 461–481.

RAMIREZ-MACHADO, Maria Jose, 2003: Domestic Work, Conditions of Work and Employment: A Legal Perspective. International Labour Organization. Geneva.

RICHARZ, Irmintraut, 1991: Oikos, Haus und Haushalt. Ursprung und Geschichte der Haushaltsökonomik. Göttingen.

SCHÄFER, Dieter, 2004: „Unbezahlte Arbeit und Haushaltsproduktion im Zeitvergleich", in: Statistisches Bundesamt (Hg.): Alltag in Deutschland – Analysen zur Zeitverwendung. Wiesbaden, S. 247–273.

SCHEIWE, Kirsten, 1999: Kinderkosten und Sorgearbeit im Recht. Eine rechtsvergleichende Studie. Frankfurt am Main.

SCHEIWE, Kirsten, 2010: „Die soziale Absicherung häuslicher Pflege über Grenzen hinweg: rechtliche Grauzonen, (Ir-) Regularität und Legitimität", in: Scheiwe, Kirsten / Krawietz, Johanna (Hg.):Transnationale Sorgearbeit. Rechtliche Rahmenbedingungen und gesellschaftliche Praxis. Wiesbaden, S. 123–149.

SCHEIWE, Kirsten / Krawietz, Johanna (Hg.), 2010: Transnationale Sorgearbeit. Rechtliche Rahmenbedingungen und gesellschaftliche Praxis. Wiesbaden.

SCHEIWE, Kirsten / Schwach, Verena, 2012: „Decent Work for Domestic Workers – das Übereinkommen 189 der Internationalen Arbeitsorganisation“, Zeitschrift für ausländisches und internationales Arbeits- und Sozialrecht Jg. 26 H. 4 (2012), S. 317–349.

SCHEIWE, Kirsten / Schwach, Verena, 2013: „Das Arbeitszeitrecht für Hausangestellte nach Ratifizierung der ILO-Konvention 189“, Neue Zeitschrift für Arbeitsrecht Jg. 30 H. 20 (2013), S. 1116–1120.

SCHUMANN, Eva, 2013: „Nichteheliche Lebensgemeinschaft“, in: Soergel – Kommentar zum BGB, Band 17/2, Familienrecht ½. Wiesbaden, S. 188–307.

SCHUPP, Jürgen, 2011: „Quantitative Verbreitung von Erwerbstätigkeit in privaten Haushalten Deutschlands“, in: Gather, Claudia / Geissler, Birgit / Rerrich, Maria S. (Hg.): Weltmarkt Privathaushalt. Bezahlte Hausarbeit im globalen Wandel.3. Auflage. Münster, S. 50–70.

SCHWAB, Dieter, 1970: „Die Mitarbeitspflicht der Ehegatten nach § 1356 Abs. 2 BGB“, JuristenZeitung (1970), S. 1–7.

SENGHAAS-KNOBLOCH, Eva, 2005: „Fürsorgliche Praxis und die Debatte um einen erweiterten Arbeitsbegriff in der Arbeitsforschung“, in: Kurz-Scherf, Ingrid / Correll, Lena / Janczyk, Stefanie (Hg.): In Arbeit: Zukunft. Die Zukunft der Arbeit und der Arbeitsforschung liegt in ihrem Wandel. Münster, S. 54–68.

STOLLEIS, Michael, 2003: Geschichte des Sozialrechts in Deutschland: ein Grundriss. Stuttgart.

TENFELDE, Klaus, 1979: „Ländliches Gesinde in Preußen – Gesinderecht und Gesindestatistik 1810 bis 1861“, Archiv für Sozialgeschichte 19 (1979), S. 189–229.

THIESSEN, Barbara, 2004: Re-Formulierung des Privaten. Professionalisierung personenbezogener, haushaltsnaher Dienstleistungsarbeit, Wiesbaden.

VISEL, Stefanie, 2013: „Who Cares? The ILO Convention Decent Work for Domestic Workers“, Transnational Social Review. A Social Work Journal Jg. 3 H. 2 (2013), S. 229–243.

WEINKOPF, Claudia, 2011: „‘Es geht auch anders’ – Reguläre Beschäftigung durch Dienstleistungspools“, in: Gather, Claudia / Geissler, Birgit / Rerrich, Maria S. (Hg.): Weltmarkt Privathaushalt. Bezahlte Haushaltsarbeit im globalen Wandel. 3. Auflage. Münster, S. 154–166.

TEIL I

VOM GESINDERECHT ZUM ARBEITS- UND SOZIALRECHT

Thomas Vormbaum

Gesinderecht und Politik im 19. Jahrhundert*

Der folgende Text nimmt zunächst eine sachliche und räumliche Eingrenzung des Gesinderechts im 19. Jahrhundert vor, versucht sodann eine Bestandsaufnahme der wichtigsten gesinderechtlichen Normen der Preußischen Gesindeordnung von 1810 und skizziert die ökonomischen und politischen Vorgänge, welche das Ende des Gesinderechts zu Beginn des 20. Jahrhunderts markieren. Es folgen Hinweise auf die zeitgenössische Kritik und Rechtfertigung des Gesinderechts. Abschließend soll ein kurzer Versuch der historischen Einordnung unternommen werden.

1. Räumliche und sachliche Eingrenzung des Gesinderechts

1.1 Räumliche Eingrenzung

Ein 'deutsches Gesinderecht' im Sinne einer gesamtdeutschen Normierung hat es niemals gegeben. Kaum ein Rechtsgebiet war im Bereich des Alten Reichs und später des Deutschen Bundes, des Norddeutschen Bundes und des Deutschen Reiches so zersplittert wie dieses.[1] Ich beschränke mich daher auf die Darstellung der Rechtslage in Preußen. Da aber auch innerhalb Preußens die Rechtslage regional unterschiedlich war, muss ich mich ferner auf die Rechtslage im Bereich der preußischen Gesindeordnung von 1810 beschränken. Sie galt zunächst in den Gebieten, die Preußen 1807 nach dem Frieden von Tilsit verblieben waren; nach dem Wiener Kongress wurde sie auf jene Gebiete

---

* Der Text gibt im Wesentlichen Auszüge aus meiner vor über dreißig Jahren erschienenen Monografie „Politik und Gesinderecht im 19. Jahrhundert" (Berlin 1980) wieder. Obwohl ich mich seither mit der Thematik nicht mehr befasst hatte, habe ich mich zur Übernahme des Referats entschlossen, weil, soweit ich sehe, neue rechtshistorische Beiträge zur ihr seither nicht erschienen sind. Die Monographie von *Rainer Schröder* („'… das Gesinde war immer frech und unverschämt'. Gesinde und Gesinderecht vornehmlich im 18. Jahrhundert", Frankfurt a.M. 1992) zielt auf einen früheren Zeitraum; soweit sie sich auf das 19. Jahrhundert bezieht, bringt sie nichts, was über meine o.g. Monografie hinausgeht. Ergänzende Aspekte zum Familienrecht finden sich im Beitrag von *Stephan Meder* im vorliegenden Band. Für nähere Details verweise ich in den Fußnoten im Wesentlichen auf die Fundstellen in meiner erwähnten Monografie, wo sich auch weitere Literaturhinweise finden.

1 Eine Karte mit den Geltungsgebieten der wichtigsten Gesindeordnungen findet sich bei *Thomas Vormbaum*, Politik und Gesinderecht im 19. Jahrhundert, Berlin 1980, S. 389, übernommen aus *Wilhelm Kähler*, Gesindewesen und Gesinderecht in Deutschland, Jena 1896, S. 217.

ausgedehnt, in denen das Allgemeine Landrecht eingeführt war; dies waren alle Gebiete östlich der Elbe sowie die Provinz Westfalen und einige Randbereiche des rheinischen Rechts. *Nicht* eingeführt wurde sie in den früher zu Frankreich gehörenden Gebieten sowie in den 1866 von Preußen annektierten Gebieten.

1.2 Unfreies und freies Gesinde

Bis zum Ende der Erbuntertänigkeit gab es zwei Gruppen von Gesinde: das *freie Gesinde*, also dasjenige, dessen Anstellung auf Vertrag beruhte, und das *Zwangsgesinde*, welches aufgrund seines Status vor allem im Bereich der Landwirtschaft zu Gesindediensten im Haushalt und in der Wirtschaft des Grundherrn bzw. Gutsherrn verpflichtet war. Im Allgemeinen Landrecht von 1794 (ALR) ist diesem Zwangsgesinde im 7. Titel des 2. Teils – dies war der Titel, der den „Bauernstand" behandelte – der Unterabschnitt „Gesindedienste der Untertanenkinder" gewidmet. Dieser Titel wurde 1807 mit den Stein-Hardenberg'schen Reformen obsolet. Bestehen blieb jedoch der 5. Titel des 2. Teils des ALR „Von den Rechten und Pflichten der Herrschaft und des Gesindes", der dem Komplex „Familie" zugeordnet war und das sogenannte *freie* Gesinde behandelte; durch die Gesindeordnung von 1810 wurde er zugleich mit seiner Ausgliederung aus dem ALR einer moderaten Modernisierung unterzogen. Neben der Vertrags*abschluss*freiheit, welche für das freie Gesinde schon vorher bestanden hatte, wurde nunmehr auch die Vertrags*gestaltungs*freiheit anerkannt, mit der ein großer Teil der gesetzlichen Bestimmungen für die Vertragspartner disponibel wurde, von der allerdings das Gesinde als der schwächere Vertragsteil in der Regel keinen Gebrauch machen konnte.

Mit dem Ende der Erbuntertänigkeit wurde auch das ehemalige Zwangsgesinde den gesetzlichen Bestimmungen über das freie Gesinde unterworfen, was dazu führte, dass die gesinderechtlichen Bestimmungen nunmehr zwei ganz unterschiedliche Personengruppen umfassten, zum einen das landwirtschaftliche Gesinde, zum anderen das Gesinde in den vor allem städtischen Privathaushalten. Ich werde mich – der Thematik des Workshops entsprechend – überwiegend mit der letzten Gruppe befassen. Auf Randunschärfen, die sich auch aus der unterschiedlichen personellen Reichweite der einzelnen Gesindeordnungen ergeben – beispielsweise hinsichtlich der Einbeziehung und Ausklammerung der Lehrlinge und Gesellen oder auch der Ammen[2] –, werde ich nicht näher eingehen.

2 Zu Personenkreis und Gruppen des Gesindes s. *Vormbaum* (wie Fn. 1), S. 26 ff.

1.3 Zur Terminologie

Wenn ich im Folgenden gelegentlich statt von 'Gesinde' von 'Dienstboten' spreche, so bediene ich mich derselben sprachlichen *variatio* wie die Gesindeordnung. Gemeint sind immer dieselben Personen: Knechte, Mägde, Dienstmädchen, Lakaien usw. – eben das Gesinde. Die 'Dienstboten' stehen dabei sozusagen als *pars pro toto.*[3]

2. Bestandsaufnahme

Im Verlauf des 19. Jahrhunderts bildete sich als die sachlich und historisch 'normale' Vertragsform für die entgeltliche Leistung abhängiger Arbeit der Dienstvertrag des gewerblichen Arbeiters heraus, der nach und nach die spezielle Form des Arbeitsvertrages annahm. Zu Beginn des Jahrhunderts stimmte freilich die Rechtslage der gewerblichen Arbeiter, soweit es solche bereits gab, in zahlreichen Elementen mit denen des Gesindes überein. Während es jedoch vor allem in der zweiten Hälfte des 19. Jahrhunderts den gewerblichen Arbeitern weitgehend gelang, die *liberalen* Errungenschaften erfolgreich für sich zu reklamieren und darüber hinaus gegen Ende des Jahrhunderts auch *eigene soziale* Fortschritte zu erkämpfen, verharrte das Gesinde bis zum Ende der Monarchie im Jahre 1918 weitgehend in derselben Rechtslage wie zu Beginn des 19. Jahrhunderts. (Was sich freilich änderte, waren die Rahmenbedingungen, welche dem Gesindewesen die *faktische* Grundlage tendenziell entzogen; darauf komme ich zurück.)

Ich will nun anhand von Einzelpunkten versuchen, ein Mosaik der Rechtsstellung des Gesindes zusammenzufügen. Die Eigenheiten des Gesinderechts durchzogen alle drei Bereiche des Rechts: Privatrecht, öffentliches Recht und Strafrecht.

2.1 Privatrecht[4]

Was das Privatrecht angeht, so sind als erstes zu erwähnen die fixen sogenannten *An- und Abzugszeiten.* Seit 1810 gehörten sie freilich zu den nur noch subsidiär gültigen Regelungen. Am häufigsten waren die Quartalsbeginne (benannt nach Weihnachten, Ostern, Johannis und Michaelis). Für die gewerblichen Arbeiter gab es solche An- und Abzugszeiten nicht; für das Gesinde mochten sie einen gewissen Schutz vor unzeitgemäßen Entlassungen bieten,

---

3 Etymologisch sind sie sogar mehr, denn das Wort 'Gesinde verweist auf ge-'sendet', also auf den Boten. Näher zur Terminologie und zur Begrifflichkeit *Vormbaum* (wie Fn. 1), S. 22 ff.

4 Einzelheiten bei *Vormbaum* (wie Fn. 1), S. 36 ff.

doch dienten sie in erster Linie dem Interesse der Dienstherrschaft an einem ruhigen, kontinuierlichen Fortgang der Hauswirtschaft; auf dem Lande schützten sie die Dienstherrschaft vor Kündigungen des Gesindes während der Ernte. Im Übrigen erleichterten sie die Überwachung des Gesindes, denn Dienstboten, welche außerhalb der üblichen An- und Abzugszeiten ohne Anstellung waren, hatten den Verdacht des Vertragsbruchs gegen sich.

Als nächstes zu nennen sind die Bestimmungen über *Doppelvermietung*. Nach der preußischen Gesindeordnung war ein Dienstbote, der sich bei mehreren Herrschaften für dieselbe Zeit verdingt hatte, verpflichtet, den Dienst bei derjenigen Herrschaft anzutreten, von welcher er das Mietgeld zuerst angenommen hatte. Der anderen Herrschaft musste er das Mietgeld erstatten und Schadensersatz leisten; zur Sicherung dieser Ansprüche war die bevorzugte Herrschaft verpflichtet, dem Gesinde den betreffenden Teil vom Lohn abzuziehen und ihn der weichenden Herrschaft zuzustellen. Diese Priorität einer bestimmten Vertragspflicht widersprach den allgemeinen Regeln des Zivilrechts, wonach ein Dienstpflichtiger, der sich mehrfach verdingt, wählen kann, wem gegenüber er seine Leistung erbringt, und den anderen Vertragspartnern aus (subjektiver) Unmöglichkeit oder Verzug haftet. Gerechtfertigt wurde diese spezielle gesinderechtliche Regelung damit, dass sich mit ihr faktische Kollisionen zwischen mehreren Herrschaften 'leicht und sicher lösen' ließen. Eine entsprechende Regelung gab es weder für Herrschaften, welche mit mehreren Dienstboten kontrahierten, obwohl sie nur einen einstellen wollten, noch unterlagen gewerbliche Arbeiter derartigen Bestimmungen.

Für das Gesinde galt eine allgemeine *Gehorsamspflicht*. Mit Eintritt in den Haushalt musste der Dienstbote sich „allen häuslichen Verrichtungen nach dem Willen der Herrschaft unterziehen"; war er ausdrücklich nur zu gewissen Arbeiten oder Diensten aufgenommen worden, so musste er „auf Verlangen der Herrschaft andere häusliche Verrichtungen mit übernehmen, wenn das dazu bestimmte Neben-Gesinde durch Krankheit oder sonst auf eine zeitlang daran verhindert (war)"; die Dienste waren „allen zur herrschaftlichen Familie gehörenden oder darin in bestimmten Verhältnissen oder bloß gastweise aufgenommenen Personen" zu leisten. „Die Befehle der Herrschaft und ihre Verweise" mussten „mit Ehrerbietung und Bescheidenheit angenommen werden". Das Gesinde war „schuldig, seine Dienste treu, fleißig und aufmerksam zu verrichten" und darüber hinaus „auch außer seinen Diensten … der Herrschaft Bestes zu befördern, Schaden und Nachteil aber, so viel an ihm ist, abzuwenden". Es war auch gehalten, „bemerkte Untreue des Nebengesindes der Herrschaft anzuzeigen". Die Unterlassung der Denunziation führte zur Schadensersatzpflicht. In anderer sprachlicher Einkleidung waren einige dieser

Regeln auch dem gewerblichen Arbeitsrecht bekannt; jedoch war eine über den Rahmen des Arbeitsverhältnisses hinausgehende Verpflichtung, den Nutzen des Arbeitgebers zu mehren, dort ebenso unbekannt wie die Pflicht zur Denunziation von Arbeitskollegen.

Feste *Arbeitszeiten* gab es nicht. Es galt der Grundsatz, dass das Gesinde seine Dienste zu jeder Tageszeit zur Verfügung zu stellen verpflichtet war. Ohne Vorwissen der Herrschaft durfte das Gesinde „sich auch in eigenen Angelegenheiten vom Hause nicht entfernen" und die dazu „von der Herrschaft gegebene Erlaubnis nicht überschreiten". Als Begrenzung diente nur der gesetzliche Appell an die Dienstherrschaft, „dem Gesinde nicht mehrere noch schwerere Dienste aufzumuten, als das Gesinde nach seiner Leibesbeschaffenheit und nach seinen Kräften ohne Verlust seiner Gesundheit bestreiten kann". *Eine* klare Regelung bestand allerdings in der Verpflichtung der Herrschaft, dem Gesinde „die nötige Zeit für die Abwartung des öffentlichen Gottesdienstes zu lassen und dasselbe dazu fleißig anzuhalten".

Hier bestand eine geradezu klassische Unterscheidung zum gewerblichen Arbeiter, der nach Ende seiner gesetzlich oder vertraglich geregelten Arbeitsstunden sein freier Herr war; das Gesinde hingegen musste auf eine individuelle Lebensgestaltung zugunsten einer umfassenden Fremdbestimmung durch die Dienstherrschaft verzichten.

Zur *Dauer und Beendigung des Dienstverhältnisses* gab es immerhin einige gesetzliche Vorschriften, welche verhindern sollten, dass auf dem Umweg über eine langjährige Vertragsdauer die abgeschaffte Leibeigenschaft wieder eingeführt wurde. Im Übrigen galt die gesetzliche Vertragslaufzeit von einem Vierteljahr bei sechswöchiger Kündigung.

Für beide Seiten gab es gesetzliche Gründe für eine sofortige Beendigung des Dienstverhältnisses. Schon die Tatsache, dass die Dienstherrschaft 19 Gründe für eine sofortige Entlassung, das Gesinde aber lediglich 6 Gründe zum sofortigen Verlassen des Dienstes geltend machen konnte, ist Indikator für ein bestehendes Ungleichgewicht, wenngleich die Zahlen allein keinen endgültigen Beweis liefern. Eine Aufzählung aller Gründe zur sofortigen Beendigung ist hier nicht möglich. Ich nenne nur diejenigen, bei denen zwischen den beiderseitigen Beendigungsrechten eine Disparität bestand:

Während der Dienstherrschaft ein Beendigungsrecht zustand, wenn das Gesinde „die Herrschaft oder deren Familie durch Tätlichkeiten, Schimpf- oder Schmähworte oder ehrenrührige Nachreden beleidigt", stand dem Gesinde ein Beendigungsgrund nur zur Seite, wenn es „durch Misshandlungen von der Herrschaft in Gefahr des Lebens oder der Gesundheit versetzt worden" ist oder wenn die Herrschaft es „auch ohne solche Gefahr mit ausschweifender und ungewöhnlicher Härte behandelt hat“; wegen Beleidigungen stand dem Gesinde bloß ein Kündigungsrecht zu. Im Übrigen war es darauf verwiesen, „für solche Beschimpfungen und üble Nachreden, wodurch [ihm] sein Fortkommen erschwert“ wurde, gerichtliche Genugtuung zu verlangen. Erst das BGB führte 1900 für beide Seiten die Kündigung „aus wichtigem Grund“ ein.

Die hohe Schwelle – Lebens- oder Gesundheitsgefahr oder ausschweifende Härte – welche für das Beendigungsrecht seitens des Gesindes im Falle von Körperverletzungen galt, war die Kehrseite des Züchtigungsrechtes der Dienstherrschaft, auf das ich noch zu sprechen komme.

Auch hier der Vergleich mit den gewerblichen Arbeitern: Nach der Gewerbeordnung von 1845 konnte das Arbeitsverhältnis durch eine „jedem Teile freistehende vierzehn Tage vorher erklärte Aufkündigung aufgelöst werden“. Zur sofortigen Beendigung waren beide Teile unter anderem im Falle der Tätlichkeit des anderen Teils sowie im Falle der Unfähigkeit des Arbeiters zur Fortsetzung der Arbeit berechtigt. Die Gewerbeordnung von 1869 übernahm diese Bestimmungen mit einigen Verbesserungen zugunsten der Arbeitnehmer; die Novelle von 1891 bestimmte, dass eine abweichende Vereinbarung über die Kündigungsfristen für beide Teile dieselbe sein musste.

Mit dem nächsten Punkt betreten wir bereits den Bereich der sozialen Schutzvorschriften. Während sich für gewerbliche Arbeiter im letzten Drittel des 19. Jahrhunderts bis hin zu § 394 BGB[5] eine Beschränkung der *Lohnaufrechnung und Lohnpfändung* durchsetzte, galt für das Gesinde bis 1918 § 68 der Gesindeordnung, wonach „wegen der Entschädigung, zu welcher ein Dienstbote verpflichtet ist, die Herrschaft sich an den Lohn desselben halten“ kann; eine Beschränkung gab es nicht.

Abschließend noch ein kurzer Blick auf die *Pflichten der Dienstherrschaft*, soweit sie nicht bereits erwähnt wurden: Neben der Pflicht zur Zahlung des Lohnes bestand die Pflicht zur Gewährung von Kost oder Kostgeld. „Offenbar der Gesundheit nachteilige und ekelhafte Speisen“ konnte das Gesinde „anzunehmen nicht gezwungen werden“. Die Herrschaft war ferner, falls „ein Dienstbote sich *durch* den Dienst oder *bei Gelegenheit* desselben eine Krankheit zu[zog], schuldig, für seine Kur und Verpflegung zu sorgen, ohne diese beim Lohn in Abzug bringen zu dürfen“. In anderen Erkrankungsfällen war die Dienstherrschaft – allerdings nur bis zum Ende der vereinbarten Dienstzeit – zur Vorsorge für erkrankte Dienstboten dann verpflichtet, wenn diese keine

5 „Soweit eine Forderung der Pfändung nicht unterworfen ist, findet die Aufrechnung gegen die Forderung nicht statt.“

gesetzlich zur Fürsorge verpflichteten Verwandten in der Nähe hatten oder wenn diese Verwandten ihrer Verpflichtung nicht nachkamen. Dies war für die Zeit zu Beginn des 19. Jahrhunderts zweifellos eine nicht unbeachtliche Verpflichtung; ob man daraus die von Arbeitgebern und konservativen Politikern immer wieder beschworene Fürsorge der Dienstherrschaft ableiten kann, erscheint freilich zweifelhaft, auch wenn es im Einzelfall eine solche Gesinnung der Dienstherrschaft gewiss auch gegeben haben wird. Jedenfalls war mit diesen Vorschriften die Lage des Gesindes eine günstigere als diejenige der Industriearbeiter, soweit es solche bereits gab. Spätestens mit der Sozialgesetzgebung des ausgehenden 19. Jahrhunderts verschob sich dieses Verhältnis jedoch zu*un*gunsten des Gesindes.

2.2 Öffentliches Recht[6]

Ich komme zum öffentlichen Recht und damit zu jenem Bereich, dessen starker Anteil am Gesinderecht – vor allem wenn man das Strafrecht einbezieht – nicht bloß ein auffälliges Element, sondern geradezu ein Charakteristikum des Rechtsgebietes ist.

Öffentlich-rechtliche Eingriffe in die Gestaltung von Arbeitsverhältnissen sind freilich eine in der Rechtsgeschichte bekannte Erscheinung. Im 19. Jahrhundert waren sie überwiegend *Schutzvorschriften* für den Arbeitnehmer – beginnend mit der Fabrikgesetzgebung der 1830er-Jahre. Im Gesinderecht hingegen dienten die Vorschriften des sogenannten 'Gesindepolizeirechts' überwiegend dem Schutz der Herrschaft gegenüber dem Gesinde.

Dies zeigen vor allem jene Bestimmungen, welche bei Nichterfüllung von Vertragspflichten statt der zivilprozessualen Klage auf Erfüllung *polizeilichen Zwang* ermöglichten. § 51 der Gesindeordnung von 1810 bestimmte: „Weigert sich das Gesinde, den Dienst anzutreten, so muss es dazu von der Obrigkeit durch Zwangsmittel angehalten werden." Nach Beginn des Dienstverhältnisses sahen die §§ 160 und 167 der Gesindeordnung für beide Seiten vor, dass sie bei unberechtigter Beendigung des Dienstverhältnisses von der Obrigkeit zu dessen Fortsetzung angehalten werden sollten. Nur für das Gesinde war jedoch vorgesehen, dass dies „durch Zwangsmittel" geschehen solle; das Schrifttum stellte in Übereinstimmung mit mehreren Reskripten des preußischen Justizministeriums klar, dass der Polizei gegenüber der Dienstherrschaft ein Zwangsrecht nicht zustehe. Auch hier ergibt ein Vergleich mit der Lage der gewerblichen Arbeiter, dass dort jedenfalls seit der Mitte des 19. Jahrhunderts

6 Einzelheiten bei *Vormbaum* (wie Fn. 1), S. 60 ff.

ein polizeilicher Zwang zur Erfüllung von Vertragspflichten nicht mehr stattfand.

Polizeilichen Charakter muss man auch einem Teil derjenigen Vorschriften zusprechen, die sich auf *Zeugnisse und Dienstbücher* bezogen. Dienstboten, welche schon einmal vermietet gewesen waren, mussten der neuen Dienstherrschaft gegenüber die rechtmäßige Verlassung der vorigen Herrschaft nachweisen. Leute, die angaben, noch nicht gedient zu haben, mussten durch ein Zeugnis ihrer Obrigkeit dartun, dass bei ihrer Annahme als Gesinde kein Bedenken obwalte. Um Dokumentationslücken zu schließen, forderten vor allem die ländlichen Gesindehalter die Einführung von obligatorischen Dienstbüchern, in denen die Atteste der früheren Dienstherrschaften sowie kriminelle Bestrafungen des Gesindes ohne Löschungsmöglichkeit eingetragen werden sollten. 1846 hatten diese Forderungen mit wenigen Abstrichen Erfolg; die neue Regelung wurde 1872 sogar auf die gesamte preußische Monarchie einschließlich der inzwischen annektierten Gebiete übertragen. Eine Parallele zu diesen Bestimmungen außerhalb des Gesinderechts kann man allenfalls in der sogenannten *Kundschaft* für wandernde zünftige Gesellen finden, die aber ihrer Natur nach zeitlich befristet war. Für Fabrik- und Manufakturarbeiter in staatlichen Betrieben gab es Arbeitsordnungen mit ähnlichen Bestimmungen; die Gewerbeordnung für den Norddeutschen Bund von 1869 erklärte jedoch ausdrücklich „die gesetzliche Verpflichtung zur Führung von Arbeitsbüchern" für aufgehoben.

Ähnlich verlief die Entwicklung beim *Streik- und Koalitionsrecht*. Noch die preußische Gewerbeordnung von 1845 enthielt – nach französischem Vorbild – ein Koalitionsverbot für gewerbliche Arbeiter; es bildete ein Hauptargument dafür, ein entsprechendes Verbot nun auch für das Gesinde und einige Kategorien landwirtschaftlicher Arbeiter aufzustellen, was dann 1854 auch geschah, sodass die kurzfristige Besserstellung des Gesindes in diesem Punkt beendet war. 15 Jahre später kehrte sich das Verhältnis dann um, denn die Gewerbeordnung von 1869 hob mit gewissen Einschränkungen die Koalitionsverbote für gewerbliche Arbeiter auf; von sozialdemokratischer Seite wurden diese Verbote als gravierendste Benachteiligung des Gesindes angesehen; freilich muss man sehen, dass für das städtische Gesinde angesichts seiner Zersplitterung auf zahllose Haushalte das Koalitionsrecht praktisch wohl ohne große Wirksamkeit gewesen wäre; es war denn auch besonders der Widerstand der *ländlichen* Gesindehalter, der das Festhalten am Koalitionsverbot für Gesinde bewirkte.

Ein wichtiger Punkt ist – last but not least – die in den 1880er-Jahren einsetzende *Sozialversicherungsgesetzgebung*. Auch hier blieben dem Gesinde in wichtigen Bereichen Errungenschaften vorenthalten, welche den gewerblichen Arbeitern zugutekamen. Zwar war es bei der Alters- und Invaliditätsversicherung den Letzteren gleichgestellt. Von der obligatorischen Mitgliedschaft in der Kranken- und in der Unfallversicherung, aus denen bereits nach kurzer Wartezeit Leistungen empfangen werden konnten, blieb es jedoch bis 1911 (Krankenversicherung) bzw. 1918 (Unfallversicherung) ausgeschlossen. Und auch die Einbeziehung in die Alters- und Invaliditätsversicherung geschah – wie die Reichsregierung offen bekannte – aus der Sorge heraus, dass zu viele Dienstboten in jene Betriebe drängen könnten, in denen diese Leistungen erwartet werden konnten.

2.3 Strafrecht[7]

Schließlich das Strafrecht. Hier lag innerhalb des öffentlichen Rechts die krasseste Besonderheit des Gesinderechts. Zwar gab es auch Strafvorschriften gegenüber der Dienstherrschaft; diese dienten jedoch nicht dem Schutz des Gesindes, sondern demjenigen anderer Dienstherrschaften – wie beispielsweise die Vorschriften über die Ausstellung unrichtiger Gesindebücher und über die Verleitung fremden Gesindes zum Vertragsbruch.

Die am meisten diskutierte Problematik nicht nur des Gesinde*straf*rechts, sondern des Gesinderechts *überhaupt* war das Züchtigungsrecht der Dienstherrschaft. Bis 1807 war es gegenüber dem Zwangsgesinde nur geringfügig eingedämmt, etwa durch das Verbot des Schlagens mit dem Stock, nicht aber mit Peitsche oder Rute; aber auch nach 1807 – also nach der Bauernbefreiung – war umstritten, ob und wo es noch ein Züchtigungsrecht gebe; erst 1860 stellte das preußische Obertribunal fest, dass das Züchtigungsrecht der Gutsherrschaft nicht mehr bestehe. Aber hier wie auch für das städtische Gesinde blieb die Rechtslage kompliziert. Die Quelle der Unsicherheit war die Formulierung des § 77 der preußischen Gesindeordnung von 1810:

> Reizt das Gesinde die Herrschaft durch ungebührliches Betragen zum Zorn, und wird im selbigen von ihr mit Scheltworten oder geringen Tätlichkeiten behandelt, so kann es dafür keine gerichtliche Genugtuung fordern.

Hieraus wurde teilweise ein Rechtfertigungsgrund in Form eines Züchtigungsrechtes abgeleitet, während die wohl überwiegende Auffassung dahin ging, dass § 77, wie es ja auch sein Wortlaut nahelegte, nur prozessuale Wirkung entfalte – was in der Praxis natürlich weitgehend auf dasselbe hinauslief. Den vereinten Kräften von Liberalen und Sozialdemokraten gelang es in den Beratungen zum BGB, einen ausdrücklichen Hinweis in Art 95 EGBGB zu

---

7 Einzelheiten bei *Vormbaum* (wie Fn. 1), S. 85 ff.

installieren, dass der Herrschaft ein Züchtigungsrecht gegenüber dem Gesinde nicht zustehe. Die obergerichtliche Rechtsprechung stellte sich jedoch auch nach 1900 auf den Standpunkt, dass § 77 der preußischen Gesindeordnung von Art. 95 nicht erfasst sei, weil er ja kein Züchtigungsrecht ausspreche, sondern nur die Klagebefugnis ausschließe. Die Wirkung der eigentlich etwas liberaleren Interpretation des § 77 verkehrte sich also in ihr Gegenteil.

Dem Züchtigungsrecht eng benachbart war die *Einschränkung des Notwehrrechts*. Nach § 79 der Gesindeordnung durfte der Dienstbote sich der Herrschaft nur dann „tätig widersetzen", wenn sein „Leben oder die Gesundheit durch Misshandlungen der Herrschaft in gegenwärtige und unvermeidliche Gefahr gerät". In diesen Zusammenhang gehört auch die Regelung über *Beleidigungen*: Nach § 78 der Gesindeordnung begründeten

> auch solche Ausdrücke und Handlungen, die zwischen anderen Personen als Zeichen der Geringschätzung anerkannt sind, gegen die Herrschaft noch nicht die Vermutung. dass sie die Ehre des Gesindes dadurch habe kränken wollen.

Beide zuletzt genannten Regelungen wurden erst durch das Inkrafttreten des norddeutschen Strafgesetzbuches im Jahre 1870 obsolet.

Strafbar machte sich das Gesinde bei *Doppelvermietung* (während für die Herrschaft im entsprechenden Fall nur zivilrechtliche Folgen eintraten): strafbar machte es sich ferner bei *Nichtantritt und unberechtigtem Verlassen des Dienstes*, bei *Widerspenstigkeit und Ungehorsam* und bei *Koalitionsbildung und Streikaufforderung*. Andere Gesindeordnungen enthielten noch zahlreiche weitere Straftatbestände.

Einige wenige Strafvorschriften, welche sich gegen die Dienstherrschaft richteten, dienten – wie schon gesagt – ganz überwiegend dem Schutz anderer Gesindehalter; die einzige Ausnahme bildete die Strafbarkeit *falscher ungünstiger Abgangszeugnisse*.

3. Kritik und Rechtfertigung

Als Ganzes und in seinen Einzelelementen war das Gesinderecht Gegenstand heftiger ideologischer und politischer Auseinandersetzungen.[8]

Die Kritiker wiesen auf die Antiquiertheit des Gesinderechts hin, bezeichneten es als eine „feudale Ruine", als „zurückgebliebensten Teil des Privatrechtssystems" und beklagten den „Geist der Leibeigenschaft", vor allem die einseitige Verteilung von Rechten und Pflichten, das Züchtigungsrecht und die Strafbarkeit des Vertragsbruches. Die Verteidiger beriefen sich auf allgemeine Prinzi-

8 Einzelheiten bei *Vormbaum* (wie Fn. 1), S. 116 ff.

pien, insbesondere auf die „gegenseitigen ethischen Pflichten", die das gewerbliche Arbeitsverhältnis nicht fordere. Sie beklagten die Verderbtheit und Faulheit des Gesindes. „Pietät, Selbstverleugnung und Liebe" müssten notfalls auch durch strenges Durchgreifen erzwungen werden.

Kritisiert wurde neben den Inhalten auch die Zersplitterung des Gesinderechts, verbunden mit der Forderung, wenn dieses schon nicht abgeschafft werden solle, es wenigstens reichseinheitlich zu regeln. Den Verteidigern des Gesinderechts war klar, dass eine solche Vereinheitlichung praktisch zur Aufhebung des Gesinderechts führen würde, weshalb sie sich ihr auch widersetzten. Verräterisch war in dieser Hinsicht die Äußerung eines konservativen Redners im Reichstag, die Einzelstaaten beanspruchten mit Recht, „in dieser Beziehung in ihrem eigenen Hause noch Herr zu sein".

Im juristischen Schrifttum wurde bis 1900 darauf hingewiesen, dass nach § 4 ALR I 1 das Gesinde „zur häuslichen Gesellschaft" gerechnet werde und dass ja in der Tat das Gesinderecht mit familienrechtlichen 'Beimischungen' versehen sei. Hauptgegenstand der Kritiker war das herrschaftliche Züchtigungsrecht, während die Verteidiger dem entgegenhielten, dass § 77 der Gesindeordnung dem Gesinde nur ein Klagerecht dagegen versage.

Dass die Gesindeordnung gemäß Art. 95 EGBGB unter die landesrechtlichen Vorbehalte fiel, war schließlich einer der erklärten Gründe für die Ablehnung des BGB durch die Sozialdemokraten – ob es auch der ausschlaggebende Grund war, ist eine andere Frage.[9]

4. Das Ende des Gesinderechts

Das förmliche Ende des Gesinderechts trat im Jahre 1918 ein. Der aus der Revolution hervorgegangene Rat der Volksbeauftragten, der sich aus Vertretern von SPD und USPD zusammensetzte, hielt die Beseitigung des Gesinderechts für so wichtig, dass er sie als einen von neun Punkten mit sofortiger Gesetzeskraft verkündete.[10] Allerdings blieb unklar, ob damit alle gesinderechtlichen Bestimmungen des Landesrechts aufgehoben seien, oder nur die benachteiligenden Sonderbestimmungen. Im Grunde war das endgültige Ende des Gesinde*rechts* erst 1968 erreicht, als Art. 95 EGBGB aufgehoben wurde.

9 Zu den Motiven für die Ablehnung des BGB durch die Sozialdemokraten siehe *Thomas Vormbaum*, Die Sozialdemokratie und das Bürgerliche Gesetzbuch. 2. Aufl., Baden-Baden 1997, S. LXXIVff.; speziell zur Haltung der Sozialdemokraten zum Gesinderecht in der Entstehung des BGB s. ebd., S. LXXVIIIf., 38 ff., 162 ff. u.ö. sowie *Vormbaum* (wie Fn. 1), S. 288 ff.

10 Näher *Vormbaum* (wie Fn. 1), S. 383 ff.

Bereits 1918 hatte das Gesinderecht freilich einen großen Teil seiner praktischen Bedeutung eingebüßt.[11] Die Industrie übte auf die städtischen Dienstboten und auf die Landarbeiter eine starke Sogwirkung aus – zunehmend auch beim weiblichen Gesinde. Von den erwerbstätigen Frauen waren 1882 noch 23 Prozent als Gesinde tätig, 1907 waren es noch 13 Prozent. Während der Kriegsjahre ab 1914 erreichte die Beschäftigung von Frauen in der Industrie ihren Höhepunkt. Aber nicht nur auf der Angebotsseite ergaben sich Verschiebungen, sondern auch auf der Nachfrageseite – teilweise als Folge jener Entwicklung. Wichtigster Faktor war die Technisierung der Haushalte: Wasserleitungen, Gaskocher, Zentralheizungen und Waschmaschinen dämpften die Nachfrage nach jederzeit verfügbaren Arbeitskräften; manche Tätigkeiten – wie Wäschewaschen, Brotbacken, Einmachen und anderes mehr –, die früher im Hause erledigt worden waren, wurden der gewerblichen Erledigung außer Haus übertragen; und schließlich diente der Entspannung auf dem Arbeitsmarkt für Dienstboten auch die Ersetzung ganztätig beschäftigter Dienstmädchen durch Aufwärterinnen, Stundenfrauen, Teppichklopfer, Waschfrauen und Köchinnen, welche außer Haus wohnten und nur zur Arbeit in den Haushalt kamen. Dies alles führte dazu, dass die Gesindeproblematik – jedenfalls in den Städten – 1918 ihre sozialpolitische Brisanz bereits zu einem großen Teil eingebüßt hatte.

So viel zum Inhalt des Gesinderechts, zu seiner Entwicklung und zu seinem Ende. Das besondere Profil der gesinderechtlichen Vorschriften lässt sich am besten im Vergleich mit der Rechtslage der gewerblichen Arbeiter formulieren: Während es diesen im Verlaufe des 19. Jahrhunderts gelang, die Koalitionsverbote abzuschütteln, und die Beseitigung der Arbeitsbücher sowie die Streichung der Strafvorschriften gegen Ungehorsam und Widerspenstigkeit durchzusetzen, um im doppelten Wortsinne 'frei' – nämlich frei von Bevormundung und frei von Schutz – zu werden, galten für das Gesinde die betreffenden Vorschriften weiter. Während es den gewerblichen Arbeitern gelang, nach und nach *Verbesserungen* wie Arbeitszeitbeschränkungen, Sozialversicherung und Gewerbegerichtsbarkeit zu erreichen, blieb das Gesinde hiervon teilweise oder ganz ausgeschlossen. Auch noch nach 1900 besaßen die zahlreichen partikularrechtlichen Gesindeordnungen aufgrund des Art. 95 EGBGB Vorrang vor dem BGB.

11 Näher zum Folgenden *Vormbaum* (wie Fn. 1), S. 345 ff.

5. Historische Einordnung

Ein solcher Sonderstrang der Rechtsentwicklung reizt zum Versuch einer allgemeinhistorischen und rechtshistorischen Einordnung. Diese würde allerdings den Rahmen dieses Beitrags überschreiten, und ich muss insoweit auf mein Buch verweisen.[12] Ich will abschließend nur noch die Ansatzpunkte für eine solche Einordnung benennen. Sie müsste meines Erachtens auf drei Ebenen fortschreitender Konkretisierung erfolgen, auf denen jeweils eine Einordnung zwischen den Polen 'feudalständische Ordnung' und 'bürgerliche Ordnung' vorzunehmen wäre.[13] Die drei Ebenen sind:

1. Gesellschaftsstruktur
2. Verbandsstruktur
3. Familienstruktur

5.1 Gesellschaftsstruktur[14]

Was die Gesellschaftsstruktur angeht, so ist die feudalständische Gesellschaft ein System von abgestuften Rechten und Vorrechten, eine soziale Skala der Ungleichheit, in welcher Teile der Ausübung staatlicher Herrschaft auf unterstaatliche Instanzen übertragen sind. Die unteren Stände sind in ihrem Verhältnis zur Staatsgewalt in vielerlei Hinsicht mediatisiert. Konstitutives Merkmal der bürgerlich-liberalen Staats- und Gesellschaftsauffassung ist die Gleichheit aller Bürger vor dem Gesetz. Daraus ergeben sich als Begriffspaare:

(1) hier rechtliche Ungleichheit – dort rechtliche Gleichheit;

(2) hier unterschiedliche rechtliche Bedingungen für verschiedene Gesellschaftsglieder – dort formalgleiche rechtliche Bedingungen für alle;

(3) hier Fürsorgeleistungen, welche nach pflichtgemäßem Dafürhalten gewährt werden – dort rechtliche, inhaltlich genau umrissene Leistungspflichten;

(4) hier Wahrnehmung öffentlich-rechtlicher, hoheitlicher Befugnisse – dort privatrechtliche Befugnisse aus Vertrag;

---

12 *Vormbaum* (wie Fn. 1), S. 134 ff.

13 Ich kann hier nicht den Begriff des 'Feudalen' bzw. des 'Feudalismus' traktieren. Es muss genügen, zentrale und nicht umstrittene Elemente des Feudalismus-Begriffes mit den kontrastierenden Elementen des Begriffs der 'Bürgerlichen Gesellschaft' zu konfrontieren. 'Bürgerliche Gesellschaft' meint hier die Zusammenfassung des kulturellen Aspekts (= Bürgerliche Kultur), des ökonomischen Aspekts (= Industriegesellschaft), des sozioökonomischen Aspekts (= Kapitalismus) und des ideologischen Aspekts (= wirtschaftlicher und politischer Liberalismus) der vom Bürgertum getragenen bzw. angestrebten Gesellschaftsform, die ihren juristischen Ausdruck im bürgerlichen Verfassungsstaat mit Garantie vor allem der Vertragsfreiheit und des Privateigentums fand.

14 Eingehender *Vormbaum* (wie Fn. 1), S. 135 ff.

(5) hier Anwendung außerökonomischen Zwangs – dort Vertrauen auf die Wirksamkeit ökonomischer Zwänge, auf die 'Macht der Verhältnisse';

Die Subsumtion der Vorschriften der Gesindeordnungen unter diese Alternativen ergibt – wie ich nicht im Einzelnen durchexerzieren kann – das Bild eines mit zahlreichen feudal-ständischen Elementen durchsetzten Verhältnisses.

5.2 Verbandsstruktur[15]

Dem überindividuellen Staats- und Gesellschaftsverständnis der feudal-ständischen und dem individualistischen Gesellschaftsmodell der bürgerlichen Gesellschaft entsprechen die Charaktere ihrer Personenzusammenschlüsse: Der 'Korporation' als allumfassendem, statusbestimmendem Verband, in den das Individuum *total* eingebettet ist, steht der 'Verein', die 'Assoziation' gegenüber, die aus dem freiwilligen Zusammenschluss von Individuen zu einem *partialen* Zweck (Sport, Gesang, Geselligkeit, Kommerz, Religion, Politik) hervorgeht. Etwas vereinfacht kann man sagen: Der bürgerliche Verein ist geprägt durch ein *Rechtsverhältnis*, die feudal-ständische Korporation durch ein *Herrschaftsverhältnis*. Die Mitglieder der Korporation stehen zueinander und zum Verband in einem *öffentlich*-rechtlichen, diejenigen der Assoziation in einem *privat*rechtlichen Verhältnis.

Alle drei Merkmale der Korporation – *totale Erfassung, Herrschaftsverhältnis, öffentlich-rechtlicher Charakter* – machen, wie ich auch hier nur in Form des Resümees feststellen kann, einen großen Teil des Gesinderechts aus.

5.3 Familienstruktur[16]

Dieser Punkt ist etwas komplizierter als die beiden vorhergehenden; dennoch will ich ihn nur sehr knapp ansprechen.[17] Das Eherecht ist eine Mischung aus institutionellen und vertraglichen Elementen. In der feudal-ständischen Gesellschaftsordnung wird der institutionelle Charakter, in der bürgerlichen Gesellschaft der Vertragscharakter von Ehe und Familie stärker betont. Theoretisch treffen wir somit auch in diesem Bereich auf das Gegenüber von individualistischer und überindividualistischer Auffassung gegenüber. Doch haben Liberalismus und Bürgertum auf kaum einem anderen Rechtsgebiet so weitgehende Zugeständnisse an tradierte Vorstellungen gemacht.[18] Die regelmäßige Erwei-

---

15 Eingehender *Vormbaum* (wie Fn. 1), S. 141 ff.

16 Eingehender *Vormbaum* (wie Fn. 1), S.144 ff.

17 Ausführlich dazu der Beitrag von *Stephan Meder* in diesem Band, S. 21 ff.

18 Siehe die klassische Darstellung bei *Heinrich Dörner*, Industrialisierung und Familienrecht. Die Auswirkungen des sozialen Wandels, dargestellt an den Familienmodellen des ALR, BGB und des französischen Code civil, Berlin 1974.

terung der Ehe zur Familie durch das Hinzutreten von Nachkommenschaft lieferte hierfür einen sachlichen Ansatzpunkt; hinzu kamen aber Lebenslänglichkeit des Eheverhältnisses, Strafbarkeit des Ehebruchs, Erschwerung oder gar Unmöglichkeit der Ehescheidung; noch das BGB enthält weite Bereiche, welche zwecks institutioneller Stabilisierung der Ehe der Disposition der Ehegatten entzogen sind. Die bürgerlich-liberale Auffassung von Ehe und Familie kann also der vorbürgerlich-vorindustriellen nicht so antithetisch gegenübergestellt werden wie die Gesellschafts- und die allgemeine Verbandsstruktur.

Dennoch gehören Wandlungen des Charakters der Familie geradezu zu den charakteristischen sozialen Merkmalen des Übergangs von der vorindustriellen zur Industriegesellschaft, denn es wandelte sich der soziale und ökonomische Bau von Ehe und Familie beträchtlich. Die vorindustrielle Familie, jedenfalls diejenige von selbständigen agrarischen, handwerklichen und kaufmännischen Gewerbetreibenden, ist soziologisch geprägt durch die Einheit von Haushalt und Beruf, Freizeit und Arbeitszeit, Familienleben und Berufsleben. Produktionssphäre und Konsumtionssphäre sind noch weitgehend ungeschieden. Im 19. Jahrhundert vollzieht sich die Trennung dieser Sphären, des beruflichen Sektors vom häuslichen Sektor.

Ein Personenkreis, der bis dahin Mitglied des Familienverbandes gewesen war – insbesondere Gesellen und Lehrlinge, aber auch ehemalige Dienstboten –, verbrachte jetzt seine Arbeitszeit im Gewerbebetrieb des Arbeitgebers, die Freizeit jedoch im Kreise der eigenen Familie; eine ähnliche Trennung der Lebensbereiche vollzog sich auch beim Arbeitgeber. Die Mehrzahl der deutschen Gesindeordnungen hingegen war noch von einem Verständnis geprägt, welches die Beziehung der Dienstherrschaft zum Gesinde in Analogie zum Eltern-Kind-Verhältnis sieht. Typische Merkmale der *patria potestas* zeigen sich im Recht zur körperlichen Züchtigung und im Erfordernis ausdrücklicher herrschaftlicher Erlaubnis zum Ausgang. Auch die Pflicht der Dienstherrschaft, das Gesinde zum fleißigen Besuch des Gottesdienstes anzuhalten, sowie die Pflicht des Gesindes, Befehle der Herrschaft „mit Ehrerbietung und Bescheidenheit entgegenzunehmen", folgen dem bis in unsere Tage gültigen Leitbild vom Verhältnis zwischen Eltern und Kindern. So zeigt sich, dass die Rechtsstellung des Gesindes den Tendenzen in der faktischen Entwicklung der Familie nicht gefolgt ist, sondern nur *in malam partem* die Elemente familiärer Beziehungen zwischen dem Gesinde und der Herrschaft enthält.

6. Resümee

Das deutsche Gesinderecht des 19. Jahrhunderts normiert nach alledem ein Rechtsverhältnis, welches zwar mit Vertrags*abschluss*freiheit und – wenn auch im Allgemeinen nur auf dem Papier – mit Vertrags*gestaltungs*freiheit Anforderungen bürgerlich-liberalen Rechtsverständnisses erfüllt, jedoch in der Regelung des Ablaufs des Vertragsverhältnisses zahlreiche Relikte feudalständischen Rechtsdenkens aufweist.

Zwei Fragen schließen sich hieran an

1. Welche Besonderheiten der *deutschen* Entwicklung führten zur Beibehaltung dieses Sonderstranges im Recht der abhängig Beschäftigten, den es im Recht unserer westlichen und südlichen Nachbarn nicht gab?
2. Sind Elemente der zur Rechtfertigung des Gesinderechts formulierten Ideologie möglicherweise ins Recht der gewerblichen Beschäftigten, das heißt ins deutsche Arbeitsrecht, hinübergewandert?

Während die zweite Frage zu verzweigt ist, um hier angemessen erörtert zu werden,[19] seien zur ersten Frage wenigstens die möglichen Diskussionsebenen skizziert. Die vor allem nach 1945 heftig diskutierte Frage nach einem deutschen 'Sonderweg' im Vergleich mit den westlichen Nachbarländern wird in den letzten Jahren zwar zunehmend relativiert, vor allem durch den Hinweis darauf, dass in einigen Sektoren eine damit verbundene Vorstellung von spezifischer Rückständigkeit sich nicht bestätigen, unter Umständen sogar widerlegen lässt.[20] Doch erscheint sie in anderen Bereichen, vor allem im gesellschaftlichen und im politischen Bereich im engeren Sinne, immer noch

---

19 Neben dem Strafrecht dürfte vor allem das Arbeitsrecht ein Rechtsgebiet sein, das sich für Untersuchungen zur Kontinuität problematischer Elemente der deutschen Rechtsgeschichte anbietet. Die *Kontinuitätsdebatte* im Strafrecht wird ausgelöst durch die Jahre des Nationalsozialismus; von dort aus geht der Blick zurück in die Zeit des ausgehenden 19. Jahrhunderts, wo sich Ansätze zu Merkmalen antreffen lassen, welche sich weiter entfaltet haben und durch die Zeit der NS-Herrschaft hindurchgehen (näher *Thomas Vormbaum*, Einführung in die moderne Strafrechtsgeschichte. 2. Aufl., Berlin / Heidelberg 2011, S. 122 ff., 277 ff.). Ähnliche Erkenntnisse dürfte die nähere Betrachtung der Geschichte des Arbeitsrechts liefern. Ausgehend von deutschrechtlichen Gedanken des ausgehenden 19. Jahrhunderts (eingehend *Helga Spindler*, Von der Genossenschaft zur Betriebsgemeinschaft. Kritische Darstellung der Sozialrechtslehre Otto von Gierkes, Frankfurt a.M., Bern 1982) über das sozialdemokratisch geprägte Arbeitsrecht der Weimarer Zeit und das nationalsozialistische Gesetz zur Ordnung der nationalen Arbeit bis hin zum Arbeitsrecht der Bundesrepublik Deutschland lassen sich ungeachtet wechselnder politischer Rahmenbedingungen zahlreiche Kontinuitätsmerkmale finden (die im Übrigen auch auf personelle Kontinuitäten gestützt sind).

20 Näher *Helga Grebing*, *Doris von der Brelie-Lewien* und *Hans Joachim Franzen*, Der „deutsche Sonderweg" in Europa 1806–1945. Eine Kritik. Stuttgart, Berlin, Köln, Mainz 1986.

ertragreich. Auf den hier interessierenden Bereich bezogen: Die Zusammenfassung zweier so heterogener Personenkreise wie des städtischen häuslichen Gesindes und der landwirtschaftlichen Arbeiter zu einem einheitlichen rechtlichen Regelungskomplex, mag sie auch historisch zufällig zustande gekommen sein, weist objektiv auf eine Koinzidenz der Interessen der entsprechenden Arbeitgeberkreise hin: der landwirtschaftlichen Großgrundbesitzer und des städtischen Groß- und Mittelbürgertums – eine soziale Melange, die vor allem in Deutschland aufgrund seiner fehlenden bzw. gescheiterten Revolution und seiner halbherzigen, obrigkeitlich induzierten Reformen besonders ausgeprägt war. Das 1871 gegründete Deutsche Reich war staatsrechtliche Ausdrucksform dieser Verhältnisse:

> ein Rechtsstaat vielleicht, aber auch ein Staat mit einem jahrelang andauernden und eher zufällig zu Fall gekommenen Ausnahmegesetz gegen die Sozialdemokratie; ein Staat mit Sozialversicherung, aber ohne Sozialreform; ein Staat mit einem Parlament, das zwar aus allgemeinen, gleichen, unmittelbaren und geheimen Wahlen hervorging und mit Budgetrecht ausgestattet war, seine Gesetzesbeschlüsse aber nur mit Zustimmung des vom Volkswillen unberührten Bundesrates durchsetzen konnte, die effektive Möglichkeit des Misstrauensvotums nicht besaß und – ebenso wie das Reich insgesamt – in seinen Kompetenzen eingeengt war durch die Rechte der Einzelstaaten und ihrer häufig (vor allem in Preußen) nach Klassenwahlsystemen gekürten Parlamente[21]

– und eben auch ein Staat des Kompromisses zwischen den Verfechtern des monarchisch-aristokratischen Obrigkeitsstaates und den Interessen des Wirtschaftsliberalismus (später der Großindustrie) unter Preisgabe zahlreicher Forderungen des politischen Liberalismus. Zu den Konsequenzen der Programmatik dieses politischen Liberalismus gehörte aber eben auch die allgemeine Vertragsfreiheit, also auch im Dienstvertragsrecht. Deren nur eingeschränkte Geltung für die vom Gesinderecht erfassten Personengruppen ging im Wesentlichen darauf zurück, dass die Vertreter des Bürgertums einerseits äußerlich durch die politische Verfassung des Reiches gebremst, andererseits innerlich durch ihre politische Schwäche und durch die Amalgamierung eines großen Teiles von ihnen mit den alten gesellschaftlichen Kräften gehemmt waren.[22] Dass das Gesinderecht in den Katalog jener Bereiche aufgenommen wurde, die im Einführungsgesetz von der reichseinheitlichen Regelung des BGB ausgenommen wurden, zeigt, dass in diesem Bereich eine bestimmte Rückständigkeit konserviert worden war. Zu einer Zeit, als das liberale Zeitalter bereits den ersten spärlichen Errungenschaften sozialstaatlichen Denkens zu weichen begann, waren Reste der vorvergangenen Epoche

21 *Vormbaum*, Sozialdemokratie (wie Fn. 9), S. LIV f.

22 Einzelne Elemente dieser Situation sind analysiert bei *Vormbaum* (wie Fn. 1), S. 150 ff.

noch nicht aufgearbeitet, und es bedurfte erst eines revolutionären Aktes, um 1918 die Anpassung der Rechtsstellung des Gesindes an diejenige der anderen Arbeitnehmer zu erreichen.

Stephan Meder

Gesinderecht als Familienrecht: 'Versorgung gegen Gehorsam' statt 'Lohn gegen Arbeit'

In der vorindustriellen Welt war ein beträchtlicher Teil der Bevölkerung in Gesindeverhältnissen tätig. Die Spannweite der Tätigkeiten, welche von den 'dienenden Klassen' allerorts verrichtet wurden, kann nicht groß genug veranschlagt werden. Sie reichte von landwirtschaftlichen Zuarbeiten über häusliche Hilfsdienste, zum Gesinde gehörten Knechte und Mägde, aber auch Vorleser und hochgebildete Lehrkräfte. Die Verschiedenheit der Dienste, die das Gesinde leistete, sollte für die rechtliche Einordnung jedoch keine Bedeutung haben. Bis in die erste Hälfte des 19. Jahrhunderts herrschte unter Juristen die Auffassung, das Gesinderecht sei dem Familienrecht zuzuordnen. Grundlage war der römische Begriff *familia*, der neben den Eheleuten, Kindern oder Enkeln auch Sklaven und Hauspersonal umfasste. Dieser weite Begriff der Familie harmonierte mit der Sozialform des 'ganzen Hauses', die in der vorindustriellen Welt bis zum Ende des 18. Jahrhunderts herrschend war.

Erst mit Aufkommen der 'bürgerlichen Familie' mehrten sich in der zweiten Hälfte des 19. Jahrhunderts die Stimmen, die eine Einordnung des Gesindeverhältnisses in das Obligationenrecht befürworteten. Von hier aus war es nur ein kleiner Schritt zur Forderung nach einer Gleichstellung der Tätigkeit des Gesindes mit einem modernen Arbeitsverhältnis. Die Diskussionen über die rechtliche Einordnung des Gesindeverhältnisses haben also nicht nur, wie häufig angenommen, systematische, sondern auch rechtspolitische Bedeutung. Der Grund liegt darin, dass Familienrecht und Schuldrecht auf differenten Formen der 'Gegenseitigkeit' beruhen. Für das Familienrecht lässt sich diese Reziprozität bis in die zweite Hälfte des 20. Jahrhunderts als Austausch von 'Versorgung gegen Gehorsam' beschreiben: Häusliche Tätigkeiten mussten im Rahmen eines 'Gewaltverhältnisses' prinzipiell unentgeltlich erbracht werden. Dagegen war das altliberale Arbeitsvertragsrecht ein rein schuldrechtliches Austauschverhältnis von 'Arbeit gegen Lohn'.[1]

Im Folgenden soll das Recht der 'dienenden Klassen' unter dem Gesichtspunkt differenter Reziprozitätsformen untersucht und der Frage nachgegangen werden, warum es so lange gedauert hat, bis das Gesinderecht aus dem Fami-

1 Siehe nur *Rehbinder* 2012: 242.

lienrecht entlassen und den 'freien' obligatorischen Arbeitsverhältnissen gleichgestellt wurde.

1. Das Gesinde in der Sozialform des 'ganzen Hauses'

Das 'ganze Haus' beruht auf der Idee des *oikos*– der 'Ökonomik', wie sie in der griechischen Antike durch *Xenophon* und *Aristoteles* begründet wurde. Von hier aus zieht sich eine Linie zur altrömischen Familie, die einen patriarchalisch aufgebauten Rechtsverbandbildete, und zwar mit dem Mann (*pater familias*) als Oberhaupt und den Personen, die seiner umfassenden Hausgewalt unterstehen. Dieser Hausgewalt des *pater familias* sind nicht nur seine Ehefrau, seine Kinder und Enkel, deren Frauen sowie die an Kindes Statt angenommenen Personen unterworfen, sondern auch Hörige, Sklaven und Dienstpersonal.[2] Etymologisch verweist *familia* auf die *famuli*, das Gesinde und die Sklaven. Den begrifflichen Anknüpfungspunkt bilden für die altrömische Familie also nicht Angehörige oder Verwandte, sondern die „vermögensbildende Arbeitskraft".[3]

Ein besonderes Merkmal der altrömischen Familie ist das Agnationsprinzip. Danach gelten diejenigen Personen als verwandt, die unter der gleichen Hausgewalt stehen. Vom Agnationsprinzip des altrömischen Rechts, welches auch das 'Gesinde' umfasst, ist das Kognationsprinzip zu unterscheiden, wonach sich die Zugehörigkeit zur Familie durch Blutsverwandtschaft ergibt. Die fortschreitende Individualisierung und das Vordringen der gewaltfreien Ehe haben in der römischen Kaiserzeit zu einer weitgehenden Verdrängung des Agnations- durch das Kognationsprinzip geführt.[4] Dadurch verkleinerte sich der Kreis von Personen, die durch den Familienbegriff erfasst wurden. Daneben bestand aber der weite, wirtschaftliche Familienbegriff fort, sofern im 'Haus' auch Sklaven und Dienstpersonal tätig waren.

---

2 Zum Aufbau der römischen *familia* siehe *Ulpian* D. 50.16.195.1–5. Für die *familia* galt (wie für die *collegia* oder Korporationen) im römischen Recht die Regel, dass mindestens drei Sklaven erforderlich sind; ausnahmsweise sollte aber auch schon ein einziger Sklave ausreichen (siehe die Quellenangaben bei *Savigny* 1840b: 276).

3 *Holzhauer* 2008: 659. Es ist daher, vor allem im 16. und 17. Jahrhundert, immer wieder die Frage aufgeworfen worden, ob Gesindearbeitskräfte mit 'verwandten Personengruppen' wie Leibeigenen oder *servis de jure Romanorum* auf die gleiche Stufe gestellt werden dürfen, vgl. *Schröder* 1992: 119–127; *Winkler* 1995; *Coing* 1985.

4 Siehe nur *Kaser / Knütel* 2008: § 61 Rn. 1, § 65 Rn. 11.

1.1 Das Gesinde als Element des vorbürgerlichen 'Familienrechts'

Vom Familien*begriff* zu trennen ist die Frage, ob die Römer das Familien*recht* als eigenständige Kategorie überhaupt schon kannten. Darüber ist insbesondere im 19. Jahrhundert lebhaft diskutiert worden. Einige Autoren verneinten dies mit dem Argument, die Römer hätten lediglich einzelne auf die Familie bezogene Regelungen formuliert, die über verschiedene Bücher des *Corpus iuris* verstreut seien.[5] Aus demselben Grund habe auch der französische *Code civil* keinen eigenen Begriff von Familienrecht ausprägen können. Heute scheint die Auffassung vorzudringen, dass ein modernes Familienrecht im Sinne einer eigenständigen Disziplin erst durch Friedrich Carl von Savigny (1779–1861) begründet wurde.[6]

In der Tat hat *Savigny* im ersten Bandseines „Systems des heutigen römischen Rechts" von 1840 den Versuch unternommen, die Eigenarten des 'Familienrechts' gegenüber anderen Teilbereichen der Rechtsordnung herauszuarbeiten. Savigny selbst glaubte aber nicht, eine neue Disziplin begründet zu haben. Von der Nichtberücksichtigung der Verwandtschaft einmal abgesehen, war das im ersten Buch der Institutionen des *Corpus iuris* Vorzufindende seiner Ansicht nach „fast ganz dasselbe, was ich oben als Familienrecht bezeichnet habe".[7] Die Folge wäre, dass das Gesinde nicht nur als Element der römischen Familie, sondern auch des römischen 'Familienrechts' zu begreifen wäre.

Das 'ganze Haus' war nach dem Ende der Antike, also im Mittelalter und in der Frühen Neuzeit, die weiterhin herrschende Sozialform. Erst gegen Ende des 18. Jahrhunderts wurde sie durch die sogenannte 'bürgerliche Kleinfamilie' allmählich verdrängt. Das besondere Merkmal des 'ganzen Hauses' besteht darin, dass Frauen und Männer gleichermaßen erwerbswirtschaftlich tätig sind.[8] Zu den Familienmitgliedern beispielsweise einer mittelalterlichen Bauernwirtschaft oder eines neuzeitlichen städtischen Gewerbes gehören auch Knechte und Mägde, Lehrlinge und Gesellen oder sonstige Bedienstete. Im Unterschied zur 'bürgerlichen Familie' kennt das 'Haus' weder eine eindeutige männliche Ernährerrolle noch eine strikte Trennung zwischen außerhäuslicher Erwerbsarbeit und privater Hausarbeit. Die Aufgabenteilung der Geschlechter

---

5 Siehe die Nachweise bei *Bextermöller* 1970: 18–22.

6 Vgl. nur *Kennedy* 2010.

7 *Savigny* 1840a: 399. Die Diskussion über den Begriff und die Entstehung des modernen Familienrechts wird heute überwiegend in der US-amerikanischen Literatur geführt. Zur Frage, ob das römische Recht, das österreichische Allgemeine Bürgerliche Gesetzbuch oder der *Code civil* schon eine Kategorie des Familienrechts kennen, siehe *Halley / Rittich* 2010: 755 f.; *Nicola* 2010: 790.

8 Siehe dazu und zum Folgenden die Nachweise bei *Meder* 2013: 129–133.

beruht auf dem Gedanken, dass der Mann die Güter ins Haus bringe und die Frau sie verwalte. Sie eröffnet der 'Hausmutter' einen autonomen, vom 'Hausvater' abgetrennten Herrschaftsbereich mit eigener Entscheidungsgewalt und Weisungsbefugnis auch gegenüber dem Gesinde. Wegen ihrer erwerbswirtschaftlichen Komponente wird die Tätigkeit der 'Hausmutter', und zwar sowohl unter dem Gesichtspunkt des Sozialprestiges als auch bei ökonomischer Betrachtung, oft höher eingeschätzt als die unbezahlte Hausarbeit der bürgerlichen Frau.

1.2 Das 'ganze Haus' als eine 'Gesellschaft' zwischen Individuum und Staat

Wie die 'bürgerliche Familie' ist auch das 'Haus' zwar hierarchisch strukturiert. Bei genauerem Hinsehen zeigen sich jedoch Unterschiede. Die Herrschaft des Hausvaters wird in Analogie zur Herrschaft des Fürsten in der ständischen Gesellschaft häufig politisch gerechtfertigt. Diese Sichtweise hat eine lange Vorgeschichte. Sie lässt sich bis auf Aristoteles zurückführen, der im ersten Buch seiner „Politik" die Herrschaft über das 'ganze Haus' als eine monarchische charakterisiert hat.[9] Grundlage ist die Idee der *polis*, wonach der Staat auf der „Gemeinschaft des edlen Lebens in den Haushaltungen und in den Familien" beruhe.[10] Es versteht sich, dass derartige 'Haushaltungen' und 'Familien' als größere Gemeinschaften oder Verbände gedacht waren, denen auch jener Kreis von Personen angehörte, die später als 'Gesinde' bezeichnet wurden. Von der Familie als 'Abbild des Staates' und einer 'Analogie' zwischen dem Souverän und dem Mann als Haupt des 'Hauses' ist auch bei dem berühmten Staatstheoretiker und Mitbegründer des modernen Souveränitätsbegriffs Jean Bodin (1529–1596) die Rede.[11] Im Anschluss an das aristotelische *polis*-Konzept meint Bodin ebenfalls, der Staat sei durch eine „mit souveräner Gewalt ausgestattete Regierung über mehrere Haushalte" gekennzeichnet.[12]

Ähnliche Definitionen finden sich so unterschiedlichen Autoren wie Ulrich Huber (1636–1694), Montesquieu (1689–1755), *Johann Georg Schlosser* (1739–1799) oder – um ein Beispiel aus dem 19. Jahrhundert zu wählen – dem Dichterjuristen Johann Heinrich Wilhelm Kirchho*ff* (1800–1861), auf dessen Bestimmungen des Verhältnisses von Gesinde, Familie und Familienrecht

---

9 *Aristoteles* 1981: 1255 b 19 und 1259 a 37. Dazu näher *Föllinger* 1996: 186–210; *Matala de Mazza* 1999: 53.

10 *Aristoteles* 1981: 1280 b 30.

11 *Bodin* 1576:107 f.

12 *Bodin* 1576: 107.

noch zurückzukommen ist. Selbst Napoleon hat in der Entstehungsphase des *Code civil* auf diese Form der Legitimation zurückgegriffen: Indem er meinte, die Gehorsamspflicht der Frau soll derjenigen des Bürgers gegenüber der Obrigkeit entsprechen, ließ er innerhalb der Familie das monarchische Prinzip in Form einer *royauté domestique* noch einmal auferstehen.[13]

Doch bleibt zu beachten, dass nach dem 'staatsrechtlichen' Modell der Familie die Vormacht des Mannes nicht, wie bei der bürgerlichen Familie, aus seiner 'natürlichen Verschiedenheit', sondern aus seinem 'Stand' innerhalb des Hauses folgt. Hausvater und Hausmutter sind mit ihren geschlechtsspezifisch ausgeformten Herrschaftsfunktionen so stark auf ein arbeitsteiliges Zusammenwirken angewiesen, dass selbst in Fällen absoluter Unverträglichkeit der Ehegatten die Nachteile einer Trennung häufig überwogen. Die untergeordnete Position der Frau steht eigener Machtausübung also nicht entgegen. Dies zeigt die neuzeitliche 'Hausväterliteratur', in welcher der Frau nicht selten eine beachtliche persönliche Eigenständigkeit zugesprochen wird.[14] In eine ähnliche Richtung weisen die Lehrer des Naturrechts, soweit sie die Idee einer Gleichheit aller Menschen auch auf die Frauen zu erstrecken suchen. So heißt es bei dem Naturrechtsphilosophen Carl Anton von Martini (1726–1800), der seit 1773 mit den Vorarbeiten zur Kodifikationen eines österreichischen Allgemeinen Bürgerlichen Gesetzbuches befasst war:

> „Weil der Hausvater, und die Hausmutter die Häupter und Regenten der Familie sind, und die Gewalt über ihre Kinder, ja auch über die Diener, welche sie durch beiderseitige Einwilligung bekommen, unter sich gemein haben, so folget daraus, dass selbe nach dem Naturrechte einander gleich seien, und eine sittliche Person ausmachen; doch kann auch ein Theil alle Gewalt alleine haben, wenn der andere stirbt, oder, wenn es beide Theile durch einen ausdrücklichen, oder stillschweigenden Vertrag also ausgemacht haben."[15]

Ähnlich steht bei dem Naturrechtslehrer Christian Wolff (1679–1754) die 'Hausmutter' nicht nur in sprachlicher, sondern auch in sachlicher Hinsicht gleichberechtigt neben dem Ehemann und 'Hausvater'. Was die Regelungen über die Rechtsstellung des 'Gesindes', der 'Hausgenossen' (*domestici*) oder 'Glieder des Hauses' anbelangt, so betont Wolff die gemeinsame Pflicht der Eheleute, Hausgesetze (*leges domesticae*) zu erlassen.[16]

---

13 Vgl. *Holthöfer* 1982: 906. Gleichwohl ist in Frankreich das Recht der 'dienenden Klassen' nicht als Familien-, sondern als Schuldverhältnis qualifiziert worden (siehe nachstehend Fn. 20).

14 Siehe nur *Hoffmeister* 1810: 191, 200–201.

15 *Martini* 1784: § 476 (S. 212 f.).

16 *Wolff* 1754: §§ 964–968 (S. 692–695); ähnlich *Martini* 1784: §§ 476–480 (S. 212–214).

Hintergrund ist abermals der Gedanke, dass der Staat in mehr oder weniger autonome Einheiten gegliedert ist, wozu neben der Familie als kleinster 'Gesellschaft' auch Gilden, Zünfte, Dorfverbände, guts- und lehnsherrliche Kreise, geistliche Stiftungen oder städtische Gemeinden gehören.[17] Alle diese Gruppen oder Verbände sind befugt, sich selbst ihre Verfassungen und Normen, namentlich in Form von Statuten, zu geben.[18]

Dies bringen auch die Regelungen im Ersten Titel des Allgemeinen Preußischen Landrechts (ALR) von 1794 noch zum Ausdruck, wo es heißt: „Die bürgerliche Gesellschaft besteht aus mehreren kleineren [...] verbundenen Gesellschaften und Ständen." (ALR I 1 § 2). Dabei ist überall vorausgesetzt, dass das Gesinde zur Familie gehört.[19] So rechnet auch das Allgemeine Preußische Landrecht das Gesinde „mit zur häuslichen Gesellschaft".[20]

1.3 Das vorbürgerliche Familienrecht als Teil des Öffentlichen Rechts

Je mehr die Territorialstaaten jedoch versuchten, das Recht durch staatliche Gesetzgebung zu vereinheitlichen und zu monopolisieren, desto weniger Spielraum blieb der autonomen Rechtsetzung. Dabei wurde der mehr und mehr allmächtig werdende Begriff der 'Polizei' zur Quelle zahlreicher Restriktionen

---

17 Zur Autonomie als Rechtsquelle siehe *Meder* 2009: 47–90; *Mecke* 2009: 219–220; *Kremer* 2012: 3–32. Siehe ferner *Friedrich* 1975: 114–119.

18 Verbreitet war die Idee eines föderalen Gesellschaftsaufbaus, wonach zwischen Individuum und Staat fünf 'Gesellschaften', nämlich Familie, Berufsgenossenschaft, Gemeinde (Stadt) und Provinz (Land, Territorium) als notwendige Gliederungen standen (*Gierke* 1968: 244, 227 f.). Dass immer wieder Versuche, und zwar nicht nur von Seiten der Wissenschaft, sondern auch der Gesetzgebung unternommen wurden, die Familie als 'juristische Person' zu qualifizieren, erscheint daher nur folgerichtig, vgl. *Ebel* 1978. Gegen diese Einordnung etwa *Savigny* 1840b: 238–239; *Puchta* 1851: 501–503.

19 Siehe auch den von *Wiguläus Xaver Aloys Freiherr von Kreittmayr* (1705–1790) verfassten Codex Maximilianeus Bavaricus Civilis von 1756: Die Familie begreift „nicht nur Eheleut, Kinder und Eltern, sondern auch Dienstboten, Anverwandt- und Verschwägerte in sich" (1. Theil, 4. Kapitel § 1).

20 ALR I 1 § 4. Grundlage der von unten nach oben aufsteigenden Systematik des Preußischen ALR bildet die Gesellschaftslehre des *Wolff*-Schülers *Daniel Nettelbladt* (1719–1791), siehe die Nachweise bei *Gierke* 1968: 262. Dass in Frankreich das Recht der 'dienenden Klassen' nicht dem Familienrecht, sondern dem Schuldrecht zugeordnet wurde (vgl. *Schröder* 1992: 157 f.), dürfte auch verfassungsrechtliche Gründe haben. Denn anders als in der deutschen föderalen Tradition spielten im Zentralismus des französischen Absolutismus autonome 'Gesellschaften' zwischen Staat und Individuum, wenn überhaupt, nur eine geringe Rolle.

des korporativen Lebens.[21] Es nimmt daher nicht Wunder, dass die Vorschriften des Preußischen Allgemeinen Landrechts zum Gesinderecht schon wenige Jahre nach seinem Inkrafttreten durch die preußische Gesindeordnung von 1810 ersetzt wurden.[22]

Aus der Nähe der Familie zum Staat oder anderen mit hoheitlicher Gewalt ausgestatteten Verbänden hat Anton Friedrich Justus Thibaut (1772–1840) in seinem „System des Pandekten-Rechts" Konsequenzen gezogen, wenn er das Familienrecht zum Öffentlichen Recht – oder genauer: zum „Polizey-Recht" zählt.[23] Dabei versteht sich, dass mit 'Polizey-Recht' nicht die heutigen Vorstellungen über die Aufgaben der Polizei gemeint sein können. In der Epoche des absoluten Staates bzw. des Natur- und Vernunftrechts war der Begriff der Polizei nicht auf den Bereich der Gefahrenabwehr beschränkt. Vielmehr gehörte dazu die Förderung der Wohlfahrt aller Untertanen, die auch das private Wohl und das persönliche Glück der Menschen umfasste.[24] Auf einem solchen 'wohlfahrtsstaatlichen' Polizeibegriff beruhen die Überlegungen von Thibaut, wenn er meint, in das „Polizey-Recht der Pandekten" gehöre vor allem „die Lehre von dem Schutz, unter welchen der Staat die, eines Vorgesetzten bedürfenden Personen gestellt hat".[25]

Auch für Thibaut ist der Gedanke leitend, dass der Mann „mit seiner Familie in eben dem Verhältnis, wie der Regent zum Bürger, stehe".[26] Nicht die Ehe, sondern der Schutz des hilfsbedürftigen Individuums, für das der Staat mittels Institutionen wie 'väterliche Gewalt' oder 'Vormundschaft' zu sorgen hat, bildet den Ausgangspunkt seines öffentlich-rechtlichen Familienrechts. Folgerichtig gliedert Thibaut das „Polizey-Recht" in zwei Hauptabschnitte, von denen der eine die „väterliche Gewalt" und der andere die „Vormundschaften" behandelt. Die Ehe unterfällt dem Abschnitt über die väterliche Gewalt, wobei das personale Verhältnis der Gatten vergleichsweise knapp behandelt wird. Thibaut meint, die Frau sei in der Ehe der „Gewalt" ihres Mannes unterworfen und müsse „ihre Handlungen nach seinem Willen einrichten". Auch von

---

21 Nachweise bei *Meder* 2009: 64. Vor diesem Hintergrund ist die Aussage zu verstehen, die Gesindeordnungen hätten in die Autonomie der Familien eingegriffen, vgl. *Ramm* 1990: 437–441.

22 Vgl. den Überblick über die Gesindeordnungen in verschiedenen deutschen Territorialstaaten im 19. Jahrhundert bei *Vormbaum* 1980: 162–236.

23 *Thibaut* 1803: §§ 304–516.

24 *Drews et al.* 1986: 1–15; *Foucault* 2006: 463 f. (Vorlesung 12). Grundlegend hierzu *Simon* 2004.

25 *Thibaut* 1803: § 305.

26 *Thibaut* 1803: § 307.

„ehelicher Vormundschaft“ ist die Rede: Ein solches Recht habe der Mann oft „nach deutschen Statuten“, doch sei „dies kein gemeines Recht“.[27]

Worin der Unterschied zwischen ehelicher Gewalt und ehelicher Vormundschaft liegen soll, hat Thibaut zwar nicht erläutert.[28] Doch ist davon auszugehen, dass in dem Über- und Unterordnungsverhältnis zwischen ‘Haupt’ und ‘Gliedern’ der Grund dafür liegt, die Regelungen der Familienbeziehungen systematisch dem Öffentlichen Recht zuzuweisen. Dieser Ansatz harmoniert mit den Bestimmungen in den Gesindeordnungen, die das Verhältnis der Dienstherrschaft zum Gesinde in Parallele zur Eltern-Kind-Beziehung begreifen. Das Merkmal der Unterworfenheit der ‘Glieder’ unter das ‘Haupt’ (*patria potestas*) kommt in einer ganzen Reihe gesinderechtlicher Regelungen zum Ausdruck, von denen das Recht zur körperlichen Züchtigung besondere Hervorhebung verdient.[29]

2. Das Gesinde in der ‘bürgerlichen Familie’

Während also Aufklärer, Legislatoren und frühe Pandektisten wie Wolff, Martini oder Thibaut noch die Sozialform des ‘ganzen Hauses’ vor Augen haben, wenn sie die Rechtsverhältnisse innerhalb der ‘häuslichen Gesellschaft’ zu bestimmen suchen, beginnt sich nach der Wende zum 19. Jahrhundert die Struktur der Familie radikal zu wandeln. Der Grund liegt im Aufkommen der ‘bürgerlichen Familie’. Ihre Hauptmerkmale sind oft beschrieben worden: An erster Stelle wäre die Trennung zwischen Konsumtions- und Produktionssphäre nennen. Hinzu kommen die affektvolle, emotionale Bindung der Mitglieder der Familie und ihre Beschränkung auf einen privaten Kreis von Eltern, Kindern und näheren Verwandten. Darüber hinaus haben sich die Rolle der Frau, die Funktionen des Gesindes und auch die Begründungsmuster ehemännlicher Herrschaft gewandelt. In der neu entstehenden bürgerlichen Schicht, wo Frauen sowohl von grober und harter Arbeit freigestellt als auch von überkommenen Leitungsfunktionen entbunden werden, kann sich das traute Bild der ‘Gattin, Hausfrau und Mutter’ etablieren. Die auf den engen Kreis der Familie beschränkte fleißige und züchtige Frau, die ihrer natürlichen Bestimmung mit Liebe nachkommt, unterscheidet sich nun stark vom bürgerlichen Mann, der draußen das harte und feindliche Leben meistern muss.

---

27 *Thibaut* 1803: § 408.

28 In beiden Fällen handelt es sich um ein ‘Gewaltverhältnis’, welches seit Antike und Mittelalter unter Stichworten wie *manus*, Munt oder *mundium* erörtert wurde, vgl. *Meder* 2008.

29 Vgl. *Vormbaum* 1980: 137, 140, 149 (zur allgemeinen Gehorsamspflicht des Gesindes siehe auch nachstehend 2.2 bei Fn. 39).

Die Änderungen der sozialen Verhältnisse führten dazu, dass das Gesinde mehr und mehr an den Randbereich der Familie gedrängt wurde. Es sollte aber noch lange dauern, bis das Gesinderecht nicht mehr im Rahmen eines 'Gewaltverhältnisses', sondern als Form eines modernen 'Arbeitsverhältnisses' betrachtet wurde.[30] Die Rechtswissenschaft sah sich durch den gesellschaftlichen Wandel zunächst vor zwei Fragen gestellt: ob erstens das Familienrecht entweder dem Privatrecht oder dem Öffentlichen Recht angehört und ob zweitens das Gesinderecht überhaupt noch als Teil des Familienrechts zu begreifen ist.

2.1 Das Familienrecht als Teil des Privatrechts

Für die Einordnung des Familienrechts in das Privatrecht wurde im 19. Jahrhundert die Tatsache maßgebend, dass es mit rechtlichen Beziehungen der Bürger untereinander zu tun hat. Ein besonderes Verhältnis zum Staat oder anderen mit hoheitlicher Gewalt ausgestatteten Verbänden ist dabei nicht mehr angenommen worden. Dies soll aber nicht heißen, dass die Autoren des 19. Jahrhunderts die Verbindungen von Familienrecht und Öffentlichem Recht aus den Augen verloren hätten. Eine Nähe haben sie beispielsweise darin gesehen, dass im Familienrecht der Einzelne als Glied eines Verbandes erscheint, in dem „die Keime des Staates enthalten" sind.[31] Weiterhin werden auch 'Herrschaft' und 'Untertänigkeit' als Merkmale noch genannt, die nicht nur durch den Staat oder entsprechende intermediäre Akteure, sondern auch durch die Familie begründet werden können.[32] Die Bedeutung des Familienrechts für den Staat war also auch im 19. Jahrhundert unbestritten, nur dass die meisten Autoren darin kein Hindernis mehr für die systematische Einordnung als Privatrecht erblickt haben.

Dies gilt auch für Savigny. Wie schon angedeutet, wird er heute als Begründer der wissenschaftlichen Disziplin des Familienrechts angesehen, weil er der Familie erstmals einen eigenen Standort innerhalb des Rechtssystems zugewiesen hat. Das besondere Merkmal des Familienrechts sieht Savigny darin, dass es im Vergleich zu anderen Gebieten des Privatrechts einen hohen Anteil zwingenden Rechts aufweist. Beispiele wären Monogamiegebot, Lebenszeitprinzip, Scheidungsvoraussetzungen sowie Namens- oder Adoptionsrecht, die alle dem *ordre public* unterliegen und privatautonomer Gestaltung entweder ganz entzogen oder nur in engen Grenzen zugänglich sind. Dieses zwingende

30 Dazu nachstehend 3.2 und 4.

31 Z.B. *Savigny* 1840a: 343, 344.

32 Z.B. *Regelsberger* 1893: 203.

und Geboten der Sitte dienende Recht nennt Savigny auch *jus publicum*.[33] Hier genügt es festzuhalten, dass Savigny das Familienrecht zwar als Teilbereich des Privatrechts begreift, seine Besonderheit aber darin sieht, dass es mehr durch sittliche bzw. öffentliche Elemente geprägt ist als beispielsweise das Schuld- oder Sachenrecht.[34]

2.2 Das Gesinderecht als Element privaten Familienrechts

Was die zweite Frage, also die rechtliche Einordnung des Gesindeverhältnisses anbelangt, so hat es auch in der ersten Hälfte des 19. Jahrhunderts eine ganze Reihe von Autoren gegeben, die der Auffassung waren, dass das Gesinde dem Begriff der Familie unterfällt. So meinte der bereits erwähnte Jurist Johann Heinrich Wilhelm Kirchhoff:

> „Wenn nämlich ein Mensch Frau oder Kinder oder Gesinde hat, so ist eine sogenannte Familie da, folglich besteht das Familienrecht aus der Lehre von den Rechten zwischen den Ehegatten, von den Rechten zwischen Herrschaft und Gesinde [...]. Jede Familie [...] bildet heut zu Tage als erster und nächster Verbandeinen Staat im Staate.“[35]

Das rechtliche Verhältnis des Gesindes mit dem „Hausherrn als Familienoberhaupt“ qualifiziert Kirchhoff als „Contract“.[36] So sahen es die meisten Gesindeordnungen und auch bereits das Preußische Allgemeine Landrecht, wo es heißt:

> „Das Verhältnis zwischen Herrschaft und Gesinde gründet sich auf einen Vertrag, wodurch der eine Teil zur Leistung gewisser häuslichen Dienste auf eine bestimmte Zeit, so wie der andere zu einer dafür zu gebenden bestimmten Belohnung sich verpflichtet.“ (ALR II 5 § 1).

Wie bei der Ehe handelt es sich freilich auch bei der Beschäftigung von Gesinde um einen speziellen Vertrag, in welchem Gesichtspunkte des *jus publicum* und damit sittliche bzw. öffentliche Elemente vermehrt zur Geltung kommen.[37]

---

33 Zu den Merkmalen dieses Begriffs und seiner Abgrenzung vom ‘Öffentlichen Recht’, *Meder* 2013: 15–18.

34 Zu *Savignys* Idee einer selbstregulativen Kompetenz der Sitte und deren Folgen für die rechtliche Einordnung des Familienverhältnisses siehe *Meder* 2010: S.70–72.

35 *Kirchhoff* 1835: 16 f. Ähnlich *Holzschuher* 1856: 160–162. Zu weiteren Autoren, die im 19. Jahrhundert das Gesinderecht noch als Teil des Familienrechts betrachtet haben, *Bextermöller* 1970: 10–11; *Schröder* 1992: 115–118; *Ders.* 1995: 35, 37–38.

36 *Kirchhoff* 1835: 16 f.

37 Der Vertragscharakter betrifft, wie bei einer Eheschließung, im Wesentlichen die Entstehung des Rechtsverhältnisses, das im Anschluss, mit welcher Begründung auch immer (z.B. stillschweigender Unterwerfungsvertrag), zu einem ‘Gewaltverhältnis’ mutiert (siehe dazu nachstehend 3).

Dies zeigt sich etwa darin, dass die Fürsorgepflicht des Dienstherrn gegenüber dem Gesinde zu großen Teilen nicht geregelt, sondern den Geboten von Sitte, Ethik oder Moral überlassen war. So wollten es Gesindeordnungen der 'allgemeinen Menschenliebe' des Dienstherrn anheimstellen, ob und inwieweit er Schutz bei Unfällen oder Erkrankungen gewährte.[38]

Die 'Grundnorm', welche das Gesinderecht bestimmte, war die allgemeine Gehorsamspflicht.[39]Daraus folgte, dass sich das Gesinde nicht ohne Vorwissen der Herrschaft entfernen durfte, seine Dienste zu jeder Tages- und Nachtzeit bereitstellen oder auch andere als ursprünglich vereinbarte Tätigkeiten übernehmen musste. Eine gewisse Grenze bildete allenfalls der gesetzliche Appell an die Dienstherrschaft, dem Gesinde nicht mehr zuzumuten, als es nach seinen Kräften ohne Verlust der Gesundheit zu leisten imstande war.[40] Im Grunde handelte es sich bei derartigen Regelungen lediglich um Konkretisierungen jenes 'Gewaltverhältnisses', welches für das zeitgenössische Familienrecht charakteristisch war und in dem berühmten 'Gehorsamsparagraphen' des französischen *Code civil* von 1804 seinen vielleicht deutlichsten Ausdruck gefunden hatte.

3. Forderungen nach einer Ausgliederung des Gesinderechts aus dem Familienrecht

In der zweiten Hälfte des 19. Jahrhunderts mehrten sich die Stimmen, die eine Einordnung des Gesinderechts in das Familienrecht ablehnten. Insbesondere sei es unzulässig, den römisch-rechtlichen Begriff *familia* als Grundlage heranzuziehen, weil dessen weite Bedeutung als 'Vermögen' den veränderten Gegebenheiten nicht mehr gerecht werde.[41] Gegen Ende des 19. Jahrhunderts stieß die rechtliche Sonderbehandlung des Gesindes auf immer schärfere Kritik. Die Gegner der gesinderechtlichen Vorschriften verwiesen nun auf die Unterschiede zu anderen Arbeitergruppen und betonten ihre Antiquiertheit,

---

38 Siehe die Nachweise bei *Vormbaum* 1980: 57. Ähnlich postulierte *Christian Wolff* „allgemeine Liebespflichten" des Dienstherren, die freilich ebenfalls nicht im Sinne einer rechtlichen Fürsorgeverpflichtung zu begreifen waren, vgl. die Nachweise bei *Schröder* 1995: 36.

39 Nachweise bei *Vormbaum* 1980: 42–43. Siehe auch *Frühsorge* 1995 (sowie vorstehend 1.3 bei Fn. 29) sowie den Beitrag von *Vormbaum* in diesem Band.

40 Nachweise bei *Vormbaum* 1980: 44.

41 So argumentierte z.B. *Neuner* 1866: 33. Siehe auch *Böcking* 1854: 130; *Bekker* 1886: 77. Über die Frage, was sich eigentlich geändert hatte, herrschten oft nur unklare Vorstellungen. Dass es sich um die Ablösung der Sozialform des 'ganzen Hauses' durch die bürgerliche Kleinfamilie handelte, ist vorstehend bereits ausgeführt worden.

indem sie die Gesindeordnungen als „feudale Ruine“ bezeichneten.[42] In diese Richtung zielt auch die Kritik des österreichischen Rechtswissenschaftlers und Sozialtheoretikers Anton Menger (1841–1906):

„Nun kann man aber mit gutem Grunde behaupten, dass kein Teil unseres Privatrechtssystems so zurückgeblieben ist und so sehr an die Leibeigenschaft und an ähnliche gewalttätige Herrschaftsverhältnisse der feudalen Gesellschaftsordnung erinnert, wie das Gesinderecht“.[43]

3.1 Der Austausch von 'Versorgung gegen Gehorsam'

In der Tat ist die Rechtsstellung des Gesindes dadurch gekennzeichnet, dass es seine Leistungen unter den Bedingungen von Ungleichheit zu erbringen hat, wie in der allgemeinen Gehorsamspflicht offenkundig wird. Dabei handelt es sich freilich nicht nur um eine 'feudale' Ungleichheit, sondern auch um jene Art von Ungleichheit, wie sie für ein patriarchalisches Familienmodell charakteristisch ist.[44]

Die Leitidee dieses Modells lässt sich am Beispiel des Eherechts veranschaulichen, das in Deutschland bis 1958 herrschend war. Danach hatte der Mann die finanziellen Lasten einer Ehe zu tragen, während die Frau einer allgemeinen Gehorsamspflicht unterworfen (§ 1354 BGB) und zur Führung des Haushalts verpflichtet war (§ 1356 BGB). Für die geschlechtsspezifische Arbeitsteilung folgt daraus: Die Leistungen der Ehepartner stehen in einer Beziehung der Reziprozität, des Austausches oder eines *do-ut-des*-Verhältnisses, wobei der Mann finanzielle Mittel und die Frau die unentgeltliche Erbringung 'häuslicher Dienste' schuldet. Wer 'zahlt', gilt als 'Haupt der Familie', dem zugleich die Entscheidungsgewalt zusteht. Letztlich handelt es sich also um einen 'Austausch' von 'Versorgung gegen Gehorsam', auf dem das patriarchalische Familienmodell beruht.[45]

Diese Art von 'Austausch', 'Gegenseitigkeit' oder Reziprozität kennzeichnet auch das Gesinderecht, soweit es mit Personengruppen wie Leibeigenen, Hörigen oder Sklaven in Zusammenhang gebracht wird. Auch hier stehen sich die Gewährung von Unterhalt auf der einen und Gehorsam oder Treue auf der

---

42 Vgl. nur *Mehring* 1910. Näher *Vormbaum* 1980: 134–144 (siehe auch die Nachweise vorstehend 1 bei Fn. 3).

43 *Menger* 1889: 162 (mit dem Hinweis, dass das Gesinde „zum überwiegenden Teile aus gedrückten und geduldigen Frauenspersonen“ bestehe).

44 Zu den strukturellen Gemeinsamkeiten von Lehnswesen und patriarchalischem Familienmodell siehe *Meder* 2012: 137–142.

45 Zu den Einzelheiten siehe *Meder* 2013: 247–249.

anderen Seite als gleichrangige Pflichten gegenüber. In Parallele zu dem im 17. und 18. Jahrhundert in den USA verbreiteten Modell der *indentured servitude* („Schuldknechtschaft") fehlt der Gesindearbeit damit ein wichtiges Merkmal des neuzeitlichen Arbeitsverhältnisses.[46] Denn als Glied der Familie arbeitete das Gesinde nicht für seine Existenz als Individuum oder um seiner materiellen Bedürfnisse willen. Zwar wurde dem Gesinde ein Minimum dessen garantiert, was es zum Leben benötigte. Doch geschah dies nicht aus Interesse an der einzelnen Person, sondern als Bedingung des Einsatzes ihrer Arbeitskraft. Die Gewährung von Unterhalt folgte also „ganz anderen Erwägungen als bei einem Entgelt, das der Arbeitende für seine Tätigkeit bezieht".[47]

An diesem Befund vermag auch der Umstand nur wenig zu ändern, dass die Herrschaft gegenüber dem sogenannten 'freien' Gesinde verpflichtet war, für dessen „häusliche Dienste" eine „bestimmte Belohnung" zu erbringen.[48] Denn diese Verpflichtung bezieht sich in erster Linie auf die Gewährung von Kost und Unterkunft, also abermals auf 'Versorgung'. Daneben kannten einige Gesindeordnungen auch Bestimmungen über den Anspruch auf Geschenke, etwa an Festtagen wie Weihnachten oder Neujahr. Ferner gab es Lohntaxen, die in den Gesindeordnungen bisweilen sehr detailliert geregelt waren. Diese Taxen, die oftmals zwingenden Charakter hatten, dienten aber nicht unbedingt den wirtschaftlichen Interessen einer individuellen Arbeitskraft. Aus ihnen lässt sich nicht darauf schließen, dass das Gesinde über die Leistung von Unterhalt hinaus noch nennenswerte zusätzliche geldwerte Vorteile für seine Tätigkeit in Anspruch nehmen konnte. Denn die Taxen hatten vornehmlich die Funktion, Höchstgrenzen des Lohnes festzulegen, um die Abwerbung von Dienstpersonal zu verhindern oder zumindest zu erschweren.[49]

---

46 Diese Verbindungen hat *Winkler* überzeugend herausgearbeitet (*Winkler* 1995: 286, 292, 295–307).

47 *Winkler* 1995: 292. Vor diesem Hintergrund nimmt es nicht Wunder, dass auch die Rechtsstellung der Frau schon mit der eines Sklaven verglichen wurde. So nennt *John Stuart Mill* (1806–1873) Beispiele, in denen die Stellung von Sklaven sogar besser sei: „'Onkel Tom' hat bei seinem ersten Herrn seine 'Hütte' und lebt darin beinahe ebenso, wie jeder Mann, dessen Beruf ihn vom Hause entfernt, in seiner Familie zu leben imstande ist. Ganz anders ist dies mit der Frau. Vor allen Dingen hat in christlichen Ländern die Sklavin das Recht, ja sogar die moralische Verpflichtung, ihrem Herrn die äußerste Vertraulichkeit zu verweigern", während in einer Ehe der Mann von der Frau „die tiefste Erniedrigung, die einem menschlichen Wesen nur zugemutet werden kann", verlangen dürfe, *Mill et al.* 1869: 54.

48 Vgl. nur die vorstehend 2.2 aufgeführte Regelung von ALR II 5 § 1.

49 Nachweise bei *Vormbaum* 1980: 39–40. Zum Versorgungscharakter der 'Belohnungen' siehe auch *Schröder* 1995: 34 und insbesondere 36 f.

Wie die Leistungen der Frau im Haushalt standen also auch die Tätigkeiten des Gesindes unter der Prämisse struktureller Unentgeltlichkeit. Auch hier handelte es sich letztlich um einen 'Austausch' von 'Versorgung' gegen 'Gehorsam', wie er nicht nur für das Lehnsverhältnis als Kernelement „alteuropäischer Ökonomik" (Otto Brunner), sondern auch für das patriarchalische Familienmodell typisch ist.[50] Demgegenüber hat der Umstand, dass die Herrschaft bisweilen auch Leistungen in Geld erbracht hat, eher zweitrangige Bedeutung. Denn solche Leistungen, wie etwa das 'Kostgeld', dienten in erster Linie der Versorgung innerhalb der Familie und nicht zum Aufbau einer eigenständigen wirtschaftlichen Existenz jenseits der Familie.[51]

3.2 Vom patriarchalischen Familienmodell zum egalitären Arbeitsverhältnis

Die Trennung von Produktions- und Konsumtionssphäre, die neue Arbeitsteilung der Geschlechter und die Beschränkung auf die Kernfamilie hatten zwar zur Folge, dass das Gesinde mehr und mehr an den Rand der Familie gedrängt wurde. Doch sollte es noch lange dauern, bis das Gesinde auch in rechtlicher Hinsicht aus der Familie entlassen und das familiale Gewaltverhältnis durch ein 'freies' obligatorisches Vertragsverhältnis, das heißt die moderne Form eines gewerblichen Arbeitsvertrags abgelöst wurde.[52] Einer der Gründe mag darin liegen, dass nicht nur die Dienstboten den Befehlen der Dienstherrschaft, sondern auch Fabrik- oder Landarbeiter den Anordnungen ihrer 'Arbeitsherren' unterworfen waren. Die Pflicht des Gesindes, seine Dienste zu jeder Tageszeit bereitzustellen, korrespondierte mit der immensen Zahl an Arbeitsstunden der gewerblichen Arbeiter, die ebenfalls nur wenig Raum für Erholung und Freizeit ließ. Es war nicht einmal auszuschließen, dass die 'Fürsorge' eines Dienstherren gegenüber seinem Gesinde bisweilen über den sozialen

---

50 In den Defiziten eines Austauschs von Versorgung gegen Gehorsam dürfte auch der Hauptgrund dafür liegen, warum so oft behauptet wurde, das Gesinde sei „immer frech und unverschämt" gewesen (vgl. den Titel der Monografie von *Schröder* (1992) „Das Gesinde war immer frech und unverschämt."). Umgekehrt musste der Dienstherrschaft das Züchtigungsrecht als unverzichtbares Mittel zur Verstärkung einer unter diesen Umständen verständlicherweise nur schwach entwickelten Arbeitsmotivation erscheinen.

51 Daher auch der Satz 'Das Gesinde hat ledig zu bleiben'. Zum Zölibatsverlangen gegenüber den Bediensteten siehe die Hinweise bei *Vormbaum* 1980: 155; ferner *Winkler* 1995: 283 (Einschränkungen der Eheschließungsfreiheit). Daneben gab es auch einen temporären Gesindedienst, der eine Durchgangsstation im Lebenslauf bildete und in dem beispielsweise für die Gründung eines eigenen Hausstandes angespart wurde, vgl. *Reinhard* 2004: 214–216.

52 Vgl. *Vormbaum* 1980: S. 124, 154, 302; siehe auch *Bextermöller* 1970: S. 10–12.

Schutz hinausging, den beispielsweise ein Fabrikarbeiter in jener Zeit von seinem 'Arbeitsherrn' erwarten konnte.[53]

Derartige Vergleichspunkte oder Parallelen dürfen aber nicht darüber hinwegtäuschen, dass es einen großen Unterschied bedeutet, ob ein Arbeitsverhältnis entweder als schuld- oder als familienrechtliche Beziehung qualifiziert wird. Denn im Schuldrecht herrscht das Prinzip der Privatautonomie in Gestalt formaler Gleichheit und Freiheit. Das altliberale Arbeitsvertragsrecht war als obligatorisches Austauschverhältnis von 'Arbeit gegen Lohn' konzipiert. Als Antwort auf die seit 1830 immer drängendere 'soziale Frage' entstand zwar ein Arbeitsschutzrecht, welches darauf zielte, die strukturellen Ungleichgewichte aufseiten der Arbeitnehmerschaft gegenüber den Arbeitgebern zu kompensieren. Trotz aller Unterlegenheit der Lohnabhängigen gegenüber ihren 'Arbeitsherren' ist das Arbeitsrecht im Grundsatz aber egalitär. Denn es versucht mit seinen Mitteln, ein Höchstmaß an Vertragsfreiheit dadurch zu erreichen, dass es durch eine sozial verträgliche Beschränkung der Privatautonomie der strukturellen Unterlegenheit der Arbeitnehmer entgegenwirkt.[54]

Zu den wichtigsten Zielen eines durch das Sozialstaatsprinzip geprägten 'modernen' Arbeitsrechts gehört es, die faktischen Voraussetzungen für ein selbstbestimmtes Handeln des Arbeitnehmers sicherzustellen. Insoweit unterscheidet es sich von einem Modell, dessen Ordnungsprinzip auf einem 'Gewaltverhältnis' mit dem Gedanken eines Austauschs von 'Versorgung gegen Gehorsam' beruht. Hier ist die Ungleichheit der Partner die Leitidee. Sie wurde im Gesinderecht erst 1918 mit Außerkraftsetzung der Gesindeordnungen beseitigt.[55] Auch im Familienrecht ist das patriarchalische durch ein egalitäres Modell inzwischen bekanntlich abgelöst worden. Den Ausgangspunkt bildet hier die Aufhebung des 'Gehorsamsparagraphen' (§ 1354 BGB) mit dem Gleichberechtigungsgesetz von 1958. Seitdem werden 'häusliche Dienste' des nicht erwerbstätigen Ehegatten durch den Gesetzgeber nicht mehr als unentgeltliche, sondern als geldwerte Leistung betrachtet. Dies findet in der Ausdehnung der Begriffe von 'Arbeit' und 'Unterhalt' auf die Tätigkeit des nichterwerbstätigen Ehegatten seinen Ausdruck.[56]

---

53 Instruktiv ist der Vergleich von Regelungen in Gesinde- und Gewerbeordnungen bei *Vormbaum* 1980: 36–60.

54 Dazu näher *Rehbinder* 2012: 239–257.

55 Genau genommen erst mit Außerkraftsetzung des Art. 95 EGBGB im Jahre 1968, vgl. *Vormbaum* 1980: 383–386.

56 Vgl. nur den 1958 neu eingeführten Satz 2 des § 1360 BGB oder die Regelungen des gesetzlichen Güterrechts. Damit soll freilich nicht behauptet werden, dass nicht auch heute noch Ungleichheiten im Familienrecht vorhanden wären. Diese ergeben sich

4. Resümee

Reziprozität ist ein Grundmuster menschlichen Handelns, auf dessen Basis sich unterschiedliche Formen der Gegenseitigkeit oder des Austauschs im Recht analysieren und erklären lassen. Dabei wird deutlich, dass das patriarchalische Familienmodell auf einem Austausch von 'Versorgung gegen Gehorsam' beruht und häusliche Tätigkeiten im Rahmen eines vertikal strukturierten Gewaltverhältnisses prinzipiell unentgeltlich erbracht werden müssen. Davon sind schuldrechtliche Verhältnisse zu unterscheiden, in denen ein 'freier' Austausch von 'Arbeit gegen Lohn' stattfindet.

Dass die kategorialen Differenzen zwischen familien- und schuldrechtlichen Verhältnissen lange nicht erkannt wurden, hat eine ganze Reihe von Gründen, die vorstehend nicht abschließend erörtert werden konnten. Dazu gehört der Umstand, dass nicht nur das Gesinde den Befehlen seiner Dienstherrschaft, sondern auch die Arbeiter den Anordnungen der 'Arbeitsherrschaft' unterworfen waren. Hinzu kommt, dass die patriarchalische Struktur der bürgerlichen Familie die Wahrnehmung der Unterschiede zur ebenfalls als 'Gewaltverhältnis' konstruierten Sozialform des 'ganzen Hauses' nicht gerade erleichtert hat. Außerdem handelt es sich bei der im 19. Jahrhundert einsetzenden Industrialisierung um ein Phänomen, dessen Konsequenzen für die Familie, das Familienrecht und sein Verhältnis zum 'Arbeitsrecht' nur schwer zu überblicken waren. Eine Rolle dürfte schließlich auch die immer wieder beklagte Tatsache spielen, dass das Recht auf eine Veränderung gesellschaftlicher Gegebenheiten oftmals nur mit erheblichen Verzögerungen reagiert.

Einiges spricht also dafür, dass erst in der jüngeren Zeit der Abstand groß genug geworden ist, um das Gesinderecht im weiteren Zusammenhang differenter Formen der Gegenseitigkeit und des Austauschs zu untersuchen. Dabei wäre zu berücksichtigen, dass das Familienrecht inzwischen ebenfalls egalitär konzipiert ist und sich dadurch die Differenzen gegenüber dem Schuld- oder Arbeitsrecht verringert haben. Nicht zu Unrecht wurde andererseits vermutet, dass „Strukturen des alten Gesindeverhältnisses" auch in einigen Gebieten des gegenwärtigen Rechts noch anzutreffen sind.[57] Es ist daher zu erwarten, dass das Gesinderecht auch in Zukunft ein Thema der Rechtswissenschaft bleiben wird.

---

aber, wie im Arbeitsrecht, vor dem Hintergrund eines egalitären Modells (näher *Meder* 2013: 248–249).

57 *Vormbaum* 1980: 155 (unter Hinweis auf das gewerbliche Arbeitsrecht). Ähnliches ließe sich für das Familienrecht behaupten, vgl. *Meder* 2013: 242–250.

Literatur

ARISTOTELES, 1981: Politik; hg. von Olof Gigon, 4. Auflage, München.

BEXTERMÖLLER, Claus, 1970: Das Familienrecht in den Systemen der Pandektistik des 19. Jahrhunderts, Münster.

BEKKER, Ernst Immanuel, 1886: System des heutigen Pandektenrechts, 1. Band, Weimar.

BODIN, Jean, 1576: Sechs Bücher über den Staat, hg. von Peter Cornelius Mayer-Tasch, München1981.

BÖCKING, Eduard, 1854: Pandekten des römischen Privatrechts, 1. Band, 2. Auflage, Leipzig.

EBEL, Friedrich, 1978: „Die Ehe als juristische Person. Bemerkungen zu einer halbvergessenen Idylle“, FamRZ1978, S. 637–642.

COING, Helmut,1985, Europäisches Privatrecht, Band I: Älteres Gemeines Recht (1500 bis 1800), München, S. 204–211.

DREWS, Bill / Wacke, Gerhard / Martens, Wolfgang / Vogel, Klaus, 1986: Gefahrenabwehr. Allgemeines Polizeirecht (Ordnungsrecht) des Bundes und der Länder, 9. Auflage, Köln.

FOUCAULT, Michel, 2006: Sicherheit, Territorium, Bevölkerung. Geschichte der Gouvernementalität I. Vorlesung am Collège de France 1977–1978, Frankfurt a.M.

FÖLLINGER, Sabine, 1996: Differenz und Gleichheit. Das Geschlechterverhältnis in der Sicht griechischer Philosophen des 4. bis 1. Jahrhunderts v. Chr., Freiburg im Breisgau.

FRIEDRICH, Carl Joachim, 1975:Johannes Althusius und sein Werk im Rahmen der Entwicklung der Theorie von der Politik, Berlin.

FRÜHSORGE, Gotthardt, 1995: „Einübung zum christlichen Gehorsam: Gesinde im ‘ganzen Haus’“, in: Frühsorge, Gotthardt / Gruenter, Rainer / Metternich, Beatrix Freifrau Wolff: Gesinde im 18. Jahrhundert, Hamburg, S. 109–120.

GIERKE, Otto von, 1968: Johannes Althusius und die Entwicklung der naturrechtlichen Staatstheorien. Zugleich ein Beitrag zur Geschichte der Rechtssystematik, 6. Ausgabe, Aalen.

HALLEY, Janet / Rittich, Kerry, 2010: „Critical Directions in Comparative Family Law: Genealogies and Contemporary Studies of Family Law Exceptionalism“, The American Journal of Comparative Law 58 (2010), S. 753–775.

HOFFMEISTER, August, 1810: Predigten zur Beförderung häuslicher Tugenden und häuslicher *Freuden*, Braunschweig.

HOLTHÖFER, Ernst, 1982: „Literatur zum gemeinen und partikularen Recht in Italien, Frankreich, Spanien und Portugal“, in: Coing, Helmut (Hg.):Handbuch der Quellen und Literatur der Neueren Europäischen Privatrechtsgeschichte, Band 3: Das 19. Jahrhundert, Teilband 1: Gesetzgebung zum allgemeinen Privatrecht. Einführung. Süd- und Westeuropa, München, S. 863–1068.

HOLZHAUER, Heinz, 2008: „Familienrecht als universitäres Lehrfach. Geschichte und gegenwärtige Lage“, in: Herman, Hans-Georg (Hg.): Von den leges barbarorum bis zum ius barbarum des Nationalsozialismus: Festschrift für Hermann Nehlsen zum 70. Geburtstag, Köln, S. 658–672.

HOLZSCHUHER, Rudolf von, 1856: Theorie und Casuistik des gemeinen Civilrechts, 1. Band, 2. Auflage, Leipzig.

KASER, Max / Knütel, Rolf, 2008: Römisches Privatrecht. Ein Studienbuch, 19. Auflage, München.

KENNEDY, Duncan, 2010: „Savigny's Family / Patrimony Distinction and its Place in the Global Genealogy of Classical Legal Thought", American Journal of Comparative Law 58 (2010), S. 811–841.

KIRCHHOFF, Johann Heinrich Wilhelm, 1835: Gesinde-Recht nach Grundsätzen des Gemeinen und Preußischen Rechts und mit vorzugsweiser Berücksichtigung der Provinzial-Gesetze und Statute in Neu-Vorpommern und Rügen, Stralsund.

KREITTMAYR, Wiguläus Xaver Aloys Freiherr von, 1756: Codex Maximilianeus Bavaricus Civilis, München.

KREMER, Carsten, 2012: „Autonomie als Rechtsquelle. Die Diskussion über nichtstaatliche Rechtsetzungsbefugnisse in der Rechtswissenschaft des 19. Jahrhunderts", in: Collin, Peter / Bender, Gerd / Ruppert, Stefan / Seckelmann, Margrit / Stolleis, Michael (Hg.): Moderne Regulierungsregime / Regulierte Selbstregulierung im frühen Interventions- und Sozialstaat, Frankfurt a.M., S. 3–32.

MARTINI, Carl Anton von, 1784: Lehrbegriff des Natur-, Staats- und Völkerrechts, Band II, welcher den praktischen Theil des Naturrechts enthält, Wien.

MATALA de Mazza, Ethel, 1999: Der Verfasste Körper. Zum Projekt Einer Organischen Gemeinschaft In Der Politischen Romantik, Berlin.

MECKE, Christoph-Eric, 2009: Begriff und System des Rechts bei Georg Friedrich Puchta, Göttingen.

MEDER, Stephan, 2008: „Das mundium und die rechtliche Konstruktion des Geschlechterverhältnisses in der Entstehungsphase des BGB", in: Herman, Hans-Georg (Hg.): Von den leges barbarorum bis zum ius barbarum des Nationalsozialismus: Festschrift für Hermann Nehlsen zum 70. Geburtstag, Köln, S. 682–706.

MEDER, Stephan, 2009, Ius non scriptum. Traditionen privater Rechtsetzung, 2. Auflage, Köln.

MEDER, Stephan, 2010: Gottlieb Planck und die Kunst der Gesetzgebung, Baden-Baden.

MEDER, Stephan, 2012: „Etwas aus Nichts"? Reziprozität als Forschungsheuristik in der Rechtsgeschichte und im geltenden Recht", in: Rehbinder, Manfred (Hg.): Vom homo oeconomicus zum homo reciprocans? Auf der Suche nach einem neuen Menschenbild als Erklärungsmuster für Recht, Wirtschaft und Kultur, Bern, S. 117–143.

MEDER, Stephan, 2013: Familienrecht. Von der Antike bis zur Gegenwart, Köln.

MEHRING, Franz, 1910: „Eine feudale Ruine. Zum 100. Geburtstag der preußischen Gesindeordnung", in: Mehring, Franz: Gesammelte Schriften, hg. von Höhle, Thomas / Koch, Hans / Schleifstein, Josef, Band 6: Zur deutschen Geschichte von der Zeit der Französischen Revolution bis zum Vormärz (1789–1847), Berlin 1974, S. 292–295.

MENGER, Anton, 1889: Das Bürgerliche Recht und die besitzlosen Volksklassen (1889), 4. Auflage (1904), Tübingen.

MILL, John Stuart / Mill, Harriot Taylor / Taylor, Helen, 1869: Die Hörigkeit der Frau, Berlin.

NEUNER, Carl, 1866: Wesen und Arten der Privatrechtsverhältnisse, Kiel.

NICOLA, Fernanda G., 2010: „Family Law Exceptionalism in Comparative Law", *The* American Journal of Comparative Law 58 (2010), S. 777–810.

PUCHTA, Georg Friedrich, 1851: „Corporationen", in: Rudorff, Adolph August Friedrich (Hg.): Georg Friedrich Puchtas Kleine civilistische Schriften, Leipzig, S. 407–518.

RAMM, Thilo, 1990: „Die deutsche Arbeitsverfassung im 'Vormärz' (1815–1848)", in: Köbler, Gerhard / Heinze, Meinhard / Schapp, Jan (Hg.): Geschichtliche Rechtswissenschaft: Ars Tradendo Innovandoque Aequitatem Sectandi. Freundesgabe für Alfred Söllner zum 60. Geburtstag, Gießen, S. 423–459.

REGELSBERGER, Ferdinand, 1893: Pandekten, Band I, Berlin.

REHBINDER, Manfred, 2012: „Kompensatorisches Recht und homo reciprocans: Das Beispiel des Arbeitsrechts" , in: Ders. (Hg.), Vom homo oeconomicus zum homo reciprocans? Auf der Suche nach einem neuen Menschenbild als Erklärungsmuster für Recht, Wirtschaft und Kultur, Bern, S. 239–257.

REINHARD, Wolfgang, 2004: Lebensformen Europas. Eine historische Kulturanthropologie, 2. Aufl. (2006), München.

SAVIGNY, Friedrich Carl von, 1840a: System des heutigen römischen Rechts, Band I, Berlin.

SAVIGNY, Friedrich Carl von, 1840b: System des heutigen römischen Rechts, Band II, Berlin.

SCHRÖDER, Rainer, 1992: Das Gesinde war immer frech und unverschämt. Gesinde und Gesinderecht vornehmlich im 18. Jahrhundert, Frankfurt a.M.

SCHRÖDER, Rainer, 1995: „Gesinderecht im 18. Jahrhundert", in: Frühsorge, Gotthardt/ Gruenter, Rainer / Metternich, Beatrix Freifrau Wolff (Hg.): Gesinde im 18. Jahrhundert, Hamburg, S. 13–39.

SIMON, Thomas, 2004: *„Gute Policey"*. Ordnungsleitbilder und Zielvorstellungen politischen Handelns in der Frühen Neuzeit, Frankfurt a.M.

THIBAUT, Anton Friedrich Justus, 1803: System des Pandekten-Rechts, 1. Band, 1. Aufl., Goldbach.

VORMBAUM, Thomas, 1980: Politik und Gesinderecht im 19. Jahrhundert, vornehmlich in Preußen 1810–1918, Berlin.

WINKLER, Karl-Tilman, 1995: „My People": Sklaven als Gesinde", in: Frühsorge, Gotthard / Gruenter, Rainer / Metternich, Beatrix Freifrau Wolff (Hg.):Gesinde im 18. Jahrhundert, Hamburg, S. 281–307

WOLFF, Christian, 1754: Grundsätze des Natur- und Völkerrechts, worinn alle Verbindlichkeiten und alle Rechte aus der Natur des Menschen in einem beständigen Zusammenhange hergeleitet werden, Halle.

Kirsten Scheiwe

Arbeitszeitregulierung für Beschäftigte in Privathaushalten – entgrenzte Arbeit, ungenügendes Recht?

> „Vor dem Gesetz sind alle Bürger gleich, mit Ausnahme der gekrönten Häupter, der Bundesfürsten und – der Dienstboten." (*Regine Deutsch*, 1904)[1]

Die meisten Dienstmädchen arbeiteten nach einer Untersuchung des Bundes Deutscher Frauenvereine 14 bis 15 Stunden täglich (vgl. Wierling 1987: 89).

> „Fast alle Frauen mussten rund um die Uhr zur Verfügung stehen. Einige Frauen hatten nur am Sonntagvormittag 2 oder 3 Stunden Freizeit. Andere konnten einzelne Stunden nach Verabredung freinehmen. [...] 30 % gaben an, bei Krankheit nach Hause zu fahren. Bezahlte Krankheitstage oder bezahlten Urlaub kannte niemand" (*Flothow* 2010: 2).[2]

> „Welche Arbeitszeit geschuldet war, ergibt sich eindeutig aus § 3 Nr. 2 des Arbeitsvertrages. Vereinbart waren 204 Rudu-Einsätze im Jahr. Unter Berücksichtigung von Urlaubszeiten hatte sie 180 Rudu-Einsätze pro Jahr zu erbringen. 'Rudu' bedeutet [...] 'rund-um-die-Uhr'. Die Klägerin schuldete somit vertraglich an 180 Tagen im Jahr einen 24-Stunden-Einsatz."[3]

Das erste Beispiel bezieht sich auf eine 1910 veröffentlichte Untersuchung (Conrad 1910), das zweite Beispiel beruht auf einer Umfrage aus dem Jahre 2008 und das dritte Beispiel ist ein Zitat aus der Sachverhaltsdarstellung in einem Urteil eines Landesarbeitsgerichts aus dem Jahre 2012. Dazwischen liegen mehr als einhundert Jahre und weitreichende Veränderungen der gesellschaftlichen Verhältnisse und des Rechts, doch auffällig ist damals wie heute eine Gemeinsamkeit: überlange Arbeitszeiten und die Erwartung umfassender Verfügbarkeit für Tätigkeiten bei Bedarf, auch zu Nachtzeiten oder am Wochenende. Was die Arbeitszeiten angeht, haben die meisten Haushaltsangestellten heutzutage einen sogenannten 'Minijob', zählen also zu den geringfügig Beschäftigten mit einer niedrigen Anzahl an Arbeitsstunden. Eine kleine, aber wachsende Gruppe hingegen lebt und arbeitet in Haushalten von Menschen mit Pflege- und Betreuungsbedarf und hat dort einen 'Maxi- oder

---

1 Vortrag von *Regine Deutsch* über 'Die Dienstbotenfrage in Deutschland' auf dem Internationalen Frauen-Kongress in Berlin (zit. nach *Stritt* 1904: 165).

2 *Flothow* zitiert die Ergebnisse einer 2008 im Großraum Stuttgart von der Diakonie durchgeführten Umfrage unter osteuropäischen Betreuerinnen in Privathaushalten.

3 LAG Baden-Württemberg, Urteil vom 28.11.2012 – 4 Sa 48/12, Streit 1 (2013), 16–20 (17). Eine Pflegehelferin klagte gegen ihren Arbeitgeber, einen privaten Pflegedienst, auf Entgelt in Höhe des Mindestlohns auch während der Bereitschaftsdienstzeiten.

Rudu-Job'. Diese beiden Arbeitszeitformen in Privathaushalten klaffen zwar deutlich auseinander, haben aber gemeinsam, dass sie prekär und alles andere als das sogenannte 'Normalarbeitsverhältnis' (Welti 2010)[4] sind, das in Privathaushalten fast nicht vorkommt.

Überlange Arbeitszeiten sind auch global ein typisches Phänomen der Arbeit von Hausangestellten. Insbesondere im Haushalt der Arbeitgeberin lebende Hausangestellte (in der internationalen Diskussion kurz als *live-ins* bezeichnet) haben meist keine abgegrenzten Arbeits- und Ruhezeiten und werden oft als stets verfügbar und auch zu Nachtzeiten als abrufbereit betrachtet. Auch unzureichende Pausen oder Ruhezeiten und fehlende frei verfügbare Tage für die Hausangestellten sind weit verbreitete und immer wieder beklagte Missstände in allen Ländern (vgl. McCann / Murray 2010; Ramirez Machado 2003; ILO 2011; 2013); dies zeigen auch empirische Untersuchungen in Deutschland (vgl. Karakayali 2010; Emunds / Schacher 2012). Es zeigt sich also de facto und im Recht eine gewisse historische Kontinuität der Benachteiligung von Haushaltsbeschäftigten. Zu diesem Ergebnis kam bereits die frühe international vergleichende Studie von Erna Magnus (1934) über die sozialen, ökonomischen und rechtlichen Bedingungen von Hausgehilfen für die Internationale Arbeitsorganisation (ILO). Benachteiligt werden Hausangestellte häufig bei der Gewährung von Arbeitszeitschutz (Höchstarbeitszeiten, Mindestruhezeiten, Pausen, Urlaub) und auch im Hinblick auf das Entgelt: Sie erhalten meist keine Überstundenzuschläge, keine Nacht- oder Schichtarbeitszuschläge und keine Bezahlung für Bereitschaftszeiten während der Nacht oder an Wochenenden.

Heute sind die meisten Haushaltsbeschäftigten geringfügig Beschäftigte und haben keinen 'Maxi-', sondern einen sogenannten 'Minijob'. 2013 waren 258.000 angemeldete 'Minijobber' in Privathaushalten beschäftigt, aber kaum Vollzeitbeschäftigte (vgl. Minijob-Zentrale 2013), wobei die Zahlen angesichts weit verbreiteter Schwarzarbeit tatsächlich deutlich höher sind. Für geringfügig Beschäftigte ist die Tätigkeit in einem Privathaushalt mit anderen arbeits- und sozialrechtlichen Nachteilen verbunden als für *live-ins*. Historisch betrachtet war es bis in die 1920er-Jahre hinein typisch, dass im Privathaushalt Beschäftigte auch bei der 'Herrschaft' lebten; die Mehrzahl der Dienstboten und Hausgehilfen arbeitete nicht nur, sondern wohnte auch auf dem Hof oder später in der Wohnung der Arbeitgeber. Bis Mitte der 1920er-Jahre lebten mit 78 Prozent die in häuslichen Diensten beschäftigten Frauen ganz überwiegend

4 Als 'Normalarbeitsverhältnis' wird in der wissenschaftlichen Diskussion die lebenslange kontinuierliche Vollzeitbeschäftigung zu Durchschnittslöhnen bezeichnet, die arbeits- und sozialrechtlich maximal abgesichert und geschützt ist.

mit im Arbeitgeberhaushalt (vgl. Witkowski 2013: 37); danach nahm der Anteil der *live-ins* bis in die 1950er-Jahre stetig ab: 1933 waren es 70 Prozent, 1939 noch 67 Prozent, Zahlen für spätere Jahre liegen nicht vor (vgl. ebd.). Heute haben *live-ins* meist einen Migrationshintergrund und bilden eine besonders vulnerable Gruppe; sie sind vielfach irregulär beschäftigt. Die Einhaltung von arbeits- und sozialrechtlichen Vorschriften wird von den betroffenen Beschäftigten kaum eingefordert oder gerichtlich durchgesetzt; für einige ginge dies mit dem Risiko der Ausweisung einher.

Gemeinsam ist diesen so unterschiedlichen Beschäftigungsformen der *live-ins* und der geringfügig Beschäftigten in Privathaushalten jedoch eines: Auf dem Sonderarbeitsmarkt haushaltsnaher Dienstleistungen herrschen arbeits- und sozialrechtliche Benachteiligungen vor und nicht etwa ein 'Normalarbeitsverhältnis'; nicht nur in der Vergangenheit hinkte der Arbeitszeitschutz dem allgemeinen Arbeitsrecht hinterher, vielmehr ist er auch heute noch durch gewisse Sonderregeln und Ausnahmevorschriften gekennzeichnet.

Dieser Beitrag zeichnet die historischen Grundzüge der Ausnahme- und Sonderregelungen des Gesinderechts bis 1919 und später des Arbeits(zeit)rechts für Hausgehilfinnen bis heute nach (1). Es folgt eine Darstellung der Kernelemente des öffentlichen Arbeitszeitrechts nach dem Arbeitszeitgesetz (ArbZG) und der Sonderregelungen für Beschäftigte in Privathaushalten (2), die an drei Beispielen vertieft wird. Im 3. Abschnitt geht es um die Auseinandersetzung mit Argumentationsmustern, die eine Ungleichbehandlung rechtfertigen sollen ('Familienähnlichkeit', 'besonderes Vertrauensverhältnis', 'Unmöglichkeit der Trennung von Arbeitszeit und Freizeit').

1. Die Geschichte der Arbeitszeitregulierung für Beschäftigte im Privathaushalt – Kontinuität der Sonderregelungen für haushaltsnahe Beschäftigung?

Die in Deutschland erst 1918 nach der Novemberrevolution aufgehobenen *Gesindeordnungen* der verschiedenen deutschen Länder sahen grundsätzlich keine festen Arbeitszeiten oder Begrenzungen der Arbeitszeiten vor. Vereinfacht ausgedrückt: Dienstboten waren immer im Dienst und verpflichtet, der Herrschaft ihre Dienste jederzeit zur Verfügung zu stellen. Der gesetzliche Appell an die Dienstherrschaft lautete lediglich, „dem Gesinde nicht mehrere noch schwerere Dienste aufzumuten, als das Gesinde nach seiner Leibesbeschaffenheit und nach seinen Kräften ohne Verlust seiner Gesundheit bestreiten kann" (zit. nach Vormbaum in diesem Band). Eine Ausnahme bildete der sonntägliche Gottesdienst; den Dienstboten sollte laut Gesetz die Teilnahme ermöglicht werden. Unter der Geltung der Gesindeordnungen gab es daher für

Dienstboten keine Trennung von Arbeitszeit und Freizeit; für die vielen im Haushalt lebenden Dienstboten waren auch Arbeits- und Wohnort nicht getrennt. Das Gesinde konnte rechtlich und faktisch nicht frei über die eigene Zeit verfügen und die Beschäftigten mussten die Herrschaft für den Ausgang um Erlaubnis bitten, wenn sie sich 'vom Haus in eigenen Angelegenheiten entfernen wollten' (vgl. Vormbaum 1979; Wierling 1987: 88 ff.). Im Gegensatz zu dieser umfassenden Fremdbestimmung waren Arbeiter/innen im Anschluss an die bezahlte Arbeit dagegen frei zu gehen, wohin sie wollten.

Die *Arbeitsschutzregelungen*, die für gewerbliche Arbeiter/innen seit der zweiten Hälfte des 19. Jahrhunderts eingeführt worden waren (Höchstarbeitszeiten, Nachtarbeitsverbot für Frauen, Wöchnerinnenschutz), galten für das häusliche Gesinde nicht. Es unterlag nicht dem allgemeinen Arbeitsvertragsrecht des BGB, sondern der 'feudalen Ruine' des Gesinderechts (die landesrechtlichen Gesindeordnungen zeichneten sich u.a. durch die Hausgewalt und das Zuchtrecht des Dienstherrn sowie durch polizeiliche Schutz- und Zwangsvorschriften aus). Dies änderte sich erst nach dem Ersten Weltkrieg und der Novemberrevolution *1918*: Am 12. November 1918 wurden durch den Aufruf des Rates der Volksbeauftragten sämtliche *Sondergesetze für häusliche und landwirtschaftliche Bedienstete außer Kraft* gesetzt und das allgemeine Arbeitsvertragsrecht und das öffentliche Arbeitsschutzrecht fanden somit auch für Hausgehilfen generell Anwendung.

Der Wermutstropfen war, dass es formal nun zwar kein 'Sonderrecht' für Dienstboten mehr gab und das Arbeitsrecht galt, stattdessen aber einzelne *Ausnahmen von der Geltung des allgemeinen Arbeits- und Sozialversicherungsrecht für Hausangestellte* formuliert wurden; dieses Muster setzt sich in Deutschland bis heute fort. So galt der 1918 eingeführte *Achtstundentag* nur für gewerbliche Arbeiter/innen. Gesundheitsschutz und Schutz vor überlangen Arbeitszeiten ließen sich für Hausgehilf/innen (so wurden Dienstboten ab den 1920er-Jahren im Arbeitsrecht bezeichnet) meist nur aus dem Individualarbeitsrecht des BGB und aus § 618 BGB ableiten, der – in einer seit 1900 bis heute unverändert gebliebenen Formulierung – die Pflicht des Dienstherrn zu Schutzmaßnahmen im Rahmen des Dienstverhältnisses regelt.[5] Rechtspolitisch wurde die Verabschiedung von 'Hausgehilfengesetzen' angestrebt und es wurden auch entsprechende Gesetzentwürfe ausgearbeitet, die in Deutschland

5 § 618 Abs. 2 BGB: Ist der Verpflichtete in die häusliche Gemeinschaft aufgenommen, so hat der Dienstberechtigte in Ansehung des Wohn- und Schlafraums, der Verpflegung sowie der Arbeits- und Erholungszeit diejenigen Einrichtungen und Anordnungen zu treffen, welche mit Rücksicht auf die Gesundheit, die Sittlichkeit und die Religion des Verpflichteten erforderlich sind.

jedoch scheiterten: Weder der Entwurf des 'Hausgehilfengesetzes' von 1921[6] noch der von 1929[7] wurden verabschiedet. Demgegenüber gelang es in Österreich 1920, ein Hausgehilfengesetz zu verabschieden, das auch Regelungen über Überstunden, Ruhezeiten und Urlaub enthielt und damit Hausgehilfen anderen Berufsgruppen gleichstellte (vgl. Bollauf 2011: 24 ff.).

Bei Inkrafttreten der *Arbeitszeitordnung* (AZO) *1938* während des Faschismus wurden Privathaushalte vom Geltungsbereich generell ausgenommen. Nach 1945 galt die AZO fort und für Arbeitnehmer/innen in Privathaushalten bestand weiterhin kein öffentlich-rechtlicher Arbeitszeitschutz; angewendet wurde vielmehr lediglich die individualarbeitsvertragliche Norm des § 618 Abs. 2 BGB (Fürsorgepflicht des Dienstherrn). *1952* erließ das Bundesarbeitsministerium erstmals Richtlinien zur Gestaltung der Arbeitsverhältnisse von Hausgehilfen.[8] Danach hatte eine Hausgehilfin Anspruch auf einen spätestens um 15 Uhr beginnenden freien Nachmittag und Abend wöchentlich; innerhalb von vier Wochen musste ein ganzer Sonn- oder Feiertag gewährt werden und ein weiterer freier Tag ab 14 Uhr. *1955* verursachte der am 1. September 1955 in Kraft getretene Manteltarifvertrag für Hausgehilfinnen, abgeschlossen vom Deutschen Hausfrauenbund und der Gewerkschaft Nahrung-Genuss-Gaststätten (NGG), Debatten und Empörung, denn danach hatte die Hausgehilfin wöchentlich einen ganzen freien Tag, wovon jeder zweite ein Sonntag sein sollte. Außerdem wurde – mit fast 36 Jahren Verspätung gegenüber den gewerblichen Arbeitnehmern – der Achtstundentag tarifvertraglich eingeführt. Betroffen davon waren aber nur wenige, denn nur etwa 10 Prozent der Hausgehilfinnen waren gewerkschaftlich organisiert. Die Tarifvertragsparteien bemühten sich zwar um die Allgemeinverbindlicherklärung des Tarifvertrags beim Arbeitsministerium, konnten sich aber nicht durchsetzen. Auch der Antrag auf Erlass von Mindestarbeitsbedingungen nach dem Mindestarbeitsbedingungengesetz 1952[9] durch die NGG blieb erfolglos. Demgegenüber sahen die (unverbindlichen) Richtlinien des Arbeitsministeriums von 1952 noch eine Regelarbeitszeit von 10 Stunden täglich zwischen 6 Uhr morgens und 8 Uhr abends vor. Der tarifvertraglich vereinbarte Achtstundentag löste aufgeregte Reaktionen aus, die Einwände klingen bekannt und immer ähnlich:

---

6 Entwurf eines Haushaltshilfengesetzes, RABl. 1921, S. 809.

7 Entwurf eines Haushaltshilfengesetzes, RABl. 1929 I, S. 145.

8 Richtlinien des Bundesministers für Arbeit und Sozialordnung für die Regelung der Arbeitsbedingungen (ohne Löhne) von Hausgehilfinnen im Bundesgebiet vom 22.05.1952, Bundesarbeitsblatt Nr. 6 (1952), S. 289 f.

9 Mindestarbeitsbedingungengesetz vom 11.01.1952, BGBl. I, S. 17.

„Hausarbeit lasse sich in kein Schema pressen … Eine Hausfrau könne sich auch keinen Achtstundentag leisten … Gerade die Familien, die es am nötigsten haben, müßten jetzt auf eine Hilfe verzichten … Die Familie sei eine Lebensgemeinschaft, mit der die Hausgehilfin aufs engste verbunden sei, diese Tatsache habe der neue Vertrag nicht berücksichtigt, da er das Lohnarbeitsverhältnis so regele, als sei die Familie einem Unternehmen gleichzusetzen." (Kamm 1956). Auch der Spiegel berichtete: „Familienminister Würmeling war über die Tat der Fini [Vorsitzende des Hausfrauenbundes, d. Verf.] so entsetzt, daß er der resoluten Hausfrauen-Chefin die Frage stellte: 'Sagen Sie nur, gnädige Frau, wer soll denn in Zukunft nach 7 Uhr abends die Kleinkinder trockenlegen?'. Darauf die kinderlose Fini unbeirrt: 'Notfalls Sie, Herr Minister.'"[10]

Erst *1993* erfolgte die Einbeziehung der Arbeitsverhältnisse in Privathaushalten in den Geltungsbereich des *Arbeitszeitgesetzes* (ArbZG).[11] Der Arbeitszeit- und Sonntagsarbeitsschutz wurde damit erstmals auf alle Arbeitnehmer/innen in allen Beschäftigungsbereichen ausgedehnt. Zunächst war die generelle Befreiung des Arbeitsplatzes Haushalt von der Geltung des ArbZG vorgesehen; dies wurde im Gesetzgebungsprozess jedoch durch eine beschränkte Ausnahme vom Geltungsbereich für eine Teilgruppe der *live-ins* in Haushalten ersetzt: Das ArbZG gilt nicht für diejenigen Arbeitnehmer, die in häuslicher Gemeinschaft mit den ihnen anvertrauten Personen zusammenleben und sie eigenverantwortlich erziehen, pflegen und betreuen (§ 18 Abs. 1 Nr. 3 ArbZG). Weitere für Privathaushalte relevante *Ausnahmeregelungen* betreffen *'außergewöhnliche Fälle'*: § 14 Abs. 2 Nr. 2 ArbZG erlaubt es, bei der Pflege und Betreuung von Personen an einzelnen Tagen von den Höchstarbeitszeiten des ArbZG abzuweichen, wenn dem Arbeitgeber andere Vorkehrungen nicht zugemutet werden können. Dann darf die Höchstarbeitszeit maximal bis zu 48 Stunden wöchentlich im Durchschnitt von 6 Kalendermonaten oder 24 Wochen betragen. Auch hinsichtlich des *Beschäftigungsverbots an Sonn- und Feiertagen* (§ 9 ArbZG) gibt es für Privathaushalte eine Ausnahmeregelung für 'ihrer Natur nach unaufschiebbare Tätigkeiten' (§ 10 Abs. 1 Nr. 4 ArbZG).

---

10 Der *Spiegel*, 14.12.1955, S. 24.

11 ArbZG vom 6.06.1994, BGBl. I, S. 1170, 1171. Das am 1.07.1994 in Kraft getretene ArbZG diente der Umsetzung der europäischen Richtlinie 93/104/EG (abgelöst durch die Arbeitszeitrichtlinie 2003/88/EG), die Mindestvorschriften zum Schutz der Sicherheit und Gesundheit der Arbeitnehmer enthielt. Ausnahmetatbestände zulasten der Arbeitnehmer sind nur unter engen Voraussetzungen zugelassen (Art. 17 bis 21 RL 2003/88/EG; vgl. im Einzelnen *Scheiwe / Schwach* 2013). Die EU-Richtlinie enthält aber keine Ausnahmeregelung wie in § 18 Abs. 1 Nr. 3 ArbZG für Arbeitnehmer, die in häuslicher Gemeinschaft mit den ihnen anvertrauten Personen zusammenleben und sie eigenverantwortlich erziehen, pflegen oder betreuen (siehe dazu sogleich).

Die *Europäische Grundrechtscharta*, in Kraft seit 1. Dezember 2009, postuliert in ihrem Art. 31 das Grundrecht auf gesunde, sichere und würdige Arbeitsbedingungen, auf Begrenzung der Höchstarbeitszeit und auf Ruhezeiten und Jahresurlaub.[12] Eine wichtige *Weiterentwicklung* des Arbeitszeitrechts ging vom *Europäischen Gerichtshof* (EuGH) aus, der in seinem 'Simap'-Urteil vom 3. Oktober 2000[13] feststellte, dass Bereitschaftsdienste und Arbeitsbereitschaft rechtlich als Arbeitszeit im Sinne der EU-Richtlinie zu bewerten sind. Im deutschen Recht wurden dagegen Rufbereitschaft und Bereitschaftsdienst nicht als Arbeitszeit im Sinne des ArbZG gewertet (und nicht auf die Höchstarbeitszeiten angerechnet).

Mit der Ratifizierung des *Übereinkommens C-189 der ILO über menschenwürdige Arbeit für Hausangestellte* (Domestic Workers Convention)[14] durch Deutschland 2013 sind im deutschen Recht auch die darin geregelten Mindestanforderungen zur Arbeitszeit zu beachten. Die Konvention verlangt die allgemeine Gleichbehandlung von Hausangestellten und Arbeitnehmer/innen in Bezug auf die normale Arbeitszeit, die Überstundenvergütung, die täglichen und wöchentlichen Ruhezeiten und den bezahlten Jahresurlaub unter Berücksichtigung der besonderen Merkmale der hauswirtschaftlichen Arbeit (Art. 10 Abs. 2). Eine wöchentliche Ruhezeit von mindesten 24 Stunden ist vorgeschrieben (Art. 10 Abs. 2) und Bereitschaftszeiten sind als Arbeitszeit zu behandeln (Art. 10 Abs. 3). Nähere Ausführungen zur Arbeitszeit enthalten auch die Art. 8 bis 13 der rechtlich nicht verbindlichen Empfehlung 201 der ILO. Im Allgemeinen erfüllt das deutsche Arbeitszeitrecht die Mindestanforderungen.

2. Kerninhalte des öffentlich-rechtlichen Arbeitszeitschutzes und für Privathaushalte relevante Ausnahmebestimmungen

Die *Kerninhalte* des öffentlich-rechtlichen Arbeitszeitschutzes im Rahmen des *ArbZG*, die auch für Arbeitnehmer/innen in Privathaushalten gelten, lassen sich wie folgt zusammenfassen:

Höchstarbeitszeiten: Die Arbeitszeit nach dem ArbZG darf werktäglich 8 Stunden nicht überschreiten; erlaubt sind höchstens 10 Stunden werktäglich, wenn innerhalb von 6 Monaten oder 24 Wochen der Durchschnitt von 8 Stunden täglich nicht überschritten wird (§ 3 ArbZG).

---

12 Vgl. *Benecke* 2011: Art. 153 Rn. 3, 4.

13 EuZW 2001, 53.

14 Ausführlich zur ILO-Konvention C-189 *Blackett* 2011; *Scheiwe / Schwach* 2013; *Kocher* 2013 sowie *Kocher* in diesem Band.

Nacht- und Schichtarbeit (§ 6 ArbZG): Die Arbeitszeit ist nach gesicherten arbeitswissenschaftlichen Erkenntnissen über die menschengerechte Gestaltung der Arbeit festzulegen; die werktägliche Nachtarbeitszeit darf 8 Stunden nicht überschreiten und kann auf bis zu 10 Stunden nur verlängert werden, wenn innerhalb eines Kalendermonats oder von 4 Wochen durchschnittlich 8 Stunden nicht überschritten werden. Unter bestimmten Umständen können Nachtarbeitnehmer/innen vom Arbeitgeber die Umsetzung auf einen Tagesarbeitsplatz verlangen (gesundheitliche Gründe, Kind unter 12 Jahren im Haushalt oder Versorgung eines schwerpflegebedürftigen Angehörigen). Für Nachtarbeitsstunden ist durch eine angemessene Zahl bezahlter freier Tage oder einen angemessenen Zuschlag auf das Bruttoentgelt ein Ausgleich zu gewähren.

Ruhezeiten (§ 5 ArbZG) und *Ruhepausen* (§ 4 ArbZG): Eine ununterbrochene Ruhezeit von mindestens 11 Stunden nach Beendigung der täglichen Arbeitszeit ist vorgeschrieben; für Pflege- und Betreuungseinrichtungen gelten mindestens 10 Stunden Ruhezeit, wenn dies über einen Zeitraum von einem Monat oder 4 Wochen durch Verlängerung anderer Ruhezeiten auf 12 Stunden ausgeglichen wird. Zusätzlich besteht ein Anspruch auf *Ruhepausen* (30 Minuten bei 6 bis 9 Stunden Arbeit, 45 Minuten bei mehr als 9 Stunden Arbeit), wobei maximal 6 Stunden ohne Pause gearbeitet werden darf.

Beschäftigungsverbot an Sonn- und Feiertagen (§ 9 ArbZG): Eine Ausnahme gilt für die im Privathaushalt Beschäftigten, sofern die Arbeiten nicht an Werktagen vorgenommen werden können (§ 10 Abs. 1 Nr. 4 ArbZG). Dafür ist ein Ausgleich zu gewähren (ein Ersatzruhetag innerhalb von 2 Wochen); mindestens 15 Sonntage im Jahr müssen beschäftigungsfrei bleiben (§ 11 ArbZG). Durch Tarifvertrag kann für Privathaushalte die Anzahl der beschäftigungsfreien Sonntage auf 10 abgesenkt werden (§ 12 Nr. 1 ArbZG).

Bereitschaftsdienst ist Arbeitszeit.

Die rechtliche Klarstellung des Europäischen Gerichtshofs aus dem 'Simap'-Urteil, wonach *Bereitschaftsdienst Arbeitszeit ist*, ist auch für *live-ins* bedeutsam, da ein großer Teil ihrer Arbeit aus 'Bereitschaftsdienst' besteht, insbesondere während der Nachtzeiten oder an Wochenenden. Arbeitszeit ist europarechtlich jede Zeitspanne, in der ein Arbeitnehmer arbeitet oder dem Arbeitgeber zur Verfügung steht. In einem weiteren Urteil von 2003,[15] das Deutschland betraf, bestätigte der Europäische Gerichtshof erneut, dass es sich bei einem Bereitschaftsdienst, der an einem vom Arbeitgeber bestimmten Ort geleistet wird, in vollem Umfang um Arbeitszeit handelt, auch wenn der Arbeitnehmer sich in der Zeit, in der er nicht in Anspruch genommen wird, an der Arbeitsstelle ausruhen darf (im konkreten Fall ging es um ein Krankenhaus). Der Bereitschaftsdienst ist also bei der Feststellung der täglichen Arbeitszeit und der Einhaltung der Höchstarbeitszeiten zu berücksichtigen. Unter dem Einfluss des Europarechts wurde das Arbeitszeitgesetz in Deutschland deshalb 2003 mit Wirkung ab 1. Januar 2004 geändert. Zugleich wurden die

15 EuGH, Urteil vom 9.09.2003 – C-151/02 ('Jaeger'), NZA 2003, 1019 ff.; vgl. *Kohte* 2005.

Möglichkeiten erweitert, *abweichende Regelungen* von der Höchstdauer der Arbeitszeit, der Nacht- und Schichtarbeit und von den Ruhezeiten und Ruhepausen *durch Tarifvertrag* oder durch Betriebs- oder Dienstvereinbarung aufgrund eines Tarifvertrags zu vereinbaren (§ 7 ArbZG), wenn *in der Arbeitszeit regelmäßig und in erheblichem Umfang Arbeitsbereitschaft oder Bereitschaftsdienst* anfällt, was vor allem im Gesundheitswesen, in Krankenhäusern und Pflegeheimen, aber auch im Privathaushalt bei der sogenannten 24-Stunden-Pflege und Betreuung von schwerpflegebedürftigen Personen oder von Kleinkindern von Relevanz ist. Auch nicht tarifgebundene Arbeitgeber können derartige tarifvertragliche Abänderungen der Höchstarbeitszeiten und anderes übernehmen; eine entsprechende individuelle arbeitsvertragliche Abrede bedarf zu ihrer Wirksamkeit jedoch der Schriftform.[16] Nur unter diesen Voraussetzungen könnte also der Privathaushalt als Arbeitgeber von den oben genannten Kernelementen des öffentlichen Arbeitszeitrechts abweichen.

Die Möglichkeit der abweichenden Regelungen durch oder aufgrund eines *Tarifvertrages* gemäß § 7 ArbZG, die dann auch vom Privathaushalt schriftlich im Individualarbeitsvertrag übernommen werden kann, sind sehr detailliert in § 7 Abs. 1 ArbZG geregelt (vgl. Kohte 2005):

Die *Arbeitszeit* kann *über zehn Stunden werktäglich* hinaus verlängert werden, wenn in die Arbeitszeit regelmäßig und in erheblichem Umfang Arbeitsbereitschaft oder Bereitschaftsdienst fällt, und es kann ein anderer Ausgleichszeitraum festgelegt werden.

Die *Ruhezeit* kann um bis zu 2 Stunden (also auf 9 Stunden) gekürzt werden, wenn die Art der Arbeit dies erfordert und innerhalb eines festzulegenden Ausgleichszeitraums ein Ausgleich erfolgt.

Die Arbeitszeit von *Nachtarbeitnehmer/innen* kann auf *über 10 Stunden* werktäglich verlängert werden, wenn in die Arbeitszeit regelmäßig und in erheblichem Umfang Arbeitsbereitschaft oder Bereitschaftsdienst fällt; ein anderer Ausgleichszeitraum kann festgelegt werden.

Um eine (in dieser Klarheit seltene) Zusammenfassung der Arbeitszeitnormen für die Praxis zu zitieren:

„– Die tägliche Arbeitszeit darf neun Stunden nicht überschreiten, mit Ausnahme von dringenden Fällen (z.B. Krankheit in der Familie des Arbeitgebers), dann nur zu unaufschiebbaren Arbeiten und solange die Beschaffung einer anderweitigen Hilfe nicht möglich ist

– Es darf höchstens an sechs Tagen in der Woche gearbeitet werden. Bei Arbeitseinsätzen an sechs Tagen in der Woche dürfen 48 Stunden nicht überschritten werden

16 *Linnenkohl / Rauschenberg*, ArbZG § 7 Rn. 22; *Anzinger / Koberski*, ArbZG, § 7 Rn. 84; *Kohte* 2005: Kap. 12 Rn. 28.

- Im Zeitraum von zwei Wochen sollen möglichst vier Tage arbeitsfrei bleiben, mindestens aber zwei Tage
- Die Arbeitszeit kann auf den Tag zwischen 6 Uhr und 20 Uhr verteilt werden
- Nach Beendigung der täglichen Arbeitszeit müssen Arbeitnehmer eine ununterbrochene Ruhezeit von mindestens 11 Stunden haben
- Bereitschaftszeit ist Arbeitszeit [...].

Es besteht ein Urlaubsanspruch, bis 29 Jahre beträgt er 26 Tage, ab 30 Jahre 30 Tage im Jahr. [...]."

Fazit: Eine Rund-um-die-Uhr-Betreuung durch nur eine Betreuungskraft ist, wenn eine permanente Anwesenheit oder Bereitschaft erwartet wird, unter keinen Umständen möglich." (Diakonie Württemberg 2013)

2.1 Ausnahmen von der Anwendung des Arbeitszeitgesetzes (§§ 18, 19 ArbZG) – Keine Geltung für 'live-ins' mit Pflege- und Betreuungsaufgaben?

Die Anwendung des ArbZG wird in §§ 18, 19 ArbZG für bestimmte Arbeitnehmergruppen ausgeschlossen; neben leitenden Angestellten und Chefärzten fallen darunter auch die – selten mit diesen statushöheren Gruppen in einem Atemzug erwähnten – „Arbeitnehmer, die in häuslicher Gemeinschaft mit den ihnen anvertrauten Personen zusammenleben und sie eigenverantwortlich erziehen, pflegen und betreuen" (§ 18 Abs. 1 Nr. 3 ArbZG). Es handelt sich also um eine *Teilgruppe der 'live-ins'*, aber keinesfalls um alle im Haushalt lebenden Haushaltsbeschäftigten, denn Voraussetzung für die Nichtanwendung des ArbZG ist neben dem 'Zusammenleben in häuslicher Gemeinschaft' mit den anvertrauten Personen außerdem die *Eigenverantwortlichkeit* bei der Erziehung, Pflege oder Betreuung (Scheiwe / Schwach 2013).

Bei welchen *live-ins* sind diese Tatbestandsmerkmale der Ausnahmeregelung erfüllt? 'Eigenverantwortlichkeit' ist an sich typisch für Selbstständige, für die das ArbZG ohnehin nicht gilt.[17] Arbeitnehmerinnen, die den Weisungen des Arbeitgebers im Rahmen seines Direktionsrechtes hinsichtlich der Art und Weise der Durchführung ihrer Arbeit und der Arbeitszeitgestaltung unterliegen, sind in der Regel nicht eigenverantwortlich im Sinne des § 18 Abs. 1 Nr. 3 ArbZG. Anders ist dies nur bei leitenden Angestellten und Chefärzten, die in § 18 ArbZG sowie in den EU-Richtlinien 93/104 und 2003/88 erwähnt werden und nicht in den Geltungsbereich des ArbZG fallen; von ihrer Position

17 *Fuchs* 2010 untersucht deshalb ausführlich die Möglichkeit, Pflegekräften in Privathaushalten rechtlich als Selbstständige statt als Arbeitnehmer einzuordnen, und plädiert für eine stärkere staatliche Förderung des Abschlusses von Dienstverträgen.

und ihren Entscheidungskompetenzen her lassen sich diese statushohen Arbeitnehmer wohl kaum mit Haushaltsbeschäftigten vergleichen. Das Direktionsrecht des Arbeitgebers, das Hausangestellten gegenüber in ganz anderer Weise besteht als gegenüber den leitenden Angestellten und Chefärzten, schließt in aller Regel deren Eigenverantwortlichkeit aus. Dies gilt auch für Hausangestellte, die mit der Aufgabe der Pflege, Erziehung oder Betreuung einer Person betraut sind: Genaue Weisungen und Kontrollen, welche die Art und Weise der Durchführung dieser Aufgaben, den zeitlichen Rahmen und den Ort der Tätigkeit betreffen, sind mit Eigenverantwortlichkeit nicht vereinbar (vgl. Kocher in diesem Band). Wenn die Arbeitnehmerin etwa Vorgaben dazu erhält, wie sie bei der Betreuung einer schwerstpflegebedürftigen Person im Hinblick auf Körperpflege, Versorgung, Ernährung oder Alltagshilfen vorgehen soll, oder wie eine schwer demenzkranke Person zu beaufsichtigen und zu begleiten ist oder wenn von ihr verlangt wird, sich nachts im Bedarfsfall bereitzuhalten, so werden ihr Anweisungen über die Durchführung ihrer Tätigkeit erteilt und das Tatbestandsmerkmal der Eigenverantwortung ist nicht gegeben. Eva Kocher (in diesem Band) argumentiert, Eigenverantwortlichkeit liege immer dann vor, wenn den pflegenden Beschäftigten keine weiteren sachkundigen Personen vorgesetzt seien und sie demzufolge die Pflege ohne konkrete Einzelweisung nach einer Einführung und allgemeinen Rahmenweisungen selbst gestalten könnten. Das ist aber kein trennscharfes Kriterium, denn in den wenigsten Fällen verfügt eine Arbeitgeberin über eine über das Allgemeinwissen hinausgehende spezielle Sachkunde in der Pflege oder Erziehung. Dennoch wird sie im Regelfall Vorgaben zur Durchführung der Pflege machen und diese auch kontrollieren, wozu sie nicht ständig anwesend sein muss. Kochers Definition des Kriteriums der Eigenverantwortlichkeit erscheint deshalb als zu weit.

Das Argument von Kocher betrachtet nur einen Aspekt der Eigenverantwortlichkeit, nämlich die inhaltliche Gestaltung der Aufgaben, und lässt andere wichtige Weisungen außer Betracht, etwa Vorgaben hinsichtlich des Arbeitsortes und die Rahmensetzung für die zeitliche Gestaltung der Arbeit – beides wichtige Elemente des Direktionsrechtes. Werden der Arbeitnehmerin beispielsweise Arbeitszeiten, Bereitschaftszeiten während der Nacht, Anwesenheitszeiten etc. vorgegeben, was durchaus üblich ist, kann von Eigenverantwortung nicht die Rede sein.

Die *historische Auslegung* des Begriffs der Eigenverantwortlichkeit in § 18 Abs. 1 Nr. 3 ArbZG führt nicht viel weiter. Bei der Einführung der Ausnahmeregelung 1993 hatte der Gesetzgeber offenbar nur eine spezielle Gruppe von

Beschäftigten vor Augen: sogenannte Kinderdorfeltern in SOS-Kinderdörfern.[18] Die Regelung sollte deren speziellen Arbeits- und Lebensbedingungen Rechnung tragen und sie von der Geltung des ArbZG ausnehmen, denn Kinderdorfmütter/-väter sollten im Rahmen eines besonderen sozialpädagogischen Konzeptes der Heimerziehung von Kindern als Jugendhilfeleistung möglichst kontinuierlich mit den betreuten Kindern zusammenleben, was mit den in anderen vollstationären Einrichtungen der Jugendhilfe üblichen Arbeitszeiten im Schichtbetrieb nicht vereinbar war. Der Begriff der Eigenverantwortlichkeit wird in der Gesetzesbegründung nicht näher erläutert; es findet sich lediglich der Hinweis, dass der Aufbau einer familiennahen Lebens- und Erziehungsform in den SOS-Kinderdörfern und die besonderen Arbeits- und Lebensbedingungen der Kinderdorfeltern die durch das öffentlich-rechtliche Arbeitszeitrecht zwingend vorgeschriebene Unterscheidung zwischen Arbeitszeit und Freizeit nicht zulasse.[19] Das trifft jedoch faktisch nicht zu, denn die SOS-Kinderdorfmütter/-väter haben im Anschluss an das Zusammenleben mit den Kindern ihrer Gruppe für längere Phasen freie Wochenenden und Urlaubszeiten, über die sie selbst entscheiden können, und über eine Art 'Lebensarbeitszeitkonto' werden längere bezahlte Freistellungsphasen vor dem Renteneintritt als Kompensation ermöglicht.[20] Arbeitszeit und Freizeit lassen sich also durchaus trennen. Für die neben der kleinen Gruppe von Kinderdorfeltern in den SOS-Kinderdörfern beschäftigten pädagogischen Fachkräfte gilt ohnehin das ArbZG.

Die Kommentarliteratur enthält außer bei Wank[21] keine weiteren Fallbeispiele, die unter § 18 Abs. 1 Nr. 3 ArbZG fallen könnten. Eine Hausangestellte hat aber keine derartige Freiheit bei der Gestaltung ihrer Aufgaben; sie befindet sich nicht in einer Lebensgemeinschaft mit der zu betreuenden oder pflegenden Person, die mit derjenigen von SOS-Kinderdorfeltern vergleichbar wäre. Daher ist Hoffer (2010: 112) zuzustimmen, wenn sie konstatiert: „'Eigenver-

---

18 Zum pädagogischen Konzept der SOS-Kinderdörfer und den Regelungen von Arbeits- und Freizeit der sog. Kinderdorfeltern im Einzelnen ausführlich *Scheiwe / Schwach* (2013).

19 Vgl. BT-Drucks. 12/5888, S. 46; 12/6990, S. 44.

20 Telefonische Auskunft von Prof. Dr. Johannes Münder, Vorstandsvorsitzender des SOS Kinderdorf e.V.

21 *Wank* erwähnt als Beispiele für den Kreis der anvertrauten Personen neben Kindern im Bereich der SOS-Kinderdörfer weiterhin „Behinderte, Pflegebedürftige, ältere Menschen, Alkohol- oder Drogenabhängige" (*Wank* in: ErfKomm 2013, § 18 ArbZG Rn. 5). Diese Aufzählung mutet etwas eigenwillig an, denn für diese Gruppen gibt es keine den SOS-Kinderdörfern vergleichbaren Konzepte eines familienähnlichen Zusammenlebens über einen längeren Zeitraum; auch die Arbeit in betreuten Wohngruppen erfolgt im Schichtdienst unter Anwendung des ArbZG.

antwortlichkeit' stellt sich als komplexes Zusammenspiel unterschiedlicher Faktoren (u.a. Schwere der Pflegebedürftigkeit, Qualifikation der Pflege- und Betreuungskraft, arbeitsvertragliche Regelungen) dar und ist als unbestimmter Rechtsbegriff daher schwer zu fassen." Dieser Komplexität wird die Regelung des § 18 Abs. 1 Nr. 3 ArbZG, die ihrer Entstehungsgeschichte zufolge als eine Art 'lex SOS-Kinderdörfer' gelesen werden kann, nicht gerecht. Sie ist deshalb dringend reformbedürftig.

Ein weiteres Tatbestandsmerkmal in § 18 Abs. 1 Nr. 3 ArbZG ist das *Zusammenleben in häuslicher Gemeinschaft* mit den anvertrauten Personen. Dies ist mehr als lediglich die Aufnahme in den Haushalt des Arbeitgebers. In der Kommentarliteratur wird präzisiert, von einem Zusammenleben in häuslicher Gemeinschaft könne nur gesprochen werden, wenn über das gemeinsame Wohnen hinaus der Lebensalltag gemeinsam organisiert werde und ein gemeinsames Leben und Wirtschaften stattfinde.[22] Allein aus der Tatsache, dass auch die Hausangestellte ein Zimmer in der Wohnung der zu erziehenden oder zu betreuenden Person bewohnt, ergibt sich keine 'häusliche Gemeinschaft' im Sinne des § 18 Abs. 1 Nr. 3 ArbZG. Betrachtet man etwa das Modell der Zentralen Auslands- und Fachvermittlung der Bundesagentur für Arbeit (ZAV), die *live-ins* für Privathaushalte aus dem Ausland vermittelt, so können danach für die Bereitstellung von Verpflegung und Unterkunft durch den Arbeitgeberhaushalt den Hausangestellten Pauschalen in Rechnung gestellt werden – dies ist kein Zusammenleben in 'häuslicher Gemeinschaft' im Sinne des § 18 Abs. 1 Nr. 3 ArbZG.

Wird eine Ausnahme nach § 18 Abs. 1 Nr. 3 ArbZG in einem konkreten Fall bejaht, so gilt die Fürsorgepflicht gemäß § 618 Abs. 2 BGB, wonach die Arbeitgeberin Arbeitszeitschutz gewährleisten muss: Sie hat diejenigen besonderen Anordnungen auch in Bezug auf Arbeits- und Erholungszeit der mit ihr in häuslicher Gemeinschaft lebenden Arbeitnehmer zu treffen, die „mit Rücksicht auf die Gesundheit, die Sittlichkeit und die Religion des Verpflichteten erforderlich sind". Diese Regelung dürfte vielen Arbeitgebern von *live-ins* kaum präsent sein. Wenn etwa die Hausangestellte aus Polen blockweise 6 Wochen in Deutschland sogenannte '24-Stunden-Pflege' leistet und sich danach 6 Wochen im Herkunftsland aufhält, müsste sie auch in dieser kompensatorischen Freizeitphase durchgehend bezahlt werden, was offenbar kaum geschieht.

---

22 *Anzinger / Koberski*, ArbZG Kommentar, 2009, § 18 Rn. 21; *Wank* in: ErfKomm 2013, § 18 ArbZG Rn. 5; *Neumann / Biebl*, ArbZG Kommentar, 2013, § 18 Rn. 7; *Buschmann / Ulber*, ArbZG Basiskommentar, 2011, § 18 Rn. 4; a.A. *Baeck / Deutsch*, ArbZG Kommentar, 2004, § 18 Rn. 22.

Grundlegend für das Arbeitszeitrecht sind die Ziele Gesundheitsschutz, Arbeitssicherheit und Schutz der Privatsphäre; sie sind nicht nur im ArbZG und im Bundesurlaubsgesetz, sondern auch grundrechtlich in Art. 2 Abs. 1 GG sowie einfachrechtlich in der Europäischen Grundrechtecharta und den EU-Arbeitszeitrichtlinien 93/104 sowie 2003/88 festgelegt. Dem müssen auch Schichtmodelle und andere Modelle entsprechen, die gemäß § 618 Abs. 2 BGB zeitlichen Ausgleich für überlange Arbeitszeiten gewähren.

Deutschland hat sich bei der Ratifikation des ILO-Übereinkommens C-189 auf die Ausnahme des § 18 Abs. 1 Nr. 3 ArbZG berufen und diese vom Geltungsbereich des Übereinkommens ausgenommen. Diese aus den oben genannten Gründen sehr problematische Regelung ist nur dann mit den allgemeinen Grundsätzen des Übereinkommens – der Gleichbehandlung der Hausangestellten mit anderen Arbeitnehmer/innen – vereinbar, wenn sie eng ausgelegt wird (vgl. Scheiwe / Schwach 2013 sowie Kocher in diesem Band). Es handelt sich *nicht um eine generelle Ausnahmeregelung für 'live-ins' oder Beschäftigte in der sogenannten 24-Stunden-Pflege*. Eine weite Auslegung der Ausnahme des § 18 Abs. 1 Nr. 3 ArbZG, wonach der Bereich der sogenannten 24-Stunden-Pflege grundsätzlich nicht durch das ArbZG erfasst sein soll, erscheint auch als unvereinbar mit der EU-Richtlinie 2003/88/EG und verkennt die engen Anforderungen für einen Ausschluss aus dem Schutzbereich, die ein besonderes Maß an Selbstständigkeit und Eigenverantwortlichkeit verlangen. In der *Praxis* herrscht jedoch bei Privathaushalten als Arbeitgebern eine große Unkenntnis oder Ignoranz der arbeitszeitrechtlichen Anforderungen vor.

2.2 Mehrarbeit von Hausangestellten – keine Überstundenzuschläge?

Mehrarbeit über die tarifvertraglich oder individualvertraglich vereinbarte Arbeitszeit hinaus ist in allen Branchen weit verbreitet. Dabei gibt es jedoch große Unterschiede nach Beschäftigtengruppen und Geschlecht (vgl. Scheiwe 1993: 80 ff.) und hinsichtlich der Arbeitszeitformen und ihrer rechtlichen Anerkennung als Mehrarbeit, für die entsprechende Entgeltzuschläge gewährt werden.

'Mehrarbeit' ist definiert als Überschreitung der gesetzlichen Arbeitszeit nach dem ArbZG (normalerweise 8 Stunden täglich, § 3 ArbZG), 'Überstunden' liegen vor bei Überschreitung der individuellen, vertraglich vereinbarten Arbeitszeit, zu der es etwa auch dadurch kommen kann, dass die gesetzlich vorgeschriebenen Pausen nicht gewährt werden. Für Überstunden ist eine Vergütung zu zahlen; falls keine besonderen Überstunden*zuschläge* durch Tarifvertrag oder im Individualarbeitsvertrag vereinbart wurden, fällt die normale Vergütung für diese Überstunden an. Der Anspruch auf Überstundenzuschläge ist gesetzlich nicht geregelt, sondern ergibt sich aus dem Arbeitsvertrag, dem Tarifvertrag oder einer Betriebsvereinbarung. Tarifverträge gewähren Überstundenzuschläge aber in der Regel erst, wenn die tägliche oder wöchentliche Arbeitszeit einer Vollzeitkraft überschritten wird (z.B. ab der 39. Wochenstunde); Teilzeitbeschäftigte erhalten nach diesen Tarifvertragsregelungen Überstundenzuschläge nicht bei Überschreitung ihrer vertraglich vereinbarten Arbeitszeit, sondern erst dann, wenn sie mehr als die Wochenarbeitszeit einer Vollzeitkraft arbeiten.[23] Dadurch bieten Teilzeitkräfte für Arbeitgeber ein besonders kostengünstiges Potenzial für 'Arbeitszeitflexibilität nach oben' durch Überstunden.[24]

Die Frage, ob Mehrarbeit entlohnt wird, betrifft aber auch die vollzeitbeschäftigten Hausangestellten und insbesondere die *live-ins* mit 'Maxi-Jobs', deren Arbeitszeiten häufig die wöchentliche Arbeitszeit von Vollzeitbeschäftigten überschreiten. Dies wird in der Praxis oft daran scheitern, dass keine klaren Absprachen und arbeitsvertragliche Vereinbarungen über wöchentliche Arbeitszeiten, Beginn und Ende der Arbeitszeit einschließlich der Bereitschaftszeiten oder über die Höhe des Stundenlohns sowie über Überstundenzuschläge getroffen wurden, sodass de facto geleistete Mehrarbeit nicht zusätzlich entgolten wird und auch keine Überstundenzuschläge gezahlt werden. Zudem sind Privathaushalte als Arbeitgeber in den seltensten Fällen tarifgebunden, weshalb auch die tarifvertraglich vereinbarte 'Normalarbeitszeit' nicht gilt.[25] Nur wenige Privathaushalte sind Mitglied von Arbeitgeberverbänden wie dem DHB – Netzwerk Haushalt (ehemals Deutscher Hausfrauenbund), das als wichtigste Arbeitgebervertretung der Branche mit der Gewerkschaft NGG Tarifverträge für die Arbeitnehmer/innen in der privaten Hauswirtschaft abschließt. Daneben hat der Berufsverband Katholischer Arbeitnehmerinnen in der Hauswirtschaft in Deutschland e.V. (bkh) mit dem VerbraucherService im Katholischen Deutschen Frauenbund e.V. einen Tarifvertrag abgeschlossen. Auch unter den Hausangestellten ist der Organisierungsgrad sehr gering. Die

23 Für eine ausführliche Diskussion der tarifvertraglichen Regelungen und der Begründung des BAG in ständiger Rechtsprechung vgl. *Scheiwe* (1993: 81–85); dort werden die Geschlechterdimensionen der Arbeitszeitmodelle und die Privilegierung der eher für Männer typischen Arbeitszeitmuster (Vollzeitarbeit mit Arbeitszeitflexibilität 'nach oben') und der Einfluss der Arbeitsmarktsegregation und von Branchen mit höheren Beschäftigungsanteilen von Männern diskutiert.

24 Die Beschäftigten können Überstunden jedoch verweigern, wenn sie aus persönlichen Gründen Teilzeit arbeiten; nur in Notsituationen nach § 14 ArbZG können vom Arbeitgeber einseitig Überstunden angeordnet werden.

25 In den Tarifverträgen zwischen dem DHB-Netzwerk Haushalt und der NGG sind 38,5 Wochenstunden als Arbeitszeit vereinbart.

auch von der ILO-Konvention C-189 geforderte Gleichbehandlung von Hausangestellten bei Überstundenregelungen bleibt somit ein virulentes Problem.

Da überwiegend Frauen Teilzeit arbeiten und diese häufiger bei der Leistung von Überstunden nur das normale Entgelt, aber keine Überstundenzuschläge erhalten, stellt sich die Frage, ob darin eine mittelbare Diskriminierung hinsichtlich des Entgelts liegt. Der Europäische Gerichtshof und das Bundesarbeitsgericht[26] haben entschieden, dass keine mittelbare Diskriminierung nach Art. 141 EG und auch kein Verstoß gegen das Benachteiligungsverbot von Teilzeitbeschäftigten aus § 4 Abs. 1 Teilzeit- und Befristungsgesetz (TzBfG)[27] vorliegt, wenn Tarifregelungen eine Überstundenvergütung erst ab der regelmäßigen Wochenarbeitszeit von Vollzeitbeschäftigten vorsehen. Wird einem Vollzeitbeschäftigten ein Überstundenzuschlag nur dann zugestanden, wenn er mehr als eine festgelegte Anzahl von Stunden im Monat gearbeitet hat, so ist es mit dem Gleichheitsgrundsatz vereinbar, dass Teilzeitbeschäftigte keinen Überstundenzuschlag erhalten, wenn sie lediglich mehr als ihre Teilzeit-Stundenbegrenzung arbeiten.[28] Eine Ungleichbehandlung im Sinne des § 4 Abs. 1 S. 1 TzBfG liegt vor, wenn bei gleicher Anzahl von Stunden, die aufgrund eines Arbeitsverhältnisses geleistet werden, den Vollzeitbeschäftigten eine höhere Vergütung gezahlt wird als den Teilzeitbeschäftigten; erhalten Teilzeitbeschäftigte für die gleiche Anzahl geleisteter Arbeitsstunden jedoch die gleiche Gesamtvergütung wie Vollzeitbeschäftigte, besteht keine Ungleichbehandlung.[29] Anders dagegen bewertete der Europäische Gerichtshof die pauschale Regelung, wonach Mehrarbeit bis zu drei Stunden im Monat weder bei Voll- noch bei Teilzeitbeschäftigten vergütet wird, weil durch diese Regelung Teilzeitbeschäftigte viel stärker belastet werden als Vollzeitbeschäftigte.[30] Diese differenziertere Sichtweise des Belastungsarguments hebt sich positiv von anderen Urteilen ab, in denen angenommen wird, dass die 'physische Belastungsgrenze' erst erreicht ist, wenn die Stundenzahl von Vollzeitbeschäftigten überschritten wird. Dabei wird ignoriert, dass Teilzeitbeschäftigte auch nach der Erwerbsarbeit durch andere Tätigkeiten (etwa durch Haus- und

---

26 EuGH, Urteil vom 15.12.1994 ('Helmig'), Rn. 26 bis 30, EuGHE 1994 I 5727; EuGH, Urteil vom 27.05.2004 ('Elsner-Lakeberg'), Rn. 17, NZA 2004, 783; BAGE 80, 173; BAGE 91, 262; BAG, NZA 2005, 222; BAG, NZA-RR 2009, 221.

27 Gesetz über Teilzeitarbeit und befristete Arbeitsverträge (Teilzeit- und Befristungsgesetz – TzBfG) vom 21.12.2000, BGBl. I, S. 1966.

28 BAG, NZA 2005, 222.

29 Ebd.

30 EuGH, Urteil vom 27.05.2004, Rn. 17, NZA 2004, 783; *Preis* in: ErfKomm 2013, § 4 TzBfG, Rn. 43 ff.

Familienarbeit) physisch belastet werden.[31] Der vollständige Ausschluss Teilzeitbeschäftigter von anderen Zulagen (Wechselschichtzulage, Nacht- und Schichtarbeitszuschläge u.a.) aufgrund der Zahl ihrer Arbeitsstunden wird inzwischen als Verletzung des Gleichbehandlungsgrundsatzes des § 4 Abs. 1 TzBfG bewertet; als rechtmäßig gilt jedoch die nur proportionale Gewährung des Zuschlags.

2007 hatte der Europäische Gerichtshof über eine deutsche beamtenrechtliche Regelung nach der Mehrarbeitsvergütungsordnung zu entscheiden. Sie definierte Mehrarbeit ohne Angabe einer wöchentlichen oder monatlichen Stundenzahl allgemein als Arbeit, die von den Beamten über ihre individuelle Arbeitszeit hinaus geleistet wurde, sah aber für Teilzeitbeschäftigte einen geringeren Entgeltsatz vor als für Vollzeitbeschäftigte. Diese Regelung wurde vom Europäischen Gerichtshof[32] als Verletzung von Art. 141 EG (Entgeltgleichheit von Frauen und Männern) und als mittelbare Diskriminierung von teilzeitbeschäftigten Frauen bewertet, weil unter den von dieser Regelung Betroffenen deutlich mehr weibliche als männliche Beschäftigte vertreten sind und die Ungleichbehandlung nicht durch Faktoren sachlich gerechtfertigt ist, die nichts mit einer Diskriminierung aufgrund des Geschlechts zu tun haben.[33]

Diese Entscheidungen und Kontroversen zeigen die Notwendigkeit einer kritischen Überprüfung von Privilegierungen des sogenannten 'Normalarbeitsverhältnisses', das an Lebensläufen und Arbeitszeitmustern orientiert ist, wie sie überwiegend für Männer typisch sind. Daraus folgt zum einen eine Benachteiligung von weiblichen Teilzeitbeschäftigten, weil Teilzeitarbeit ein eher für Frauen typisches Arbeitszeitmuster ist. Aber auch vollzeitbeschäftigte Frauen wie die *live-ins* werden dadurch diskriminiert, weil sie im Arbeitsmarktsegment der haushaltsnahen Dienstleistungen mit einem hohen Frauenanteil an den Beschäftigten und einer großen Nähe zur Haushaltsproduktion und Familienwirtschaft tätig sind, der 'schlechtere' Arbeitsbedingungen und arbeits- und sozialrechtliche Absicherungen bietet als Tätigkeiten im gewerblichen Sektor des Arbeitsmarktes. Durch unbezahlte oder unterbezahlte Mehrarbeit von Teilzeitbeschäftigten können Arbeitszeitschwankungen besonders kostengünstig ausgeglichen werden. Aber auch in Bereichen personaler Dienstleistungen (*care*) wie im Gesundheitswesen und in Einrichtungen der Kranken- und Altenpflege, in denen Vollzeit im Schichtbetrieb gearbeitet wird, sind die

31 Vgl. die Diskussion bei *Scheiwe* (1993: 83 ff.).

32 EuGH vom 6.12.2007, ABl EU 2008, Nr. C 22,9.

33 Nach dieser Entscheidung des EuGH über die Vorlage des Bundesverwaltungsgerichts folgte das vorlegende Gericht im Revisionsverfahren der Auffassung des EuGH, vgl. NVwZ-RR 2008, 799.

Zuschläge für Spät- und Nachtschichten oder Wochenendarbeit deutlich geringer als in Produktionsbereichen mit einem hohen Anteil männlicher Beschäftigter. Arbeitszeitmodelle weisen Genderhierarchien auf, und je höher der Anteil der Sorgearbeit an den Tätigkeiten in den Beschäftigungsbereichen ist (personale soziale Dienstleistungen) und je näher sie dem Privathaushalt und der Familiensphäre stehen, desto geringer sind die Anerkennung und der arbeits- und sozialrechtliche Schutz (vgl. Scheiwe 1999). Am unteren Ende der Hierarchie stehen die Beschäftigten in Privathaushalten.

2.3 Sonderregeln für geringfügig Beschäftigte in Privathaushalten

Die 'geringfügige' Beschäftigung (§ 8a SGB IV) ist eine besondere Form der Teilzeitbeschäftigung, die inzwischen nicht mehr durch die Wochenstundenzahl der Beschäftigung definiert ist, sondern lediglich durch eine Grenze für den monatlichen Verdienst von maximal 450 Euro monatlich. Mit dieser in Privathaushalten weit verbreiteten 'atypischen' Beschäftigungsform sind im Vergleich zur Vollzeitarbeit eine Reihe von arbeits- und sozialrechtlichen Nachteilen verbunden, die äußerst kritisch zu beurteilen sind (Waltermann 2010; zur Frage der Überstundenzuschläge für Teilzeitbeschäftigte siehe oben). Deshalb wurden bereits vielfach Rechtsreformen und die Beseitigung der abgabenrechtlichen Privilegierung der geringfügigen Beschäftigung gefordert.[34] Die Politik weitet demgegenüber seit Jahren den Anwendungsbereich der geringfügigen Beschäftigung aus, zuletzt durch die Anhebung der Verdienstgrenze von 400 Euro auf bis zu 450 Euro. Diese Politik hat zu einer Ausweitung des Niedriglohnsektors beigetragen und beruht auf einem sozialpolitischen Modell der sozialen Absicherung der (überwiegend weiblichen) Beschäftigten durch die Ehe (mit einem sozialversicherten Ehepartner als 'Hauptverdiener') oder durch die ergänzende Absicherung einer Niedriglohnbeschäftigung durch 'Hartz IV'-Grundsicherungsleistungen nach dem SGB II. Dies prägt den Sonderarbeitsmarkt für haushaltsnahe Dienstleistungen, hält die Kosten künstlich niedrig und wirkt sich so auch auf die Zahlungsbereitschaft und Erwartungen der Privathaushalte sowie die Durchschnittslöhne in diesem Sektor aus (vgl. Scheiwe 2010: 135).

Für *hauswirtschaftliche geringfügige Beschäftigungsverhältnisse* gelten weitere sozialrechtliche Sonderregeln zu den Sozialversicherungsabgaben, die sich von der allgemeinen sozialversicherungsrechtlichen Privilegierung der geringfügiger Beschäftigung im *gewerblichen Bereich* unterscheiden (vgl.

34 So etwa die Beschlüsse des 68. Deutschen Juristentages 2010, des Deutschen Frauenrats, des Deutschen Juristinnenbundes, vgl. dazu das Gutachten von *Waltermann* (2010) für den 68. Deutschen Juristentag sowie *Wippermann* 2012.

Scheiwe / Schwach 2012: 341 ff.). Was als angeblicher Vorteil dargestellt wird (geringe Sozialversicherungsabgaben) und der Bekämpfung der Schwarzarbeit in Privathaushalten durch Abgabenprivilegierung dienen soll, stellt sich als sozialrechtliche Benachteiligung heraus, die dem Gebot der Gleichbehandlung im Bereich der sozialen Sicherung des Art. 14 des ILO-Übereinkommens C-189 nicht entspricht. Es ist nicht ersichtlich, wie die unterschiedliche Behandlung gewerblicher und im Privathaushalt geringfügig Beschäftigter bei der Höhe der Rentenversicherungspauschale im Hinblick auf die sozialrechtliche Gleichbehandlung von Hausangestellten sachlich gerechtfertigt sein kann.

3. Fragwürdige Legitimationen der Ungleichbehandlung – zur 'Untrennbarkeit von Arbeit und Freizeit' und der 'Familienähnlichkeit' der Situation von Hausangestellten

Lässt sich bei Hausangestellten Arbeitszeit nicht von Freizeit unterscheiden? Die vorindustrielle Produktionsweise war unter anderem dadurch gekennzeichnet, dass Arbeits- und Wohnort nicht getrennt waren; typisch für das 'ganze Haus' als Produktionseinheit war auch die fehlende Trennung von Produktion und Konsumption. Dies änderte sich mit der industriellen Produktionsweise und der Abschaffung feudaler und ständischer Herrschaftsverhältnisse; erst die Einführung der Vertragsfreiheit und des Arbeitsvertrages machen eine klare Unterscheidung zwischen Arbeitszeit und 'Freizeit' möglich. 'Fremdbestimmt' ist die Arbeitszeit, während der Arbeitnehmer/innen die Nutzung ihrer Arbeitskraft an einen Arbeitgeber verkauft haben. Jenseits dieser vertraglich vereinbarten Arbeitszeit beginnt die 'Freizeit' und die selbstbestimmten Zeit, in der sie gehen können, wohin sie wollen, und tun und lassen können, was sie wollen. Produktion im Privathaushalt, die dem Eigenbedarf dient, und die unbezahlte Arbeit der Hausfrau lassen jedoch auch keine trennscharfe Unterscheidung von Arbeitszeit und Freizeit zu; oft überlappen sich auch verschiedene 'Zeiten' und Tätigkeiten (Bügeln beim Fernsehen, Kindererziehung bei Freizeitaktivitäten, Kartoffeln Schälen beim Gespräch mit der zu beaufsichtigenden dementen Großmutter). Unbezahlte Arbeit und persönliche Zuwendung in diesem Rahmen zeichnen sich dadurch aus, dass zwischen Arbeit und Freizeit nicht getrennt werden kann, weil es nicht bezahlte Arbeit(szeit) ist.

Mit eben dieser 'Untrennbarkeit von Arbeit und Freizeit' wird auch die Herausnahme einer Gruppe von *live-ins* aus der Geltung des Arbeitszeitgesetzes begründet (siehe oben). Die Behauptung, dass auch für diese gegen Entgelt abhängig Beschäftigten Arbeit und Freizeit nicht getrennt werden könnten, trifft jedoch grundsätzlich nicht zu. Die Freizeit beginnt jenseits der vertraglich vereinbarten Arbeitszeit; sollte eine solche nicht ausdrücklich vereinbart sein, beginnt sie oberhalb der gesetzlich geregelten Höchstarbeitszeit und in den arbeitsvertraglich, tariflich oder gesetzlich geregelten Urlaubszeiten. Problematisch ist *de facto*, dass genaue Absprachen zur Arbeitszeit häufig fehlen. Die verfehlte Annahme, die Beschäftigten müssten jederzeitig für Dienste verfügbar sein (wie in der 'feudalen Ruine' des Gesinderechts) ist das Problem, nicht eine vermeintlich grundsätzliche Ununterscheidbarkeit von Arbeitszeit und Freizeit. Wie Beispiele in der stationären Pflege oder in Krankenhäusern oder auch bei ambulanten Pflegediensten zeigen, kann eine Trennung durch praktische Regelungen wie beispielsweise Absprachen über Schichtdauer, Beginn und Ende der Arbeitszeit, Pläne für Bereitschaftszeiten etc. hergestellt werden. Ohne Frage ist die Einhaltung solcher Absprachen schwieriger, wenn Arbeitgeber und Arbeitnehmerin unter einem Dach leben. Dann wird schnell einmal an die Tür geklopft mit einem Arbeitsauftrag oder gerufen, um eine Hilfeleistung zu erbitten. 'Freizeit' wird so zum Bereitschaftsdienst und damit zur Arbeitszeit. 'Entgrenzte Arbeit' ist aber längst nicht mehr nur ein Problem von Hausangestellten, die im Arbeitgeberhaushalt wohnen; durch Mobiltelefone und Internet wird zunehmend auch von Arbeitnehmer/innen, die sich nicht an ihrem Arbeitsort aufhalten, permanente Verfügbarkeit erwartet. Gegen diese faktisch hergestellte 'Untrennbarkeit' durch fehlende Grenzziehungen zwischen den Beteiligten helfen deshalb nur klare Vereinbarungen und Regeln gegen Grenzüberschreitungen durch den Arbeitgeber. So gibt es beispielsweise bereits diverse Betriebsvereinbarungen, die Regeln für die Kontaktaufnahme zu den Arbeitnehmer/innen eines Unternehmens aufstellen und deren Erreichbarkeit einschränken. Auch Übergriffe auf die Privatsphäre und Freizeit von *live-ins* lassen sich durch eindeutige Regeln vermeiden: keine Störungen im Zimmer der Beschäftigten, keine Arbeitsaufforderungen und Anrufe während der vereinbarten Freizeit und Ruhezeiten, kein Anklopfen, kein Rufen, und während der Freizeit kann sich die Hausangestellte jederzeit und ungefragt aus dem Haus begeben und gehen, wohin sie will. Wird jenseits der vereinbarten Arbeitszeit Verfügbarkeit erwartet, ist dies Bereitschaftszeit und somit Arbeitszeit, nicht Freizeit. Mit der unreflektierten Behauptung, für bestimmte Beschäftigte in Privathaushalten ließen sich Arbeit und Freizeit nicht trennen, wie sie der Gesetzgeber 1993 aufstellte und auch anlässlich der Ratifikation der ILO-Konvention C-189 2013 noch einmal wiederholte, lässt sich die Ausnahme von der Anwendung des ArbZG gemäß § 18 Abs. 1 Nr. 3 ArbZG nicht legitimieren.

Als weiteres Argument zur Rechtfertigung der arbeitszeitrechtlichen Ungleichbehandlung wird teilweise angeführt, in dem Verhältnis von Hausangestellter und Arbeitgeberin oder betreuter Person bestehe eine besondere

'Vertrauensbeziehung', sodass sich die Stunden nicht zählen ließen und die Arbeitszeit in dieser Beziehung nicht exakt gemessen werden könne. Auch *Kocher* (in diesem Band) spricht in Anlehnung an Emunds und Schacher (2012: 55) von einem 'empathischen Dreieck', wonach für die Betroffenen weder der Begriff der Arbeitszeit noch der Begriff der Bereitschaftszeit Sinn ergebe, da sie beides nicht von privater Zeit und Freizeit unterscheiden könnten.

Empathie als Teil der (Arbeits-)Beziehung oder eines Arbeitsbündnisses ist jedoch keine Besonderheit von Pflegetätigkeiten in Privathaushalten, sondern findet sich in verschiedensten Tätigkeitsbereichen personaler sozialer Dienstleistungen, von der sozialen Arbeit über Gesundheitsdienstleistungen bis hin zur Beratung oder Therapie. Für Fachkräfte in Tätigkeiten, die intensive Beziehungen und Mitgefühl für Klienten oder Patienten einschließen, gehört das Erlernen von kritischer Reflexion und Distanz vielmehr zur professionellen Ausbildung. Wenn pflegende Beschäftigte keine Distanz herstellen können, führt dies zu besonderen Belastungen bis hin zum Burn-out. Wer 24 Stunden im Dienst ist, ist tatsächlich nicht in der Lage, Freizeit und Arbeitszeit abzugrenzen. Auch die Beschäftigten haben ein Recht auf Empathie und auch ihre Gesundheit ist ein hohes Gut, das rechtlichen Schutz benötigt und verdient; beides gerät aber im Vergleich zum Wohl der zu pflegenden Person leicht in den Hintergrund. Guy Mundlaks Einschätzung lautet: „The high-trust argument is based on the 'we are all a family' fallacy, which has been used to deny the live-in her privacy and her autonomy. It is hardly a truism; it is actually a legal myth or fable.“ (Mundlak 2005: 139).

Wenn behauptet wird, dass die Arbeitsbeziehungen von Hausangestellten 'Familienähnlichkeit' aufweisen, so ist jeweils genau zu definieren, was damit gemeint ist und wie dies empirisch belegt wird. Oft ist die Behauptung ideologisch motiviert und dient dazu, auf bestimmte, mit dem Begriff der Familie assoziierten moralischen Vorstellungen oder Werte zu rekurrieren. Bezogen auf den rechtlichen Status der Hausangestellten besteht jedenfalls keine 'Familienähnlichkeit', da sie keinerlei Unterhalts- oder Erbansprüche haben, welche die 'Reziprozität' von familialen Unterstützungsleistungen und *care*-Beziehungen kurz- oder langfristig rechtsförmig absichern können (vgl. dazu Meder und Vormbaum in diesem Band). Aus rechtlicher Perspektive ist das Arbeitsverhältnis im Privathaushalt nicht 'familienähnlich', sondern ein ganz normales abhängiges Beschäftigungsverhältnis wie jedes andere auch. Das schließt 'empathische Beziehungen' zu Personen, die betreut, erzogen oder gepflegt werden, nicht aus, sondern ein – sie sind nicht nur für die Beschäftigung in Privathaushalten typisch, sondern für personale soziale Dienstleistungen und *care-Tätigkeiten häufig, etwa für Erzieher, Sozialpädagoginnen und Lehrerinnen und andere Berufsgruppen* (Bäcker et al. 2008: 509 ff.). Demgegenüber ist die Empathie bei Alltagstätigkeiten wie Reinigungsarbeiten weniger ausgeprägt. Eine *Entmystifizierung und Enttabuisierung der Arbeitsbedingungen und der Praxis* der Arbeit in Privathaushalten ist ebenso nötig wie eine größere Wertschätzung und Anerkennung von *care*-Tätigkeiten. Sie werden häufig unter Verletzung minimaler arbeits- und sozialrechtlicher Standards erbracht; Argumenten des Gesundheitsschutzes und des Schutzes der Privatsphäre der Beschäftigten wird zu wenig Bedeutung beigemessen und dadurch werden ihre Grundrechte und auch die Mindeststandards der ILO-Konvention zu *decent work* (Senghaas-Knobloch 2010; Scheiwe / Schwach 2012) verletzt. Erforderlich ist auch eine offene Diskussion der Nöte und Überlastung der Arbeitgeber/innen, die sowohl bei haushaltsnahen Dienstleistungen wie auch bei der Betreuung und Pflege von Angehörigen auf unzureichende sozialstaatliche Strukturen treffen und nur wenig Unterstützung erhalten. Wenn durch Kollusion von Arbeitgebern und Haushaltsbeschäftigten einverständlich irreguläre Beschäftigungsverhältnisse und die Umgehung von Arbeitszeitnormen an der Tagesordnung sind, entlastet dies zugleich die Politik davon, notwendige Reformen vorzunehmen – eine billige Lösung für alle, die Steuern und Sozialversicherungsbeiträge zahlen (vgl. Scheiwe 2010: 141, 146).

4. Ungenügendes Recht oder schlechte Praxis?

Die derzeitige Situation ist durch beides gekennzeichnet: ungenügendes Recht und schlechte Praxis. Das Arbeitszeitrecht setzt in vielen Bereichen klare Grenzen, wird jedoch in Privathaushalten überwiegend umgangen und nicht eingehalten – oft kollusiv. Andere Regelungen (insbesondere zur geringfügigen Beschäftigung in Privathaushalten) sind dringend reformbedürftig und benachteiligen überwiegend Frauen; insbesondere die Sonderregeln für geringfügige Beschäftigung in Privathaushalten sind meines Erachtens mittelbar diskriminierend. Hausangestellte, vor allem diejenigen aus den sogenannten 'Drittstaaten' und Nicht-EU-Ländern ohne legalen Aufenthaltsstatus, sind zudem eine besonders vulnerable Gruppe ohne besondere Verhandlungsmacht oder Lobby. Hinzu kommt häufig fehlendes (Un-)Rechtsbewusstsein; Schwarzarbeit bei haushaltsnahen Dienstleistungen ist weit verbreitet. Veränderungen erfordern eine Diskussion über Bedingungen und Möglichkeiten der Zuwanderung für Drittstaatenangehörige,[35] die hier nicht geführt werden kann.

35 Etwa nach dem Modell der Vermittlung von Haushaltshilfen aus mittelosteuropäischen oder Drittstaaten durch die ZAV nach § 21 Beschäftigungsverordnung oder dem kana-

Insgesamt ist eine viel zu geringe Aufmerksamkeit für die Durchsetzung der Ziele des Arbeitszeitschutzes (Gesundheitsschutz, Arbeitssicherheit, Schutz der Privatsphäre) und die Gleichbehandlung der Beschäftigten in Privathaushalten mit anderen Arbeitnehmer/innen zu konstatieren. Haushaltsnahe Dienstleistungen sind aber 'eine Arbeit wie jede andere' – dieser Beitrag weist auf Probleme der aktuellen Regulierung und Ansatzpunkte für Veränderungen hin.

Literatur

ANZINGER, Rudolf / Koberski, Wolfgang, 2009: Kommentar zum Arbeitszeitgesetz, 3. Aufl., Frankfurt a.M.

BÄCKER, Gerhard / Naegele, Gerhard / Bispinck, Reinhard / Hofemann, Klaus / Neubauer, Jennifer, 2008: Sozialpolitik und soziale Lage in Deutschland. Bd. 2: Gesundheit, Familie, Alter und Soziale Dienste, 4. Aufl., Wiesbaden.

BAECK, Ulrich / Deutsch, Markus, 2014: Arbeitszeitgesetz: Kommentar, Baden-Baden.

BAKAN, Abigail / Stasiulis, Daivia, 1994: „Foreign Domestic Worker Policy in Canada and the Social Boundaries of Modern Citizenship", Science & Society 58, 1 (1994), S. 7–33.

BENECKE, Martina, 2011: Kommentierung des Art. 153, in: Grabitz, Eberhard / Hilf, Meinhard / Nettesheim, Martin (Hg.): Das Recht der Europäischen Union, 43. Ergänzungslieferung März 2011, München.

BLACKETT, Adelle, 2011: „Introduction; Regulating Decent Work for Domestic Workers", Canadian Journal of Women and the Law 23, 1 (2011), S. 1–46.

BOLLAUF, Traude, 2011: Dienstmädchen-Emigration. Die Flucht jüdischer Frauen aus Österreich und Deutschland nach England 1938/1939, Wien.

BUSCHMANN, Rudolf / Ulber, Jürgen, 2011: Arbeitszeitgesetz, 7. Aufl., Baden-Baden.

CONRAD, Elke, 1910: „Zur Dienstbotenfrage. Erhebungen der Arbeiterinnenschutzkommission des Bundes Deutscher Frauenvereine", Archiv für Sozialwissenschaft und Sozialpolitik 31 (1910), S. 520–553.

DIAKONIE WÜRTTEMBERG, 2013: Gesetzliche Mindeststandards bei der Beschäftigung einer Betreuungskraft, http://www.diakonie-wuerttemberg.de/rat-und-hilfe/faircare/gesetzliche-mindesstandards-bei-der-beschaeftigung/, Zugriff: 20.11.2013.

EMUNDS, Bernhard / Schacher, Uwe, 2012: Ausländische Pflegekräfte in Privathaushalten, Frankfurt a.M. (Frankfurter Arbeitspapiere Nr. 61).

ERFURTER Kommentar zum Arbeitsrecht, 2013, hg. von Rudi Müller-Glöge, Ulrich Preis, Ingrid Schmidt, 13. Auflage, München.

FLOTHOW, Johannes, 2010: Osteuropäische Haushaltshilfen – den europäischen Pflege- und Betreuungsmarkt gerecht gestalten, http://www.europakongress2010.de/fileadmin/

dischen Programmen für foreign domestic workers, kritisch dazu *Bakan / Stasiulis* 1994.

media/dokumentation/WS11_FairCare-Text-Vorlage_Workshop_Europakongress.pdf, Zugriff: 20.11.2013.

Fuchs, Maximilian, 2010: „Der rechtliche Status von Pflegekräften aus den neuen EU-Staaten", NZA 2010, S. 980–986.

Hoffer, Heike, 2010: „Irreguläre Arbeitsmigration in der Pflege Rechtliche und politische Argumente für das notwendige Ende einer politischen Grauzone", in: Scheiwe, Kristen / Krawietz, Johanna (Hg.): Transnationale Sorgearbeit. Rechtliche Rahmenbedingungen und gesellschaftliche Praxis, Wiesbaden, S. 95–122.

ILO, 2011: Working Hours in Domestic Work, Genf (Domestic Work Policy Brief No. 2).

ILO, 2013: Domestic Workers Across the World: Global and regional statistics and the extent of legal protection, Genf.

Kamm, Elisabeth, 1956: „Achtstundentag für Hausgehilfinnen?", Die Zeit, 9.02.1956, http://www.zeit.de/1956/06/achtstundentag-fuer-hausgehilfinnen, Zugriff: 20.11. 2013.

Karakayali, Juliane, 2010: „Die Regeln des Irregulären. Häusliche Pflege in Zeiten der Globalisierung", in: Scheiwe, Kirsten / Krawietz, Johanna (Hg.): Transnationale Sorgearbeit. Rechtliche Rahmenbedingungen und gesellschaftliche Praxis, Wiesbaden, S. 151–171.

Kocher, Eva, 2013: „Hausangestellte im deutschen Arbeitsrecht", NZA 17/2013, S. 929–934.

Kohte, Wolfhard, 2005: Kapitel 12 Abschnitt 2, in: Düwell, Franz Josef (Hg.): Das reformierte Arbeitsrecht. Arbeitsrecht im Reformprozess, München.

Linnenkohl, Karl / Rauschenberg, Hans-Jürgen, 2004: Arbeitszeitgesetz. Kommentar, 2. Aufl., Baden-Baden.

Magnus, Erna, 1934: „The Social, Economic, and Legal Conditions of Domestic Servants", International Labour Review 30 (1934), S. 190–207 (Teil I), S. 336–364 (Teil II).

McCann, Deirdre / Murray, Jill, 2010: The Legal Regulation of Working Time in Domestic Work, Genf.

Minijob-Zentrale (Hg.), 2013: I. Quartal 2013: Aktuelle Entwicklungen im Bereich der geringfügigen Beschäftigung, Essen, http://www.minijob-zentrale.de/DE/Service/03_service_rechte_navigation/DownloadCenter/6_Berichte_und_Statistiken/1_Quartalsberichte_d_MJZ/2013/quartal_1_2013.pdf?__blob=publicationFile&v=6, Zugriff 21.11.2013.

Mundlak, Guy, 2005: „Re-commodifying Time: The Exemption of 'Live-Ins' From Time Regulation", in: Conaghan, Joanne / Rittich, Kerry (Hg.): Work and Family, Oxford, S. 125–156.

Neumann, Dirk / Biebl, Josef, 2013: Arbeitszeitgesetz. Kommentar, 16. Aufl., München.

Ramirez Machado, José Maria, 2003: Domestic Work, Conditions of Work and Employment: A legal perspective, Genf (Conditions of Work and Employment Series No. 7. Working paper).

SCHEIWE, Kirsten, 1993: Männerzeiten und Frauenzeiten im Recht. Normative Modelle von Zeit im Arbeits-, Sozial- und Familienrecht und ihre Auswirkungen auf die geschlechtsspezifische Arbeitsteilung, Berlin.

SCHEIWE, Kirsten, 2010: „Die soziale Absicherung häuslicher Pflege über Grenzen hinweg: rechtliche Grauzonen, (Ir-)Regularität und Legitimität", in: Scheiwe, Kirsten / Krawietz, Johanna (Hg.): Transnationale Sorgearbeit. Rechtliche Rahmenbedingungen und gesellschaftliche Praxis, Wiesbaden, S. 123–149.

SCHEIWE, Kirsten / Schwach, Verena, 2012: „'Decent work for domestic workers' – das Übereinkommen 189 der Internationalen Arbeitsorganisation", ZIAS 26 (2012), S. 317–349.

SCHEIWE, Kirsten / Schwach, Verena, 2013: „Das Arbeitszeitrecht für Hausangestellte nach Ratifizierung der ILO-Konvention 189", NZA 20 (2013), S. 1116–1120.

SENGHAAS-KNOBLOCH, Eva, 2010: „'Decent Work' – eine weltweite Agenda für Forschung und Politik", in: Becke, Guido (Hg.): „Decent work": arbeitspolitische Gestaltungsperspektive für eine globalisierte und flexibilisierte Arbeitswelt. Festschrift zur Emeritierung von Eva Senghaas-Knobloch. Wiesbaden, S. 15–36.

STRITT, Marie, 1904: Der Internationale Frauenkongress in Berlin 1904, Berlin.

VORMBAUM, Thomas, 1979: Politik und Gesinderecht im 19. Jahrhundert (vorn. in Preußen 1810–1918), Berlin.

WALTERMANN, Raimund, 2010: „Abschied vom Normalarbeitsverhältnis?", NJW Beilage 3 (2010), S. 81–85.

WELTI, Felix, 2010: „Abschied vom Normalarbeitsverhältnis? – Neue Beschäftigungsformen, Diskontinuität von Lebensläufen und das Sozial- und Arbeitsrecht", SGb 8 (2010), S. 441–448.

WIERLING, Dorothee, 1987: Mädchen für alles. Arbeitsalltag und Lebensgeschichte städtischer Dienstmädchen um die Jahrhundertwende, Berlin.

WIPPERMANN, Carsten, 2012: Frauen im Minijob – Motive und (Fehl-)Anreize für die Aufnahme geringfügiger Beschäftigung im Lebenslauf, hg. vom Bundesministerium für Familie, Senioren, Frauen und Jugend, Berlin.

WITKOWSKI, Mareike, 2013: „Ungleichheiten unter einem Dach – Hausgehilfinnen von 1918 bis in die 1960er Jahre", Ariadne 63 (2013), S. 36–43.

Eva Kocher

Die Ungleichbehandlung von Hausangestellten in der 24-Stunden-Pflege gegenüber anderen Arbeitnehmerinnen und Arbeitnehmern – eine Frage des Verfassungsrechts

Im deutschen Arbeitsrecht werden Hausangestellte nur noch an wenigen Stellen anders behandelt als andere Arbeitnehmerinnen und Arbeitnehmer. Das wirft unter anderem die Frage auf, ob es sich dabei um eine verfassungsrechtlich unzulässige Ungleichbehandlung handelt. Begründet wird die besondere Behandlung häufig damit, dass sich Hausarbeit grundlegend von anderen Tätigkeiten unterscheide. Der vorliegende Beitrag zeigt, dass verbreitete Annahmen über den Ausnahmecharakter von Hausarbeit verfassungsrechtlich höchst problematisch sind. Dies gilt einerseits für die Argumentation, mit der das Bundesverfassungsgericht selbst in den 1960er-Jahren die Tariffähigkeit eines Hausangestelltenverbands bejaht hat. Dies gilt aber auch für die heute diskutierte Anwendung einer Sonderregelung für Hausangestellte in der 24-Stunden-Pflege; auch sie versäumt es, den verfassungsrechtlich notwendigen Schutz der Hausangestellten zu gewährleisten.

1. ILO-Konvention C-189: allgemeine Grundsätze

Am 7. Juni 2013 hat Deutschland als neunter Staat weltweit und nach Österreich als zweiter europäischer Staat das Übereinkommen der Internationalen Arbeitsorganisation (ILO) über menschenwürdige Arbeit für Hausangestellte (Domestic Workers Convention 2011, C-189) ratifiziert.[1] Das Abkommen trat im September 2013 in Kraft. Ab September 2014 erlangt es Wirksamkeit für Deutschland (Art. 21 der Konvention).[2]

---

1 Auf der Grundlage des Gesetzentwurfs der Bundesregierung, BT-Drucks. 17/12951 und der Beschlussempfehlung und dem Bericht des Ausschusses für Arbeit und Soziales, BT-Drucks. 17/13303.

2 Eine amtliche deutsche Übersetzung findet sich in Anlage 1 der Denkschrift zur Ratifikation, BT-Drucks. 17/12951, S. 24 ff. Zu den Hintergründen im Recht der ILO und Entstehungsbedingungen siehe ausführlich *Scheiwe, Kirsten / Schwach, Verena,* „Decent work for domestic workers" – das Übereinkommen 189 der Internationalen Arbeitsorganisation", ZIAS 2012, S. 317. Ausführlich zum Abkommen und zur Vereinbarkeit mit dem deutschen Recht vgl. ebd., S. 317–349 sowie mein Rechtsgutachten „Hausarbeit als Erwerbsarbeit", abrufbar unter http://www.boeckler.de/pdf_fof/S-2012-

1.1 Anwendungsbereich

Das Abkommen gilt für alle 'Hausangestellten', d.h. alle Personen, die im Rahmen eines Arbeitsverhältnisses hauswirtschaftliche Arbeit verrichten. Art. 1 des Übereinkommens verwendet hierfür einen weiten Begriff der 'hauswirtschaftlichen Arbeit' (*domestic work*), der allein nach dem Arbeitsort unterscheidet und jegliche Tätigkeit erfasst, die in einem Haushalt oder für einen Haushalt ausgeübt wird. Dies betrifft die Haushaltsführung im engeren Sinn (einkaufen, kochen, reinigen, aufräumen) sowie 'haushaltsnahe' Dienstleistungen wie Gartenarbeiten, Fahrdienste, die Tätigkeit von Hauslehrerinnen oder 'Dienern'.[3] Auch Arbeit an einer Person, wie bei pflegerischen Tätigkeiten und Aufgaben der Kinderbetreuung, fällt darunter.

Der Arbeitsort entscheidet über die Abgrenzung zur Heimarbeit, die im Privathaushalt der beschäftigten Person oder einer anderen von ihr ausgewählten Räumlichkeit stattfindet.[4] Für die Hausangestelltenkonvention kommt es nicht darauf an, ob die Tätigkeit im Privathaushalt des Arbeitgebers oder im Privathaushalt einer dritten Person ausgeübt wird; sie erfasst auch Tätigkeiten für einen Dienstleister (insbesondere Wohnungsreinigungsunternehmen oder ambulante Pflegedienste).[5]

1.2 Anliegen: Gleichbehandlung und Berücksichtigung von Besonderheiten

Das Abkommen verfolgt unter anderem das Ziel, Regelungen über *decent work* auch für den sogenannten informellen Sektor der Erwerbsarbeit zu schaffen.[6] Hausarbeit, die für andere gegen Entgelt geleistet wird, soll zu diesem Zweck als abhängige Beschäftigung 'wie andere auch' anerkannt werden. Das Abkommen verlangt deshalb in einer Reihe von Vorschriften die Gleichbehandlung der hauswirtschaftlichen Arbeit mit anderen arbeitsrechtlich geregelten Tätigkeiten. Allerdings: Die Konvention bewegt sich dabei in

---

524-3-1.pdf, Zugriff: 13.11.2013; dazu auch *Kocher, Eva*, „Hausangestellte im deutschen Arbeitsrecht: Ratifikation der ILO-Konvention 189", NZA 2013, S. 929.

3 Vgl. insofern für das deutsche Recht: *Reinecke, Birgit*, Hauswirtschaftliches Beschäftigungsverhältnis, in: Küttner, Wolfdieter (Begr.) / Röller, Jürgen (Hg.), Personalbuch 2013, 20. Aufl., München 2013.

4 Siehe die Konvention C-177 über Heimarbeit (Home Work Convention) aus dem Jahr 1996 sowie das deutsche Heimarbeitsgesetz.

5 So auch *Scheiwe / Schwach* (Fn. 2), S. 330.

6 Siehe insbesondere ILO, Resolution Concerning Decent Work and the Informal Economy, Juni 2002.

einem eigentümlichen Spannungsfeld von Gleichstellung einerseits und besonderer Behandlung andererseits.

Auf den ersten Blick nachvollziehbar ist, dass die Konvention nicht nur Gleichbehandlung mit anderen Beschäftigten verlangt, sondern auch Schutz vor den besonderen Gefahren, die sich aus der Privatheit des Haushalts ergeben. Die Unsichtbarkeit dieser Arbeit[7] verlangt besonderen Schutz vor Belästigung, körperlichen Übergriffen bis hin zu Gewalt und Vergewaltigung. Vor allem wenn Hausangestellte in dem Haushalt leben, in dem sie arbeiten (*live-in*), muss auch ihre Privatsphäre geschützt sein. Darüber hinaus werden in einer Reihe von weiteren Sondervorschriften die spezifischen Gefahren und Gefährdungslagen einbezogen, die sich aus der Tatsache ergeben, dass die Arbeit zumeist von Migrantinnen geleistet wird.

Auf der anderen Seite enthält die Konvention aber auch eine Reihe von Öffnungsklauseln für die ratifizierenden Staaten. Vor allem in Hinblick auf Arbeitszeit, Arbeitsschutz und soziale Sicherung erlaubt sie die 'gebührende Berücksichtigung' der 'Besonderheiten der Hausarbeit'. Teilweise wird dies als Übergangsproblem definiert; in diesen Fällen wird von den ratifizierenden Staaten eine schrittweise Anpassung an den Grundsatz der Gleichbehandlung erwartet. Hier können sich gefährliche Einfallstore öffnen. Denn in den meisten Mitgliedstaaten der ILO wird die Arbeit in Privathaushalten im Vergleich zu abhängiger Beschäftigung in der Privatwirtschaft oder im öffentlichen Dienst rechtlich in vieler Hinsicht als Erwerbsarbeit zweiter Klasse behandelt.[8]

Auch im deutschen Arbeitsrecht hat die Sonderbehandlung von Hausangestellten eine lange Geschichte, beginnend mit den Gesindeordnungen in der vorkapitalistischen Zeit, die erst 1918 aufgehoben wurden.[9] Diese 'feudalen Ruinen' wurden damit gerechtfertigt, dass das Gesinde 'zur häuslichen Gesellschaft' gehöre und dass das Gesinderecht mit familienrechtlichen Beimischungen versehen sei.[10] Seit Ende 1918 wird die Erwerbsarbeit von Hausangestellten zwar durch §§ 611 ff. BGB und das allgemeine Arbeitsrecht geregelt; einige

---

7 Vgl. *Boni, Guido*, „The 189th ILO Convention: a new era for domestic workers?", Transfer Jg. 17 H. 4 (2011), S. 581 ff.

8 Vgl. *Scheiwe / Schwach* (Fn. 2), S. 322.

9 Ausführlich dazu schon *Scheiwe / Schwach* (Fn. 2), S. 328; genauer auch *Vormbaum* in diesem Band; *Aubert, Vilhelm*, „Einige Soziale Funktionen der Gesetzgebung", in: Hirsch, Ernst E. / Rehbinder, Manfred (Hg.), Studien und Materialien zur Rechtssoziologie, KZfSSoz Sonderheft 11, 2. Aufl., Opladen 1971, S. 284–309, S. 285 ausführlich zur Vorgeschichte des norwegischen Hausangestelltengesetzes von 1948.

10 Vgl. *Vormbaum, Thomas*, „Politik und Gesinderecht im 19. Jahrhundert (vorn. in Preußen 1810–1918)", Berlin 1979, S. 116, 149.

Sonderregelungen bestehen aber fort. Auf ihre Rechtfertigung wird einzugehen sein.

2. Die Tätigkeit der Hausangestellten – ein spezieller Ausnahmefall des Tarif- und Arbeitskampfrechts?

Auch das Bundesverfassungsgericht hatte bereits mit dem Spannungsverhältnis von Gleichbehandlung und besonderer Behandlung von Hausangestellten zu tun – und es betonte vor allem die Eigentümlichkeiten der Hausarbeit, als es vor fast 50 Jahren die Tariffähigkeit von Hausangestelltenorganisationen grundsätzlich anerkannte.

In der Sache ging es dabei um die Frage, ob der Landesverband Bayern des Berufsverbands katholischer Hausgehilfinnen mit der Bayerischen Hausfrauenvereinigung des katholischen deutschen Frauenbundes einen Vertrag mit den Rechtswirkungen eines 'Tarifvertrags' abschließen konnte. Das Arbeitsrecht erkennt diese Befugnis zum Abschluss von Tarifverträgen mit gutem Grund nicht jeder Organisation zu: Denn mit der Tariffähigkeit erkennt das Recht an, dass hier zwei Parteien – anders als beim Arbeitsvertrag – auf Augenhöhe miteinander verhandeln. Die Befugnis zum Abschluss von Tarifverträgen ist gleichbedeutend mit einer Befugnis zur Normsetzung. Wo tariffähige Parteien existieren, muss der Gesetzgeber auf eigene Mindestregelungen verzichten und sich darauf verlassen, dass die Tarifparteien selbst zu geeigneten Regelungen finden. In manchen Bereichen ist die Befugnis zum Abschluss von Tarifverträgen sogar mit einer Befugnis zur Abweichung von Gesetzen verbunden, auch zulasten von Arbeitnehmerinnen und Arbeitnehmern. Es ist deshalb allgemein anerkannt, dass nur solche Verbände als tariffähig anzuerkennen sind, die über die nötige Leistungsfähigkeit und Durchsetzungsfähigkeit gegenüber den sozialen Gegenspielern verfügen.

Das Bundesarbeitsgericht hatte deshalb 1962 dem Berufsverband katholischer Hausgehilfinnen die Tariffähigkeit aberkannt[11] – im Widerspruch zur Rechtsprechung des Reichsarbeitsgerichts, jedoch im Einklang mit den allgemeinen Kriterien der Tariffähigkeit, die vorsehen, dass nur solche Organisationen Tarifverträge abschließen können, die fähig sind, einen Arbeitskampf zu führen. Diese Voraussetzung fehlte dem Berufsverband katholischer Hausgehilfinnen schon deshalb, weil er ausdrücklich erklärte, einen Arbeitskampf weder durchführen zu wollen noch durchführen zu können.

11 BAGE 12, 184.

Das Bundesverfassungsgericht hingegen wandte sich im Jahre 1964 gegen das Bundesarbeitsgericht und erkannte trotz fehlender Arbeitskampffähigkeit die Tariffähigkeit dieser Organisation an. Sein Hauptargument: Wegen der Besonderheiten der Hausangestelltenarbeit müsse ein Hausangestelltenverband Tarifverträge abschließen können, auch wenn er nicht arbeitskampffähig sei. Die „Frage, nämlich ob gerade die Kampfbereitschaft generell so wesentlich ist, daß ohne sie die im öffentlichen Interesse den Koalitionen übertragene Aufgabe, im Verein mit dem sozialen Gegenspieler das Arbeitsleben zu ordnen und zu befrieden, nicht erfüllt werden kann [...], ist jedenfalls für eine Koalition von im Haushalt beschäftigten Arbeitnehmern zu verneinen."[12] Für die Sonderstellung der Hausarbeit führte das Bundesverfassungsgericht vor allem an: „Für die Berufe des Haushalts [...] treten die sonst zwischen Arbeitgebern und Arbeitnehmern bestehenden natürlichen Gegensätze zurück. [...] [Der Berufsverband katholischer Hausgehilfinnen] selbst vertraut offenbar auf die Einsicht und den guten Willen seiner möglichen Tarifpartner und hält auch deshalb den Arbeitskampf grundsätzlich nicht für erforderlich und sinnvoll. Umgekehrt ist, nicht nur zur Zeit der Vollbeschäftigung, die Aussperrung sowohl für Anstaltshaushalte als auch für Familienhaushalte praktisch nicht vorstellbar. Die Gleichheit der Mittel ist hier auch ohne Kampfbereitschaft gewahrt." Eingebettet ist dieses Argument in die Überlegung, wonach der Haushalt „nicht wie ein wirtschaftlicher Betrieb Güter mit der Absicht der Gewinnerzielung her[stellt], sondern [...] völlig andere Aufgaben [hat]"[13] – nämlich die „Deckung des Eigenbedarfs".[14]

2.1 Hausarbeit als Gegensatz zu Erwerbswirtschaft

Bei kritischer Betrachtung wird deutlich, dass mit der Entgegensetzung von 'wirtschaftlichem Betrieb' bzw. 'Gewinnerzielung' auf der einen und 'Deckung des Eigenbedarfs' auf der anderen Seite gerade dasjenige Merkmal der Hausarbeit hervorgehoben wird, das diesen Bereich als 'privaten' Bereich markiert, der nicht als produktiv gilt – und der gesellschaftlich weiblich kodiert ist.[15] Bis heute hat die Differenzierung zwischen 'erwerbswirtschaftlichen' und 'nicht-wirtschaftlichen' Tätigkeiten einen Gender Bias, und bis

---

12 BVerfGE 18, 18.

13 BVerfGE 18, 18 (31 f.).

14 *Richardi, Reinhard*, § 31, in: Richardi, Reinhard / Wißmann, Hellmut / Wlotzke, Otfried / Oetker, Hartmut, Münchener Handbuch zum Arbeitsrecht, 3. Aufl. 2009, Rdnr. 17 mwN.

15 Zur feministischen Kritik an der Unterscheidung privat/öffentlich siehe z.B. *Baer, Susanne*, „Entwicklung und Stand feministischer Rechtswissenschaft in Deutschland", in: Rudolf, Beate (Hg.), Geschlecht im Recht, Göttingen 2009, S. 15 ff.

heute ist der Markt der Hausarbeit nicht zufällig weiblich: Rund neun von zehn der angemeldeten Beschäftigten sind Frauen.[16]

Es darf allerdings bezweifelt werden, dass diese Unterscheidung von rechtlicher Relevanz für die Tariffähigkeit ist. Welche Bedeutung sollte es für die Einordnung der Hausangestelltentätigkeit denn haben, dass der Haushalt selbst „nicht wie ein wirtschaftlicher Betrieb Güter mit der Absicht der Gewinnerzielung“[17] herstellt, sondern auf die Deckung des Eigenbedarfs ausgerichtet ist? Der Haushalt mag zwar an sich nicht erwerbswirtschaftlich tätig sein – die Tätigkeit der Hausangestellten findet jedoch auf einem erwerbswirtschaftlich organisierten Arbeitsmarkt statt; die Hausangestellten decken mit ihrer Tätigkeit nicht eigene, sondern fremde Bedarfe. Hier wird Leistung respektive Arbeitskraft gegen Entgelt getauscht. Und dieser Arbeitsmarkt wächst. 2006 beschäftigten 4,36 Millionen oder knapp 11 Prozent aller Haushalte in Deutschland eine Haushaltshilfe, davon 61 Prozent regelmäßig.[18] Besonders Pflegetätigkeiten gewinnen an Bedeutung. Soll es aber für die arbeitsrechtliche Einordnung wirklich einen Unterschied machen, ob ein Privathaushalt die gewünschten Dienstleistungen bei einem ambulanten Pflege- bzw. Reinigungsdienst einkauft oder selbst als Arbeitgeber fungiert? Soll die Tariffähigkeit von Hausangestelltenorganisationen wirklich von der Gewinnerzielungsabsicht des Arbeitgebers abhängen?

2.2 Hausarbeit und häusliche Pflege als Dienstleistung an der Person

In seiner ursprünglichen Argumentation zur Frage seiner Tariffähigkeit hatte der Berufsverband katholischer Hausgehilfinnen allerdings weniger auf den ‘familiären’, ‘privaten’ Charakter des Arbeitsverhältnisses als vielmehr auf spezifische Merkmale der Tätigkeit verwiesen: Einem Arbeitskampf stünden mit Rücksicht auf die besondere Lage der Hausangestellten, insbesondere in Krankenhäusern usw., aber auch in kinderreichen Familien, entscheidende Schwierigkeiten entgegen.[19]

---

16 Ebenfalls 90 Prozent der (angemeldeten) Beschäftigten besitzen die deutsche Staatsangehörigkeit und leben in Westdeutschland (genauer *Gottschall, Karin / Schwarzkopf, Manuela*, „Irreguläre Arbeit in Privathaushalten“, Arbeitspapier 217 der Hans-Böckler-Stiftung, Düsseldorf 2010, S. 19).

17 BVerfGE 18, 18.

18 Vgl. *Gottschall / Schwarzkopf* (Fn. 16), S. 23 f. (Daten aus den Ergebnissen der SOEP-Befragungswelle); zu den (erheblichen) Quantifizierungsproblemen siehe auch *Gottschall / Schwarzkopf* (Fn. 16), S. 17 ff.

19 So die Wiedergabe des Vortrags in BAGE 12, 184.

Dieses reichlich unkonkrete Argument wies das Bundesarbeitsgericht zunächst lediglich als „ausweichende Stellungnahme" zurück; es sei „gerichtsbekannt, daß zahlreiche Haushalte Hausgehilfinnen beschäftigen, obwohl in ihnen weder kranke noch alte Personen vorhanden sind, es sich auch nicht um kinderreiche Familien handelt". Allerdings verfolgte es die Argumentationsrichtung dann doch weiter: Die Durchführung eines Arbeitskampfes könne „nur auf einem Sektor erfolgen [...], auf dem nicht höherwertige Interessen einen solchen Kampf verbieten, wie z.B. bei den Beamten und regelmäßig auch bei Ärzten und Pflegepersonal".[20] Was damit gemeint sein könnte, wurde in einer späteren Entscheidung deutlich, als das Gericht annahm, dass eine ethische oder rechtliche Beschränkung des Streikrechts nicht zur Aberkennung der Tariffähigkeit führen könne,[21] und es der Ärzteorganisation Marburger Bund trotz deren damaligem Verzicht auf den Arbeitskampf die Tariffähigkeit zuerkannte.[22]

Der Marburger Bund benötigt diese Ausnahme von den allgemeinen Regeln der Tariffähigkeit mittlerweile nicht mehr, denn er bekennt sich nicht nur zum Arbeitskampf, sondern hat auch bereits erfolgreich Streiks durchgeführt. Offensichtlich gelten ärztliche ethische Grundsätze und Interessendurchsetzung im Arbeitskampf inzwischen als durchaus miteinander vereinbar. Dann können aber auch in der Hausangestelltenarbeit nicht das ‘ethische Wesen’ des Berufs oder das ‘Gemeinwohl’ in der ‘Daseinsvorsorge’ als Gründe für eine Sonderbehandlung im Arbeitskampf- und Tarifrecht gelten.[23]

2.3 ‘(Wirtschafts-)Friedlichkeit’ – Fehlen von Interessengegensätzen?

Es bleibt als mögliche Besonderheit der Hausarbeit eine gewisse Intimität, die durch die Tätigkeit in einem Privathaushalt zwischen den Beteiligten entstehen kann. So ließe sich zumindest der Satz des Bundesverfassungsgerichts verstehen, man vertraue gegenseitig auf „Einsicht und den guten Willen" und auch eine Aussperrung sei „praktisch nicht vorstellbar". Man könne nicht davon

---

20 BAGE 12, 184.

21 Zu dieser Argumentation ausführlich *Kempen, Otto Ernst*, in: Kempen, Otto Ernst / Zachert, Ulrich (Hg.), Tarifvertragsgesetz – Kommentar für die Praxis, 4. Aufl., Frankfurt a.M. 2006, § 2 TVG Rn. 53 f.

22 BAG AP Nr. 6 zu § 118 BetrVG 1972 (Marburger Bund; die Aufhebung der Entscheidung durch BVerfGE 46, 73 erfolgte nicht aufgrund der Einordnung des Marburger Bundes, sondern wegen der Stellung des Arbeitgebers als kirchlicher Einrichtung).

23 Ausführlich auch *Kempen* (Fn. 21), § 2 Rn. 53 f. Zur aktuellen Auseinandersetzung um das Streikrecht in der ‘Daseinsvorsorge’ vgl. *Berg, Peter / Kocher, Eva / Platow, Helmut / Schoof, Christian / Schumann, Dirk*, Tarifvertragsgesetz und Arbeitskampfrecht. Kompaktkommentar, 4. Aufl., Frankfurt a.M. 2013, AKR Rn. 168 ff.

ausgehen, dass hier die zwischen Arbeitgebern und Arbeitnehmern „natürlicherweise bestehenden Gegensätzlichkeiten“[24] anzutreffen seien. Aus diesem Grund ist die Entscheidung von anderer Seite schon so interpretiert worden, das sie generell einen Vorbehalt für ‘wirtschaftsfriedliche Berufsverbände’ enthalte: Für Manfred Löwisch und Volker Rieble ist der Hausgehilfinnenverband nur ein Beispiel für „aus autonomem Entschluß wirtschaftsfriedlich ausgerichtete Verbände, die unter dem Schutz der Tarifautonomie vernünftige Arbeitsbedingungen nach Möglichkeit ohne Streik erreichen wollen“.[25]

Nun schließt es die Anforderung der Tariffähigkeit selbstverständlich nicht aus, auch auf friedlichem Wege zu wirksamen Tarifverträgen zu kommen. Schließlich verlangt Arbeitskampfbereitschaft nicht, dass eine Gewerkschaft „ihren Arbeitskampfwillen permanent unter Beweis stellen und Arbeitskampfmaßnahmen durchführen muss“.[26] Entscheidend ist nur, ob „hinter einer solchen friedlichen Übereinkunft“ die glaubhafte Möglichkeit eines Arbeitskampfs steht.[27] Ansonsten kann die Tarifautonomie ihre gesellschaftliche Funktion nicht wirksam ausüben. Damit ist nicht gesagt, dass „kampfunwillige Koalitionen in der Freiheit der Wahl ihrer Mittel zur Erreichung des Koalitionszwecks [eingeengt] und ihnen Methoden [aufgezwungen werden], die sie nach ihrem Selbstverständnis nicht benötigen oder aus anderen Gründen ablehnen.“[28] Es heißt nur, dass diese Koalitionen nicht auf das Instrument des Tarifvertrags zurückgreifen dürfen, solange sie nicht die Anforderungen an dessen Richtigkeitsvermutung erfüllen wollen oder können. Dies gestehen im Ergebnis auch Löwisch und Rieble zu, denen es vor allem darauf ankommt, dass das Kriterium der Arbeitskampfbereitschaft „der zunehmenden Tendenz zur friedlichen Lösung von Arbeitskonflikten nicht im Wege“ stehen solle: „Erforderlich aber auch ausreichend ist es, daß die Vereinigungen – wenn der friedliche Weg scheitert – den Weg zurück zum Kampf finden können. Stets

---

24 BVerfGE 18, 18 (31).

25 *Löwisch, Manfred / Rieble, Volker*, Tarifvertragsgesetz – Kommentar, 3. Aufl., Köln 2012, § 2 Rn. 126.

26 *Peter, Gabriele*, in: Däubler, Wolfgang (Hg.), Tarifvertragsgesetz, 2. Aufl., Baden-Baden 2006, § 2 TVG Rn. 29.

27 So schon BVerfGE 18, 18 (30).

28 So aber der Vorwurf von *Henssler, Martin*, in: Henssler, Martin / Willemsen, Heinz J. / Kalb, Heinz-Jürgen (Hg.), *Arbeitsrecht Kommentar*, 5. Aufl., Köln 2012, § 2 TVG Rn. 17.

aber muß der Verband effektiven Verhandlungsdruck im Sinne des allgemeinen Mächtigkeitserfordernisses entfalten.“[29]

‘Friedlichkeit’ oder ‘Wirtschaftsfriedlichkeit’ als solche kann eben letztlich keine Tariffähigkeit begründen; es bedarf mindestens eines funktionalen Äquivalents zum Streik. Insofern mag die Hausarbeit zwar ein anderer Fall sein als die Arbeit in der Bauindustrie, der Chemischen Industrie oder der Stahlindustrie. In ihrem Charakter einer Dienstleistung an der Person hat sie aber viele Gemeinsamkeiten mit anderen Branchen und Tätigkeiten; das Merkmal ‘Dienstleistung an der Person’ rechtfertigt genauso wenig eine Ausnahme von Anforderungen der Tariffähigkeit wie eine etwaige ‘Friedlichkeit’ der Interessenauseinandersetzung zwischen Arbeitgeber und Arbeitnehmer.[30]

2.4 Ergebnis

Verlangt eine Anerkennung der Hausarbeit als Erwerbsarbeit nicht zwangsläufig auch die Anerkennung von Hausangestelltenvereinigungen als Tarifpartner? Nein, im Gegenteil. Eine ‘Gleichstellung’ bei unterschiedlichen Bedingungen führt im Ergebnis zu einer Schlechterstellung der Hausangestellten. Werden ihre Vereinigungen auch dann als Tarifpartner anerkannt, wenn sie nicht die Gewähr dafür bieten, auf Augenhöhe mit den Arbeitgebervereinigungen an einer „sinnvollen Ordnung“ der Arbeitsmärkte[31] mitwirken zu können, schadet dies den Betroffenen. Das Bundesverfassungsgericht vermutete zwar noch: „Weder die historische Entwicklung noch die gegenwärtige Lage ergeben einen Anhalt dafür, daß die beiden möglichen sozialen Gegenspieler von sich aus nur durch Arbeitskampf oder Drohung mit ihm die Arbeitsbedingungen befriedend regeln könnten.“[32] Diese empirische Annahme hat sich jedoch als falsch erwiesen. Zumindest die ‘gegenwärtige Lage’ der Hausange-

29 *Löwisch / Rieble* (Fn. 25), § 2 Rn. 132. So interpretieren sie auch die Hausgehilfinnen-Entscheidung BVerfGE 18, 18.

30 Dazu ausführlich *Kocher, Eva*, „Tariffähigkeit ohne Streikbereitschaft? – Funktionale Alternativen zur Arbeitskampfbereitschaft im Fall von Hausangestelltenvereinigungen“, in: Schubert, Jens (Hg.), Anforderungen an ein modernes kollektives Arbeitsrecht. Festschrift für Otto Ernst Kempen, Baden-Baden 2013, S. 166 ff.

31 Vgl. *Kempen, Otto Ernst*, „Form follows function – Zum Begriff der ‘Gewerkschaft’ in der tarif- und arbeitskampfrechtlichen Rechtsprechung des Bundesarbeitsgerichts“, in: Oetker, Hartmut / Preis, Ulrich / Rieble, Volker (Hg.), 50 Jahre Bundesarbeitsgericht, München 2004, S. 733.

32 BVerfGE 18, 18 (31).

stellten in den 2010er-Jahren zeigt, dass die Arbeitsbedingungen kaum 'befriedend', jedenfalls nicht befriedigend geregelt sind.[33]

Aufgrund der fehlenden Durchsetzungsfähigkeit der Hausangestelltenorganisationen muss der Gesetzgeber sich deshalb zur mangelnden Tariffähigkeit bekennen und selbst zur Tat schreiten. Auf einen wirksamen Tariflohn jedenfalls kann man sich im Bereich der Hausangestelltentätigkeit nicht verlassen, solange es an tariffähigen Organisationen fehlt. Es bedarf gesetzlicher Mindestregelungen. Auch Karin Gottschall und Manuela Schwarzkopf, die sich empirisch eingehend mit der Arbeitssituation von Hausangestellten beschäftigt haben, halten die Förderung 'guter Arbeit' durch ein eigenständiges, existenzsicherndes Einkommen für dringend erforderlich.[34]

3. Ausnahmen für die 24-Stunden-Pflege?

Das Argument der Privatheit und der personalen Bindungen wird allerdings weiter auch bei der Umsetzung der ILO-Konvention für Deutschland relevant. Denn die Bundesregierung scheint nun davon auszugehen, dass im Arbeitgeberhaushalt lebende Beschäftigte, die in der sogenannten 24-Stunden-Pflege arbeiten, aufgrund der quasi-familienähnlichen Einbindungen von der Anwendung des Arbeitszeitgesetzes (ArbZG) ausgenommen seien. So heißt es in der Denkschrift zur Ratifikation der Konvention, dass für die Fallgruppe, die in § 18 Abs. 1 Nr. 3 ArbZG genannt wird, von der Ausnahmemöglichkeit für „begrenzte Gruppen von Arbeitnehmern, bei denen besondere Probleme von erheblicher Bedeutung auftreten" (Art. 2 Nr. 2b) der Konvention) Gebrauch gemacht werde.[35] Eine eigenständige Begründung liefert die Bundesregierung in der Denkschrift zwar nicht; dass hiermit insbesondere die Fälle der 24-Stunden-Pflege ausgenommen werden sollten, lässt sich allerdings aus früheren Äußerungen[36] schließen.

Ob die Annahme zutrifft, die 24-Stunden-Pflege unterfalle nicht dem Anwendungsbereich des Arbeitszeitgesetzes und könne auch aus dem Anwendungsbereich der Konvention ausgeschlossen werden, soll im Folgenden überprüft werden.

---

33 Vgl. *Gottschall / Schwarzkopf* (Fn. 16), S. 35 ff.

34 Vgl. *Gottschall / Schwarzkopf* (Fn. 16), S. 65 ff.

35 Vgl. *Bundesregierung*, Denkschrift zum Entwurf eines Gesetzes zu dem Übereinkommen Nr. 189 der Internationalen Arbeitsorganisation vom 16. Juni 2011 über menschenwürdige Arbeit für Hausangestellte, BT-Drucks. 17/12951, S. 18.

36 Antwort der *Bundesregierung* auf die Kleine Anfrage der Fraktion der Linken über „Arbeitnehmerrechte ausländischer Pflegehilfskräfte im grauen Pflegemarkt", BT-Drucks. 17/8373, S. 4.

3.1 Der Anwendungsbereich des § 18 Abs. 1 Nr. 3 ArbZG

Hausangestellte sind explizit aus dem Anwendungsbereich des Arbeitsschutzgesetzes (ArbSchG) ausgeschlossen.[37] Dies steht in Übereinstimmung mit der europäischen Arbeitsschutz-Rahmenrichtlinie.[38] Da diese wiederum den Anwendungsbereich der europäischen Arbeitszeitrichtlinie bestimmt,[39] erlaubt es das Recht der Europäischen Union grundsätzlich, Hausangestellte von dem für andere Arbeitnehmerinnen und Arbeitnehmer geltenden Arbeitszeitregime auszunehmen.

In diesem Punkt ist das deutsche Recht allerdings in der Gleichstellung bereits weiter gegangen als das europäische Recht: Anders als der bis 1994 geltende § 1 Arbeitszeitordnung (AZO) erfasst das heutige deutsche Arbeitszeitgesetz grundsätzlich auch alle Hausangestellten. Zwar lässt § 10 Abs. 1 ArbZG Ausnahmen vom Sonntagsarbeitsverbot zu, wenn es um „Behandlung, Pflege und Betreuung von Personen" (Nr. 3) geht oder um Tätigkeiten „im Haushalt", „soweit die Arbeiten nicht an Werktagen vorgenommen werden können" (Nr. 4). Auch in diesen Fällen ist jedoch ein freier Tag pro Woche zu gewährleisten, sodass den Vorgaben des Art. 10 Abs. 2 der ILO-Konvention Genüge getan ist. Auch für Arbeitsbereitschaft und Bereitschaftszeit gelten hinsichtlich der Hausangestellten die allgemeinen Regeln.[40] Der Gesetzgeber von 1993 war insofern der Auffassung, das Gesetz sei „so flexibel konzipiert, daß auch den besonderen Verhältnissen im Haushalt ausreichend Rechnung getragen werden kann."[41]

In § 18 Abs. 1 Nr. 3 ArbZG sind jedoch weitere Ausnahmen vom Arbeitszeitrecht geregelt. Hier sollte ursprünglich nach dem Willen der Bundesregierung von 1993 die bereits in der AZO vorgesehene Ausnahme für alle Hausangestellten fortgeschrieben werden.[42] Auf Empfehlung des Bundestagsausschusses

---

37 § 1 Abs. 2 S. 1 ArbSchG.

38 Art. 3a) der Richtlinie 89/389/EWG.

39 Siehe Art. 1 Abs. 4 der Richtlinie 2003/88/EG.

40 Zur Entwicklung auf europäischer Ebene vgl. *Wank, Rolf*, in: Müller-Glöge, Rudi / Preis, Ulrich / Schmidt, Ingrid (Hg.), Erfurter Kommentar zum Arbeitsrecht, 13. Aufl., München 2013, § 2 ArbZG Rn. 23 ff.

41 Beschlussempfehlung und Bericht des Ausschusses für Arbeit und Sozialordnung, BT-Drucks. 12/6990, S. 44.

42 Vgl. Entwurf der Bundesregierung für ein Arbeitszeitrechtsgesetz, BT-Drucks. 12/5888, S. 10 f., S. 32; vgl. auch *Anzinger, Rudolf / Koberski, Wolfgang*, Kommentar zum ArbZG, 3. Aufl., Frankfurt a.M. 2009, S. 18, Rn. 19; im Gegensatz dazu schlug der Oppositionsentwurf der SPD, BT-Drucks. 12/5282, die Einbeziehung der Hausangestellten vor (§ 2 Abs. 1 des Entwurfs).

für Arbeit und Sozialordnung wurde der Anwendungsbereich jedoch eingegrenzt auf Arbeitnehmerinnen und Arbeitnehmer, die „in häuslicher Gemeinschaft mit den ihnen anvertrauten Personen zusammenleben und diese eigenverantwortlich erziehen, pflegen oder betreuen“.[43] Für diese Arbeitnehmerinnen und Arbeitnehmer gilt hinsichtlich der Arbeitszeit lediglich die allgemeine Fürsorgepflicht des Arbeitgebers, die diesen verpflichtet, unter anderem „in Ansehung [...] der Arbeits- und Erholungszeit diejenigen Einrichtungen und Anordnungen zu treffen, welche mit Rücksicht auf die Gesundheit, die Sittlichkeit und die Religion des Verpflichteten erforderlich sind“.[44]

Mit der Ausnahme wollte man einer Petition der SOS-Kinderdörfer Rechnung tragen und hatte insofern vor allem diejenigen Personen vor Augen, die als ‘Eltern’ in derartigen Einrichtungen oder in betreuten Wohngruppen tätig sind; hier ließen sich Arbeitszeit und Freizeit nicht so voneinander trennen, wie es für die Kontrolle erforderlich sei.[45] Fragt man sich nun, ob die Norm auch auf die 24-Stunden-Pflege im Haushalt der Pflegebedürftigen anzuwenden ist, so kommt es letztlich darauf an, inwieweit deren Tätigkeit der von Wohngruppenbetreuerinnen und -betreuern gleicht, inwiefern insbesondere die Pflege durch ‘Eigenverantwortung’ der Hausangestellten geprägt ist (dazu a) und inwiefern es sich um ein ‘Zusammenleben in häuslicher Gemeinschaft’ handeln kann (dazu b).

a) Arbeitnehmereigenschaft und ‘Eigenverantwortlichkeit’ bei Betreuungs- und Pflegetätigkeiten

Nun ist ‘Eigenverantwortlichkeit’ eigentlich typisch für Selbstständige, für die das ArbZG ohnehin nicht gilt, und untypisch für abhängig Beschäftigte. Denn ein Arbeitsvertrag liegt ja nur vor, wenn die Arbeitnehmerin oder der Arbeitnehmer den Weisungen des Arbeitgebers hinsichtlich der Art und Weise der Durchführung ihrer Arbeit und der Arbeitszeitgestaltung unterliegt. Arbeitgeber dürften bei der 24-Stunden-Pflege häufig die Angehörigen der Pflegebe-

43 Beschlussempfehlung (Fn. 41), S. 19; vgl. auch ebd., S. 44.

44 § 618 Abs. 2 BGB.

45 Vgl. Beschlussempfehlung (Fn. 41), S. 44; ErfK / *Wank* (Fn. 40), § 18 ArbZG Rn. 5. Das Konzept der SOS-Kinderdörfer basiert auf Ideen von *Hermann Gmeiner* zur Hilfe für vernachlässigte oder allein gelassene Kinder. Eine Kinderdorfmutter oder ein Kinderdorfvater bildet den Kern einer Kinderdorffamilie. Fünf bis sechs Kinder, leibliche und Kinderdorfgeschwister, bewohnen ein Familienhaus. Die Familienhäuser bilden ein Dorf, das den Kindern und Jugendlichen eine vertraute Umgebung und eine lebendige Gemeinschaft bieten soll (siehe die Angaben auf der Homepage von SOS-Kinderdorf, http://www.sos-kinderdorf.de/ueber-sos-kinderdorf/sos-in-deutschland, Zugriff: 9.12.20 13).

dürftigen sein, manchmal allerdings auch Agenturen und andere Pflegeeinrichtungen.

Weil Pflegetätigkeiten oder die Kinderbetreuung ein hohes Maß an Eigenverantwortlichkeit und Selbstständigkeit verlangen, werden Weisungen in der Praxis meist allenfalls zu Beginn des Arbeitsverhältnisses erteilt, insbesondere im Fall einer Beauftragung durch Angehörige. Deshalb ist auch verschiedentlich schon angenommen worden, dass Pflegerinnen und Pfleger nicht in Abhängigkeit aufgrund eines Arbeitsvertrags, sondern als 'Selbstständige' tätig würden. So ist beispielsweise Maximilian Fuchs dafür eingetreten, in der Regel von einem selbstständigen Dienstvertrag auszugehen. Dabei kam es ihm allerdings vor allem darauf an, für den Pflegebedürftigen alle mit dem Abschluss eines Arbeitsvertrages und seiner Durchführung zusammenhängenden Kosten und die administrativen Belastungen zu vermeiden.[46] Dies dürfte nach der Konvention, die ausdrücklich die Gleichbehandlung von Hausangestellten mit anderen Arbeitnehmern zum Ziel hat, kein legitimes Argument darstellen. Die Tatsache, dass die Pflegebedürftigen und ihre Angehörigen häufig mit der Befolgung der einschlägigen steuer- und sozialrechtlichen Bestimmungen überfordert sein werden, ändert nichts daran, dass sich regelmäßig die Annahme einer Weisungsgebundenheit aufdrängen wird,[47] was zur Annahme einer abhängigen Tätigkeit als Arbeitnehmerin führt.

Davon ging auch das Amtsgericht München aus, als es im November 2008 einen Rechtsanwalt, der ungarische Pflegekräfte und Haushaltshilfen nach Deutschland vermittelt hatte, wegen der rechtswidrigen Beteiligung an der Beschäftigung von Ausländern zu einem Bußgeld verurteilte.[48] Die Hausangestellten wohnten im Haushalt der DienstleistungsempfängerInnen und hatten dort freie Verpflegung. Entgegen dem vom Angeklagten entwickelten Vertragsmodell, dem zufolge die vermittelten Kräfte als Selbstständige tätig sein sollten, stellte das Gericht fest, dass in Wirklichkeit abhängige Beschäftigungsverhältnisse vorlagen.

Auch das Arbeitszeitgesetz geht ja gerade davon aus, dass es sich hier um 'ArbeitnehmerInnen' handelt; nach dem Willen des Gesetzgebers sollten also auch unselbstständig Tätige „eigenverantwortlich erziehen, pflegen oder

46 Vgl. *Fuchs, Maximilian*, „Der Einsatz ausländischer Pflegekräfte in der Bunderepublik Deutschland: Eine Darstellung der aktuellen Rechtslage unter Berücksichtigung europarechtlicher Aspekte", Sozialrecht aktuell 14 (2010), S. 143 ff.; *Fuchs, Maximilian*, „Der rechtliche Status von Pflegekräften in den neuen EU-Staaten", NZA 2010, S. 980.

47 Vgl. *Reinecke* (Fn. 3).

48 Vgl. Urteil des AG München vom 10.11.2008 – 1115 Owi 298 Js 43552/07, juris.

betreuen“ können.[49] Das Direktionsrecht des Arbeitgebers als solches schließt demnach Eigenverantwortlichkeit gerade nicht aus. Allgemeine Argumente, die für das Vorliegen eines Direktionsrechts sprechen (insbesondere die Weisungsgebundenheit hinsichtlich Zeit und Ort) können deshalb nicht als Argumente gegen ‘Eigenverantwortlichkeit’ dienen, will man damit nicht auch gleich die Arbeitnehmereigenschaft und damit die Gleichbehandlung mit Arbeitnehmerinnen und Arbeitnehmern infrage stellen. In Abgrenzung zu anderen Arbeitnehmerinnen und Arbeitnehmern und parallel zu den ursprünglich hier avisierten Fallgruppen ist vielmehr davon auszugehen, dass Eigenverantwortlichkeit immer dann vorliegt, wenn den Pflegenden keine weiteren sachkundigen Personen vorgesetzt sind und wenn sie demzufolge die Pflege ohne konkrete Einzelweisungen nach einer Einführung und allgemeinen Rahmenweisungen selbst gestalten.

Dies wird insbesondere dann häufig der Fall sein, wenn nicht eine Pflegeeinrichtung, sondern ein Angehöriger oder eine Angehörige der Pflegebedürftigen Arbeitgeber ist. Für die Praxis ist dabei zu beachten: Es kommt auf den Einzelfall an. Je stärker Weisungen für die Pflege erteilt werden, desto weniger kann von Eigenverantwortlichkeit in diesem Sinne die Rede sein.

b) ‘Zusammenleben in häuslicher Gemeinschaft’

Zum Zweiten setzt die Ausnahme vom Arbeitszeitgesetz voraus, dass die ArbeitnehmerInnen „in häuslicher Gemeinschaft mit den ihnen anvertrauten Personen zusammenleben“ (§ 18 Abs. 1 Nr. 3 ArbZG). Für eine Subsumtion unter diese (eng auszulegende) Ausnahme reicht es nicht aus, dass die Hausangestellten im Haushalt der Arbeitgeberin leben.[50] Systematisch ist ‘Zusammenleben’ auch von einer bloßen „Aufnahme in die häusliche Gemeinschaft“[51] abzugrenzen. Nach dem Wortlaut kommt es übrigens gerade nicht auf ein Zusammenleben mit dem Arbeitgeber an, sondern auf ein Zusammenleben mit den anvertrauten Personen.

Als Mindestvoraussetzung dürfte zu verlangen sein, dass nicht nur gemeinsam gewohnt, sondern auch gemeinsam gewirtschaftet[52] bzw. ein gemeinsamer

---

49 Vgl. Beschlussempfehlung (Fn. 41), S. 44.

50 Vgl. *Scheiwe / Schwach* (Fn. 2), S. 338.

51 §§ 617, 618 Abs. 2 BGB.

52 Vgl. *Anzinger / Koberski* (Fn. 42), § 18 Rn. 21; *Schliemann, Harald*, ArbZG mit Nebengesetzen – Kommentar, Köln 2009, § 18 Rn. 24; a.A. *Baeck, Ulrich / Deutsch, Markus*, ArbZG, 2. Aufl., München 2004, § 18 Rn. 22.

Lebensalltag organisiert wird.[53] Dies ist aber nicht das alleinige und vor allem nicht das maßgebliche Kriterium. Denn Hintergrund der Norm ist ja, dass nach Vorstellung des Gesetzgebers bestimmte Merkmale der Arbeitsleistung eine Trennung von Arbeitszeit und Freizeit unmöglich machen sollen. Hierfür reicht es nicht aus, wenn sich die Vermischung von Arbeitszeit und Freizeit aus einer unzureichenden Organisation vonseiten der Arbeitgeber ergibt. Es liegt vielmehr in der Natur der Sache, dass Hausangestellte, die am Ort ihrer Arbeit leben, dort auch ihre Freizeit verbringen.

Für die Auslegung der Norm ist letztlich die Zielsetzung entscheidend: Bei Verabschiedung des Arbeitszeitgesetzes im Jahre 1994 hatte der Gesetzgeber insbesondere die Lebens- und Arbeitsbedingungen von 'Eltern' in SOS-Kinderdörfern vor Augen. Ähnlich wie in manchen betreuten Wohngruppen von Behinderten, von pflegebedürftigen älteren Menschen oder von Alkohol oder von anderen Drogen abhängigen Menschen[54] geht es hier um bestimmte (sozial-)pädagogische Betreuungsmodelle in Form von Wahlfamilien und Lebensgemeinschaften, die eine besondere Form von Integration und Lebensgestaltung ermöglichen sollen.[55] Diese pädagogischen Modelle sollten durch das Arbeitszeitrecht nicht mehr als erforderlich erschwert werden.[56]

Sind diese Voraussetzungen in der 24-Stunden-Pflege gegeben? Eine allgemeine Aussage für alle möglichen Konstellationen der Pflege im Haushalt der Pflegebedürftigen lässt sich nicht treffen. Hier sind zunächst die Umstände des Einzelfalls zu berücksichtigen.[57] So wird schon die Voraussetzung des gemeinsamen Wirtschaftens nicht immer gegeben sein; jede Anweisung und jedes Verlangen nach Einzelabrechnung für Ernährung und Ähnliches stellen jedenfalls Indizien für das Fehlen dieser Voraussetzung dar.

Für die Ausnahme vom Arbeitszeitgesetz und die Parallele zu den SOS-Kinderdörfern dürften jedoch diejenigen Konstellationen in Betracht kommen,

53 *Buschmann, Rudolf / Ulber, Jürgen*, ArbZG Basiskommentar mit Nebengesetzen, 6. Aufl., Frankfurt a.M. 2009, § 18 Rn. 4.

54 Zu den Personengruppen siehe z.B. *Linnenkohl, Karl*, in: Linnenkohl, Karl / Rauschenberg, Hans-Jürgen (Hg.), Arbeitszeitgesetz – Handkommentar, 2. Aufl., Baden-Baden 2004, § 18 Rn. 9.

55 *Anzinger / Koberski* (Fn. 42), § 18 Rn. 20; *Linnenkohl* (Fn. 54), § 18 Rn. 9.

56 Vgl. Beschlussempfehlung (Fn. 41), S. 44; *Wank*, in: Erfurter Kommentar zum Arbeitsrecht (wie Fn. 40), § 18 ArbZG Rn. 5.

57 So die *Bundesregierung* in ihrer Antwort auf die Kleine Anfrage der Fraktion der „Linken", BT-Drucks. 17/8373, Frage 6.

die Bernhard Emunds und Uwe Schacher genauer untersucht haben.[58] Es handelt sich dabei um Fälle, in denen Angehörige eine einzige Beschäftigte einstellen, die im Haushalt mit einer schwer pflegebedürftigen und/oder demenzkranken Person lebt und von der erwartet wird, dass sie quasi 'rund um die Uhr' zur Verfügung steht, auch nachts. Die Praxis dieser Beschäftigungsverhältnisse – insbesondere die faktisch alleinige Verantwortung der Pflegenden für die pflegebedürftige Person in deren privatem Umfeld – führt dazu, dass ein schwieriges Beziehungsgeflecht entsteht.[59] Für die Betroffenen macht im Ergebnis der Begriff der Arbeitszeit genauso wenig Sinn wie der Begriff der Bereitschaftszeit, da diese nicht eindeutig von privater Zeit und Freizeit unterschieden werden können.[60]

Die Ähnlichkeit dieser Konstellationen mit den Wohngruppen-Fällen ergibt sich daraus, dass die Betroffenen einer großen Belastung ausgesetzt sind, weil sie „sich zu jedem Zeitpunkt für alles zuständig und verantwortlich [fühlen], was im Haushalt der Pflegebedürftigen passiert oder passieren soll"[61] – selbst dann, wenn keine konkreten Arbeitstätigkeiten anstehen. Der wesentliche Unterschied besteht darin, dass in den Wohngruppen-Fällen eine sozialpädagogische, oft auch mit öffentlich-rechtlichen Mitteln finanzierte größere Institution hinter den Betreuenden steht, die Ausgleichsmaßnahmen für die große persönliche und körperliche Belastung organisieren kann und die faktisch auch einer gewissen Kontrolle durch Behörden und zivilgesellschaftliche Öffentlichkeit unterliegt. Bei der 24-Stunden-Pflege hingegen wird der Einsatz zwar oft über eine Agentur organisiert, die beispielsweise bei Krankheit der Pflegekraft auch gegebenenfalls für Ersatz sorgt. Größere Verantwortlichkeit übernehmen diese Agenturen in der Praxis jedoch nicht; insbesondere fungieren sie nur dort als Arbeitgeber, wo die Konstruktion der Entsendung gewählt wird. Die Verantwortung für die Einhaltung der Arbeitgeberpflichten, insbesondere die Begrenzung der Arbeitszeit,[62] liegt allein bei den Angehörigen, die dazu jedoch faktisch meist nicht in der Lage sind.

Dieser Unterschied ist gravierend und letztlich dafür verantwortlich, dass die in dieser Branche tatsächlich herrschenden Arbeitsbedingungen aufgrund der mit ihnen verbundenen körperlichen Belastung und Gefahren für die Gesund-

---

58 *Emunds, Bernhard / Schacher, Uwe*, „Ausländische Pflegekräfte in Privathaushalten", Frankfurter Arbeitspapiere Nr. 61, Frankfurt a.M. 2012.

59 *Emunds / Schacher* (Fn. 58), S. 22 f (dort auch zum Begriff und dem Problem des „empathischen Dreiecks").

60 *Emunds / Schacher* (Fn. 58), S. 55.

61 *Emunds / Schacher* (Fn. 58), S. 55; genauer zu den Belastungen S. 61 ff.

62 § 618 Abs. 2 BGB.

heit unzumutbar und nicht akzeptabel erscheinen. Aber kann dies ein Grund dafür sein, die betreffenden Beschäftigungsverhältnisse vom Anwendungsbereich des Arbeitszeitgesetzes auszunehmen? Der gesetzlichen Norm zufolge ist dieser organisatorische Unterschied jedenfalls nicht relevant. Danach kommt es allein auf die Ähnlichkeit des 'Zusammenlebens in häuslicher Gemeinschaft' an. Und hier scheint es bei der 24-Stunden-Pflege tatsächlich Beschäftigungsverhältnisse zu geben, innerhalb derer Pflegekräfte zwar prinzipiell weisungsgebunden (und damit Arbeitnehmerinnen) sind, jedoch so eingesetzt werden, dass von ihnen Eigenverantwortlichkeit in der konkreten Pflege sowie ein Zusammenleben in Beziehungsgemeinschaft mit den Pflegebedürftigen erwartet wird.[63]

Die Frage nach dem angemessenen Schutz dieser Pflegekräfte muss angesichts des Gesetzeswortlauts deshalb neu gestellt werden: Ist eine Herausnahme dieser 'Hausangestellten' aus dem Anwendungsbereich des Arbeitszeitgesetzes überhaupt verfassungsgemäß?

3.2 Verfassungsmäßigkeit des § 18 Abs. 1 Nr. 3 ArbZG

a) Das Recht auf Leben und körperliche Unversehrtheit (Art. 2 Abs. 2 Satz 1 GG)

Nicht nur die ILO-Konvention verlangt vom deutschen Gesetzgeber einen Mindestschutz der Hausangestellten. Schutzpflichten ergeben sich auch aus Art. 2 Abs. 2 S. 1 des Grundgesetzes, wonach die körperliche Unversehrtheit durch den Gesetzgeber zu schützen ist. Diesem Zweck dient das Arbeitszeitrecht als ein spezieller Bereich des Arbeitsschutzes.[64]

Die besondere Schutzbedürftigkeit von Hausangestellten ergibt sich aus dem Charakter ihrer Arbeitstätigkeit, die nur schwer von der Freizeit zu trennen ist, zumal in häuslicher Gemeinschaft mit Personen, zu deren Pflege und Betreuung sie arbeitsvertraglich verpflichtet sind.[65] Die Studie von Emunds und Schacher zeigt sehr genau auf, inwiefern gerade die 24-Stunden-Pflegekräfte enormem Stress ausgesetzt sind.[66] Gerade weil sich die Pflegekräfte aufgrund der besonderen Gestaltung ihrer Arbeitssituation „zu jedem Zeitpunkt für alles

---

63 Zur Größe dieser Gruppe siehe genauer *Emunds / Schacher* (Fn. 58), S. 6 ff.

64 Vgl. BVerfGE 85, 191 (212) (Nachtarbeit). BVerfGE 121, 317 (Rauchverbote); *Schmidt, Ingrid*, in: Erfurter Kommentar zum Arbeitsrecht (wie Fn. 40), Art. 2 GG Rn. 106, Rn. 110 ff. und vor allem Rn. 118 ff.

65 *Linnenkohl* (Fn. 54), § 18 Rn. 10; *Buschmann / Ulber* (Fn. 53), § 18 Rn. 4.

66 *Emunds / Schacher* (Fn. 58), S. 58.

zuständig und verantwortlich [fühlen], was im Haushalt der Pflegebedürftigen passiert oder passieren soll",[67] entstehen starke psychosoziale Belastungen.

Der Grund für die Nichtanwendung des Arbeitszeitgesetzes liegt schließlich auch nicht darin, dass Schutz nicht für erforderlich gehalten wird. Insofern sei daran erinnert, dass als Grund für die Ausnahmeregelung immer angegeben wurde, die besondere Ausgestaltung des Beschäftigungsverhältnisses mache eine Trennung von Arbeitszeit und Freizeit unmöglich und angepasster Schutz lasse sich über die allgemeine Fürsorgepflicht[68] erreichen. Für diejenigen Einrichtungen, die der Gesetzgeber dabei vor Augen hatte, trifft dies wohl auch zu; so scheinen die SOS-Kinderdörfer als große sozialpädagogische Institution durchaus in der Lage, einen angemessenen Arbeitsschutz zu entwickeln. Mittlerweile wurden für die Kinderdorfeltern selbst Arbeitszeit und Freizeit trennbar gestaltet.[69] Auch in den anderen familienähnlichen Wohngruppen gelingt es den Trägereinrichtungen mehr oder weniger gut, die zugrunde liegenden sozialpädagogischen Konzepte mit den Anforderungen des Gesundheitsschutzes zu vereinbaren.

Die Beschäftigungsverhältnisse bei vielen Fällen von 24-Stunden-Pflege stehen jedoch unter völlig anderen Vorzeichen. Arbeitgeber sind oft die Angehörigen der pflegebedürftigen Personen, die zwar eine gewisse Vorstellung davon haben mögen, wie die Pflege in der gewohnten Wohnsituation der Pflegebedürftigen erfolgen soll, jedoch weder über die pflegerische und/oder sozialpädagogische Kompetenz noch über entsprechende Arbeitgeber-Erfahrungen verfügen, um diese Vorstellung konzeptionell und sachgerecht in organisatorischen Konzepten umzusetzen. Diesen Personen kann so die Sorge um den Gesundheitsschutz der Pflegekräfte keinesfalls in ähnlicher Art und Weise übertragen werden, wie dies im Bereich der SOS-Kinderdörfer akzeptabel erschien. Auch ist durchaus fraglich, ob das damit verbundene Pflegearrangement sozialstaatlich akzeptiert werden kann; häufig wird es allein aufgrund von 'Versorgungslücken' und finanziellen Engpässen gewählt.[70]

Der Gesetzgeber kann aber seiner Schutzpflicht für die Gesundheit der Hausangestellten nur dann durch die gesetzliche Festschreibung einer unbestimmten

---

67 *Emunds / Schacher* (Fn. 58), S. 55, S. 61 ff.

68 § 618 Abs. 2 BGB.

69 Siehe dazu auch *Scheiwe* in diesem Band.

70 Siehe *Emunds / Schacher* (Fn. 58), S. 24 ff. genauer zu den Beweggründen für die Gestaltung in unterschiedlichen Konstellationen.

Fürsorgepflicht des Arbeitgebers erfüllen,[71] wenn es konkrete Anhaltspunkte gibt, dass die Arbeitgeber dieser tatsächlich auch nachkommen können. Für diese Annahme gibt es in der Fallgruppe der 24-Stunden-Pflege jedoch keine Anhaltspunkte. Durch einen Verzicht auf konkrete Regulierung kommt der Gesetzgeber seiner Pflicht, die Gesundheit der Pflegekräfte zu schützen, in diesen Situationen demzufolge nicht angemessen nach. § 18 Abs. 2 Satz 3 ArbZG ist verfassungswidrig, soweit er diese Fallgruppe erfasst.

b) Exkurs: Art. 31 der EU-Grundrechte-Charta

Art. 31 Abs. 1 der Grundrechte-Charta der EU gewährleistet ebenfalls das Recht auf gesunde, sichere und würdige Arbeitsbedingungen. Abs. 2 sagt ausdrücklich, dass „[j]ede Arbeitnehmerin und jeder Arbeitnehmer [...] das Recht auf eine Begrenzung der Höchstarbeitszeit, auf tägliche und wöchentliche Ruhezeiten sowie auf bezahlten Jahresurlaub [hat]“.

Zwar gilt dieses Grundrecht nur im Anwendungsbereich des Rechts der Europäischen Union. Jedoch befinden wir uns bei Fragen des Arbeitsschutzes im Anwendungsbereich des europäischen Rechts, selbst dort, wo Ausnahmebestimmungen[72] 'Hausangestellte' vom Anwendungsbereich ausnehmen. Insofern reicht es nämlich aus, dass die Arbeitsschutzfragen als solche europarechtlich geregelt sind. Davon geht auch die EU-Kommission aus. Sie hält es deshalb für erforderlich, die Mitgliedstaaten zur Ratifikation der ILO-Konvention C-189 zu ermächtigen, denn: „Das Übereinkommen Nr. 189 betrifft Bereiche des EU-Rechts, die bereits umfassend geregelt sind.“[73] Das europäische Recht verlangt insofern ebenfalls effektive arbeitszeitrechtliche Standards – auch für alle Hausangestellten und Pflegekräfte.

c) Gleichbehandlungsgebot und Diskriminierungsverbote in Verfassung und europäischem Recht

Die Herausnahme der Gruppe aus § 18 Abs. 1 Nr. 3 ArbZG führt zu einer Benachteiligung dieser Gruppe im Vergleich zu anderen abhängig Beschäftigten. Bedenklich ist diese Ungleichbehandlung insbesondere in Hinblick auf das

71 Zur Möglichkeit, die in § 618 Abs. 2 BGB normierte Fürsorgepflicht zur Erfüllung der Schutzpflicht zu berücksichtigen, vgl. *Schmidt*, in: Erfurter Kommentar zum Arbeitsrecht (wie Fn. 40), Art. 2 GG Rn. 120.

72 Art. 3a) der Arbeitsschutz-Rahmenrichtlinie 89/389/EWG (gilt nach deren Art. 1 Abs. 4 auch für die Arbeitszeitrichtlinie 2003/88/EG).

73 COM(2013) 152 final, S. 3 (Vorschlag der Kommission vom 21.03.2013 für einen Beschluss des Rates, der die Mitgliedstaaten dazu ermächtigen soll, das Übereinkommen der Internationalen Arbeitsorganisation (IAO) von 2011 über menschenwürdige Arbeit für Hausangestellte (Übereinkommen Nr. 189) zu ratifizieren).

Gebot der Geschlechtergleichbehandlung.[74] Denn zum einen ist es so, dass die Regelung weit mehr weibliche Arbeitskräfte trifft als männliche Arbeitskräfte.[75] Der Gesetzgeber „muss jedoch faktische Diskriminierungen, die sich als Folge seiner Regelungen ergeben, so weit wie möglich vermeiden.[76] Zum zweiten aber – und dies ist das größere Problem – ist das kein zufälliges Ergebnis. Schon dass die Unterscheidung von Arbeitszeit und Freizeit gerade bei Betreuungs- und Sorgetätigkeiten für schwierig oder unmöglich gehalten wird, ist ein Anzeichen für die Vergeschlechtlichung dieser Differenzierung. Sie entspricht letztlich der ebenfalls stark vergeschlechtlichten Vorstellung von 'öffentlichem' und 'privatem' Raum.[77] Denn selbstverständlich tendieren Menschen bei allen Arbeitstätigkeiten, mit denen sie sich stark identifizieren, zu einer Vermischung zwischen 'Pflicht' und 'Kür' oder zwischen 'Arbeit' und 'Freizeit'. Der Gesetzgeber problematisiert dies jedoch nur im Kontext von Beschäftigungsverhältnissen, die in Konkurrenz zur Sorgearbeit in der Familie bestehen, ohne doch dadurch ihren grundsätzlichen Charakter als Teil des Arbeitsmarktes zu verlieren.[78] Die hier vorgenommene Differenzierung reproduziert insofern vergeschlechtlichte Vorverständnisse von 'weiblicher' Arbeit und 'männlicher' Arbeit in diskriminierender Art und Weise.[79] Das Grundgesetz verlangt aber stattdessen, dass die geschlechtsspezifische Spaltung der Arbeitsmärkte und der Arbeitsteilung nicht vertieft, sondern abgebaut wird.[80] Es geht um „Angleichung der Lebensverhältnisse. […] Überkommene Rollenverteilungen [...] dürfen durch staatliche Maßnahmen nicht verfestigt werden."81 Auch insofern bestehen Zweifel an der Verfassungsmäßigkeit des § 18 Abs. 1 Nr. 3 ArbZG.

74 Art. 3 Abs. 2 GG.

75 Zu Geschlechterarrangements in der Pflege siehe auch *Apitz, Ursula / Schmidbaur, Marianne*, „Care-Arbeit, Migration und Geschlechtergerechtigkeit", APuZ 37–38 (2011), S. 1 ff.

76 BVerfGE 109, 64 (Mutterschaftsgeld).

77 Siehe dazu schon bei Fn. 15.

78 Genauer dazu schon unter Abschnitt 2.

79 Zum Verständnis der Hausangestelltentätigkeit als 'Familienarbeit' siehe auch *Meder* in diesem Band.

80 So schon *Pfarr, Heide M.*, „Herstellung und Sicherung von Chancengleichheit durch Recht – dargestellt am Beispiel der Frauen", in: Hassemer, Winfried / Hoffmann-Riem, Wolfgang / Limbach, Jutta (Hg.), Grundrechte und soziale Wirklichkeit, Baden-Baden 1982, S. 255 ff.; siehe auch *Kocher, Eva*, Die Erwerbstätigkeit von Frauen und ihre Auswirkung auf das Arbeitsrecht – oder umgekehrt …, in: Rudolph, Beate (Hg.), Geschlecht im Recht. Eine fortbestehende Herausforderung. Querelles – Jahrbuch für Frauen- und Geschlechterforschung, Göttingen: Wallstein 2009, S. 216 ff.

81 BVerfGE 85, 191 (207) (Nachtarbeitsverbot); siehe auch BVerfGE 89, 276.

4. Ergebnis

4.1 Transparenz und Wirksamkeit

Insgesamt entspricht das deutsche Recht den Mindestvorgaben der Konvention. Allerdings: Diese Tatsache allein gewährleistet keine Verbesserung der tatsächlichen Situation der Hausangestellten. Zur Veranschaulichung des Problems sei auf eine Studie von Vilhelm Aubert aus den 1960er-Jahren verwiesen,[82] in der er eine Reihe von empirischen Untersuchungen zum norwegischen Hausangestelltengesetz von 1948 zusammenfasste. Auch wenn diese lange zurückliegen: Solche wiederholten empirischen Untersuchungen zur Wirkung eines Gesetzes, wenn auch in kleinem Rahmen, gibt es nur selten, und dies ist insofern ein Glücksfall für den Bereich der Hausangestelltengesetzgebung. Anhand seiner Daten konnte Aubert vor allem feststellen, wie stark es von außerrechtlichen Faktoren abhängig ist, ob ein Gesetz tatsächlich verwirklicht wird. Auch damals schon wurde die Arbeitszeitbegrenzung (10 Stunden pro Tag!) in ungefähr der Hälfte der befragten Haushalte nicht eingehalten, obwohl dies die am meisten bekannte Vorschrift des Gesetzes zu sein schien.

Die Kenntnis eines Gesetzes identifizierte Aubert damals allerdings bereits als ganz entscheidenden Faktor für dessen Wirksamkeit, wobei es insbesondere auf die Gesetzeskenntnis aufseiten der Hausangestellten ankam. Mit zunehmender Geltungsdauer konnte sich auch die innere Bereitschaft zur Befolgung der Vorschrift (das 'Rechtsbewusstsein') erhöhen. Hierfür war allerdings von großer Bedeutung, dass das Gesetz die Arbeitsbedingungen der Hausangestellten spezifisch regelte. Auch Deirdre McCann hat jüngst darauf hingewiesen, dass gerade im Bereich der Hausangestelltenarbeit spezifische Regelungen mindestens so wichtig sind wie die Gleichbehandlung bei Anwendung der allgemeinen Regelungen.[83] An dieser Transparenz fehlt es im deutschen Recht bis heute – hier wird der Aspekt der Gleichbehandlung mit sonstiger Erwerbsarbeit stärker betont. Es bleibt zu hoffen, dass die Publizität der ILO-Konvention C-189 stattdessen die notwendige Transparenz über die rechtliche Regelung der Hausarbeit gewährleistet.

---

82 *Aubert* (Fn. 9).

83 *McCann, Deirdre,* „New Frontiers of Regulation: Domestic Work, Working Conditions, and the Holistic Assessment of Nonstandard Work Norms“, Comparative Labor Law & Policy Journal 34 (2012), S. 167 ff.

4.2 Arbeitsrechtlicher Regelungsbedarf für die Beschäftigung von Pflegekräften im Privathaushalt

Anders als bei *Aubert* kann man heute allerdings nicht mehr behaupten, erst die rechtliche Regelung der Hausangestelltentätigkeit schaffe die 'Rollenkategorie' der Hausangestellten in der gesellschaftlichen Imagination („Magie“):[84] Denn die tatsächliche Bedeutung der Hausangestelltentätigkeit hat sich auch in Westeuropa eher erhöht als verringert. Und hier besteht tatsächlich dringender Handlungsbedarf: Nach der empirischen Studie von Gottschall und Schwarzkopf 2010 werden Hausangestellte überwiegend in „systematischen Ausbeutungsmustern“ beschäftigt, „wie sie im Bereich der geringfügigen Beschäftigung und Niedrig(st)löhne, der Familialisierung von Care-Arbeit sowie der Duldung grau-melierter Pflegearbeitsmärkte zu finden sind.“[85] Nicht weniger problematisch ist die häufig vorkommende Irregularität vieler Beschäftigungsverhältnisse, die durch rechtliche Rahmenbedingungen im Sozial-, Steuer- und Zuwanderungsrecht begünstigt wird.[86] Möglicherweise bezog sich darauf auch der EU-Kommissar für Beschäftigung, Soziales und Inklusion, László Andor, als er betonte, eine Ratifikation der ILO-Konvention C-189 durch die EU-Mitgliedstaaten sei für die „Verbesserung der Arbeitsbedingungen bei persönlichen Dienstleistungen“ relevant.[87]

Von besonderer Bedeutung sind dabei das Arbeitsschutzrecht und insbesondere das Arbeitszeitrecht. Die Haltung der Bundesregierung, die 24-Stunden-Pflege im Haushalt der Pflegebedürftigen insofern faktisch schutzlos stellt, genügt den verfassungsrechtlichen Anforderungen nicht. Ohnehin wird die Bundesregierung im obligatorischen ersten Bericht über die Durchführung des Übereinkommens[88] alle Maßnahmen anzugeben haben, die getroffen worden sind, um die Anwendung des Übereinkommens auf die betreffenden Arbeitnehmer auszudehnen.[89] Zur Schaffung einer für alle Beteiligten befriedigenden

---

84 So *Aubert* (Fn. 9) für die damalige norwegische Situation.

85 *Gottschall / Schwarzkopf* (Fn. 16), S. 69. Vgl. den Fall moderner Sklaverei, den der Europäische Gerichtshof für Menschenrechte zu behandeln hatte, Urteil vom 26.07.2005 (Siliadin / Frankreich), Nr. 73316/01; siehe auch die Verhältnisse in einem Berliner Diplomatenhaushalt, über die die deutschen Arbeitsgerichte zu entscheiden haben, vgl. BAG NZA 2013, 343; nachdem die diplomatische Immunität des Arbeitgebers wegen Zeitablauf beendet war, muss nun das LAG Berlin-Brandenburg endgültig in der Sache entscheiden.

86 Vgl. *Gottschall / Schwarzkopf* (Fn. 16), S. 35 ff.

87 Pressemitteilung zur Ankündigung des Kommissionsbeschlusses vom 21.03.2013, COM(2013) 152 final.

88 Art. 22 der Verfassung der ILO.

89 Art. 2 Abs. 3 des ILO-Übereinkommens C-189.

Pflege im häuslichen Bereich muss ohnehin nach Alternativen gesucht werden.[90]

90 Vgl. *Emunds / Schacher* (Fn. 58), S. 13, 67 f. auch zu alternativen Organisationsformen; vgl. auch *Hoffer* und *Spindler* in diesem Band.

TEIL II

FAMILIALE ARBEIT, HAUSWIRTSCHAFTLICHE TÄTIGKEITEN UND DIENSTLEISTUNGEN – RECHT, ÖKONOMIE, POLITIK

Harry Willekens

Die rechtliche (Nicht-)Anerkennung der Familienarbeit

1. Begriffe und Fragestellung

Ich behandle in diesem Beitrag die Fragen, ob und in welcher Form das geltende deutsche Recht die Familienarbeit anerkennt, wie diese Rechtslage zu bewerten ist und welche Argumente es für Reformen gibt, um die Familienarbeit stärker als bisher zu berücksichtigen.

Um sich diesen Fragen zu nähern, ist es notwendig, den Begriff der Familienarbeit genau abzugrenzen und das soziale Problem zu definieren, das sich ergibt, wenn der Familienarbeit rechtliche Anerkennung versagt wird. Gäbe es ein solches soziales Problem nicht, dann könnte man sich diesen Beitrag sparen – das Gegenteil ist aber der Fall.

'Familienarbeit' kann viele Bedeutungen haben. Das Wort kann unter anderem verweisen auf:

a) 'Reproduktive' Tätigkeiten, das heißt die materielle Versorgung, den Schutz und die Erziehung von Kindern – also alle Tätigkeiten, die erforderlich sind, um Kinder am Leben zu halten und in die Lage zu versetzen, die notwendigen Fähigkeiten zu erwerben, um als Erwachsene ein relativ unabhängiges, aber doch auch der sozialen Umwelt angepasstes Leben führen zu können. Diese reproduktive Arbeit ist im strikten Sinne des Wortes gesellschaftlich notwendig: Sie muss in jeder Gesellschaft geleistet werden, damit neue Generationen die Weiterexistenz der Gesellschaft sichern können. Es ist dagegen nicht notwendig, dass diese Arbeit ausschließlich in der Familie geleistet wird – so wie früher ein Teil dieser Aufgabe von der kleineren Gemeinschaft übernommen wurde, so beteiligt sich in unserer Gesellschaft der Staat an der reproduktiven Arbeit. Trotzdem spielt die Familie in unserer Gesellschaft eine entscheidende Rolle in der reproduktiven Arbeit und es ist auch nicht zu erwarten, dass sich das in der näheren Zukunft dramatisch ändern wird.

b) die Versorgung von erwachsenen Familienmitgliedern, die aufgrund von Behinderung oder Altersgebrechlichkeit nicht (mehr) in der Lage sind, sich selbst zu versorgen. Diese Arbeit ist nicht in dem gleichen strikten Sinne gesellschaftlich notwendig wie die reproduktive Arbeit, denn es ist vorstellbar, dass eine Gesellschaft Alte und Behinderte, die für ihr Überleben auf die ständige Hilfe von anderen angewiesen sind, ihrem Schicksal überlässt und trotzdem floriert. Unsere Gesellschaft, in der es genügend

Ressourcen zur Umverteilung gibt, hält einen solchen Umgang mit Hilfsbedürftigen aber für völlig inakzeptabel, sodass die Versorgung von Behinderten und gebrechlichen alten Menschen unter den geltenden soziokulturellen Bedingungen als genauso gesellschaftlich notwendig zu betrachten ist wie die reproduktive Arbeit.

c) Haushaltsleistungen für Personen, die sehr wohl zur Eigenversorgung in der Lage wären, im Rahmen der familialen Arbeitsteilung aber durch den/die PartnerIn (mit-)versorgt werden – das typische Modell der Ernährer / Hausfrauenehe. Wenn dieses Modell eine solche Wirkungsmacht entfaltet, dass Menschen, die in einer lebenspartnerschaftlichen Beziehung leben, sich seiner Funktionsweise nicht oder nur sehr schwer entziehen können, kann man die zur Versorgung des Partners geleistete Arbeit gewissermaßen auch als gesellschaftlich notwendig bezeichnen: Schließlich kann das Modell ja nicht funktionieren, wenn nicht beide Partner die Erfordernisse ihrer Geschlechterrolle erfüllen. In unserer Gesellschaft ist diese Vorstellung der Geschlechterrollen aber größtenteils überwunden und es existieren diverse Muster häuslicher Arbeitsteilung nebeneinander. Daher kann diese Arbeit nicht als gesellschaftlich notwendig gelten.

d) die autarkische Produktion von Gütern, um den Eigenbedarf des Haushalts zu decken. Gewisse Elemente dieser ehemals gängigen Produktionsweise (das eigene Essen kochen, die Wäsche waschen usw.) haben sich erhalten und können den unter (a), (b) und (c) genannten Tätigkeiten zugeordnet werden. Die Produktionsweise als solche ist aber verschwunden und angesichts der herrschenden gesellschaftlichen Arbeitsteilung wäre es utopisch zu versuchen, einen Haushalt heutzutage noch autark zu versorgen.

e) die Produktion von Gütern und Dienstleistungen innerhalb des Haushaltes, aber für den Markt. Diese Konstellation, die in den vor- und protoindustriellen Phasen weit verbreitet war (vgl. Medick 1976; Seccombe 1992: 181–184 und 205–208), ist typisch für kleine mittelständische (Familien-)Unternehmen, in denen die Mitglieder eines Haushaltes ihre produktiven Ressourcen einbringen, ohne dafür den gängigen Marktpreis zu verlangen.

Ich werde mich in diesem Beitrag auf die unter (a) und (b) erläuterten Bedeutungen der ‘Familienarbeit’ konzentrieren, das heißt auf diejenige Arbeit, die aus der gesellschaftlich notwendigen Versorgung (und gegebenenfalls Erziehung) von Familienmitgliedern besteht. Es ist dieser Bereich, in dem sich dringende gesellschaftliche Fragen nach Gerechtigkeit und Effizienz stellen.

Das Grundproblem dieser Familienarbeit ist, dass sie einerseits zwar gesellschaftlich notwendig ist und Gebrauchs- und Tauschwerte produziert, andererseits aber die wirtschaftliche Stellung derjenigen *schwächt*, die diese Arbeit leisten.

Diese Arbeit ist gesellschaftlich notwendig, weil ohne sie Kinder oder gebrechliche Leute entweder gar nicht oder nur unter Bedingungen überleben könnten, die gesellschaftlich inakzeptabel sind. Diese Arbeit hat auch einen Tauschwert, der zumindest potenziell berechenbar ist: Die meisten Familienarbeitsleistungen könnten auch auf dem Markt angeboten und verkauft werden, und tatsächlich existieren solche Angebote auch, etwa in Form von Restaurants, Putzdiensten, Wäschereien oder Pflege- und Erziehungseinrichtungen.[1] Allerdings sind Kinder und auch die meisten Pflegebedürftigen nicht in der Lage, den marktüblichen (Mindest-)Preis für solche Leistungen zu bezahlen.

Trotz der hohen gesellschaftlichen Bedeutung der Familienarbeit werden diejenigen, die diese Arbeit leisten, hierfür wirtschaftlich bestraft. Der Grund dafür ist, dass diese Arbeit, die ohne Gegenleistung erbracht wird, in ein wirtschaftliches Gesamtsystem eingebettet ist, das nach dem Marktprinzip funktioniert und in dem Ressourcen durch den bezahlten Einsatz von Produktionsmitteln (in den meisten Fällen: Arbeitskraft) im Marktgeschehen erworben werden. Wer Familienarbeit (in dem hier zugrunde gelegten Sinne) leistet, verringert dadurch in zweierlei Hinsicht seine Chancen auf dem Markt: Zum einen kann in der Zeit, in der unbezahlt gearbeitet wird, anderweitig kein Geld verdient werden. Zum anderen aber wird durch die Familienarbeit auch der Tauschwert der eigenen Arbeitskraft verringert. Wer heute nicht durch Erwerbstätigkeit oder Ausbildung die Fähigkeiten aufbaut, die zukünftig auf dem Markt gefragt werden, wird morgen entweder gar keine bezahlte Arbeit haben oder zu einem Lohn arbeiten müssen, der geringer ist als er wäre, wenn er sich nicht um Kinder oder andere Angehörige gekümmert hätte.

Diese Situation wirft Fragen nach Verteilungsgerechtigkeit auf: Diejenigen, welche die Bedingungen schaffen, die es anderen ermöglichen, auf dem Markt Geld zu verdienen, erbringen damit Leistungen, die notwendig sind, um die Gesellschaft am Laufen zu halten, erleiden als unmittelbare Folge davon aber wirtschaftliche Nachteile. Gleichzeitig ergibt sich aber auch die Frage nach einer wirksamen Organisation der gesellschaftlichen Arbeitsteilung: Wenn das Erbringen von gesellschaftlich notwendigen Leistungen bestraft statt belohnt wird, ist zu befürchten, dass immer weniger Menschen dazu bereit sein werden, diese Arbeit zu übernehmen.

Um diese Gerechtigkeits- und Wirksamkeitsdefizite zu beseitigen, sind sowohl sehr radikale wie auch leicht(er) in unsere Gesellschaft integrierbare Lösungsansätze denkbar. Da das Problem eine Folge des Widerspruchs zwischen der

1 Die Frage nach der Vermarktbarkeit von Familienarbeit wird vertieft in *Willekens* 2010: 59–62.

Marktstruktur der Wirtschaft und dem nicht marktartigen Charakter der Familienarbeit ist, würde es sich auflösen, wenn die ganze Belohnungsstruktur entmarktet und damit die Marktwirtschaft insgesamt aufgehoben würde – eine 'Lösung', deren Verwirklichung unter den gegebenen gesellschaftlichen Verhältnissen vollkommen auszuschließen ist. Alternativ ließe sich das Problem durch eine vollständige Kollektivierung der Familienarbeit innerhalb des gesamtmarktwirtschaftlichen Kontexts beheben, das heißt dadurch, dass der Staat die Verantwortung für die Tätigkeiten, die derzeit zur Familienarbeit gehören, übernimmt und den Personen, die diese Leistungen erbringen, dafür ein Gehalt zahlt. Eine Tendenz in diese Richtung gibt es bereits: Durch die Schulpflicht und durch die Bereitstellung öffentlicher Kinderbetreuung und öffentlicher Erziehungshilfen sowie durch die öffentliche Pflege von Alten und Behinderten organisiert der Staat Tätigkeiten, die sonst innerhalb der Familie stattfinden müssten. Auch wenn dieser Lösungsansatz weniger utopisch als der erstgenannte ist, stößt er im Bereich der Versorgung und Erziehung von Kindern doch an Grenzen. Die alte und schwierige Frage nach der Möglichkeit einer vollständigen Kollektivierung und Entfamilialisierung von Kinderversorgung und Erziehung kann hier nicht umfassend diskutiert werden. Auch ohne das Thema weiter zu vertiefen, lässt sich aber feststellen, dass einer solchen Kollektivierung mindestens drei bedeutsame Hindernisse entgegenstehen: Sie würde (a) den Wünschen vieler Eltern widersprechen, sich selbst um ihre Kinder zu kümmern (und wäre schon deshalb schwer auf demokratischem Wege durchzusetzen), (b) an den Bedürfnissen insbesondere kleiner Kinder vorbeigehen, die sich auf dauernd wechselnde Bezugspersonen einstellen müssten, wenn alle Betreuungs- oder Erziehungspersonen Arbeitnehmer wären, demzufolge auch den Regeln des Arbeitsrechts unterlägen und ihre Arbeit frei wechseln könnten, und (c) offensichtlich Art. 6 Abs. 2 und 3 GG widersprechen, der Pflege und Erziehung als 'natürliche' Rechte der Eltern bezeichnet und es dem Staat nur in Ausnahmefällen erlaubt, Kinder von ihrer Familie zu trennen.

Schließt man die radikalen Lösungen aus, dann gibt es dringende Argumente dafür, die Familienarbeit zumindest rechtlich zu schützen und denjenigen, die sich dieser Arbeit widmen, eine rechtlich abgesicherte Kompensation für die wirtschaftlichen Nachteile ihres Einsatzes zu bieten. Im Folgenden wird zunächst die Frage behandelt, inwieweit das deutsche Recht schon jetzt für einen solchen Schutz sorgt. Im Anschluss daran wird besprochen, wie dieser Schutz verbessert werden könnte. Die Rechtsnormen, welche die (Nicht-) Anerkennung der Familienarbeit betreffen, sind im ganzen Recht zu finden und eine sinnvolle Reform der Rechtsregelungen ist nur möglich, wenn man die potenziellen Interaktionen von Novellierungen in den unterschiedlichen

Rechtszweigen betrachtet. Der mir in diesem Beitrag zur Verfügung stehende Raum reicht nicht aus, um alle relevanten (existierenden oder als Reform denkbaren) Rechtsregelungen genau zu untersuchen. Ich werde mich daher auf das Familienrecht konzentrieren, weil gerade in diesem Bereich aus meiner Sicht in Deutschland der stärkste Reformbedarf besteht, und daher nur kurz auf die anderen relevanten Regelungen eingehen.

2. Die (Nicht-)Anerkennung der Familienarbeit im geltenden deutschen Recht

Bevor wir uns ansehen, ob und in welcher Form das geltende deutsche Recht Familienarbeit berücksichtigt, ist zunächst die Frage zu klären, ob es eine Rechts*pflicht* gibt, Familienarbeit zu leisten. Sollte es eine solche Pflicht geben, wäre das ein weiteres Argument für den Rechtsschutz derjenigen, die dieser Pflicht unterliegen.

Sorgeberechtigte Eltern sind dazu verpflichtet, ihre Kinder zu pflegen und zu erziehen (§§ 1626 und 1631 BGB). Daraus folgt nicht, dass sie die gesamte Pflege- und Erziehungsarbeit selbst erledigen müssen. Aus der Schulpflicht, der staatlichen Bereitstellung von Kindergärten und von öffentlichen Betreuungsplätzen sowie aus dem Grundsatz, dass die Eltern in der Erziehung die zunehmende Selbstständigkeit der Kinder und ihre Bindungen mit anderen Personen berücksichtigen müssen (§ 1626 Abs. 2 und 3 BGB), kann im Gegenteil hergeleitet werden, dass eine gute Erziehung nur für möglich gehalten wird, wenn Kinder auch von anderen Personen als den Eltern erzogen werden. Auch wird angenommen, dass es den Eltern – innerhalb der Grenzen des Kindeswohls – freisteht, die Betreuung der Kinder so zu organisieren, wie sie möchten (vgl. Dethloff 2012: 384–385). Das kann im Grenzfall darauf hinauslaufen, dass das Kind rund um die Uhr von anderen Personen als den Eltern betreut wird. Es sind jedoch die Sorgeberechtigten, die letztlich die *Verantwortung* für Pflege und Erziehung tragen. Das bedeutet aber, dass das Gesetz die Eltern streng genommen nicht zur Familienarbeit verpflichtet, sondern nur zu einer Organisation von Pflege und Erziehung, die dem Kindeswohl dient.

Unabhängig vom Sorgerecht gibt es eine elterliche Unterhaltspflicht für minderjährige Kinder und bereits Volljährige, die noch keine 21 Jahre alt und unverheiratet sind, sich noch in der allgemeinen Schulausbildung befinden und im Haushalt mindestens eines Elternteils leben. Der Umfang dieser Unterhaltspflicht geht über das Maß des allgemeinen Verwandtenunterhalts hinaus (§ 1602 Abs. 2 und § 1603 Abs. 2 BGB). Aus der Unterhaltspflicht folgt im Allgemeinen zwar nicht die Pflicht, irgendwelche Familienarbeit zu leisten;

§ 1606 Abs. 3 bestimmt aber, dass der Elternteil, der ein minderjähriges unverheiratetes Kind betreut, seine Unterhaltspflicht in der Regel durch die Pflege und Erziehung des Kindes erfüllt – so werden die Gewährung von Unterhalt und die Ausübung des Sorgerechts miteinander vermischt. Auch hier gilt aber, was schon zur Ausübung des Sorgerechts angemerkt wurde: Die Eltern können grundsätzlich selbst entscheiden, wie sie den Unterhalt durch Betreuung organisieren, eine Pflicht zur Familienarbeit ist damit nicht verbunden.

§ 1619 BGB deutet an, dass auch ein Kind unter Umständen zur Familienarbeit verpflichtet sein kann. Ein Kind, das zum elterlichen Hausstand gehört und von den Eltern erzogen oder unterhalten wird, muss in einer seinen Kräften und seiner Lebensstellung entsprechenden Weise im Hauswesen und Geschäft der Eltern Dienste leisten. Das Alter des Kindes ist irrelevant. In den meisten Fällen wird es sich bei den hier gemeinten Leistungen nicht um Familienarbeit in unserem Sinne handeln; sie können aber dazu gehören, wenn etwa kranke oder gebrechliche Eltern gepflegt werden müssen oder wenn ältere Kinder in die Betreuung von Geschwistern eingebunden werden.

Ferner könnte eine Pflicht zur Familienarbeit im Verhältnis der Ehegatten zueinander aus der allgemeinen Pflicht zur ehelichen Lebensgemeinschaft (§ 1353 BGB) hergeleitet werden. Wenn dieser allgemeine Grundsatz überhaupt etwas bedeutet, dann bestimmt auch, dass die Ehegatten einander in allen Lebenslagen unterstützen müssen, beispielsweise im Falle von Pflegebedürftigkeit, aber auch bei der Pflege und Erziehung der im Haushalt lebenden Kinder, ob sie nun gemeinsam sind oder nicht. Wieder aber gilt, dass die Ehegatten über einen sehr großen Spielraum bei der Konkretisierung dieser Pflicht verfügen – wie auch aus § 1356 BGB folgt, der es den Ehepartnern erlaubt, die Haushaltsführung im gegenseitigen Einvernehmen so zu regeln, wie sie möchten. Daraus resultiert dann wieder, dass § 1353 Ehegatten nicht zur Familienarbeit an sich verpflichtet, sondern nur dazu, einen fairen Beitrag zur Pflege, Erziehung usw. zu leisten – ein Beitrag, der genauso gut in der Finanzierung professioneller Kinderbetreuung oder Altenpflege wie in persönlichen Leistungen bestehen kann.

Rechtsgründe, aus denen eine Pflicht zur Familienarbeit in anderen Beziehungen, etwa in der Beziehung zwischen Verwandten oder zwischen nicht miteinander verheirateten Lebenspartnern, hergeleitet werden könnte, gibt es nicht.

Zusammenfassend kann man festhalten, dass es für eine Pflicht zur persönlichen Leistung von Familienarbeit kaum gesetzliche Anhaltspunkte gibt. Eltern respektive Ehegatten sind dafür verantwortlich, dass ihre Kinder versorgt und erzogen werden bzw. dass der eheliche Lebenspartner unterstützt und gepflegt wird, aber wie sie diese Pflicht erfüllen – ob durch persönliche Leistungen oder mithilfe ehrenamtlicher oder bezahlter Arbeitskräfte – bleibt ihnen überlassen. Die einzigen, die sich der persönlichen Leistung nicht entziehen können, sind die aufgrund von § 1619 zu Diensten verpflichteten Kinder – ihnen obliegt aber nicht die Hauptverantwortung für diese Arbeit und sie spielt im Gesamtbild der Familienarbeit auch nur eine marginale Rolle.

Trotz der Abwesenheit klar definierter Pflichten wird in großem Umfang Familienarbeit geleistet. Werden diejenigen, die diese Arbeit leisten, vom Recht geschützt?

Zunächst fällt auf, dass der Schutz, den das Recht Menschen bietet, die unentgeltlich Familienarbeit leisten, überwiegend mit der *Ehe* verbunden ist.[2] Das gilt nicht nur für das Familienrecht, sondern auch in Bereichen des Sozial- und Steuerrechts.

Verheiratete Personen haben diverse Rechtsansprüche gegeneinander, die es außerhalb der Ehe nicht gibt. Während der Ehe haben sie ein Recht darauf, dass der andere Ehegatte mit seiner Arbeit und seinem Vermögen zu einem angemessenen Unterhalt der Familie beiträgt (§ 1360 BGB). Dieser Unterhalt ist laut § 1360a BGB nach den Verhältnissen der Ehegatten zu bemessen, woraus folgt, dass der weniger vermögende Ehegatte an dem Lebensstandard des anderen Ehegatten teilhat. Diese Teilhabe wird weiter gewährleistet von § 1357 BGB, der es jedem Ehegatten erlaubt, Geschäfte zur angemessenen Deckung des Lebensbedarfs der Familie mit bindender Wirkung auch für den anderen Ehegatten zu besorgen, und von §§ 1361 bis 1361b BGB, die den Ehegatten im Fall einer Trennung während der Ehe ein Recht auf Barunterhalt nach den ehelichen Lebensverhältnissen und unter Umständen auch Rechte auf die alleinige Benutzung der Ehewohnung und der Haushaltsgegenstände zusprechen. Bei der Zuweisung der Benutzungsrechte für die Haushaltsgegenstände spielen Billigkeitsüberlegungen die entscheidende Rolle (§ 1361a Abs. 1 und 2); ein Ehegatte hat ein Recht auf die alleinige Nutzung der Wohnung, wenn das erforderlich ist, um eine unbillige Härte zu vermeiden (§ 1361b Abs. 1). Diese Billigkeitsargumente werden beispielsweise ins Spiel

2 Was im Folgenden über die zivilrechtlichen Rechtsfolgen der Ehe gesagt wird, gilt gleichermaßen für die im Lebenspartnerschaftsgesetz geregelte eingetragene Lebenspartnerschaft. Es gibt zwar auch im Zivilrecht subtile Unterschiede zwischen der Ehe und der eingetragenen Lebenspartnerschaft, für die hier folgende Besprechung sind diese aber bedeutungslos. Wenn im Folgenden von der 'Ehe' die Rede ist, ist daher auch die eingetragene Lebenspartnerschaft gemeint. Auf Unterschiede in den steuerlichen und sozialrechtlichen Bereichen wird eigens hingewiesen.

kommen, wenn einer der Ehegatten (weiter) die Kinder oder gebrechliche Angehörige versorgt; auf diese Weise spricht aus § 1361a und § 1361b eine Anerkennung der Familienarbeit.

Die Sonderbehandlung verheirateter Personen hört mit der Beendigung der Ehe nicht auf. Nach einer Scheidung werden der Zugewinn- und Versorgungsausgleich durchgeführt und es entstehen unter Umständen ein nachehelicher Unterhaltsanspruch und vorrangige Ansprüche auf die Zuweisung der Ehewohnung und der Haushaltsgegenstände. Personen, die keinen Ehevertrag geschlossen haben, unterliegen dem Ehegütersystem der Zugewinngemeinschaft (§§ 1363 bis 1390 BGB). Das bedeutet, dass sie während der Ehe – mit den relativ geringfügigen Verfügungseinschränkungen der §§ 1365 und 1369 BGB – in Gütertrennung leben, dass aber bei der Beendigung der Ehe ein Ausgleich der während der Ehe eingetretenen Vermögenszugewinne durchgeführt wird: Die Zugewinne der Ehegatten werden addiert und jeder bekommt davon die Hälfte (§ 1378 BGB). Der gleiche Grundsatz findet aufgrund des Versorgungsausgleichsgesetzes (VersAusglG) auf die öffentlich- und privatrechtlichen Anwartschaften auf Alters- und Invaliditätsrenten Anwendung: Die während der Ehe erworbenen Anteile von solchen Anrechten sind bei der Scheidung jeweils zur Hälfte zwischen den geschiedenen Ehegatten zu verteilen (§ 1 VersAusglG). Personen, die in größerem Umfang Familienarbeit übernommen haben, hatten normalerweise geringere Chancen zum Aufbau von Vermögen und von Rentenanwartschaften. Daher können diese Ausgleichsregeln als Kompensation für die verlorenen wirtschaftlichen Chancen funktionieren.

Zugewinn- und Versorgungsausgleich sind immer anwendbar, mit Ausnahme jener Minderheit der Fälle, in denen die Ehegatten sie vertraglich ausgeschlossen haben (dazu später mehr). Demgegenüber sind die Gewährung nachehelichen Unterhalts und die Schutzmaßnahmen bezüglich der Ehewohnung und der Haushaltsgegenstände Ausnahmen von den Hauptregeln. Die Hauptregel im Hinblick auf Unterhalt ist, dass jeder Volljährige für sich selbst verantwortlich ist (§ 1569 BGB). Eine geschiedene Person hat gegenüber dem Ex-Ehegatten nur ausnahmsweise einen Anspruch auf Unterhalt, und zwar wenn eine der in den §§ 1570 bis 1576 aufgelisteten Bedingungen erfüllt ist. Aus der Sicht unserer Fragestellung ist insbesondere § 1570 relevant, der dem bedürftigen geschiedenen Ehegatten, der sich um Pflege oder Erziehung eines gemeinsamen Kindes kümmert, einen Unterhaltsanspruch für mindestens die ersten drei Jahre nach der Geburt des Kindes zuspricht. Dieses Unterhaltsrecht verlängert sich, solange und soweit dies der Billigkeit entspricht; sogar eine Verlängerung über die Dauer der Kinderbetreuung hinaus ist möglich, wenn das unter Berücksichtigung der Gestaltung von Kinderbetreuung und Erwerbstätigkeit in der Ehe billig ist. Wir haben es hier mit einer der seltenen Regeln zu tun, die Rechtsfolgen *unmittelbar* an die Familienarbeit anknüpfen. Diese Anerkennung der Familienarbeit unterliegt aber zwei bedeutsamen Einschränkungen: Erstens besteht der Unterhaltsanspruch nicht, wenn die gleiche Familienarbeit zugunsten eines nicht gemeinsamen Kindes (ein eigenes Kind des Betreuenden, ein Stiefkind[3] oder ein Pflegekind) erbracht wird; zweitens ist die Verlängerung des Unterhaltsanspruchs über die ersten drei Lebensjahre des Kindes hinaus eine Ausnahme und der Unterhaltsgläubiger trägt die Beweislast für die Notwendigkeit dieser Verlängerung.[4] Familienarbeit, die nicht in der Versorgung oder Erziehung eines gemeinsamen Kindes besteht, kann unterhaltsrechtlich nur aufgrund von § 1576 BGB berücksichtigt werden. Diese Norm gewährt einen Unterhaltsanspruch, wenn von einem geschiedenen Ehegatten aus schwerwiegenden Gründen eine Erwerbstätigkeit nicht erwartet werden kann und die Versagung von Unterhalt unter Berücksichtigung der Belange beider Ehegatten grob unbillig wäre. Hier sind gleich drei Hürden für den Unterhaltsanspruch eingebaut, die sich als Beschränkung erweisen, die Familienarbeit auf dieser gesetzlichen Grundlage zu schützen: Die Gründe müssen 'schwerwiegend' sein; auch reicht es nicht, dass das Gewähren von Unterhalt billig wäre, die Versagung muss 'grob' unbillig sein; und zusätzlich erfordert der Paragraf noch eine Interessenabwägung zwischen den Ehegatten.

Auch § 1568a und § 1568b BGB gehören zu den wenigen Regeln des Eherechts, in denen eine unmittelbare Wertschätzung der Versorgungs- und Erziehungsarbeit für Kinder zum Ausdruck kommt. Aufgrund dieser Paragrafen können die eheliche Wohnung und die als gemeinsames Eigentum gehaltenen Haushaltsgegenstände aufgrund von Billigkeitsüberlegungen demjenigen Ehegatten zugewiesen werden, der sie am meisten braucht. Höchste Priorität hat dabei das Wohl der Kinder – woraus folgt, dass der geschiedene Ehegatte, bei dem die Kinder leben, Vorrang bei der Zuteilung der Wohnung und der Haushaltsgegenstände genießt. Eine Ausnahme von dieser Zuteilungsregel gibt es laut § 1568a Abs. 2 BGB dann, wenn der Ex-Ehegatte, bei dem die Kinder nicht wohnen, alleine oder zusammen mit einer dritten Person Eigentümer der

3 Zwar muss man sich fragen, ob diese Gesetzesauslegung haltbar ist, wenn das Stiefkind des Betreuenden das leibliche Kind des anderen geschiedenen Ehegattens ist. Einerseits ist der Gesetzestext klar und eindeutig: Nur aus der Betreuung eines gemeinsamen Kindes folgt ein Unterhaltsanspruch. Andererseits führt eine sklavische Befolgung des Wortlauts zu dem absurden Ergebnis, dass diejenige, die sich um ein Kind kümmert, das der andere Ehegatte in die Ehe mitgebracht hat, weniger geschützt wird als diejenige, die Familienarbeit für gemeinsame Kinder leistet.

4 BGH, FamRZ 2011, 791.

Ehewohnung ist. In diesem Fall kann der andere Ex-Ehegatte die Überlassung der Wohnung nur verlangen, wenn dies notwendig ist, um eine unbillige Härte zu vermeiden. Bei der Bewertung dieser Regeln sollte man aber im Blick behalten, dass § 1568a und § 1568b den geschiedenen Ehegatten, der die Kinder versorgt, letztlich nicht finanziell begünstigen. Wer aufgrund von § 1568b alleiniger Eigentümer von Haushaltsgegenständen wird, die früher gemeinsames Eigentum waren, muss dem früheren Ehegatten dafür kraft § 1568b Abs. 3 einen angemessenen Ausgleich zahlen. Wer erfolgreich die Überlassung der Eigentumsehewohnung beantragt, tritt dadurch in ein Mietverhältnis zum früheren Ehegatten; war die Ehewohnung von Anfang an gemietet, dann tritt die Antragstellerin als Mieterin an die Stelle des früheren Ehegatten. Das heißt, dass der geschützte Ex-Ehegatte genauso zur Zahlung von Miete für die frühere gemeinsame Wohnung verpflichtet ist wie für jede andere Mietwohnung auch. Der einzige Vorteil der Regelung besteht darin, dass die geschützte Person mit den Kindern in der gewohnten Umgebung bleiben darf.

Sämtliche der hier beschriebenen mit der Ehe verknüpften Schutzregeln können grundsätzlich in einem Ehevertrag ausgeschlossen werden. Es steht den Ehepartnern also frei, auf den Schutz durch diese Regeln zu verzichten, und zwar zu einem Zeitpunkt, zu dem sie meist noch gar nicht wissen, ob sie später gemeinsame Kinder haben werden, wer sich um diese Kinder kümmern wird und welche Auswirkungen die aus der Notwendigkeit der Kindersorge und -erziehung entstandene häusliche Arbeitsteilung auf die wirtschaftlichen Chancen der Betroffenen haben wird. Das Gleiche gilt für den noch weniger vorhersehbaren Fall der Pflege eines Ehegatten oder Elternteils. Anders gesagt: Die Ehegatten können über den im Eherecht enthaltenen Schutz der Familienarbeit frei disponieren. Bei der Beurteilung der Gültigkeit bzw. der genauen Rechtsfolgen solcher Eheverträge spielt die Familienarbeit dann aber doch eine Rolle. Unter Berücksichtigung aller Elemente der Sachlage kann ein Ehevertrag sittenwidrig und deswegen aufgrund von § 138 Abs. 1 BGB nichtig sein, wenn er die Lasten der Ehe besonders einseitig verteilt (typischer Fall: Die Ehepartnerin, die in einer Einverdienstehe für die Haushaltsführung zuständig ist, wird von allen vermögensrechtlichen Vorteilen der Ehe ausgeschlossen) *und* wenn die Vertragspartner sich bei der Vertragsschließung in einer erheblich ungleichen Verhandlungsposition befanden (typischer Fall: Die Frau ist schwanger und der Mann will nur mit Ehevertrag heiraten). Bedeutender als die Nichtigkeit des Vertrags wegen Sittenwidrigkeit – die ja bereits bei der Vertragsschließung vorliegen muss – ist die Ausübungskontrolle aufgrund von § 242 BGB: Auch wenn der Vertrag rechtsgültig geschlossen war, können Klauseln des Ehevertrags zur Zeit der Scheidung für unwirksam erklärt werden, sofern sich aus dem Vertrag eine einseitige Lastenverteilung ergibt, die der belastete Ehegatte bei verständiger Würdigung des Wesens der Ehe nicht hinnehmen muss, weil sie unzumutbar ist. Im Falle einer solchen Unwirksamkeit müssen die Richter die beanstandete Klausel durch eine neue Regelung ersetzen, die den legitimen Interessen beider Parteien gerecht wird.[5] Der Bundesgerichtshof beurteilt die Einseitigkeit der Lastenverteilung und ihre Zumutbarkeit anhand einer Hierarchie der Rechtsfolgen von Ehe und Scheidung. Dabei geht das Gericht davon aus, dass der Verzicht auf den nachehelichen Unterhalt wegen Kindesbetreuung dem Wesen der Ehe am stärksten widerspricht, während der Zugewinnausgleich am wenigsten mit dem Wesen der Ehe zu tun hat; die anderen Rechtsfolgen werden differenziert zwischen diesen beiden Extremen eingeordnet.[6] Ohne diese Hierarchisierung hier weiter zu kommentieren, lässt sich in Bezug auf die Fragestellung dieses Aufsatzes feststellen, dass die Kinderbetreuung als diejenige Tätigkeit innerhalb der Ehe gesehen wird, die den größtmöglichen Schutz verdient.

Stirbt einer der Ehegatten, besteht die wichtigste zivilrechtliche Absicherung des überlebenden Ehegatten aus einem Zusammenspiel von Erbrecht und Ehegüterrecht. In dem (quantitativ weniger bedeutenden) Fall, dass die Ehegatten vertraglich ein anderes Güterregime als die Zugewinngemeinschaft gewählt hatten, wird nach dem Tod eines Ehepartners zunächst das Ehegütersystem aufgelöst (was in dem Fall einer Gütertrennung zu keiner Umverteilung führt). Anschließend finden die Regeln des Erbrechts Anwendung, wonach der überlebende Ehegatte ein Viertel des Nachlasses erhält, wenn der Erblasser Kinder oder andere Abkömmlinge hinterlässt; ist Letzteres nicht der Fall, erhält der überlebende Ehegatte zwischen der Hälfte des Erbes und dem ganzen Nachlass, je nachdem, welche andere Erben vorhanden sind (§ 1931 BGB, in Verbindung mit § 1924 und § 1925). In dem (viel häufigeren) Fall einer Ehe mit Zugewinngemeinschaft wird in der Regel auf eine Berechnung des Zugewinnausgleichs verzichtet; der gesetzliche Erbteil des Überlebenden wird um ein Viertel erhöht (was beispielsweise bedeutet, dass der überlebende Ehegatte in Konkurrenz mit Kindern die Hälfte des Erbes erhält, in Konkurrenz mit den Eltern des Verstorbenen drei Viertel) (§ 1371 BGB). In einigen der in § 1371 Abs. 2 bis 4 geregelten Ausnahmefälle, die hier nicht

5 Diese zusammenfassende Darstellung kann den Nuancen der Rechtsprechung nur zum Teil gerecht werden; siehe u.a. BVerfGE 103, 89; BGHZ 158, 81; BGH FamRZ 2009, 198; BGH Beschluss vom 27.02.2013 – XII ZB 90/11, abrufbar unter http://juris.bundesgerichtshof.de/cgi-bin/rechtsprechung/list.py?Gericht=bgh&Art=en&Sort=3 (Zugriff am 16.12.2013).

6 BGH FamRZ 2005, 1449, 1451.

weiter besprochen werden können, wird dann doch wieder auf die Erbschaftsverteilungsregeln der §§ 1924 ff. BGB zurückgegriffen. Von den genannten gesetzlichen Regeln kann per Testament (§§ 2064 ff. BGB) oder Erbvertrag (§§ 2274 ff. BGB) abgewichen werden. Der Anteil des überlebenden Ehegatten kann also durch eine einseitige Willensäußerung des Erblassers oder durch einen von ihm (meistens mit dem anderen Ehegatten) geschlossenen Vertrag entweder erhöht oder begrenzt werden. Hierbei müssen jedoch die Pflichtteilsansprüche sowohl des überlebenden Ehegatten wie auch von bestimmten anderen gesetzlichen Erben (Abkömmlinge und Eltern des Erblassers) berücksichtigt werden. Diese Erben können nicht vollständig von der Erbschaft ausgeschlossen werden und haben auf jeden Fall einen Anspruch auf die Hälfte des Wertes ihres gesetzlichen Erbteils (§ 2303 BGB). Der überlebende Ehegatte kann deshalb weder vollständig enterbt werden noch Alleinerbe sein, falls es noch Abkömmlinge oder Eltern des Erblassers gibt.

Endet die Ehe mit dem Tod, dann gibt es weder den Versorgungsausgleich noch einen mit der Scheidungsregelung vergleichbaren nachehelichen Unterhaltsanspruch. Anstelle des Versorgungsausgleichs tritt die Witwen- oder Witwerrente. Der einzige Unterhaltsanspruch der Hinterbliebenen besteht aus dem sogenannten ‘Dreißigsten’: Familienangehörigen des Erblassers, die zur Zeit des Todes des Erblassers zu dessen Haushalt gehörten und von ihm Unterhalt erhielten, haben in den ersten 30 Tagen nach dem Eintritt des Erbfalls gegenüber den Erben ein Recht auf Unterhalt und ein Recht zur Benutzung der Wohnung und der Haushaltsgegenstände (§ 1969 BGB).

Bei dieser Regelung der Folgen der Beendigung der Ehe durch den Tod fällt auf, dass die Familienarbeit überhaupt keine Rolle spielt. Ob der Überlebende Familienarbeit geleistet hat oder nicht, bleibt ohne Bedeutung für seine Rechtsansprüche nach dem Tod des Ehepartners. In der Praxis ist sogar davon auszugehen, dass der Großteil derjenigen Ehegatten, die sich intensiv um die Erziehung und Versorgung von Kindern gekümmert haben, nach dem Tod ihres Ehepartners rechtlich *schlechter* gestellt werden als die Überlebenden, die eine solche Familienarbeit nicht leisten mussten. Der Grund ist einfach: Erbt die überlebende Person gemeinsam mit Kindern, dann erhält sie weniger, als wenn es keine Kinder gäbe. Die meisten überlebenden Ehegatten sind Frauen, die zudem einen überproportionalen Teil der Sorgearbeit geleistet haben. Hinterlässt ein Verstorbener einen Ehepartner und Kinder, wird die überlebende Person also meistens diejenige sein, die reichlich Familienarbeit geleistet hat. Die ‘Belohnung’ dafür besteht dann in einer rechtlichen Schlechterstellung im Vergleich zu Überlebenden aus kinderlosen Ehen. Insbesondere in den häufigen Fällen, in denen die Erbschaft zum größten Teil aus (dem

Anteil des Verstorbenen an) der Familienwohnung besteht, kann sich das negativ auf die Möglichkeit des Überlebenden auswirken, weiter in der vertrauten Wohnung zu bleiben. Für die Überlebenden aus kinderlosen Ehen ist zum einen dieses Risiko viel geringer, weil ihnen nach der gesetzlichen Regelung meistens entweder die ganze Erbschaft oder drei Viertel davon zufällt. Zum anderen brauchen sie diesen Rechtsschutz weniger, da sie – befreit von der Notwendigkeit, Familienarbeit zu leisten – die Möglichkeit hatten, in eine eigene Altersvorsorge zu investieren.

Ein Vergleich der Rechtsfolgen einer Auflösung der Ehe durch den Tod eines Ehegatten einerseits und eine Scheidung andererseits zeigt, dass die Familienarbeit in keinem von beiden Fällen eine zentrale Stellung einnimmt. In der Scheidungsfolgenregelung spielt sie aber immerhin an bestimmten Stellen (insbesondere beim nachehelichen Unterhalt) eine entscheidende Rolle, während ihr in dem nach dem Tod eines Ehegatten anwendbaren Erb- und Ehegüterrecht keinerlei Bedeutung zukommt. Ein eigentümliches Ergebnis: Diejenigen, die wenigstens insofern eine 'ideale' Ehe geführt haben, als dass es keinen durch eine Scheidung verursachten Bruch in der Sorgearbeit gegeben hat, werden rechtlich weniger geschützt als Personen, deren Ehe durch eine Scheidung beendet wurde.

Bisher haben wir uns nur mit der (Nicht-)Anerkennung der Familienarbeit innerhalb der Ehe beschäftigt. Wird die Familienarbeit in einer nichtehelichen Lebenspartnerschaft geleistet, dann greifen die bis jetzt behandelten Schutzregeln nicht. Der einzige familienrechtliche Schutz der Familienarbeit außerhalb der Ehe ist der Unterhaltsanspruch aufgrund von § 1615l BGB. Kraft Absatz 2 dieses Paragrafen ist der nicht betreuende Elternteil verpflichtet, dem betreuenden Elternteil eines nichtehelichen Kindes Unterhalt zu zahlen, wenn vom betreuenden Elternteil wegen der Pflege oder Erziehung des Kindes eine Erwerbstätigkeit nicht erwartet werden kann. Wenn diese Voraussetzung vorliegt, besteht diese Unterhaltspflicht laut Gesetz für mindestens drei Jahre nach der Geburt des Kindes. Der Unterhaltsanspruch kann unter Berücksichtigung der Kindesinteressen und der bestehenden Möglichkeiten einer Fremdbetreuung des Kindes verlängert werden, soweit und solange dies der Billigkeit entspricht. Für die Auslegung dieser gesetzlichen Bestimmung gilt alles, was bereits oben über die in § 1570 BGB geregelten Unterhaltsansprüche zwischen Geschiedenen gesagt wurde: Das Bundesverfassungsgericht hat in einem Urteil vom 28. Februar 2007[7] entschieden, dass es dem in Art. 6 Abs. 5 festgehaltenen Grundsatz der Gleichbehandlung ehelicher und nicht ehelicher Kinder

7 BVerfGE 118, 45.

widersprechen würde, wenn der Partnerunterhalt aufgrund von Kinderbetreuung für verheiratete Eltern anders geregelt wäre als für unverheiratete.

Das war es dann aber auch mit der gesetzlichen Anerkennung der Familienarbeit außerhalb der Ehe. Zwar steht es nichtehelichen Lebenspartnern frei, Verträge zu schließen, in denen sie ihre wirtschaftliche Solidarität organisieren. Der Verweis auf diese Möglichkeit läuft bei denjenigen Paaren ins Leere, die nicht daran gedacht haben, rechtzeitig einen Vertrag zu schließen, und auch in Fällen, in denen der wirtschaftlich stärkere Partner nicht bereit ist, solche Vertragsverpflichtungen einzugehen. Aber selbst wenn eine entsprechende Vereinbarung existieren sollte, ist sie keinesfalls vergleichbar mit einer staatlich-rechtlichen Anerkennung von Familienarbeit. Rechtswissenschaft und Rechtsprechung haben aus den allgemeinen Regeln des bürgerlichen Vermögensrechts Lösungen für Streitigkeiten zwischen nichtehelichen Lebenspartnern entwickelt, die unter bestimmten Bedingungen zu finanziellen Kompensationen eines Partners durch den anderen führen können.[8] Mal wird die Rechtsfigur der ungerechtfertigten Bereicherung (§§ 812 bis 822 BGB) herangezogen, um einen Ex-Lebenspartner dazu zu verpflichten, von dem anderen Partner während des Zusammenlebens erhaltene Leistungen zurückzugeben, mit der Begründung, dass die ursprüngliche Geschäftsgrundlage für die Leistung mit der Trennung der Partner weggefallen sei. Mal wird durch die Richter die Existenz eines Vertrags (meistens ein Gesellschaftsvertrag) zwischen den Partnern angenommen, aber diese Annahme bezieht sich normalerweise auf gemeinsame Unternehmen, welche die Erzielung von Einkommen zum Ziel haben (vgl. Schwab 2009: 115–117). Der Bundesgerichtshof hat 2008 entschieden, dass frühere Lebenspartner nach der Auflösung einer nichtehelichen Lebensgemeinschaft zu einem finanziellen Ausgleich von Zuwendungen und Arbeitsleistungen verpflichtet sein können. Das Gericht hat diesen Ausgleich aber gleichzeitig auf Fälle beschränkt, in denen die Zuwendungen oder Arbeitsleistungen im Vergleich zu den Beiträgen, die in einer ehelichen Lebensgemeinschaft geleistet werden, 'übermäßig' sind. Arbeitsleistungen, die aus der Pflege und Versorgung von Kindern bestehen, zählen – im Gegensatz beispielsweise zu unbezahlten Arbeitsleistungen im Unternehmen des Lebenspartners – grundsätzlich nicht dazu.[9] Daraus folgt, dass eine Kompensation wirtschaftlicher Verluste, die eine Folge der Leistung von Familienarbeit sind, aufgrund der genannten allgemeinen Regeln des Zivilrechts *nicht* möglich ist.

8 Eine ausführliche Übersicht der diversen 'Lösungen' findet sich in mehreren Beiträgen in *Scherpe / Yassari* 2005 und insbesondere in *Schumann* 2012.

9 BGH FamRZ 2008, 1822.

Beschränkt auf das Zivilrecht ist festzustellen, dass es innerhalb der Ehe diverse Regeln gibt, die als Schutz für Personen funktionieren können, die Familienarbeit leisten. Allerdings haben die meisten dieser Regeln keineswegs zum Ziel, die Familienarbeit zu schützen; sie knüpfen vielmehr schlicht an der Existenz einer Ehe an, ohne Rücksicht darauf, welche konkrete Lasten in dieser Ehe zu tragen sind. Wird genau die gleiche Arbeit außerhalb der Ehe geleistet, dann besteht der einzige Schutz in einem Unterhaltsanspruch aufgrund von § 1615l BGB.

Die gleiche Fixierung auf die Ehe findet man in der steuerrechtlichen Berücksichtigung von Familienbeziehungen.[10] Das sogenannte Ehegattensplitting erlaubt es Verheirateten, für die Berechnung des zu versteuernden Einkommens ihre Einkünfte zunächst zusammenzuzählen und diese Summe dann zu halbieren, um die Steuerschuld zu ermitteln (§§ 26 und 26b Einkommensteuergesetz).[11] Wenn die Ehegatten nicht zufällig das gleiche Einkommen haben, entstehen – im Vergleich zu unverheirateten Personen mit dem gleichen Einkommen – als Folge des progressiven Steuertarifs Steuerersparnisse, die umso höher ausfallen, je größer der Unterschied zwischen den jeweiligen Einkommen der Ehepartner ist. Da die Bevorteilung ihre maximale Wirkung in einer Alleinverdienstehe entfaltet, ist davon auszugehen, dass diese Regelung in der Praxis als eine Subventionierung der Familienarbeit funktioniert, denn es ist wahrscheinlich, dass Personen, die nicht erwerbstätig sind, Familienarbeit in dem hier zugrunde gelegten Sinne leisten. Die Regelung ist aber völlig unspezifisch und belohnt nicht die Familienarbeit, sondern das Führen einer wirtschaftlich ungleichen Ehe, unabhängig von der Frage, ob in dieser Ehe überhaupt Kinder zu versorgen sind. Außerdem *nützt das Splitting zwar dem Ehepaar, aber nicht derjenigen Person, die die Familienarbeit leistet.*

Erbt der überlebende Ehegatte (oder der überlebende eingetragene Lebenspartner), dann ist er für die ersten 500.000 Euro (§ 16 Erbschaftssteuer- und

---

10 Zwar gibt es in der Einkommensteuer Kinderfreibeträge (§ 32 Einkommensteuergesetz) und eine besondere Entlastung für Alleinerziehende (§ 24b EStG), die beide unabhängig vom Zivilstatus des Steuerpflichtigen sind. Die Kinderfreibeträge stellen aber keine Anerkennung von Familienarbeit dar; sie sind eine staatliche Kompensation für den Unterhalt, den die Eltern leisten müssen. Die potenziell entlastenden Effekte der weiter besprochenen, Verheirateten vorbehaltenen Steuerregeln sind viel größer als die Vorteile, die aus der Sonderregelung für Alleinerziehende folgen.

11 Am 7.05.2013 hat das BVerfG entschieden, dass diese Regelung auch auf eingetragene Lebenspartner anzuwenden ist – sogar rückwirkend bis zum Inkrafttreten des Lebenspartnerschaftsgesetzes 2001 (Az.: 2 BvR 909/06, 2 BvR 1981/06, 2 BvR 288/07, abrufbar unter http://www.bverfg.de/entscheidungen/rs201305072bvr090906.html, Zugriff am 9.12.2013).

Schenkungssteuergesetz – ErbStG), erhöht um einen 'Versorgungsfreibetrag' von 256.000 Euro (§ 17 ErbStG), von der Steuer freigestellt. Weiterhin gehören der überlebende Ehegatte oder eingetragene Lebenspartner zu der Kategorie von Personen, für welche die geringsten Steuersätze gelten (§ 19 ErbStG). Diese immensen Steuervorteile werden unabhängig von der Leistung irgendwelcher Familienarbeit gewährt. Erbt hingegen ein nichtehelicher Lebenspartner, der sich über lange Zeit um Kinder gekümmert hat, dann gelten keine Freibeträge; er wird außerdem nach den höchsten Steuersätzen besteuert.

Auch der klassische Schutz des Sozialrechts[12] knüpft an der Ehe (oder der eingetragenen Lebenspartnerschaft) an. Das gilt sowohl für die Witwen-/Witwerrente (§ 46 SGB VI) wie auch für die Mitversicherung des Ehegattens in der Krankenversicherung (§ 10 SGB V). Die Familienarbeit ist hier nur von Bedeutung für Witwen oder Witwer unter 45 Jahren, die ein minderjähriges Kind erziehen. Diese Personen haben aufgrund ihrer (vermuteten) Erziehungsarbeit ein Recht auf die 'große' Witwen- / Witwerrente (eine unbefristete Rente, die mindestens 55 Prozent der Versichertenrente beträgt; §§ 46 Abs. 2 und 67 SGB VI).

In neueren Regeln des Sozialrechts wird die Familienarbeit jedoch an sich anerkannt. Bei der Berechnung der gesetzlichen Altersrente wird dem Elternteil, der sich während der ersten drei Lebensjahre des Kindes um das Kind gekümmert hat, für jedes Jahr ein 'Entgeltpunkt'[13] angerechnet (§ 56 SGB VI). Außerdem erhalten Personen, die mindestens 25 Jahre Beitragszeit vorweisen können, gleichfalls Entgeltpunkte für die Erziehung von Kindern unter zehn Jahren, wenn auch in geringerem Umfang und unter der Voraussetzung, dass sie während der Erziehungszeit nicht mehr als einer geringfügigen Berufstätigkeit nachgegangen sind (§§ 57 und 70 SGB VI).

Auch die Regelungen des Bundeselterngeld- und Elternzeitgesetzes (BEEG) sind von der Ehe unabhängig. Kraft dieses Gesetzes erhalten Eltern (und auch bestimmte andere Personen, die ein Kind versorgen),[14] die ihr Kind selbst betreuen und nicht voll erwerbstätig sind, für die ersten 14 Lebensmonate des Kindes eine Lohnersatzleistung, zumindest aber einen Betrag von 300 Euro, auch wenn der Antragsteller vor der Geburt keiner Erwerbstätigkeit nachge-

---

12 Einen guten Überblick der relevanten Regelungen bietet *Kemper* 2007.

13 Ein Entgeltpunkt entspricht einer Rentenanwartschaft, wie sie aufgrund einer einjährigen vollen Erwerbstätigkeit mit einem durchschnittlichen Einkommen erzielt wird (vgl. *Kemper* 2007: 115).

14 Aufgrund von § 1 Abs. 3 BEEG können auch Stiefeltern – ob mit dem Elternteil verheiratet oder nicht – und ausnahmsweise andere Personen, die sich um das Kind kümmern, Elterngeld erhalten.

gangen ist (§ 2 BEEG). Das Elterngeld wird Alleinerziehenden für die vollen 14 Monate bezahlt, anderen Eltern für mindestens 2 und höchstens 12 Monate (§ 4 BEEG). Bis zur Vollendung des dritten Lebensjahres des Kindes haben Arbeitnehmer, die ihr Kind selbst betreuen, ein Recht auf Elternzeit (§ 15 BEEG).

Zusammenfassend ist festzuhalten, dass im deutschen Familienrecht, im Sozialrecht und im Steuerrecht diverse Regeln der sozialen Sicherung wirtschaftlich schwächerer Familienmitglieder vorhanden sind, die aber vorwiegend an der Existenz einer Ehe anknüpfen. Weder die tatsächlichen Bedürfnisse der vom Recht Geschützten noch die Frage, ob diese Personen die gesellschaftlich notwendige Arbeit der Pflege und Versorgung von Kindern bzw. von unselbständigen Haushaltsmitgliedern leisten oder geleistet haben, spielen dabei eine Rolle. Die Familienarbeit wird – auch in der Ehe – nur fragmentarisch berücksichtigt. Sie spielt im Familienrecht eine Rolle, wenn es um die Gewährung von Unterhalt oder um die Nutzung der Ehewohnung und des Hausrats geht, nicht aber bei der Vermögensverteilung – und zwar weder im Scheidungs- noch im Todesfall, also selbst dann nicht, wenn die eheliche Solidarität bis zum Tode gehalten hat. Im Sozialrecht ist die Leistung von Familienarbeit relevant für die Gewährung einer Witwen- / Witwerrente an Personen unter 45 Jahren und bei neueren Sozialleistungen (Elterngeld, die Berücksichtigung von Erziehungszeiten als Rentenanwartschaften), die unabhängig vom Familienstatus sind. Abgesehen davon ist die Familienarbeit aber auch im Sozialrecht ohne Bedeutung.

In der wachsenden Zahl der Fälle, in denen Familienarbeit in stabilen nicht ehelichen Beziehungen geleistet wird,[15] gibt es nur marginale Regelungen zur sozialen Absicherung derjenigen, die diese Arbeit leisten.

3. Rechtspolitische Bewertung

Es ergibt nur dann Sinn, existenzsichernde Regeln zugunsten des nicht berufstätigen, Familienarbeit leistenden Partners nicht an den tatsächlichen Verhältnissen, sondern am ehelichen Status festzumachen, wenn die folgenden drei Annahmen zutreffen:

---

15 Aus einer jüngeren Untersuchung (*Jurczyk / Walper* 2013) ergibt sich, dass 2010 fast genau ein Drittel der Kinder in Deutschland außerhalb einer Ehe geboren wurde. Da mehr als 98 Prozent dieser Kinder vom Vater anerkannt sind, in mehr als der Hälfte der Fälle eine gemeinsame Sorgerechtserklärung vorliegt und etwa 74 Prozent der Eltern in einem gemeinsamen Haushalt mit einem Lebenspartner leben, kann davon ausgegangen werden, dass eine Mehrheit dieser Kinder in stabilen Beziehungen heranwächst.

– Alle, die Kinder haben wollen, heiraten.
– Wenn Alter und Gesundheit es zulassen, ist eine Ehe immer mit der Geburt von Kindern verbunden.
– Es werden klare Rollenmuster gelebt, in der die Familienarbeit ausschließlich oder überwiegend immer von dem gleichen, nicht berufstätigen Partner geleistet wird.

Nur wenn diese drei Bedingungen vorlägen, könnte man davon ausgehen, dass die existenzsichernde Unterstützung fast alle erreicht, die sie brauchen, und nur wenige einen Schutz genießen, den sie nicht brauchen. Unter solchen Bedingungen wäre der Schutz der Ehe ein äußerst geeignetes Instrument zur Anerkennung der Familienarbeit. Die Existenz einer Ehe ist leicht beweisbar und wenn die Ehe und das tatsächliche Schutzbedürfnis der Familienarbeitenden stark miteinander korrelieren, ist es aus der Sicht einer effizienten Rechtsanwendung günstiger, Rechtsfolgen aus der Ehe herzuleiten als aus den tatsächlichen Verhältnissen, die immer viel umständlicher zu beweisen sind.

Falls es je eine Zeit gegeben hat, in der alle drei oben genannten Annahmen zutrafen, dann wurde die Familienarbeit zu dieser Zeit also durch das Eherecht und durch die steuer- und sozialrechtliche Bevorteilung der Ehe geschützt. In der gegenwärtigen Gesellschaft trifft aber keine dieser Annahmen zu, mit der Folge, dass die bestehenden Rechtsregelungen aus der Sicht der Anerkennung der Familienarbeit gleichzeitig über- und unterinklusiv sind: Diese Regelungen gewähren Personen einen besonderen Schutz und privilegieren sie im Vergleich zu anderen Bürgern mit der einzigen Begründung, dass sie einen Lebenspartner gefunden haben, der bereit war, mit ihnen die bürokratische Formalität der Eheschließung zu erledigen. Die Tendenz, auf diese Weise mit dem Schutz über das Ziel hinauszuschießen, ist durch die Einführung der eingetragenen Lebenspartnerschaft und durch ihre sukzessive Gleichstellung mit der Ehe noch verstärkt worden – denn bis jetzt haben die meisten eingetragenen Lebenspartner keine Kinder. Andere Personen, die gesellschaftlich notwendige Familienarbeit leisten, werden vor den negativen Auswirkungen nicht geschützt; diesmal mit der Begründung, dass sie die erforderlichen standesamtlichen Formalitäten nichtabsolviert haben.

Wenn der Gesetzgeber zwischen Kategorien von Bürgern unterscheidet, muss er dafür einen sachlichen Grund haben. Ein solcher Grund ist hier nicht ersichtlich; noch weniger zu verstehen und noch schwerer begründbar ist eine rechtliche Differenzierung, die denjenigen einen bestimmten Schutz gewährt, die ihn nicht brauchen, und ihn gleichzeitig anderen versagt, die ihn benötigen würden. Die einzig denkbare Begründung hierfür ist, dass die Ehepartner bzw. eingetragenen Lebenspartner sich freiwillig *für* die Rechtsfolgen der Ehe bzw. Lebenspartnerschaft, nichteheliche Lebenspartner sich hingegen bewusst *gegen* diese Rechtsfolgen entschieden haben. An anderer Stelle (Willekens 2002) habe ich ausführlich gezeigt, warum eine Herleitung der Rechtsfolgen einer Ehe aus dem Willen der Partner fragwürdig ist. Im hier vorgegebenen Rahmen muss ich mich auf drei einfache Argumente beschränken, die aber mehr als ausreichen sollten, um klarzustellen, dass der freie Wille der Partner die existierende Differenzierung nicht begründen kann. Erstens dient der Schutz der Familienarbeit nicht nur der Existenzsicherung derjenigen, die diese Arbeit leisten, sondern auch dem Wohl der Kinder, welche die Vorteile der Familienarbeit genießen – und diese Kinder können sich nicht aussuchen, ob ihre Eltern heiraten oder nicht. Zweitens kann eine Ehe nur mit Zustimmung beider Parteien geschlossen werden; wenn man also den Schutz der Familienarbeit von der Einwilligung der Parteien abhängig macht, läuft das letztlich darauf hinaus, dass der Staat die Schwächeren in einer Beziehung nur schützen soll, wenn der Stärkere damit einverstanden ist. Drittens kann eine Vereinbarung zweier Parteien zwar Rechtsfolgen in der Innenbeziehung zwischen den beiden begründen (gäbe es keine Ehe, dann könnten zwei Personen trotzdem einen Vertrag schließen, in dem sie eheähnliche Rechte und Pflichten kreieren); sie kann aber weder die steuer- und sozialrechtliche Bevorteilung der Ehe begründen, die auf Kosten der Allgemeinheit der Bürger bzw. der Sozialbeitragszahler verwirklicht wird, noch das gesetzliche Erbrecht, das definitionsgemäß von keiner Privatperson gewollt, sondern vom Staat vorgeschrieben wird.

Wie bereits im einleitenden Kapitel ausgeführt, muss das Recht Personen, die Familienarbeit leisten, einen besonderen Schutz bieten, weil ihre Arbeit gesellschaftlich notwendig ist. Wie im zweiten Abschnitt dargestellt, genügt das geltende deutsche Recht diesem Anspruch nicht und differenziert außerdem ohne legitimen Grund zwischen ehelicher Familienarbeit und solcher, die außerhalb der Ehe geleistet wird. Es muss also ein neuer Rechtsschutz her.

An dieser Stelle genügt allerdings die lapidare Feststellung nicht, dass der gegenwärtige Rechtsschutz unzureichend ist. Bevor man Reformvorschläge formuliert, ist es vielmehr erforderlich, genauer festzulegen, welche Ziele damit angestrebt werden sollen.

Es sind mindestens drei unterschiedliche Ziele einer solchen Reform vorstellbar. Ein *erstes mögliches Ziel* könnte darin bestehen, Personen, die Familienarbeit leisten, durch die rechtliche Unterstützung in die gleiche gesellschaftliche Position zu versetzen, die sie erreicht hätten, wenn sie keine Familienarbeit geleistet hätten. Diese Zielsetzung halte ich weder für wünschenswert noch – außer vielleicht in einer Planwirtschaft – für praktikabel. Es ist davon auszugehen, dass Personen, die sich um ihre Kinder kümmern, statt ihre ganze Arbeitskraft der Erwerbstätigkeit zu widmen, diese Entscheidung zumindest *auch* getroffen haben, weil sie Familienarbeit für sinnstiftender oder befriedigender halten als eine Teilnahme am *rat race*. Warum sollten sie dann mithilfe des Staates im Erwerbsleben in die hypothetische Stellung gebracht werden, die sie hätten erreichen können, wenn sie in ihrem Leben andere Prioritäten gesetzt hätten? Unabhängig von der Antwort auf diese Frage wäre ein so formuliertes Ziel aber ohnehin unerreichbar: Zum einen gibt es keine Methode, die es dem Staat erlauben würde festzustellen, welche berufliche Erfolge eine Person hätte verbuchen können, wenn sie auf die Familienarbeit verzichtet hätte. Und zum anderen würde dieses Ziel erfordern, den Unternehmen vorzuschreiben, Personal einzustellen, das als Folge längerer Auszeiten nicht mehr oder noch nicht über die Fähigkeiten verfügt, um die Tätigkeit erfolgreich auszuüben.

Ein *zweites mögliches Reformziel* wäre es, Personen, die Familienarbeit leisten, für die finanziellen Verluste zu entschädigen, die sie als Folge der Familienarbeit erlitten haben. Um diese Verluste zu berechnen, müsste prognostiziert werden, welche Einkünfte die Betroffenen erwirtschaftet hätten, falls sie keine Familienarbeit geleistet hätten. Es ergibt sich aber die gleiche Grundsatzfrage wie beim ersten Ziel: Wieso sollte jemand, der sich für eine (subjektiv) sinnstiftende, aber finanziell unattraktive Tätigkeit entschieden hat, vonseiten des Staates eine Kompensation erhalten, durch die er so gestellt wird, als hätte er sich für eine andere – möglicherweise weniger befriedigende – Tätigkeit entschieden?

Meines Erachtens liegt das einzig sinnvolle und realistische Ziel einer Reform darin, die materielle Existenz derjenigen Personen zu sichern, die durch die Leistung unbezahlter gesellschaftlich notwendiger Arbeit Erwerbschancen opfern. Das Hauptargument gegen jeglichen besonderen Schutz solcher Personen – nämlich, dass diese Personen sich freiwillig für Familienarbeit entschieden haben – spielt hier kaum eine Rolle. Wer sich auf eine Arbeitsteilung einlässt, in deren Folge er auf eine selbstständige Existenzsicherung durch Erwerbsarbeit verzichten muss, tut das in der Regel nur, weil er davon ausgeht, dass die Existenz auf eine andere Weise gesichert ist. Wenn nun diese Existenzsicherung – etwa aufgrund einer Trennung oder Scheidung – wegfällt, entsteht eine neue Sachlage, die so bestimmt nicht gewollt war. Vor allem aber sollte man den gesamtgesellschaftlichen Kontext nicht aus den Augen verlieren: Wenn eine Gesellschaft nicht für die Existenzsicherung von Personen sorgt, die eine gesellschaftlich unverzichtbare Funktion erfüllen, wird sie bald niemanden mehr finden, der diese Arbeit auf sich nehmen will.

Besteht Konsens über dieses Ziel, ist die Frage zu beantworten, welche juristischen Mittel dazu geeignet sind und wie das deutsche Recht geändert werden müsste, um diesem Ziel näher zu kommen.

Familien- und erbrechtliche Rechtsinstrumente sind beziehungsorientiert und nutzen daher nur Familienarbeitsleistenden, die in einer Partnerschaftsbeziehung zu einer anderen Person stehen oder standen, die zudem selbst über ausreichende Ressourcen verfügt, um den Unterhalt für sich und die andere Person zu bestreiten. Weder Alleinerziehende noch Familien mit geringem Einkommen oder Vermögen haben Vorteile von familien- und erbrechtlichen Schutzregeln. Auch das Steuerrecht kommt nur denjenigen zugute, die genug verdienen, um familienbezogene Vergünstigungen auch genießen zu können; wer sowieso kaum Steuern zahlt, dem ist mit Regeln, die bei der Berechnung der Steuer Familienlasten oder die Familienarbeit berücksichtigen, nicht geholfen. Sozialleistungen hingegen können zwar grundsätzlich alle erreichen; sie sind aber auch immer mit bürokratischen Kontrollen der Privatsphäre verbunden, die sicherstellen müssen, dass die gesetzlichen Bedingungen für den Erhalt der Leistung erfüllt sind. Außerdem wäre es eine Illusion anzunehmen, dass der Sozialstaat denjenigen, die um der Familienarbeit willen auf Erwerbschancen verzichten, mehr als ein ‘Existenzminimum’ bieten kann, das üblicherweise weit unter dem Niveau liegt, das erforderlich ist, um ungehindert am sozialen und kulturellen Leben zu partizipieren. Daraus folgt, dass es trotz des potenziell universellen Schutzes im Sozialrecht wenig sinnvoll wäre, sich bei Reformvorschlägen auf das Sozialrecht zu beschränken.

Vor dem Hintergrund der hier entwickelten Argumente schlage ich die folgenden Änderungen im rechtlichen Umgang mit der Familienarbeit vor:

1. Der Rechtsschutz darf nicht länger am formalen Kriterium der Eheschließung, sondern muss an der tatsächlichen Leistung von Familienarbeit anknüpfen. Der Staat kann und soll nun aber nicht in jedem Haushalt kontrollieren, wie genau die Familienarbeit geleistet wird. Wenn in einem Haushalt Kinder zu erziehen und zu versorgen sind, muss davon ausgegangen werden, dass entsprechende Familienarbeit anfällt, und dann muss in der Beziehung zwischen Lebenspartnern der zur Zeit nur über die Ehe gewährleistete Schutz des Familienrechts eintreten.[16] Hieraus folgt zum einen, dass es ohne Versorgung abhängiger Personen keine ‘ehelichen’ Rechte und Pflichten mehr geben sollte – es sei denn, die Betroffenen be-

16 Kompliziert wird es nur, wenn die Familienarbeit in der Versorgung pflegebedürftiger Erwachsener besteht. Im Unterschied zur Versorgung von Kindern können solche Leistungen nicht vermutet, sondern sie müssen vielmehr bewiesen werden, damit Rechtsschutz gewährt werden kann.

gründen solche Rechtsansprüche in einem Vertrag. Zum anderen haben in allen partnerschaftlichen Beziehungen, in denen Kinder aufwachsen, die gleichen 'ehelichen' Rechte und Pflichten zu gelten, unabhängig vom Willen der Betroffenen und unabhängig von der Existenz eines Geschlechterunterschieds zwischen den Lebenspartnern. Ohne Zweifel ergeben sich in einem solchen Alternativsystem größere Beweisprobleme als im System der standesamtlich eingetragenen Ehe oder Lebenspartnerschaft (an deren Existenz nur in den seltensten Fällen Zweifel bestehen kann), und es ist erforderlich, Regeln festzulegen, die bestimmen, unter welchen Bedingungen aus der Existenz einer partnerschaftlichen Beziehung mit Kind(ern) Rechte und Pflichten hergeleitet werden können. Eine Zunahme der Streitigkeiten über die Erfüllung dieser Bedingungen ist vorprogrammiert. Das bedeutet aber nicht, dass eine solche Herleitung von Rechtsansprüchen aus den Tatsachen nicht funktionieren könnte. In Slowenien sind stabile nicht eheliche Lebenspartner seit 1977 in ihren Rechten und Pflichten den Ehegatten gleichgestellt (vgl. Novak 2009); in Neuseeland sind eheliche und nicht eheliche Lebenspartner in allen vermögensrechtlichen Bereichen gleichgestellt (Property (Relationships) Act 1976 in der Fassung von 2001; siehe Kommentar in Jessep 2005: 542–544). In vielen Rechtsordnungen, welche die Ehe gegenüber anderen Lebensformen nach wie vor privilegieren, gibt es trotzdem Schutzregeln für Teilbereiche der Lebenspartnerschaft – typischerweise für die Nutzung der gemeinsamen Wohnung und des Hausrats oder auch allgemein für die Güterverteilung nach der Beendigung der Beziehung (vgl. Kroppenberg et al. 2009; Scherpe / Yassari 2005). Zum Teil existieren diese Regelungen schon seit den 1970er-Jahren; falls ihre Anwendung zu größeren praktischen Schwierigkeiten geführt haben sollte, müssten Spuren davon in der Literatur zu finden sein – die gibt es aber nicht.

2. Aus dem unter Punkt 1. Ausgeführten darf nicht geschlossen werden, dass es unter dem Blickwinkel der Anerkennung der Familienarbeit genügen würde, den gegenwärtigen ehelichen Status auf Zusammenlebende mit Kindern anzuwenden. Manche Grundregeln des derzeit geltenden Eherechts vertragen sich schlecht mit dem Schutz der Familienarbeit und sind daher reformbedürftig:

3. Die gegenwärtige Möglichkeit, die vermögensrechtlichen Pflichten zwischen Ehegatten (oder nach meinem Vorschlag: Lebenspartnern mit Kind) vertraglich auszuschließen, ist weiter einzuschränken, als die Rechtsprechung das bis jetzt bereits getan hat. Es gehört zur allgemeinen Rechtsauffassung in Europa, dass der Schutz des Ehegüterrechts zur freien Disposition der Ehegatten steht, aber nirgendwo außer in Deutschland können die Partner auch den nachehelichen Unterhalt und den Partnerschaftsanteil an der Altersversorgung per Vertrag aushebeln.

4. Nach geltendem Recht kann der Eigentümer der Familienwohnung während der Ehe frei über diese Wohnung verfügen und also buchstäblich das Dach über dem Kopf der anderen Familienmitglieder verkaufen; das gleiche Recht haben die Erben der Witwe oder dem Witwer gegenüber. Auch bei Trennung oder Scheidung wird der Ex-Partner, bei dem die Kinder leben, hinsichtlich der Familienwohnung nur eingeschränkt geschützt. Diese Schutzlücke ist zu füllen. Für Verfügungen über die Familienwohnung ist die Einwilligung des Partners zu verlangen. Dem überlebenden Lebenspartner soll zumindest ein lebenslängliches Wohnrecht oder ein Nießbrauch an der Wohnung zukommen. Nach englischem Beispiel (Cretney et al. 2008: 345 und 409–412) sollte dem Gericht bei Trennung oder Scheidung ein größerer Entscheidungsspielraum bei der Zuweisung der Familienwohnung eingeräumt und ermöglicht werden, persönliche oder sachliche Rechte an der Wohnung auch ohne finanzielle Gegenleistung von einem Partner auf den anderen zu übertragen (für detaillierte Reformvorschläge siehe Scheiwe / Willekens 2014).
5. Die steuerrechtliche Begünstigung kinderloser Ehen ist zu beseitigen, und zwar sowohl bei der Einkommens- wie bei der Erbschaftssteuer.
6. Auch in den Bereichen, in denen das Familiensozialrecht noch an der Ehe anknüpft (Krankenversicherung, Hinterbliebenenrente), sollte – wenn man die Witwen- / Witwerrente beibehalten will – das Kriterium ‘Ehe’ durch die Bedingung ‘Partnerschaft mit Kind’ ersetzt werden.

Literatur

Cretney, Stephen / Masson, Judith / Bailey-Harris, Rebecca / Probert, Rebecca, 2008: Principles of Family Law, London.

Dethloff, Nina, 2012 Familienrecht, München.

Jessep, Owen, 2005: „Legal Status of Cohabitants in Australia and New Zealand“, in: Scherpe, Jens / Yassari, Nadjma (Hg.): Die Rechtsstellung nichtehelicher Lebensgemeinschaften, Tübingen, S. 529–555.

Jurczyk, Karin / Walper, Sabine (Hg.), 2013: Gemeinsames Sorgerecht nicht miteinander verheiratete Eltern, München.

Kemper, Johanna, 2007: „Leistungen für Familienarbeit in der Sozialversicherung – Bewertung der Ausgestaltung unter Gleichstellungsgesichtspunkten“, in: Scheiwe, Kirsten (Hg.): Soziale Sicherungsmodelle Revisited. Existenzsicherung durch Sozial- und Familienrecht und ihre Geschlechterdimensionen, Baden-Baden, S. 113–130.

Kroppenberg, Inge / Schwab, Dieter / Henrich, Dieter / Gottwald, Peter / Spickhoff, Andreas (Hg.), 2009: Rechtsregeln für nichteheliches Zusammenleben, Bielefeld.

Medick, Hans, 1976: „The Proto-Industrial Family Economy“, Social History 1976, S. 291–315.

NOVAK, Barbara, 2009: „Rechtsregeln für nichteheliches Zusammenleben in Slowenien", in: Kroppenberg, Inge / Schwab, Dieter / Henrich, Dieter / Gottwald, Peter / Spickhoff, Andreas (Hg.), Rechtsregeln für nichteheliches Zusammenleben, Bielefeld, S. 265–280.

SCHEIWE, Kirsten / Willekens, Harry, 2014: „Der Schutz der Familienwohnung im deutschen Recht aus rechtsvergleichender Perspektive – ungenügend?", in: Festschrift Martiny, Tübingen, S. 147–180.

SCHERPE, Jens / Yassari, Nadjma (Hg.), 2005, Die Rechtsstellung nichtehelicher Lebensgemeinschaften, Tübingen.

SCHUMANN, Eva, 2012: „Nichteheliche Lebensgemeinschaft", in: Soergel. Kommentar zum Bürgerlichen Gesetzbuch, Band 17/2, Stuttgart, S. 188–307.

SCHWAB, Dieter, 2009: „Die Vermögensauseinandersetzung in nichtehelichen Lebensgemeinschaften", Zeitschrift für das Juristische Studium 2009, S. 115–122, http://www.zjs-online.com/dat/artikel/2009_2_159.pdf (Zugriff: 16.12.2013).

SECCOMBE, Wally, 1992: A Millennium of Family Change, London.

WILLEKENS, Harry, 2002: „De (vrije?) wil in het gezinsrecht", in: Debeuckelaere, Willem / Meeusen, Johan / Willekens, Harry (Hg.): Met rede ontleed, de rede ontkleed. Opstellen aangeboden aan Fons Heyvaert ter gelegenheid van zijn vijfenzestigste verjaardag, Gent, S. 77–99.

WILLEKENS, Harry, 2010: „Unterhalt durch Betreuung – eine rechtsvergleichende Perspektive", in: Scheiwe, Kirsten / Wersig, Maria (Hg.): Einer zahlt und eine betreut? Kindesunterhaltsrecht im Wandel, Baden-Baden, S. 57–82.

Uta Meier-Gräwe

Hauswirtschaftliche Tätigkeiten als produktive Arbeit Eine kurze Geschichte aus haushaltswissenschaftlicher Perspektive

Vorindustrielle Gesellschaften waren durch ein ganzheitliches Ökonomieverständnis geprägt: In der ursprünglich ländlichen Subsistenzwirtschaft bis ins 18. Jahrhundert hinein arbeiteten Bauer und Bäuerin nach einer sich ergänzenden Arbeitsteilung, die der Bewirtschaftung des 'Ganzen Hauses' – des *oikos* – und damit der Sicherung des Lebensunterhalts des gesamten bäuerlichen Personenverbandes diente. In den bäuerlichen (oder auch handwerklichen) Familienbetrieben gab es keine Trennung von Produktions- und Reproduktionssphäre: Die Arbeit aller Mitglieder dieser Wirtschafts- und Lebensgemeinschaften, die neben den Familienangehörigen und Verwandten auch familienfremde Arbeitskräfte (Sklaven, Gesinde etc.) umfasste, war im wechselseitigen Zusammenspiel unterschiedlicher Arbeits- und Tätigkeitsformen für das Überleben von unverzichtbarer Bedeutung und wurde – ungeachtet vorhandener hierarchischer, auch geschlechtsbezogener Strukturen der Über- und Unterordnung – vom Hausvater, dem *pater familias*, auch dementsprechend anerkannt. Mit anderen Worten: Der Arbeitscharakter der Haus- und generativen Sorgearbeit wurde gesellschaftlich definitiv wertgeschätzt und war im Alltag omnipräsent. Es ging im Kern um den sorgsamen und generationsübergreifenden Umgang mit den meist knappen, immer wieder gefährdeten Ressourcen. In den überlieferten Haushaltsökonomiken und -lehren von der Antike bis ins 18. Jahrhundert hinein stand also nicht die Gewinnerwirtschaftung im Zentrum der Betrachtung. Vielmehr enthalten diese überlieferten schriftlichen Dokumente differenzierte Darlegungen und wertvolle Informationen über das, was man 'die Kunst des rechten Haushaltens' nannte: Die durchdachte Anlage von Haus und Gehöft, die Nahrungsbeschaffung und Vorratshaltung, Gesunderhaltung und definierte Regeln des Zusammenlebens mit dem Ziel, die Daseinsvorsorge und den Erhalt der Lebensgrundlagen dieser Wirtschafts- und Lebensgemeinschaften langfristig zu sichern (vgl. Richarz 1991).

Mit dem Übergang zur Industriegesellschaft vollzog sich dann ein fundamentaler gesellschaftlicher und ökonomischer Strukturwandel, der zu einer Abkehr von diesem seit der „Oikonomia" von Aristoteles über viele Jahrhunderte handlungsleitenden Wirtschaftsverständnis führte. Aristoteles hatte zwar die Erwerbskunst naturgemäß als Teil der Haushaltungskunst aufgefasst in dem Sinne, „alle jene Dinge zu beschaffen und zu bewahren, die für die Gemeinschaft in Haus und Staat zum Leben nützlich und notwendig sind" (Aristoteles 1958: 17). Aristoteles vertrat demnach eine unterhalts- und bedarfswirtschaftlich orientierte Vorstellung vom Wirtschaften, die auch in den nachfolgenden Haushaltsschriften über einen historisch langen Zeitraum stilgebend war. Demgegenüber stand er der nicht zur Haushaltslehre gehörigen Erwerbskunst – der Chrematistik – äußerst kritisch gegenüber. Die Chrematistik war durch den erweiterten Handel mit Waren und Geld möglich geworden, welcher der Geldmehrung, der individuellen Bereicherung und dem Wohlleben diente; Aristoteles hielt sie deshalb für moralisch verwerflich und entbehrlich: „So hätten wir denn einmal von der nicht notwendigen Erwerbskunst gesprochen und dargelegt, was sie ist [...]" (ebd.: 21).

1. Männlich konnotierter Markt und die Familiarisierung der weiblichen Hälfte der Gesellschaft

Es war ein folgenreicher Schachzug der männlichen Architekten der Nationalökonomie, als sie im Zuge des Übergangs von der Agrar- zur kapitalistischen Industriegesellschaft seit dem späten 18. Jahrhundert sämtlichen hauswirtschaftlichen Tätigkeiten (*cooking*, *cleaning*, *caring*) kurzerhand das Prädikat absprachen, produktive Arbeit zu sein. Mehr noch: sach- und personenbezogene Care-Arbeit, die bis auf den heutigen Tag bundes- und weltweit einen quantitativ deutlich höheren Stundenumfang ausmacht als das Gesamtvolumen an bezahlter Erwerbsarbeit, erfuhr fortan keine strukturelle Berücksichtigung mehr in den ökonomischen Modellen zur Erfassung gesellschaftlicher Wohlfahrtsproduktion, wie sie das Wissenschaftssystem konstruierte. Damit wurden wichtige Dimensionen der unterhalts- und bedarfsorientierten *Oikonomia* aufgegeben, indem sie per definitionem nicht mehr als Gegenstand der Wirtschaft galten. Zugleich erfolgte eine naturrechtliche Begründung der Zuständigkeit von Frauen für diese vielfältigen alltäglichen Aufgaben: Die Haus- und Sorgeverantwortung wurden ihnen seither wesensmäßig zugeschrieben, als Nicht-Arbeit deklariert und in ihrer systemrelevanten und wertschöpfenden Bedeutung für Wirtschaft und Gesellschaft systematisch ignoriert.

Den ideologischen Nukleus der Ausgrenzung weiblicher Sorgearbeit aus der gesellschaftlichen Wertschöpfung formulierte ein Nationalökonom klassischer Prägung unverhohlen so:

> „Die Begründung dafür liegt in dem besonderen Charakter all dieser im Schoße der Familie unentgeltlich geleisteten häuslichen Dienste: sie haben zwar alle auch eine

> wirtschaftliche Seite […], aber sie werden im Allgemeinen doch weit weniger als wirtschaftliche Handlungen denn als Akte der Lebensführung, der Lebensgestaltung und der aus Liebe geübten fürsorglichen Betreuung empfunden. *Es widerstrebt dem gesunden Gefühl, hier den Maßstab wirtschaftlicher Bewertung anzulegen*" (Jostock 1941: 135; Hervorhebung d. Verf.).

Einer der wenigen Volkswirtschaftler, der die Absurdität dieser patriarchalen Theoriekonstruktion erkannte, war der Volkswirtschaftler Friedrich List: „Wer Schweine erzieht ist nach ihr ein produktives, wer Menschen erzieht, ein unproduktives Mitglied dieser Gesellschaft." (List 1959: 151)

Ein Grund für die Borniertheit herkömmlicher Wirtschaftstheorien besteht darin, dass sie wesentlich von der – männlichen – Faszination für die technischen Umwälzungen der industriellen Revolutionen seit der Mitte des 19. Jahrhunderts geprägt sind, der Fixierung auf Gewinnrationalität und einer dadurch unvergleichlichen Steigerung der Produktivität. Adam Smith, der als Architekt der Nationalökonomie gilt, benennt diese Zielsetzung: „Consumption is the sole end and purpose of all production" (Smith 1950, zit. nach Funder 2011: 146). Ein weiterer Grund liegt darin, dass die Wirtschaftswissenschaften vom Standpunkt der Unternehmen respektive des Kapitals ausgehen. Haushalte werden aus dieser bornierten Perspektive lediglich als Konsum-, aber nicht als Produktionseinheiten wahrgenommen. Mehr noch, private Haushalte werden in diesen ökonomischen Theoriemodellen sogar als 'Wertevernichter' deklariert, da an diesen lebensweltlichen Orten am Markt erworbene Güter 'verbraucht' werden.

Mit der Entstehung der kapitalistischen Industriegesellschaft und der Nationalökonomie wurde zugleich das Strukturprinzip einer hierarchischen Arbeitsteilung zwischen den Geschlechtern eingeführt und institutionell eingelassen. Man spricht auch vom fordistischen 'Reproduktionspakt': Darunter wird die institutionell organisierte und politisch legitimierte gesellschaftliche Organisation von Produktionsabläufen und Reproduktionsprozessen verstanden (Jurczyk 2010). Die Frau wurde zur *domina privata*, die sich nun mit der Fürsorge für Mann und Kinder befassen und begnügen sollte. Ihr Lebensstandard wurde durch das Nadelöhr des männlichen Haushaltsvorstands, der seine Arbeitskraft im außerhäusigen Produktionsprozess als *homo oeconomicus* am Markt veräußert, mitfinanziert und durch ehebezogene, steuer- und arbeitsmarktpolitische Regelungen strukturell abgestützt. Diese geschlechtsspezifische Arbeitsteilung wurde Teil der fortschreitenden gesellschaftlichen Arbeitsteilung der sich etablierenden kapitalistischen Gesellschaft, die eine enorme Produktivität entfaltete, dabei aber systematisch verschwieg, welchen großen Anteil Frauen an diesem gesellschaftlichen Fortschritt hatten. So wurde die gesellschaftliche Benachteiligung der Frauen historisch festgeschrieben.

Durch das Verständnis der privaten Haushalte als Konsumeinheiten rückte die vor allem von ihren weiblichen Mitgliedern geleistete Arbeit noch weiter aus dem Blickfeld der Gesellschaft, zumal Konsumgüter wie Waschmaschinen, Staubsauger und Fertigprodukte die Haushaltsarbeit scheinbar ersetzten. Dadurch geriet zunehmend aus dem Fokus, dass die vielfältigen und routinisierten Tätigkeiten der Fürsorge für andere nicht nur den sozialen Rahmen für die gesellschaftliche Produktion bilden, sondern dass das Aufziehen von Kindern, Sorgetätigkeiten zum Erhalt von Gesundheit und Leistungsfähigkeit von Erwachsenen, wie sie im Privaten tagtäglich erbracht werden, und nicht zuletzt die Pflege von Kranken und hilfebedürftigen Alten selbst produktive Akte darstellen, ohne die kapitalistisch verfasste Gesellschaften nicht überlebensfähig wären. Jede Geldwirtschaft würde letztlich zum Erliegen kommen, wenn diese Tätigkeiten nicht ausgeführt werden (vgl. Schmuckli 1994).

Die Zuweisung der Haus- und Fürsorgearbeit an die Frau erwies sich mithin als ein durchaus kalkulierter Schritt der Architekten der neu entstehenden Industriegesellschaft, der die Stabilisierung des Sozialen in einer zunehmend individualisierten Gesellschaft sicherstellen sollte. Abgestützt wurde diese Geschlechterrollenkonstruktion zum einen über die Verrechtlichung geschlechtsspezifischer Zuweisungsmuster und zum anderen dadurch, dass sie als 'naturgegeben' dargestellt und somit naturalisiert wurde.

An der Verbreitung dieser Geschlechterrollenideologie, welche die Prinzipien 'männlich' und 'weiblich' als unversöhnlich und unvereinbar gegenüberstellte, hatten die Repräsentanten des sich im 19. Jahrhundert rasch ausdifferenzierenden Wissenschaftssystems, insbesondere Mediziner, Juristen, Ökonomen und Soziologen, einen ganz erheblichen Anteil. Diese Ideologie war mit einer historischen Neu-Konstruktion von Weiblichkeit verbunden, welche die Rolle der Frau auf die der Ehefrau und Mutter reduzierte und in einen standardisierten weiblichen Lebenslauf mündete. Es handelt sich um die naturrechtlich begründete Familialisierung der Frau. Sie wurde zum 'Engel im Haus', zur aufopferungswilligen, entsexualisierten und harmlosen Abhängigen. „Dem Gleichheitsimperativ des modernen Rechtsstaats wurde eine Gegenbewegung eingebaut, die das weibliche Geschlecht mit der historischen Mission des sozial stabilisierenden Bindeglieds zwischen Individuum und Gesellschaft beauftragte." (Stauder 1999)

Die ökonomische Dimension dieses Geschlechterdualismus hat Anfang der 1970er-Jahre der kritische amerikanische Wirtschaftswissenschaftler John Kenneth Galbraith zu einem Thema seiner Analysen gemacht, indem er die im Zuge von Industrialisierung und Urbanisation vollzogene Verwandlung der Frauen in eine heimliche Dienerklasse des Mannes sarkastisch als eine ökonomische Leistung ersten Ranges bezeichnete. Er bemerkte in diesem Kontext außerordentlich treffend, dass die Hausfrauen die mit Abstand größte Gruppe der Arbeiterschaft wären, wenn ihre Arbeit mit Geld entlohnt würde (vgl. Galbraith 1974).

2. *Androzentrische Wirtschaftsmodelle*

Welche Grundannahmen charakterisieren die gängigen makroökonomischen Theoriemodelle, die seit dem Übergang zur Industriegesellschaft handlungsleitend sind? Es wird davon ausgegangen, dass sich die Marktteilnehmer zwecks Gewinn- bzw. Nutzenmaximierung und ausgestattet mit bestimmten Präferenzen, Produktinformationen und Geld als Tauschmittel 'auf Augenhöhe' begegnen, also als gleichberechtigte autonome Individuen. Sie agieren lediglich in Konkurrenz zu anderen und begegnen sich als *homines oeconomici*, als Warenbesitzer in vermeintlich symmetrischen Beziehungen, die weder in soziale noch in ökologische Lebenszusammenhänge eingewoben sind. Ausgerichtet auf die Befriedigung der eigenen, unbegrenzten Bedürfnisse bzw. die Erzielung eines möglichst maximalen Gewinns, sind sie die Kunstfigur des rücksichtslosen, ausschließlich seinen kurzfristigen Eigeninteressen folgenden Individuums, das keinerlei Sorge für andere trägt. Fakt ist jedoch, dass an der Seite des *homo oeconomicus* lebenslänglich

> „mit wechselnder Besetzung, diskret und ungenannt die Mutter, seine Ehe- und Hausfrau(en), Sekretärinnen, Putzfrauen, Kurtisanen, Pflegerinnen und Sachbearbeiterinnen (stehen), die all das abfedern, was den *homo oeconomicus* schwächen, seine Unabhängigkeit von sozialen Beziehungen und seine Marktleistungen in Frage stellen könnte." (Madörin 1995: 20)

Dieses reduktionistische Wirtschaftsverständnis ist durch Maß- und Sorglosigkeit geprägt und begegnet uns in besonders pervertierter Form der Profitmaximierung momentan auf den internationalen Finanzmärkten, wo wenige Marktteilnehmer unvorstellbare Gewinne auf Kosten ihrer Mit- und Umwelt erzielen (vgl. Kennedy 2011; Wehler 2013).

Diese Mit- und Umwelt findet in den makroökonomischen Theorien keinerlei Berücksichtigung: Weder die Naturressourcen noch die im privaten Lebenszusammenhang – vor allem von Frauen – erbrachten sach- und personenbezogenen Care-Tätigkeiten finden bis heute Eingang in die Volkswirtschaftlichen Gesamtrechnungen. Gleichwohl werden sie für die Gewinnmaximierung am Markt essenziell benötigt und auch von jeher umfänglich verwertet. Das betrifft die gesamte Palette der Produktion und der Sorge um den Erhalt von Humanvermögen: die Geburt und Sozialisation von Kindern, die tägliche Wiederherstellung der Arbeitskraft für das Marktgeschehen, die zugewandte

Aufmerksamkeit für von Arbeitslosigkeit betroffene Familienmitglieder und *last but not least* die Fürsorge für Kranke und Pflegebedürftige. Diese Sorgetätigkeiten sind (re-)produktiver Natur, gehen aber ebenso wenig in die ökonomische Bewertung ein wie Naturressourcen. Beide erfahren aber eine unentgeltliche Verwertung und 'dienen' unausgesprochen den Marktprozessen. Diese qua männlicher Definitionsmacht vollzogene Separierung und Ausblendung von basalen Care-Tätigkeiten menschlichen Wirtschaftens ebenso wie der Naturressourcen wirkt auf beides, das Soziale und Ökologische, gleichermaßen zerstörerisch. Weil beides nicht in die Wirtschaftsrechnungen eingeht, weil es nicht bewertet wird, werden diese Ressourcen maßlos und sorglos ausgenutzt (Biesecker 2011: 10). Genau hier liegt die gemeinsame Ursache der heutigen sozialen und ökologischen Krisenphänomene. Sie sind allesamt Ausdruck ein- und derselben Krise, der Krise des Reproduktiven (ebd.). Der heutige Reichtum, das Wirtschaftswachstum und die gesellschaftliche Wohlfahrt, so wie sie von der Mainstream-Ökonomie definiert wird, sind nicht nachhaltig und zukunftsfähig. Diese Art des patriarchalen Wirtschaftens hat einen hohen Preis, was gerade in der Finanzkrise 2008 für viele Menschen immer klarer wird. Sie basiert auf der Zerstörung von Lebensgrundlagen, der produktiven Dimensionen von Care-Wirtschaft und der ökologischen Natur (vgl. Gottschlich 2012).

Die Sachverständigenkommission des 7. Familienberichts der Bundesregierung hat in diesem Zusammenhang nachdrücklich darauf verwiesen, dass die gesellschaftlich unverzichtbare Ressource 'Humanvermögen', also die Gesamtheit an Handlungs- und Wertorientierungen, sozialen Daseinskompetenzen und Fachkompetenzen, deren Fundament im privaten familialen Kontext gelegt wird, überhaupt nur dann entstehen und erhalten werden kann, wenn junge Erwachsene bereit sind, sich für Kinder zu entscheiden und auch Zuneigung und Zeit für die Entwicklung dieser Kinder zu investieren bzw. soziale Beziehungen zu den alt gewordenen Eltern aufrechtzuerhalten.[1] Diese Ressourcen als unerschöpflich anzusehen, kommt einer völligen Verkennung der realen Entwicklung gleich.

Es erscheint an dieser Stelle erklärungsbedürftig, weshalb Wirtschaft und Politik solche elementaren Voraussetzungen für das Zusammenleben in einem intakten Gemeinwesen lange Zeit gründlich übersehen haben.

---

1 Vgl. Siebter Familienbericht. Familie zwischen Flexibilität und Verlässlichkeit – Perspektiven für eine lebenslaufbezogene Familienpolitik und Stellungnahme der Bundesregierung, BT-Drucks. 16/1360 vom 26.04.2006.

Diese Entwicklung hat sehr viel mit der heutigen Allgegenwart eines reduktionistisch-androzentrischen Wirtschaftsverständnis zu tun, das sämtliche Leistungen zur Bedarfsdeckung und Versorgung von Menschen, die in der Privatsphäre – also jenseits geldvermittelter Tauschbeziehungen – vollzogen werden, nach wie vor nicht als Arbeit fasst und in der Folge auch ihren wertschöpfenden Charakter nicht anerkennt. Lebenslauftheoretisch betrachtet, diskriminiert dieser Arbeitsbegriff gerade diejenigen Personen systematisch, die in ihrer Biografie generative Haus- und Sorgearbeit übernehmen und folglich vom 'männlichen Normalerwerbsmodell' abweichen (vgl. Meier-Gräwe 2010).

Das Wirtschaftsgeschehen wird aber eben nur zu einem Teil über Märkte und Geld abgewickelt. „Wirtschaft beginnt mit der Herstellung von Menschen: Mit Gebären, Nähren, Erziehen, damit, dass das Überleben der Menschen, die geboren worden sind, sichergestellt wird" (Prätorius 1996: 254). Die Bildung und die Erhaltung von Humanvermögen, auf die Wirtschaft und Gesellschaft angewiesen sind, beruht elementar und vorgängig auf einer Vielzahl von versorgungswirtschaftlichen Tätigkeiten des Alltags, die wesentlich von Frauen in der Familie, im Privathaushalt erbracht werden, aber weder als Kulturleistung noch als ökonomische Aktivität gewertet werden. Gleichwohl sind Care-Bedürfnisse universell und erfordern entlang unseres Lebenslaufs Personen, die Care-Tätigkeiten übernehmen: „[...] denn die Tatsache menschlicher Bedürftigkeit, Verletzlichkeit und Endlichkeit beinhaltet, dass alle Menschen am Anfang, viele zwischenzeitlich und sehr viele am Ende ihres Lebens versorgt werden müssen" (Brückner 2010: 48).

3. Wie müsste ein integriertes ökonomisches Theoriekonzept aussehen, das sich am guten Leben aller orientiert?

Es mehren sich weltweit die Stimmen, welche eine Neuordnung der Wirtschafts- und Geldsysteme fordern. Ungeachtet der anspruchsvollen Zielvorstellungen, die 1992 auf der UN-Konferenz zu Umwelt und Entwicklung in Rio de Janeiro formuliert worden waren, hat sich in den letzten Jahren keine Trendwende in Richtung nachhaltige Entwicklung vollzogen. Deshalb richteten sich im Vorfeld der Rio+20-Konferenz hohe Erwartungen an das Konzept der Green Economy, das eine Transformation des Weltwirtschaftssystems anstrebt mit dem Ziel, das Wohlergehen der Menschen zu verbessern, mehr soziale Gleichheit herzustellen und gleichzeitig Umweltrisiken zu verringern (vgl. UNEP 2011).

In die Diskussionen über gangbare Wege einer Neukonzipierung der (Welt-) Ökonomie mischen sich inzwischen auch Frauen vernehmlicher und mit eigenen Entwürfen ein. Sie kritisieren, dass sie als 'Reparaturbetrieb' für Umweltprobleme in die Pflicht genommen werden, selbst aber ganz überwiegend keinerlei Einfluss auf die in Richtung Gewinnmaximierung ausgelegten Produktionsprozesse von Gütern und Dienstleistungen haben. Für Frauen läuft eine ökologische Haushaltsführung auf Mehrarbeit hinaus und führt zu einer zusätzlichen Arbeitsbelastung, sodass von einer „Feminisierung und Privatisierung der Umweltverantwortung" gesprochen werden kann (Weller 2004; 2012). Die Sorge für die Umwelt wird so zu einem weiteren Aufgabenfeld der hochgradig vergeschlechtlichten Care-Arbeit (vgl. Gottschlich 2012). Gleichzeitig überschätzen die Debatten zur Bedeutung nachhaltiger Konsummuster die Einflussmöglichkeiten und Handlungsspielräume privater KonsumentInnen in industriellen Gesellschaften grundlegend, wenn das Problem der Nachhaltigkeit nicht als 'systemische Krise' verstanden wird. In der systematischen Ausgrenzung der beiden reproduktiven Bereiche, der unbezahlten Arbeit und der ökologischen Natur, liegen die Ursachen der heutigen Krise (vgl. Biesekker 2011: 10). Erst wenn Reproduktion sichtbar und als Produktives verstanden wird, kann Nachhaltiges Wirtschaften zu Vorsorgendem Wirtschaften werden, und zwar durch die vorrangige Orientierung an Lebensqualität statt an Profitmaximierung (vgl. Mölders 2010). Konzepte einer umfassenden Care-Ökonomie im nachhaltigen Sinne beinhalten immer die Sorge für Mensch *und* Natur und erkennen ihre produktiven Leistungen als integralen Bestandteil eines ganzheitlichen Ökonomiekonzepts an. Aus einer feministisch-haushaltswissenschaftlichen Perspektive kommt es in der Konsequenz dieser Analyse darauf an, die Geburt einer modernen Ökonomie als zweieiige, zweigeschlechtliche Zwillingsgeburt zu fassen: Die männlich geprägte Marktökonomie *und* die weibliche Versorgungs-/Care-Ökonomie sind nicht voneinander zu trennen, obwohl die Verleugnung des weiblichen Zwillings die Mainstream-Modelle der Wirtschaftswissenschaften bis heute prägt (vgl. Biesecker 2010). Nur wenn das 'Ganze der Ökonomie' – das Zwillingspaar – in den Blick genommen wird, können Fehlentwicklungen und Krisenphänomene als das identifiziert werden, was sie sind: nicht individuelles Fehlverhalten oder tragische Unglücksfälle, sondern systemische Krisen (ebd.) Vor dieser Herausforderung stehen gerade auch alternde Gesellschaften wie die Bundesrepublik Deutschland, weil die Geringschätzung von Care-Work – unbezahlt wie bezahlt – in eine tiefe strukturelle Care-Krise geführt hat.

Was ist das Charakteristische an klassischen Sorgetätigkeiten? Maren Jochimsen geht von der eingeschränkten oder gänzlich fehlenden Handlungsfähigkeit der zu versorgenden Person aus. Kleine Kinder können sich nicht selbst wickeln, ein sehr schwer erkrankter Mensch kann sich nicht selbst waschen.

Manche zu versorgenden Personen können nicht einmal ihre Bedürfnisse artikulieren, wie beispielsweise KomapatientInnen. Sorgesituationen sind also typischerweise durch existenzielle Abhängigkeit gekennzeichnet, sodass es eine andere Person geben muss, welche „die existentiellen Bedürfnisse der zu umsorgenden Person zum Ausgangspunkt ihres Handelns machen muss" (Jochimsen 2010). Zudem kann ein zu versorgender Mensch in der konkreten Sorgesituation keine Gegenleistung im Sinne eines adäquaten Leistungsinputs geben. Deshalb ist das typische Charakteristikum von Sorgebeziehungen ihre Asymmetrie (ebd.).

Typische Sorgesituationen sind also in doppelter Weise durch Asymmetrie gekennzeichnet: im Hinblick auf die Handlungsfähigkeit von sorgender und zu versorgender Person und im Hinblick auf die Kontrolle über die materiellen Ressourcen, die für die Ausübung der Care-Tätigkeit notwendig sind – etwa, wenn ein alter Mensch sich die Pflege nicht leisten kann, sondern auf finanzielle Unterstützung durch die Familie oder den Staat angewiesen ist.

Die begrenzte oder fehlende Handlungsfähigkeit der zu versorgenden Person bringt es in der Regel mit sich, dass sie die Sorgesituation eine Zeitlang oder auf Dauer nicht verlassen kann (Kinder unter Umständen bis zum Erreichen der Volljährigkeit, Kranke bis zur vollständigen Genesung, Pflegebedürftige bis zum Tod). Fakt ist, dass Sorgetätigkeiten dieser Qualität mit den Kategorien des Tausches zwischen autonomen Individuen in der klassischen Makroökonomie nicht erfasst werden können. Zwar sind Sorgesituationen anderen Zuschnitts vorstellbar, die marktvermittelten Transaktionen ähneln. Für klassische Sorgebeziehungen jedoch versagen diese Kategorien.

Maren Jochimsen demonstriert auf dem Hintergrund dieser differenzierten Problematisierung von Care-Tätigkeiten die Grenzen herkömmlicher wirtschaftswissenschaftlicher Ansätze am Beispiel des haushaltsökonomischen Modells von Gary S. Becker, einem Nobelpreisträger für Wirtschaftswissenschaften. Zwar hat er die produktive Seite des privaten Haushalts in sein Modell zu integrieren versucht, indem er die gegenseitige Fürsorge zwischen den Ehepartnern im Haushalt als altruistisches Verhalten mit interdependenten Nutzenfunktionen einbezieht. Das ist mit dem klassischen ökonomischen Rationalitätskalkül insofern kompatibel, als (Ehe-)Mann und (Ehe-)Frau über eine vergleichbare Handlungsfähigkeit verfügen: Er investiert seine Zeit in die außerhäusige Erwerbsarbeit, sie die ihre in Fürsorge für ihn mit dem Ziel einer gemeinsamen Nutzenmaximierung. Kinder allerdings fungieren aufgrund ihrer beschränkten Handlungsfähigkeit in der Nutzenlogik ihrer Eltern als langlebige Konsum- bzw. (Produktions-)Güter (!). In der Tat: Das Beispiel spricht für sich und demonstriert die ausgeprägte Unfähigkeit der Mainstream-Ökonomie, konzeptionell mit eingeschränkt handlungsfähigen Menschen, mit ihrer Geburtlichkeit, ihrer Verletzlichkeit und ihren Sorgebedürfnissen umzugehen. Sie werden zu passiven Nicht-Personen, zu Gütern degradiert (ebd.).

Die Konzeptualisierung eines nachhaltigen Wirtschaftssystems hätte folglich unterschiedliche Sektoren der Gesamtwirtschaft (den For-Profit-Sektor, den Haushaltssektor, den öffentlichen Sektor, den Dritten Sektor und den illegalen Sektor von Wirtschaft) gleichgewichtig zu integrieren und in ihren wechselseitigen Bezügen sozial wie geschlechtergerecht auszuformulieren (Verein Joan Robinson et al. 2010: 35 ff.).

4. Haus- und Sorgearbeit als Erwerbsarbeit

Wie gezeigt wurde, verkümmerte erst durch den Reduktionismus wirtschaftlichen Handelns auf marktförmig organisierte Erwerbsarbeit im Übergang zur Industriegesellschaft die ursprünglich wertgeschätzte generative Sorgearbeit der Frau zur „Arbeit aus Liebe" (Bock / Duden 1977). Weibliche Arbeit erfuhr eine bis dato unbekannte und fortan völlig ungerechtfertigte Trivialisierung und De-Thematisierung. In dieser Weise konnotiert und verbunden mit ihrer eindeutigen Zuschreibung an die weibliche Hälfte der Gesellschaft kam es zur Institutionalisierung einer 'typisch weiblichen Normalbiografie', die das 'männliche Normalarbeitsverhältnis' des 'Familienernährers' komplementär ergänzen sollte. Die damit verbundene Abwertung weiblicher Arbeit im privaten Lebensbereich wurde auch in den Erwerbsbereich hinein ausgedehnt. Bis heute sind verberuflichte Dienstleistungsberufe, die verschiedene Formen von generativer Sorgearbeit zum Inhalt haben, Sackgassenberufe – immer noch schlecht bezahlt, repetitiv, oft als Helferinnenberufe strukturiert, ohne nennenswerte berufliche Entwicklungschancen (vgl. exemplarisch: Kettschau 1991; Winter 1994; Thiessen 2004). Bereits zu Beginn des 20. Jahrhunderts, als es um den Aufbau eines Berufsbildungssystems ging, wurde vonseiten der Kammern gegen eine Integration weiblicher Handwerke zu Felde gezogen mit dem Argument, dass die Damenschneiderei, das Wäschenähen oder das Frisieren kein Handwerk im eigentlichen Sinne, das heißt ein 'Beruf auf Lebenszeit' seien, sondern allenfalls eine Beschäftigung für Frauen vor der Eheschließung bzw. „ein ganz bescheidenes Lernen für den Hausbedarf" (Lischnewska 1979: 225 ff.). Aus diesem Grunde würden sich die weiblichen Handwerke für eine strenge gesetzliche Erfassung nicht eignen (ebd.).

Insbesondere der Wildwuchs und die Expansion von Helferinnen- und Assistentinnenberufen wie zum Beispiel „Zahnarzthelferin" oder „Diätassistentin" sind charakteristisch für die Entwicklung weiblich konnotierter Ausbildungsgänge. Aber auch Ausbildungsberufe wie Krankenschwester, Erzieherin,

Logopädin usw. sind Berufe ohne nennenswerte Aufstiegsmöglichkeiten und waren historisch lediglich als 'voreheliche Beschäftigung' gedacht. Während im Dualen System Ausbildungsvergütungen gezahlt werden und diese Ausbildungsberufe strukturell mit dem Beschäftigungs- und Aufstiegssystem verbunden sind, kosten Ausbildungen im weiblichen Schulberufssystem häufig Schulgeld; es müssen mehr Schuljahre absolviert werden als im männlichen Dualen System, dennoch werden diese Berufe nach Eintritt in den Arbeitsmarkt tarifrechtlich deutlich schlechter bezahlt. Außerdem sind viele dieser weiblichen Erstausbildungsberufe nicht anschlussfähig an spätere Qualifizierungsmaßnahmen und Karrierewege (vgl. Krüger 2000).

Demzufolge steht es dringend an, solche Dienstleistungsberufe, für die in Zukunft begründet von einer weiter steigenden Nachfrage ausgegangen werden kann, neu zu regeln und gleichwertig zu tarifieren.[2]

Eines der auffälligen Alleinstellungsmerkmale von haushaltsbezogenen Dienstleistungen, die sie vom produzierenden Gewerbe fundamental unterscheidet, ist das sogenannte Uno-actu-Prinzip: DienstleistungsgeberIn und DienstleistungsempfängerIn müssen am gleichen Ort, in raum-zeitlicher Nähe sein, um die Sorgetätigkeit ausüben bzw. empfangen zu können. Produktionsbetriebe und unternehmensnahe Dienstleistungen können ins Ausland verlagert werden – eine mit Verweis auf Kostengründe durchaus häufig praktizierte Unternehmensstrategie. Vergleichbares gibt es bei der Sorgearbeit für Kinder, Kranke oder Alte[3] nicht. Doch die seit Langem von der neuen Frauenbewegung erhobene Forderung, die verstärkte Integration gut ausgebildeter Frauen in den Erwerbsarbeitsmarkt müsse mit einer fairen Arbeitsteilung in Haushalt und Familie einhergehen, indem Männer und Väter ihrerseits verlässlich Anteile von privater Sorgearbeit übernehmen und dafür auch entsprechende arbeitsmarkt- und sozialpolitische Rahmenbedingungen geschaffen werden, ist bis heute auch nicht annäherungsweise umgesetzt worden. Stattdessen wird die

---

2 1996 wurde in der Schweiz das erste Arbeitsfunktionsbewertungsverfahren im deutschsprachigen Raum entwickelt, das geltenden EU-Normen einer Gleichbehandlung entspricht und inzwischen auch in Deutschland diskutiert und in einigen Unternehmen eingesetzt wird. Die analytische Bewertung von Arbeitstätigkeiten nach Katz und Baitsch (ABAKABA) verwendet arbeitswissenschaftlich begründete Anforderungen und Belastungen als Merkmale und ist damit geschlechtsneutral und diskriminierungsfrei (Katz / Baitsch 1997). Es überwindet die Gratisverwertung weiblicher Kompetenzen und führt zu existenzsichernden Einkommen, anstatt strukturell weiter auf die Abwertung weiblich konnotierter Arbeitstätigkeiten zu setzen.

3 Kostengünstige institutionelle Sorgearrangements, wie sie vereinzelt etwa in Sri Lanka oder Thailand für pflegebedürftige EU-BürgerInnen angeboten werden, dürften auch in Zukunft eher die Ausnahme bleiben.

zunehmende Teilhabe qualifizierter Frauen am Arbeitsmarkt in den reichen Ländern Nordamerikas und Westeuropas durch die häufig illegale, schlecht bezahlte und sozial nicht oder kaum abgesicherte Care-Arbeit der „neuen Dienstmädchen" (Lutz 2007) aus armen Ländern gewissermaßen 'erkauft'. Hier findet derzeit weltweit ein beispielloser Care- und Brain-Transfer statt. Ruth Arlie Hochschild spricht in diesem Zusammenhang von einer 'Gefühlsumlenkung' im Kontext kosmobiler Sorgetätigkeit, deren emotionaler Mehrwert in den Aufnahmegesellschaften abgeschöpft wird (vgl. Hochschild 2002). Angesichts der ökonomischen und politischen Ungleichheiten von Nord nach Süd und von West nach Ost zuzüglich der international hierarchisierten geschlechtlichen Arbeitsteilung haben sich transnationale Sorgeketten herausgebildet, die einen höchst unbefriedigenden 'Lösungsansatz' der Care-Krise in den reichen Ländern darstellen und zudem auch die beruflichen Care-Qualifikationen und Care-Ressourcen aus den jeweiligen Herkunftsländern der MigrantInnen rücksichtslos abziehen (vgl. auch Brückner 2010: 44 f.). Gleichwohl bietet die neue weibliche Migrationsbewegung auch Chancen für die Frauen, der Armut in ihrem Herkunftsland und oft auch häuslicher Gewalt zu entfliehen.

Für viele europäische Gesellschaften wird ein wachsender Bedarf an verberuflichter Haus- und Sorgearbeit prognostiziert. Neben Initiativen zum Ausbau von digitalen Branchen und der Schaffung von 'grünen Arbeitsplätzen' in emissionsarmen, ressourceneffizienten Wirtschaftszweigen gewinnen sogenannte 'weiße Arbeitsplätze' in den Bereichen Gesundheit und Soziales in allen EU-Staaten an Bedeutung. Dazu kommen die zeitintensiven Dienstleistungen im privaten Haushalt, deren beschäftigungspolitische Bedeutung nach einer langen Phase ihrer Marginalisierung in jüngster Zeit 'entdeckt' wurde. Sie gelten nunmehr als unverzichtbarer Bestandteil der EU-Strategie „Einen arbeitsplatzintensiven Aufschwung" in Zeiten der Haushaltskonsolidierung (Europäische Kommission 2012). Personen- und haushaltsbezogene Dienstleistungen können der Europäischen Kommission zufolge zu einer Erhöhung der Beschäftigungsquote beitragen, indem sie die Vereinbarkeit von Beruf und Privatleben verbessern, zu Produktivitätssteigerungen führen und nicht angemeldete Erwerbstätigkeit in den offiziellen Arbeitsmarkt überleiten. Diese Dienstleistungen werden in Europa meist von gering qualifizierten Frauen mit Migrationshintergrund in Teilzeitbeschäftigung erbracht. Ohne staatliche Förderung sei die formelle Beschäftigung in diesem Bereich für die Mehrheit der Bevölkerung relativ teuer und das Angebot derartiger Dienstleistungen auf dem formalen Markt begrenzt. Daher werde ein beträchtlicher Anteil der haushalts- und personenbezogenen Dienstleistungen im Privathaushalt informell in Schwarzarbeit durch nicht angemeldete Arbeitskräfte erbracht

(BMFSFJ 2011c: 8 ff.). Um zukünftig die Qualität dieser haushaltsnahen Dienstleistungen sicherzustellen, werden derzeit europaweit unterschiedliche Konzepte entwickelt und implementiert mit dem Ziel, die im Privathaushalt tätigen Arbeitskräfte adäquat zu qualifizieren, ihnen einen festen Arbeitsplatz mit Mindestarbeitszeit zu verschaffen und ihre Rechte zu stärken (Europäische Kommission 2012). So konnten Belgien und Frankreich durch die Einführung von staatlich subventionierten Dienstleistungschecks[4] innerhalb kurzer Zeit erhebliche Beschäftigungseffekte generieren: In Belgien ist diese Zahl allein zwischen 2005 bis 2008 auf immerhin rd. 100.000 Beschäftigte im Bereich der haushaltsnahen Dienstleistungen gestiegen. Etwa 60 Prozent waren überdies in einem unbefristeten Beschäftigungsverhältnis angestellt und mehr als 43 Prozent waren zuvor erwerbslos. In Frankreich belief sich die Gesamtzahl Ende 2007 auf 2 Millionen Personen, die in diesem Sektor in einem legalen Beschäftigungsverhältnis angestellt sind (BMFSFJ 2011c: 27).

5. Verberuflichte personenbezogene Dienstleistungen

Bereits Ende der 1950er-Jahre, als sich in der Bundesrepublik Deutschland ein beispielloser industrieller Wirtschaftsaufschwung vollzog, sagte der französische Ökonom Jean Fourastier den entwickelten westlichen Volkswirtschaften eine enorme Expansion des Dienstleistungssektors voraus. Die im Dienstleistungsbereich künftig entstehenden Arbeitsplätze würden Verluste im Agrar- und Industriesektor – so seine These – kompensieren. Diese Prognose wurde damals von der Politik und der Öffentlichkeit kaum wahrgenommen, denn Westdeutschland befand sich gerade auf dem Weg zum industriellen 'Wirtschaftswunder'-Land und hatte zudem eine Restrukturierung des fordistischen Reproduktionspaktes vorgenommen: die Fortsetzung der geschlechtsspezifischen Arbeitsteilung in Gestalt eines starken 'Ernährermodells' mit dem kontinuierlich erwerbstätigen Ehemann und der nicht erwerbstätigen Ehefrau und Mutter, die für die unbezahlte generative Sorgearbeit zuständig gemacht wurde. Ein Ausbau haushalts- und personenbezogener Infrastrukturen wurde folglich nicht erwogen, sondern für überflüssig gehalten und zum Beispiel

4 Am 1.4. 2004 ist in Belgien das System der Dienstleistungschecks in Kraft getreten. Seither kann jede in Belgien ansässige Privatperson Dienstleistungschecks kaufen und für eine Vielzahl von verschiedenen haushaltsnahen Dienstleistungen einlösen. Die durch den Scheck erworbenen Dienstleistungen werden durch die in anerkannten Dienstleistungsunternehmen angestellten Beschäftigten erbracht. Ein Scheck ist für 7,50 Euro erhältlich, hat aber einen Gesamtwert von 20,80 Euro. Außerdem erhalten junge Mütter und berufliche Wiedereinsteigerinnen kostenfrei 105 Dienstleistungsschecks von der Sozialversicherungskasse, um ihnen die Rückkehr in den Beruf zu erleichtern (BMFSFJ 2011 c: 51).

unter Hinweis auf die DDR als 'kollektivistische Erziehungsinstitution' ideologisch motiviert und deshalb abgelehnt. Dennoch war der Traum von der 'immerwährenden Prosperität' durch eine stetige Expansion industrieller Kernsektoren bereits mit der Ölkrise von 1973 schneller ausgeträumt als erhofft. Industrielle Arbeitsplätze wurden wegrationalisiert, wie es Fourastier vorausgesehen hatte. Stattdessen entstanden viele neue Beschäftigungsmöglichkeiten im Gesundheits-, Bildungs-, Kultur- und Sozialbereich; ein Sachverhalt, der zwar kaum thematisiert wurde, de facto jedoch enorm bedeutsam war. Bereits Ende der 1960er-Jahre benannte der Wirtschaftstheoretiker William Baumol ein Problem, das mit der Verschiebung von industriellen zu Dienstleistungs-Arbeitsplätzen verbunden war. Die personenbezogenen Dienstleistungsberufe im Bildungs- und Gesundheitswesen, aber auch in Wissenschaft und Kunst, so Baumol, zeichneten sich durch eine 'Kostenkrankheit' (*cost disease*) aus, weil sie im Vergleich zu Industrie und Handwerk eine geringere Arbeitsproduktivität pro Stunde hervorbringen (vgl. Madörin 2010: 99). „Wir können zwar immer schneller Autos produzieren, aber nicht schneller Alte pflegen oder Kinder erziehen", so bringt es die Schweitzer Ökonomin Mascha Madörin in einem Interview mit dem deutschen Frauenrat auf den Punkt (Madörin 2012: 11). Wenngleich aus feministisch-haushaltswissenschaftlicher Perspektive bezweifelt werden muss, dass durch die Erziehung und Gesunderhaltung von Menschen das tatsächlich weniger Wertschöpfung und Lebensqualität erzeugt wird als durch die Produktion von Autos und Maschinen, sind die Prognosen von Baumol in vielen entwickelten Volkswirtschaften inzwischen eingetreten:

1. Es ist zu einer deutlichen Verschiebung von Beschäftigungsverhältnissen aus den vermeintlich 'produktiven' industriellen Kernsektoren zu den angeblich 'unproduktiveren' Dienstleistungsbranchen personaler Versorgung gekommen.
2. Der Anteil von staatlichen Sozialausgaben am Bruttoinlandsprodukt ist stetig angestiegen.
3. In vielen westlichen Staaten sind die Wachstumsraten des Bruttoinlandsprodukts zurückgegangen (jedenfalls in der Logik und Nomenklatur der Mainstream-Ökonomie).

Ein beachtlicher Teil des massiven Arbeitsplatzabbaus in gewerblich-technischen Industriebranchen wurde – von Politik und Wirtschaft bezeichnenderweise selten positiv hervorgehoben – durch neue Jobs im Gesundheits-, Bildungs- und Sozialbereich kompensiert. Auch für die kommenden Jahre wird für die alternden Gesellschaften in Westeuropa und Nordamerika ein höherer Fachkräftebedarf in den Gesundheits-, Sozial- und Pflegeberufen erwartet als etwa in den IT-Branchen (vgl. Baethge / Wilkens 2010: 25 f.). Es verwundert daher kaum, dass diese Dienstleistungen inzwischen auch von der Privatwirtschaft als profitabel entdeckt und vermehrt angeboten werden.

Schon 1992 beschrieb Robert B. Reich, später US-Arbeitsminister unter Präsident Clinton, eine paradoxe Situation: Zwar habe eine einzige Kette von privaten Pflegeheimen, die Beverly Enterprises, mehr Angestellte als der Autokonzern Chrysler. Dennoch seien die Amerikaner über die wirtschaftlichen Probleme des Autokonzerns weit besser im Bilde als über die Arbeitssituation in Pflegeheimen (vgl. Reich 1992: 176 ff.).

Parallele Entwicklungen und Wahrnehmungen werden heute auch aus Deutschland berichtet. So sind inzwischen in der Kinder- und Jugendhilfe mehr als 730.000 Menschen beschäftigt. In der Automobilindustrie, der über lange Zeit mit Abstand bedeutendsten Industriebranche in der Bundesrepublik, arbeiten derzeit knapp 750.000 Personen, Tendenz fallend (vgl. Rauschenbach 2013: 6). Damit ist die Dienstleistungsbranche der Kinder- und Jugendhilfe zu einem bedeutenden Wachstumsmarkt geworden – allerdings schlägt sich das bisher weder in einer entsprechenden öffentlichen Wahrnehmung noch in entsprechenden Löhnen und Gehältern nieder.

Im Jahr 2010 steuerte der Dienstleistungssektor mit 71,2 Prozent bereits einen ganz erheblichen Anteil zur Bruttowertschöpfung bei. Dieser Anteil wird keineswegs nur durch die unternehmensnahen Dienstleistungen hervorgebracht. Allerdings ist nicht zu übersehen, dass im Zuge des gesellschaftlichen und wirtschaftlichen Strukturwandels innerhalb des Dienstleistungsbereichs bereits wiederum neue Hierarchieverhältnisse sozial konstruiert und definiert werden. Häufig gelten etwa unternehmensnahe, in der Mehrzahl von männlichen Arbeitskräften verrichtete Dienstleistungen als produktiv, personenbezogene, weiblich konnotierte Tätigkeiten dagegen als unproduktiv, weil von letzteren angeblich keinerlei Wachstumseffekte ausgingen. Somit wird auch bei der Betrachtung der Entwicklung innerhalb des Dienstleistungsbereichs erneut die Tendenz erkennbar, die Segmentierung des Arbeitsmarktes entlang der Geschlechterachse fortzuschreiben. Während die Expansion des Dienstleistungsbereichs inzwischen als durchaus positiv für die gesamtgesellschaftliche Arbeitsmarktentwicklung gewürdigt wird, bleibt das eigentlich Brisante im Dunkeln: Die höchsten Zuwachsraten innerhalb des Dienstleistungsbereichs sind nämlich nicht etwa bei den computerbezogenen und/oder unternehmensnahen Dienstleistungen zu verzeichnen, sondern bei den personenbezogenen, sozialen und gesellschaftsorientierten Dienstleistungen. So haben sich allein in den zurückliegenden 20 Jahren die Arbeitsverhältnisse in den Erziehungs-, Pflege- und Sozialberufen verfünffacht. Diese Entwicklung findet sich in den meisten EU-Ländern; allerdings sind die Unterschiede zwischen den Ländern beträchtlich. Beispielsweise werden in Deutschland in diesen Dienstleistungsgruppen pro Kopf der Erwerbsbevölkerung rund 30 Prozent weniger Arbeitsstunden geleistet als in Dänemark und Schweden. Und: In Deutschland mangelt es weniger an den sogenannten einfachen, sondern vor allem an hochwertigen Dienstleistungen wie im Bereich der Kinderbetreuung, dem Bildungswesen und der Altenpflege.

Personenbezogene Dienstleistungen per se als unproduktiv zu charakterisieren, bezeichnet die Bremer Frauen- und (Berufs-)Bildungsforscherin Helga Krüger sarkastisch als „ökonomische Blindflugthese" (Krüger 2000). Diese These verkennt, dass im globalen Wettbewerb gerade solche Dienstleistungen zunehmend ökonomisch relevant werden, die mehr denn je benötigt werden, um den sozialen, qualifikatorischen, politischen und kulturellen Rahmen der materiellen Produktion zu liefern und abzusichern (Stichwort: globale Wertschöpfungsketten). Personenbezogene Dienstleistungen greifen aber nicht nur in die materielle Produktion ein, sondern auch in die Wissensproduktion, in die Ökonomie des Alltags und der Lebensläufe oder sogar in die Attraktivität von Städten: Städte, denen es gelingt, qualifizierten Nachwuchs durch familienunterstützende Infrastrukturen nicht ans Umland zu verlieren bzw. von anderswo anzuwerben, sind weltweit die wirtschaftlich erfolgreichsten Kommunen.

Exkurs

Ernsthafte Versuche zur ökonomischen Bewertung der Haushaltsproduktion sind bereits in der ersten Ausgabe der Hauswirtschaftlichen Jahrbücher aus dem Jahre 1928 dokumentiert. Maria Silberkuhl-Schulte, eine renommierte Haushaltswissenschaftlerin der ersten Generation in Deutschland, verweist in ihrem Aufsatz „Welchen Wert hat die hauswirtschaftliche Arbeit?" zunächst auf Verhältnisse, „wo es sehr angebracht wäre, eine eingehende Berechnung der durch die Hausfrauenarbeit geleisteten Werterzeugung und Werterhaltung vorzunehmen. Es kann z.B. bei Erbschaften, bei Scheidungen, bei Schadenersatzansprüchen nötig werden, eine Bewertung hauswirtschaftlicher Arbeit durchzuführen. In Deutschland sind wir da leider noch nicht weit." (Silberkuhl-Schulte 1928: 57). Zudem sei von einem vermögenssteigernden Einfluss der Hausfrauenarbeit im Rechtsleben nie die Rede. „Bei der Beerbung des Ehemanns fragt man sich nie: ein wie großer Teil des Vermögens ist auf die Arbeit der Hausfrau im Hause zurückzuführen, ist also gewissenmaßen von ihr erworben? Auch bei Auseinandersetzungen, bei Scheidungen, vermissen wir noch eine Bewertung der hauswirtschaftlichen Arbeit der Ehefrau, und dasselbe ist der Fall, wenn aus dem Tod oder der verminderten Arbeitskraft der tätigen Hausfrau ein Schadenersatz geltend gemacht werden könnte.“ (ebd.: 57).

Bereits 1928 lagen dagegen für die Schweiz Gerichturteile vor, die sich in derartigen Fällen doch immerhin bemühen, die durch die Arbeit der Frau innerhalb der Familie erzeugten Werte zu taxieren. So heißt es in einem Entscheid des schweizerischen Bundesgerichts, der auf eine Klage wegen Schadenersatz bei schuldhafter Tötung der Ehefrau gefällt wurde (Schweizer Frauenzeitung IX. Jg., 26. VIII. 27, Nr. 34): `Zieht man in Betracht, dass eine als Versorgung zu qualifizierende Unterstützung sowohl durch *Geld* als durch *Naturalleistungen* erfolgen kann, so ist nicht einzusehen, wieso eine Ehefrau je nach den Umständen nicht schon deswegen als teilweise Versorgerin ihres Mannes betrachtet werden dürfte, weil sie dadurch, dass sie den Haushalt besorgt, eine beträchtliche, wenn nicht geradezu unerschwingliche Ausgabe für die Anstellung fremder Hilfskräfte erspart. Wenn auch die Ehefrau durch diese Tätigkeit ihrem Mann nicht direkt Existenzmittel beschafft, so ist das *wirtschaftliche Ergebnis* doch insofern das *nämliche*, als sie ihm ermöglicht, einen Teil seiner Mittel zur Befriedigung anderer dringenderer Bedürfnisse zu verwenden.´ Der alte Standpunkt, der Mann ernährt die Frau, ist also verlassen und ein gegenteiliger eingenommen worden. Insofern nämlich, als angenommen wird, dass die Frau über ihre eigene Erhaltung hinaus mit der Hausarbeit Werte schafft, worauf sich auch der angeführte Schadenersatzanspruch beruft. Wenn es sich auch um unbezahlte Arbeit handelt, so ist es doch möglich, sie zu bewerten, und, wie es im vorliegenden Falle auch erfolgte, die in Geld umzurechnen.“ (ebd.: 59)

Anschließend unternimmt Silberkuhl-Schulte selbst den Versuch einer Bewertung von Haushaltsproduktion und verweist auf unterschiedliche Bewertungsmöglichkeiten: „Wir können den reinen Geldlohn, wie ihn z.B. die Stundenfrau erhält, oder den gemischten Lohn, der sich aus Geld und Naturalleistungen zusammensetzt, wie ihn die in der Hauswirtschaft aufgenommen ständigen Angestellten erhalten, zugrunde legen. Zunächst versuchen wir es einmal mit dem reinen Geldlohn. Dabei ist zu bemerken, dass die Entlohnung in reinem Geldlohn nur für gewisse spezialisierte Arbeiten im Gebrauch ist. Die Stundenfrau oder Aufwartung befasst sich nur mit ganz bestimmten Arbeiten, meist Reinigungsarbeiten, während sie z.B. zum Kochen oder Kinderwarten nicht herangezogen werden kann. Wir können also bei dieser Methode nur die Reinigungsarbeiten mit dem Geldlohn der Stundenfrau bewerten; die Küchenarbeiten wären nach den Sätzen für selbständige Köchinnen, die auswärts kochen, zu bewerten, für die Kinderpflege und Erziehungsarbeiten müssten die Preise für Aufsichtspersonal, z.B. wie sie zur Überwachung von Schularbeiten, zum Spazierenfahren der Kleinen u.a. gebräuchlich sind, angesetzt werden. Dabei wird allerdings vorausgesetzt, dass die Hausfrau die Leistungen des Personals erreicht. Wenn wir die Differenzierung der Hausarbeit nur ganz roh durchführen, in Reinigungsarbeiten, Kocharbeiten, Näharbeiten, Erziehungs- und Pflegearbeiten und leitende Arbeiten einteilen und für jede dieser Arbeiten eine bestimmte durch Beobachtung erworbene Zeitdauer und eine Entlohnung nach dem reinen Geldwert der käuflichen Arbeit einsetzen, wie sie für geschulte Kräfte in Frage kommt, so wird man über das große Einkommen der Hausfrau erstaunt sein." (ebd.).

Anschließend errechnet die Autorin anhand eines konstruierten Beispiels über die täglich in einer Hauswirtschaft zu leistenden Arbeiten dann folgende Werte (ebd.):

		Marktpreis der Arbeit je Stunde	Wert
Haus-, Reinigungs- und Erhaltungsarbeiten	(Tagelohn 8 Std. = RM. 4.-)	3 Std. je RM. 0,50	RM 1,50
Kocharbeiten	(Tagelohn 8 Std. = RM. 8.-)	3 Std. je RM. 1,00	RM. 3,00
Näharbeiten	(Tagelohn 8 Std. = RM. 5.-)	1 Std. je RM. 0,60	RM. 0,60
Erziehungs- u. Pflegearb.	(Tagelohn 8 Std. = RM. 8.-)	2 Std. je RM. 1,00	RM. 2,00
Leitende Arbeit	(Tagelohn 8 Std. = RM. 8.-)	1 Std. je RM. 1,00	RM. 1,00
		10 Stunden tägl. =	RM. 8,10

6. Die Entwicklung des Satellitensystems Haushaltsproduktion – Instrument zur realistischen Bestimmung der Wertschöpfungspotenziale durch generative Haus- und Sorgearbeit

Es sollte noch bis Ende der 1980er-Jahre dauern, bis ein deutschlandweites Konzept zur Erfassung der Bruttowertschöpfung durch Haushaltsproduktion erarbeitet und durch zwei repräsentative Zeitbudgeterhebungen empirisch fundiert werden konnte (BMFS / Statistisches Bundesamt 1994; 2003). Der haushaltswissenschaftliche Lehrstuhl von Rosemarie von Schweitzer an der Justus-Liebig-Universität Gießen war an der Erarbeitung des Forschungsdesigns für diese Studien maßgeblich beteiligt (von Schweitzer 1988). Die Ergebnisse wurden in einem sogenannten Satellitensystem 'Haushaltsproduktion'[5] zusammengeführt und komplettieren die Volkswirtschaftlichen Gesamtrechnungen als Wohlstandsmaß eines Landes sinnvoll und notwendig.[6]

Ziel des Satellitensystems 'Haushaltsproduktion' ist es, die Größenordnung der Haushaltsproduktion so darzustellen, dass sie mit der Marktproduktion vergleichbar ist. Es handelt sich jedoch lediglich um eine ökonomische Bewertung, denn anders wäre es nicht möglich, eine Analogie zur Marktproduktion herzustellen. So ist beispielsweise bei einem von einer Mutter selbst gebackenen Geburtstagskuchen irrelevant, ob sie das aus Zuneigung für das Geburtstagskind getan und ob sie dabei Freude empfunden hat oder nicht. In das Satellitensystem geht allein der ökonomische Tauschwert ein. Demzufolge wird nur ein Ausschnitt einer im Grunde sehr viel umfassenderen gesellschafts- und sozialpolitischen Bewertung erfasst (vgl. Schäfer 2004: 248).

Wichtig ist es dabei auch, 'unbezahlte Arbeit' im Privathaushalt von persönlichen und freizeitbezogenen Tätigkeiten abzugrenzen. Hier hat sich das sogenannte Dritt-Personen-Kriterium bewährt, das auch international angewendet wird: Von 'unbezahlter Arbeit' wird lediglich dann gesprochen, wenn es sich um die Aktivitäten handelt, die auch von Dritten gegen Bezahlung übernommen werden könnten – also um die Gesamtheit an Tätigkeiten der Haushaltsmitglieder, die man grundsätzlich auch über Märkte abwickeln könnte.

Die im Rahmen von bisher zwei repräsentativen Zeitbudgeterhebungen 1991/1992 und 2001/2012 erhobenen Volumina an Stunden, die Haushaltsmitglieder an unbezahlter Arbeit erbringen, betreffen unter Einschluss der damit verbundenen Wege- und Transportzeiten sämtliche Aktivitäten der Haushalts-

---

5 Das Satellitensystem Haushaltsproduktion stellt den Versuch dar, den Umgang und den monetären Wert der Haushaltsproduktion darzustellen. Das Satellitensystem steht außerhalb der traditionellen Volkswirtschaftlichen Gesamtrechnungen und zeigt parallel zu selbigen auf, welche Auswirkungen die Berücksichtigung der unbezahlten Arbeit in das Sozialprodukt hätte. Die Haushaltsproduktion wird dem Bruttoinlandsprodukt gegenübergestellt und mit der Marktproduktion verglichen. Auf diese Weise können Veränderungen in der Relation von Markt- und Haushaltsproduktion ermittelt und die wirtschaftliche Relevanz unbezahlter Arbeit in politischen und wirtschaftlichen Entscheidungsfindungsprozessen besser beachtet werden.

6 Außerdem wurde inzwischen auch eine geschlechtsspezifische Analyse des traditionellen Bruttoinlandsprodukts und der Haushaltsproduktion in Deutschland (erweitertes Gender-BIP) vorgelegt (*Schaffer* / *Stahmer* 2006). Sie zielt darauf ab, die Anteile der Männer und Frauen an einer um die informelle Arbeit erweiterten Gesamtgröße wirtschaftlicher Leistung, dem Bruttoinlandsprodukt, als Wohlstandsmaß einer Nation aufzuzeigen. Ein weiteres wichtiges Themenfeld betrifft die Erforschung der Chancen und Barrieren von Professionalisierungsprozessen personenbezogener haushaltsnaher Dienstleistungsarbeit (*Krüger* 1991; *Thiessen* 2004).

führung (z.B. Zubereitung von Mahlzeiten, Einkaufen, Instandhaltung von Wohnung, Haus und Garten, Bauen und handwerkliche Tätigkeiten), Pflege und Betreuung sowie ehrenamtliche Tätigkeiten und informelle Hilfen. Durch den Vergleich der Ergebnisse beider Untersuchungen konnte zum Beispiel nachgewiesen werden, dass die Verteilung bezahlter und unbezahlter Arbeit zwischen Männern und Frauen in den zwischen den Erhebungszeiträumen liegenden zehn Jahren nicht gleichmäßiger geworden ist. Bei der Betreuung und Pflege (Care-Work) von Kindern und anderen Haushaltsmitgliedern hat sich die Arbeitsteilung im betrachteten Zeitraum im früheren Bundesgebiet sogar noch weiter zuungunsten der Frauen verschoben (ebd.: 253).

Insgesamt wurde 2001 mit 96 Milliarden Stunden unbezahlter Arbeit etwa das 1,7-Fache an Zeit im Vergleich zum Volumen an geleisteter Erwerbsarbeit investiert. Die Bewertung der Leistungen der Haushaltsmitglieder setzt inputorientiert bei den erbrachten Arbeitsleistungen an, die dann mit Lohnsätzen bewertet werden. Außerdem erfolgt die Berücksichtigung von Abschreibungen auf dauerhafte Gebrauchsgüter und Vorleistungen für die Haushaltsproduktion. Durch die Einbindung dieser Komponenten wird eine bessere Integration der Haushaltsproduktion in die Volkswirtschaftlichen Gesamtrechnungen möglich. Zudem sind dadurch realistischere Vergleiche der Bruttowertschöpfung durch Haushaltsproduktion mit dem Bruttoinlandsprodukt herzustellen als lediglich durch die Bewertung der Arbeitszeiten (ebd.).

Für die Bewertung im Satellitensystem wird angesichts der makroökonomischen Zielsetzung eine Bewertung mit Marktlohnsätzen vorgenommen. Dabei werden drei Ansätze empirisch umgesetzt: die Generalistenmethode, die Spezialistenmethode und der Ansatz der Durchschnittslöhne:

- Die Generalistenmethode legt der Wertberechnung die Kosten für die Anstellung einer Person zugrunde, welche die fraglichen verschiedenen Tätigkeiten insgesamt vollverantwortlich und selbstständig ausführt. Konzeptionell hat die Generalistenmethode den Vorteil, dass sie den Produktionsbedingungen im Haushalt relativ gut entsprechen dürfte.
- Bei der Spezialistenmethode werden einzelne Tätigkeiten mit denjenigen Marktlohnsätzen bewertet, die Spezialisten mit ähnlichen Funktionen (z.B. Küchenangestellte, HandwerkerInnen, ErzieherInnen) im Marktbereich üblicherweise erhalten.
- Eine Bewertung kann auch mithilfe von Durchschnittslöhnen aller Beschäftigten erfolgen. Diese Methode hat den Vorteil, dass sie leicht nachvollziehbar und verständlich ist. Sie vermeidet zudem, dass durch die Bewertung anhand von Marktlöhnen die geringe Entlohnung von Frauen am Arbeitsmarkt auf die Haushaltsproduktion übertragen und so deren Diskriminierung reproduziert wird (vgl. Schäfer 2004: 263).

Die Ergebnisse der Zeitbudgeterhebungen stellen den Mengenbaustein und die Grundlage für die Ermittlung des Wertbausteins[7] im Satellitensystem 'Haushaltsproduktion' dar.

Im Jahr 2001 betrug die gesamte Wirtschaftsleistung unter Einschluss der Haushaltsproduktion in jeweiligen Preisen 2.786 Milliarden Euro. Die Bruttowertschöpfung durch Haushaltsproduktion auf der Basis des Generalistenansatzes lag bei 820 Milliarden Euro; lediglich 107 Milliarden Euro wurden davon auch im Bruttoinlandsprodukt erfasst. 2001 entsprach die Bruttowertschöpfung privater Haushalte in Deutschland auch bei der vergleichsweise 'kostengünstigsten' Bewertung mit dem Generalistenansatz in etwa der Bruttowertschöpfung der deutschen Industrie (Produzierendes Gewerbe ohne Baugewerbe) plus der Bereiche Handel, Gastronomie und Verkehr (vgl. Schäfer 2004: 267).

Auch in anderen europäischen Ländern liegen inzwischen solche Produktionskonten 'Haushalt' vor, um ein erweitertes Bruttoinlandsprodukt berechnen zu können. Madörin hat für das Jahr 2004 für die Schweiz errechnet, dass allein die Zubereitung von Mahlzeiten in Privathaushalten ein Viertel der gesamten unbezahlten Arbeitszeit in Anspruch nimmt und mit einem Wert von knapp 45 Milliarden Franken etwa 90 Prozent der Bruttowertschöpfung des gesamten Groß- und Einzelhandels entspricht. Und: Allein Frauen haben mit ihrer unbezahlten Care-Arbeit für Kinder und betreuungsbedürftige Erwachsene eine Bruttowertschöpfung erzielt, die in etwa der gesamten Bruttowertschöpfung des Finanzsektors in der Schweiz entspricht. In einer Fußnote fügt sie – etwas sarkastisch – hinzu: „Und das in der Schweiz!" (Madörin 2010: 96). Es wird klar, dass das marktvermittelte Wirtschaftshandeln von entwickelten Staaten auf diese Leistungen angewiesen ist. Nicht nur Unternehmen und der Staat, sondern auch private Haushalte und hier insbesondere Familienhaushalte sind eben keineswegs nur Wertevernichter und eine konsumtive Einheit, sondern ein wichtiger Produzent von sozialer Wohlfahrt und Lebensqualität (vgl. Meier 1997).

Couragierten Haushaltswissenschaftlerinnen und internationalen Initiativen, aber auch den Erkenntnissen der Frauenforschung ist es zu verdanken, dass mit dem Satellitensystem 'Haushaltsproduktion' erstmals ein ganzheitlicher

---

7 Im Wertebaustein werden Privathaushalte als eine Produktionseinheit betrachtet, in denen – wie in wirtschaftlichen Unternehmen auch – durch die Kombination von Arbeitsleistungen mit anderen am Markt erworbenen Gütern sowie unter Einsatz von dauerhaften Gebrauchsgütern Waren und Dienstleistungen hergestellt werden.

Wertschöpfungsansatz gegen „die Schleifen hinhaltender Abwehr“ der „Mainstream“-Ökonomen platziert werden konnte (Rudolph 1986: 135).

Der Weg bis zu diesem Erfassungsinstrument war weit. Auch innerhalb der Neuen Frauenbewegung musste sich erst ein Umdenken vollziehen. In den 1970er-Jahren hatte die berechtigte Forderung nach Teilhabechancen von Frauen an Erwerbsarbeit zunächst auch unter den Frauen zu einem äußerst ambivalenten Verhältnis der Hausarbeit gegenüber geführt:

> „Unsere eigene Missachtung von Hausarbeit wenden wir oft auch eher so, dass wir ignorieren, dass es notwendige Arbeit ist, anstatt sie gemeinsam zu organisieren. [...] Indem wir so tun, als würden wir keine Hausarbeit machen, weil wir's eben blöd finden, stabilisieren wir selber als Frauenbewegung noch mal, dass die Arbeit, die Millionen Frauen machen, nichts ist“,

heißt es in einem Protokoll der Gruppe „Lohn für Hausarbeit“ im Jahre 1974 (bei Kontos 1991: 95).

Infolge kritischer Selbstreflexionen innerhalb der Frauenbewegung und der Frauenforschung wird die generative Sorgearbeit im Privaten heute nicht länger nur in seiner politischen, sondern auch in seiner ökonomischen Dimension thematisiert (vgl. Behning 1997). Dabei wird das Menschenbild vom *homo oeconomicus* um die Dimensionen seiner Geburtlichkeit, Verletzlichkeit und Sterblichkeit erweitert (vgl. Prätorius 2000). Zugleich wird heute eine notwendige gesellschaftliche Rahmung durch relevante lebenslaufbezogene Institutionen gefordert, damit eine Normalisierung von männlichen und weiblichen Biografien möglich wird, in der Bildungs-, Erwerbsarbeit und generative Sorgearbeit für andere einen selbstverständlichen Platz einnehmen.

Heute geht es *zum Ersten* um die substanzielle Entlastung der Frauen von unbezahlter Haus- und Sorgearbeit im Alltag durch die Verschiebung dieser Dienste in monetarisierte Wirtschaftsbranchen (vgl. Madörin 2010). Berechnungen für Deutschland zeigen etwa, dass bei einer entsprechenden Betreuungsinfrastruktur allein ca. 461.000 Mütter von Schulkindern wieder erwerbstätig sein könnten. Dadurch ließen sich steuerliche Mehreinnahmen von rund 1,02 Milliarden Euro sowie zusätzliche Beiträge zur Sozialversicherung in Höhe von rund 2,65 Milliarden Euro erzielen (vgl. BMFSFJ 2011a). Da es sich bei der unbezahlten Arbeit jedoch um außerordentlich große Volumina handelt, werden *zum Zweiten* diverse arbeitsmarkt-, steuer- und familienpolitische Maßnahmen erforderlich sein, die es Menschen in Lebensphasen mit Fürsorgeverpflichtungen für Kinder oder hilfebedürftige Angehörige ermöglichen, ihre reguläre Erwerbsarbeitszeit zu reduzieren, aber auch wieder aufzustocken (vgl. BMFSFJ 2011b). *Zum Dritten* muss ein solches Konzept zur konsequenten gesellschaftlichen Neuorganisation der generativen Sorgearbeit jenseits des fordistischen 'Reproduktionspaktes' mit der traditionellen Zuschreibung der generativen Sorgearbeit an die weibliche Hälfte der Gesellschaft durch ein Maßnahmenpaket flankiert sein, das auf eine geschlechtergerechte Verteilung von unbezahlter und bezahlter Arbeit zwischen Frauen und Männern im Lebensverlauf abzielt.

7. Ausblick

Die Zukunft der Arbeitsgesellschaft in den Blick zu nehmen bedeutet vor allem, den Wandel von Wertschöpfungsprozessen und ihre Quellen zu analysieren. Anders als in der Industriegesellschaft, in deren Fokus die produktive Facharbeit von Handwerk und Industrie stand, stellt das Humanvermögen der Wissensgesellschaft eine Kombination aus Infrastruktur, Qualitätssicherung, Bildungs- und Gesundheitsakkumulation dar. So gesehen ist es perspektivisch wenig sinnvoll, Investitionen in zukunftsfähige Industrien (z.B. alternative Energien) gegen Investitionen in den Bereich der haus- und personenbezogenen Dienstleistungen zwecks Bildung und Pflege von Humanvermögen als einem vermeintlich überflüssigen, bestenfalls unumgänglichen 'Kostenfaktor' auszuspielen. Es gilt, den großen Nachholbedarf bei der Schaffung einer vitalen, qualitativ hochwertigen sozialen Dienstleistungsinfrastruktur in den Bereichen Familienservice und Kinderbetreuung, aber auch Altenpflege und Privathaushalt klar zu benennen und ihn zukünftig auf gutem Niveau zu befriedigen, und zwar durch die Flankierung einer gemischten Infrastruktur aus staatlich-kommunalen, privatwirtschaftlichen und freigemeinnützigen Anbietern und Organisationsformen. In diesem Zusammenhang besteht eine der vordringlichsten staatlichen Gestaltungsaufgaben in der Begründung und Festlegung von entsprechenden Qualitätsstandards im Bereich der Betreuung, Erziehung und Bildung, aber auch von Ernährung, Gesundheit und Pflege, die für alle Anbieter von Dienstleistungen verbindlich sind.

Moderne Gesellschaften sind gefordert, im Interesse ihrer Zukunftsfähigkeit und im Interesse des Erhalts ihrer wirtschaftlichen Stabilität und Vitalität historisch neue, den veränderten gesellschaftlichen Bedingungen angemessene Lösungen zu finden, um ihre sozialen Kohäsions- und Solidaritätspotenziale sicherzustellen. Eine zukunftsgestaltende Gesellschaftspolitik muss demnach zugleich die Frage beantworten, wie künftig die Bereitschaft zur Übernahme von generativer Sorgearbeit für andere zwecks Aufbau und Pflege des Humanvermögens strukturell gewährleistet und organisiert werden kann, um so die Voraussetzungen für ein wirtschaftlich und gesellschaftlich intaktes Gemeinwesen zu schaffen. Lebenslauftheoretisch gesehen, geht es um die Auflösung der traditionell nach Geschlecht getrennten Lebenswege und um eine Neujustierung sämtlicher lebenslaufbegleitenden Institutionen, sodass die Verbindung von Bildungs-, Erwerbs- und Familienarbeit als Grundmuster der Biografie einer Person unabhängig vom Geschlecht in unterschiedlichen Mischungen und mit flexiblen Übergängen gelebt werden kann.

Das zwingt zu einer Neubewertung sämtlicher gesellschaftlich notwendiger Arbeitsformen und damit untrennbar verbunden zu einer grundsätzlichen Umgestaltung der bestehenden Geschlechterordnung moderner Gesellschaften. Diese kommt nicht umhin, das gängige 'hegemoniale Konzept von Männlichkeit' aufzugeben, eine Neubestimmung der Männerrolle vorzunehmen und in einem reflexiven Geschlechterdiskurs auszuhandeln. Umgekehrt gilt es, generative Sorgearbeit – weder strukturell noch normativ – länger als 'weiblich' und 'freiwillig' zu definieren. Das könnte etwa bedeuten, dass Rechtsansprüche auf volle Rentenbezüge nicht nur den Nachweis von geleisteter Erwerbsarbeit, sondern für einen bestimmten Zeitraum auch den Nachweis von geleisteten sozialen Dienstleistungen voraussetzen würden, etwa in Form von Kinderbetreuung, Schuldnerberatung oder der Altenpflege (vgl. Bertram 1997; BMFSFJ 2006).

Erst wenn die Gleichrangigkeit von männlich und weiblich bestimmten Tätigkeits- und Erfahrungsfeldern die momentane Hierarchisierung von männlich konnotierten Lebensmustern, Kompetenzen und Erfahrungen zuungunsten von 'typisch weiblichen' ablöst, haben fortgeschrittene Gesellschaften eine Chance, als vitale und nachhaltig wirtschaftende Gesellschaften zu überleben (vgl. Meier-Gräwe 2007).

Die von Frauen heute schon in sehr viel stärkerem Maße gelebten Patchwork-Biografien sind in diesem Sinne als Zukunftsmodelle eines vielseitigen verantwortlichen Erwachsenendaseins zu werten, die – wenn sie zu einer kulturellen Selbstverständlichkeit werden sollen – allerdings bildungs-, arbeitsmarkt- und sozialpolitisch entsprechend flankiert werden müssen (vgl. BMFSFJ 2006).

Das Leitbild einer erwerbstätigen Person, die im Lebensverlauf zugleich auch familiale Fürsorgeaufgaben übernimmt, kann allerdings nur dann durchgesetzt werden, wenn einerseits eine Kontinuität in der Erwerbsbiografie für beide Geschlechter angestrebt wird, andererseits aber auch Unterbrechungen der Erwerbsverläufe lebbar werden; nur so kann die Erwerbsbiografie an Anforderungen zum Beispiel für (Weiter-)Bildung oder Fürsorgeverpflichtungen im Sinne von „garantierten Optionalitäten“ (Klammer 2006) angepasst werden. Das schließt die verstärkte Förderung von Übergängen aus Phasen der Familienarbeit wie auch von Weiterbildung in die Erwerbsarbeit und umgekehrt ein. Darüber hinaus braucht es Wiedereinstiegshilfen nach Elternzeit- und Pflegeunterbrechungen, aber auch Möglichkeiten des Wechsels zwischen Vollzeit- und Teilzeitarbeit. Nur so ließe sich die 'Rush-Hour of Life' schrittweise auflösen, die darin besteht, dass sich im mittleren Lebensalter die Aufgaben konzentrieren und berufliches Engagement, Familiengründung und Fürsorgeaufgaben für Kinder bzw. pflegebedürftige Angehörige synchron bewältigt werden müssen. Die Gestaltung und Mischung der Lebensläufe beider Geschlechter zwischen Bildungs-, Erwerbs- und Familiensystem wäre zudem durch den Ausbau einer Vielzahl von passgenauen personenbezogenen Dienstleistungen zu unterstützen. Vielfältige Arbeitsplätze werden in den nächsten Jahren gerade in diesen Bereichen entstehen, die interessante Beschäftigungsperspektiven für beide Geschlechter eröffnen können. Ein Blick nach Schweden zeigt, dass dort der Anteil der im Öffentlichen Dienst beschäftigten Personen im Verhältnis zur Bevölkerungszahl dreimal so hoch ist wie derzeit in Deutschland und dass die Lohn- und Gehaltssumme in diesem Sektor das Dreifache derjenigen in Deutschland ausmacht. Vorstellbar ist aber auch, dass sich eine beträchtliche Angebots-Nachfrage-Dynamik in diesem Dienstleistungssegment durch einen Mix aus staatlichen, freigemeinnützigen und privatwirtschaftlichen Anbietern ergeben kann, wenn diese miteinander kooperieren, statt sich gegeneinander abzuschotten.

Von einer Doppelorientierung im Lebenslauf würden beide Geschlechter gleichermaßen profitieren: Erfahrungsfelder von fürsorglicher Praxis prägen in diesem modernen Gesellschafts- und Ökonomiekonzept normativ wie faktisch auch den Lebenslauf von männlichen Kindern und Männern, anstatt weiterhin einseitig auf eine erwerbszentrierte männliche 'Normalbiografie' hin sozialisiert zu werden (vgl. Methfessel 1993; Schlegel-Matthies 1998). Das wäre nicht nur für die Beziehungsqualität in individuellen Partnerschaften ein Gewinn, weil dadurch die heute vielfach beklagte Überforderung der 'Super-Mum' vermieden werden könnte, nämlich gleichzeitig und allein verantwortlich als (Ehe-)Frau, Mutter und Berufstätige und in bestimmten Lebensphasen auch noch fürsorgliche Tochter für Eltern und Schwiegereltern zu sein. Zudem eröffnen sich durch eine normative wie strukturelle Überwindung tradierter Geschlechterrollen im Lebenslauf historisch neue Erwerbsmöglichkeiten für Männer in den expandierenden weiblich konnotierten Dienstleistungsbranchen des Erziehens, Unterstützens und Pflegens (vgl. BMFSFJ 2011b).

Letztlich besteht die Herausforderung nach wie vor darin, die längst überfällige gleichwertige Anerkennung unterschiedlichster gesellschaftlich notwendiger Formen von Arbeit sowie ihre geschlechtergerechte Verteilung diesseits und jenseits von Haushalt und Markt umzusetzen.

Literatur

ARISTOTELES, 1958: Politik. Hamburg.

BAETHGE, Martin / Wilkens, Ingrid, 2010: Einleitung, in: Dies. (Hg.): Die große Hoffnung für das 21. Jahrhundert? Perspektiven und Strategien für die Entwicklung der Dienstleistungsbeschäftigung. Opladen.

BEHNING, Ute (Hg.), 1997: Das Private ist ökonomisch. Berlin.

BERTRAM, Hans, 1997: Familien leben. Neue Wege zur flexiblen Gestaltung von Lebenszeit, Arbeitszeit und Familienzeit. Gütersloh.

BIESECKER, Adelheid, 2010: „Der weibliche Zwilling der Ökonomie", in: Dossier: Care Ökonomie: Nachhaltig geschlechtergerecht Wirtschaften und Leben, http://www.gwi-boell.de/web/wirtschaften-biesecker-weiblicher-zwilling-oekonomie-1875.html, Zugriff: 25.11.2013.

BIESECKER, Adelheid, 2011: Von der Maßlosigkeit zur Fürsorglichkeit. Thesen für ein zukunftsfähiges Wirtschaften aus feministischer Perspektive. *FrauenRat* 5 (2011), S. 8–11.

BMFS [Bundesministerium für Familie und Senioren] / Statistisches Bundesamt (Hg.), 1994: Wo bleibt die Zeit? Die Zeitverwendung der Bevölkerung in Deutschland. Wiesbaden.

BMFS [Bundesministerium für Familie und Senioren] / Statistisches Bundesamt (Hg.), 2003: Wo bleibt die Zeit? Die Zeitverwendung der Bevölkerung in Deutschland 2001/2. Wiesbaden.

BMFSFJ [Bundesministerium für Familie, Senioren, Frauen und Jugend] (Hg.), 2006:

BMFSFJ [Bundesministerium für Familie, Senioren, Frauen und Jugend] (Hg.), 2011a: Vereinbarkeit von Familie und Beruf mit Schulkindern. Berlin.

BMFSFJ [Bundesministerium für Familie, Senioren, Frauen und Jugend] (Hg.), 2011b: Neue Wege – Gleiche Chancen. Gleichstellung von Frauen und Männern im Lebensverlauf. Erster Gleichstellungsbericht. Berlin.

BMFSFJ [Bundesministerium für Familie, Senioren, Frauen und Jugend] (Hg.), 2011c: Machbarkeitsstudie "Haushaltsnahe Dienstleistungen für Wiedereinsteigerinnen". Berlin.

BOCK, Gisela / Duden, Barbara, 1977: „Arbeit aus Liebe – Liebe als Arbeit", in: Frauen und Wissenschaft. Beiträge zur Berliner Sommeruniversität für Frauen, Juli 1976. Berlin, S. 118–199.

BRÜCKNER, Margrit, 2010: „Entwicklungen der Care-Debatte – Wurzeln und Begrifflichkeiten", in: Apitsch, Ursula / Schmidbaur, Marianne (Hg.): Care und Migration. Die Ent-Sorgung menschlicher Reproduktionsarbeit entlang von Geschlechter- und Armutsgrenzen. Opladen / Farmington Hills (MI), S. 43–58.

EUROPÄISCHE KOMMISSION, 2012: Arbeitsunterlage der Kommissionsdienststellen über die Nutzung des Potenzials von personenbezogenen Dienstleistungen und Dienstleistungen im Haushalt. Brüssel. Familie zwischen Flexibilität und Verlässlichkeit. Siebter Familienbericht der Bundesregierung. Berlin.

FUNDER, Maria, 2011: Soziologie der Wirtschaft. Eine Einführung. München.

GALBRAITH, John Kenneth, 1974: Wirtschaft für Staat und Gesellschaft. München / Zürich.

GOTTSCHLICH, Daniela, 2012: Nachhaltiges Wirtschaften: Zum Verhältnis von Care und Green Economy (Hintergrundpapier G3 Green Economy GenderGerecht), http://genanet.de/fileadmin/downloads/Green_Economy/Hintergrundpapier_Care_de.pdf, Zugriff: 25.11.2013.

HOCHSCHILD, Arlie Russel, 2002: Keine Zeit – Wenn die Firma zum Zuhause wird und zu Hause nur Arbeit wartet. Opladen.

JOCHIMSEN, Maren, 2010: „Think asymmetric! Asymmetrie als Ausgangspunkt einer Care Ökonomie“, in: Dossier: Care Ökonomie: Nachhaltig geschlechtergerecht Wirtschaften und Leben, http://www.gwi-boell.de/web/wirtschaften-jochimsen-asymmetrie-care-oekonomie-1868.html, Zugriff: 25.11.2013.

JOSTOCK, Paul, 1941: Die Berechnung des Volkseinkommens und ihr Erkenntniswert. Stuttgart.

JURCZYK, Karin, 2010: „Care in der Krise? Neue Fragen zu familialer Arbeit“, in: Apitsch, Ursula / Schmidbaur, Marianne (Hg.): Care und Migration. Die Ent-Sorgung menschlicher Reproduktionsarbeit entlang von Geschlechter- und Armutsgrenzen. Opladen / Farmington Hills (MI), S. 59–76.

KATZ, Christian / Baitsch, Christoph, 1997: Lohngleichheit für die Praxis, hg. vom Eidgenössischen Büro für die Gleichstellung von Frau und Mann, Zürich.

KENNEDY, Margrit, 2011: Occupymoney. Damit wir künftig alle die Gewinner sind. Bielefeld.

KETTSCHAU, Irmhild, 1991: „Hausarbeitsqualifikationen und weibliches Arbeitsvermögen im Spannungsfeld privater Aneignung und beruflicher Verwertung“, in: Kettschau, Irmhild / Methfessel, Barbara (Hg.): Hausarbeit – gesellschaftlich oder privat? Hohengehren, S. 141–164.

KLAMMER, Ute, 2006: „Geld und soziale Sicherung im Lebensverlauf“, in: Bertram, Hans / Krüger, Helga / Spieß C. Katharina (Hg.): Wem gehört die Familie der Zukunft? Expertisen für den 7. Familienbericht der Bundesregierung. Opladen, S. 423–455.

KONTOS, Silvia, 1991: „Von der Liebe über die Arbeit zum Umsturz der Gesellschaft?“, in: Eifler, Christine (Hg.): Ein bißchen Männerhaß steht jeder Frau. Berlin, S. 91–107.

KRÜGER, Helga, 1991: „Doing Gender – Geschlecht als Statuszuweisung im Berufsbildungssystem“, in: Brock, Ditmar et al. (Hg.): Übergänge in den Beruf. Zwischenbilanz zum Forschungsstand. Weinheim / München, S. 139–169.

KRÜGER, Helga, 2000: „Ein expandierender Arbeitsmarkt mit sieben Siegeln“, Frankfurter Rundschau vom 16.02.2000, S. 11.

LISCHNEWSKA, Maria, 1979: „Die handwerksmäßige und fachgewerbliche Ausbildung der Frau“ (1910), in: Brinker-Gabler, Gabriele (Hg.): Frauenarbeit und Beruf. Die Frau in der Gesellschaft. Frühe Texte. Frankfurt a.M., S. 218–234.

LIST, Friedrich, 1959: Das nationale System der politischen Ökonomie. Basel.

LUTZ, Helma, 2007: Vom Weltmarkt in den Privathaushalt. Die neuen Dienstmädchen im Zeitalter der Globalisierung. Leverkusen.

MADÖRIN, Mascha, 1995: „Männliche Ökonomie – Ökonomie der Männlichkeit", in: Bundesministerin für Frauenangelegenheiten (Hg.): Frauenwirtschaftskonferenz. Eine Dokumentation der Veranstaltung der Bundesministerin für Frauenangelegenheiten vom 24. Juni 1994. Im Auftr. des Bundeskanzleramtes, Wien, S. 16–22.

MADÖRIN, Mascha, 2010: „Care Ökonomie – eine Herausforderung für die Wirtschaftswissenschaften", in: Bauhardt, Christine / Caglar, Gülay (Hg.): Gender and Economics. Feministische Kritik der politischen Ökonomie. Wiesbaden, S. 81–104.

MADÖRIN, Mascha, 2012: „Wir können zwar immer schneller Autos produzieren, aber nicht schneller Alte pflegen oder Kinder erziehen. Die Ökonomin Mascha Madörin über das volkswirtschaftliche Gewicht unbezahlter und bezahlter Sorge- und Versorgungsarbeit", FrauenRat 2 (2012), S. 11–14.

MEIER, Uta (Hg.), 1997: Vom Oikos zum modernen Dienstleistungshaushalt. Frankfurt a.M. / New York.

MEIER-GRÄWE, Uta, 2007: „Kinderlosigkeit, 'die gute Mutter' und die Notwendigkeit eines nicht nur familienpolitischen Kurswechsels", in: Baer, Susanne / Lepperhoff, Juliane (Hg.): Gleichberechtigte Familien? Wissenschaftliche Diagnosen und politische Perspektiven. (Gender kompetent. Beiträge aus dem GenderKompetenzZentrum, Bd. 3), Bielefeld, S. 69–89.

MEIER-GRÄWE, Uta, 2010: „Erwerbsarbeit und generative Sorgearbeit neu bewerten und anders verteilen – Perspektiven einer gendersensiblen Lebenslaufpolitik in modernen Dienstleistungsgesellschaften", in: Naegele, Gerhard (Hg.): Soziale Lebenslaufpolitik. Wiesbaden, S. 245–267.

METHFESSEL, Barbara, 1993: „Eine gemeinsame Zukunft? Zur Relevanz von Familie und Haushalt für die Lebensplanung von Jungen und Mädchen", in: Kettschau, Irmhild / Methfessel, Barbara / Schmidt-Waldherr, Hiltraud (Hg.): Jugend, Familie und Haushalt, Hohengehren, S. 85–102.

MÖLDERS, Tanja, 2010: „Von der Frauen-Frage zum Vorsorgenden Wirtschaften – eine (re)produktionstheoretische Interpretation empirischer Befunde zur Gender-Dimension von Agrarpolitik", femina politica 19(1) 2010, S. 43–55.

PRÄTORIUS, Ina, 1996: „Ökonomie denken jenseits der androzentrischen Ordnung", in: Europa: Herausforderungen für die Alltagsbewältigung. Hauswirtschaft als Basis für soziale Veränderungen. Internationale Arbeitstagung des Internationalen Verbands für Hauswirtschaft. 21.–23. Oktober 1996 in Wien. Hg. vom Internationalen Verband für Hauswirtschaft mit Unterstützung des Bundesministeriums für Land- und Forstwirtschaft und des Bundesministeriums für Unterricht und kulturelle Angelegenheiten. Wien, S. 251–260.

PRÄTORIUS, Ina, 2000: „Die Welt als Haushalt und der Haushalt Gottes", Haushalt und Wissenschaft 1 (2000), S. 21–30.

RAUSCHENBACH, Thomas, 2013: „Kinder- und Jugendhilfe in neuer Gesellschaft. Wie sich das Aufwachsen von Kindern und Jugendlichen verändert – und wie die Kinder- und Jugendhilfe darauf reagiert", DJI impulse 1 (2013), S. 4–6.

REICH, Robert B., 1992: The Work of Nations. Preparing Ourselves for 21st-Century Capitalism. New York.

RICHARZ, Irmintraut, 1991: Oikos, Haus und Haushalt. Ursprung und Geschichte der Haushaltsökonomie. Göttingen.

RUDOLPH, Hedwig, 1986: „Der männliche Blick in der Nationalökonomie", in: Hausen, Karin / Nowotny, Helga (Hg.): Wie männlich ist die Wissenschaft? Frankfurt a.M., S. 121–142.

SCHÄFER, Dieter, 2004: „Unbezahlte Arbeit und Haushaltsproduktion im Zeitvergleich", in: Statistisches Bundesamt (Hg.): Alltag in Deutschland – Analysen zur Zeitverwendung (Forum der Bundesstatistik Bd. 43). Wiesbaden, S. 247–273.

SCHAFFER, Axel / Stahmer, Carsten, 2006: „Erweitertes Gender-BIP – Eine geschlechts-spezifische Analyse des traditionellen Bruttoinlandsproduktes und der Haushaltsproduktion in Deutschland", Jahrbücher für Nationalökonomie und Statistik 226 (3) (2006), S. 308–328.

SCHLEGEL-MATTHIES, Kirsten, 1998: „Alltägliche Aufgaben und Probleme im Haushalt – Identifikation und Entwicklung von Qualifikationen als wichtiger Bildungsauftrag für Herausforderungen der Zukunft", in: Richarz, Irmintraud (Hg.): Der Haushalt. Neubewertung in der Postmoderne. Göttingen, S. 157–167.

SCHMUCKLI, Lisa, 1994: „Gebrochene Kontinuität. Zu einer Ökonomie der Zeiten", in: Bernhard Filli, Heidi / Günter, Andrea / Jochimsen, Maren / Knobloch, Ulrike / Praetorius, Ina / Schmuckli, Lisa / Vock, Ursula: Weiberwirtschaft. Frauen – Wirtschaft – Ethik. Luzern, S. 41–63.

SCHWEITZER, Rosemarie von, 1998: „Die privaten Versorgungs-, Pflege- und Erziehungsleistungen und ihre Wahrnehmung als Haushaltsproduktion", Hauswirtschaft und Wissenschaft 36 (1998), S. 230–237.

SILBERKUHL-SCHULTE, Maria, 1928: „Welchen Wert hat die hauswirtschaftliche Arbeit?", Hauswirtschaft und Wissenschaft, Jubiläumsausgabe 50 Jahre, Hauswirtschaftliche Jahrbücher, Reprint 1928/29/30 im Jahre 1978, S. 57–59.

STAUDER, Brigitte, 1999: „Verzögerte Individualisierung", Neue Zürcher Zeitung vom 6./7.02.1999, S. 55.

THIESSEN, Barbara, 2004: Re-Formulierung des Privaten. Professionalisierung personenbezogener, haushaltsnaher Dienstleistungsarbeit. Wiesbaden.

UNEP [United Nations Environmental Programme], 2011: Towards a Green Economy. Pathways to Sustainable Development and Poverty Eradication. Nairobi (Kenya).

VEREIN JOAN ROBINSON / WIDE-Netzwerk Women in Development Europe, Institut für Institutionelle und Heterodoxe Ökonomie / WU Wien (Hg.), 2010: Wirtschaft anders denken. Handbuch Feministische Wirtschaftsalphabetisierung. Wien.

WEHLER, Hans-Ulrich, 2013: Die neue Umverteilung. Soziale Ungleichheit in Deutschland. München.

WEINKOPF, Claudia, 2002: „'Es geht auch anders' – Reguläre Beschäftigung durch Dienstleistungspools", in: Gather, Claudia (Hg.): Weltmarkt Privathaushalt. Bezahlte Haushaltsarbeit im globalen Wandel. Münster, S. 154–166.

WELLER, Ines, 2004: Gender und Nachhaltigkeit. Neue Perspektiven für die Gestaltung und Nutzung von Produkten. München.

WELLER, Ines, 2012: Green Economy und Konsum: Gender_gerecht? (Hintergrundpapier G3 Green Economy GenderGerecht), http://genanet.de/fileadmin/downloads/Green_Economy/Hintergrundpapier_Konsum_de.pdf, Zugriff: 25.11.2013.

WINTER, Regine (Hg.), 1994: Frauen verdienen mehr. Zur Neubewertung von Frauenarbeit im Tarifsystem. Berlin.

Eva M. Welskop-Deffaa

Share Economy und Care Economy zusammen denken: Gute Arbeit im Privathaushalt

Gerd ist Facharbeiter bei einem großen Automobilhersteller in Süddeutschland. Schon sein Vater, jetzt 85 Jahre alt, war bei derselben Firma angestellt. Gerds Großvater und Urgroßvater waren Bergarbeiter. Gerds Urgroßvater kam als Bauer aus der Eifel ins Ruhrgebiet, um Arbeit zu suchen. Die Familie hatte er im Heimatdorf zurückgelassen und unter Tage jenes Einkommen gefunden, das er zur Sicherung der Existenz in der kargen Eifellandwirtschaft zuvor nicht finden konnte. Seine Frau hatte neben der Sorge für Haus und Kinder die 'Männerarbeit' in Stall und Scheune mit übernommen. Erst in der nächsten Generation gab es für die Familie von Gerds Großvater wieder ein gemeinsames Zuhause – ein kleines Häuschen in einer Bergarbeitersiedlung im Ruhrgebiet.

Gerds Frau Maria hat Bäckereifachverkäuferin gelernt, den größten Teil ihres Lebens aber war sie Hausfrau. Als die Kinder aus dem Haus waren, gab es die Schwiegereltern, die umsorgt werden wollten, und viele Aufgaben in der Pfarrgemeinde; das Einkommen von Gerd reichte aus, um die Wünsche der Familie zu erfüllen. Seit zwei Jahren ist Gerds Vater ein schwerer Pflegefall und nun sucht Maria dringend nach einer Hilfe, die ihr einen Teil der Rund-um-die Uhr-Pflege des Schwiegervaters verlässlich abnimmt. In der Nachbarschaft gibt es eine polnische Frau, die bei einem verwitweten Kollegen ihres Schwiegervaters eingezogen ist. Die Polin übernimmt die Pflege faktisch 24 Stunden lang an 7 Tagen pro Woche. Mann und Kinder hat sie hinter Krakau zurückgelassen. Alle paar Monate fährt sie nach Hause zurück und organisiert für diese Zeit eine Vertretung aus ihrer polnischen Nachbarschaft beim pflegebedürftigen Arbeitgeber.

Gerd arbeitet, so sagt er, bei einem großen Automobilhersteller. Ein genauer Blick zeigt, dass aus dem Automobilhersteller längst ein Anbieter und Nachfrager verschiedenster Dienstleistungen rund um das Auto geworden ist: Wichtige Teile der Produktion sind als Dienstleistungs-Werkverträge ausgelagert, Crowdsourcing ist der Begriff für die Nachfrage nach Leistungspaketen, die als Teile der Wertschöpfungskette in der elektronischen Cloud-Welt ausgeschrieben und geliefert werden. Auch im Vertrieb geht es um weit mehr als Auto plus Finanzierungs- und Wartungsdienstleistung: Car-Sharing wird gefördert, Parkplatz-Sharing als neue Dienstleistung getestet. Der Wachstumsmarkt für Gerds Arbeitgeber liegt nicht im Verkauf von mehr Autos, sondern im Angebot von mehr Mobilitäts-Dienstleistung.

Öffentlich weniger beachtet hat sich auch Marias Arbeitsplatz im Haushalt in den Jahren ihrer Ehe und erst recht im Vergleich zum Haushalt ihrer Eltern dramatisch verändert. Mit zeitlicher Verzögerung wurde die Maschinenrevolution aus der Industrie im Haushalt nachvollzogen: vollautomatische Waschmaschine, Wäschetrockner, Spülmaschine, Mikrowelle, Kühlschrank, Tiefkühltruhe, Kaffee-Automat, elektrischer Rasenmäher – das sind nur die wichtigsten Teile des Maschinenparks, der die Arbeit in Haushalt und Garten leichter macht. In den letzten Jahren, in denen Gerds Vater zunehmend pflegebedürftig wurde, sind ein elektrisch verstellbares Pflegebett, eine Hebevorrichtung für die Badewanne und andere technische Errungenschaften hinzugekommen.

Das Angebot von Dienstleistern, die dabei helfen, die Aufgaben des Haushalts auf mehrere Schultern zu verteilen und die die Wertschöpfungskette im Haushalt entlastend aufteilen, hinkt allerdings im Vergleich zu Gerds Arbeitgeber hinterher. Die – digital unterstützte – Neuorganisation von Dienstleistungen im und für den Haushalt kommt erst allmählich voran. Seit Kurzem kennt Maria einen Supermarkt in der Nachbarschaft, bei dem sie ihre Wochenration per Computer oder Telefon bestellen kann und der die Waren bis in die Wohnung liefert. Der Lieferservice ist ab einer bestimmten Einkaufssumme im Preis der Waren inbegriffen. Es gibt den ambulanten Pflegedienst, der bei der Pflege des Schwiegervaters einige Aufgaben übernimmt. Es erweist sich aber als schwierig, eine Reinigungskraft zu finden, die bereit ist, außerhalb der Schattenwirtschaft ordnungsgemäß sozialversichert Bad und Zimmer des Schwiegervaters zu putzen, obwohl das Mehrgenerationenhaus im Nachbarort eine 'Dienstleistungsplattform' ins Leben gerufen hat. In der eigenen Kirchengemeinde ist das Projekt 'Talente Fair Teilen' entstanden. Dort kann man den Hochdruckreiniger und die Wäschemangel (inklusive Wartungsservice) nutzen, ohne die Geräte selbst zu besitzen. 'Share Economy' nennt das die Gemeindereferentin, die das Projekt initiiert hat und die versucht, nicht nur das Ausleihen der Geräte, sondern auch den Austausch von Dienstleistungen über die Drehscheibe der Kirchengemeinde zu organisieren. Sie will für die Familien, die durch die Pflege älterer Angehöriger belastet sind, und auch für die Familien, in denen der 'normale Haushalt' für zwei berufstätige Eltern nach Dienstschluss eine schwer zu schulternde Aufgabenfülle übrig lässt, Entlastung anbieten.[1]

Internationale Arbeitsteilung in der Dienstleistungsgesellschaft

Gerds und Marias Familiengeschichte ist typisch für die Veränderungen der Arbeitswelt, die sich in den letzten 50 Jahren in Betrieb und Haushalt[2] in Deutschland vollzogen haben. Und der Wandel der Arbeitsverhältnisse vollzieht sich weiter – unter den Vorzeichen von Globalisierung, Digitalisierung und demografischer Dynamik (Welskop-Deffaa 2013: 37 ff.; ausführlicher Welskop-Deffaa 2012). Die Industriegesellschaft alten Typs ist längst abgelöst von einer neuen Dienstleistungsgesellschaft: Drei Viertel der Beschäftigten in Deutschland arbeiten heute in einer Dienstleistungsbranche, Tendenz steigend (Fuchs / Zinka 2010: 5).

Der seit den 50er-Jahren des letzten Jahrhunderts avisierte Wandel der westlichen Volkswirtschaften zur Dienstleistungsgesellschaft gestaltet sich dabei allerdings insgesamt in anderer Weise als erwartet.[3] Dienstleistungen werden

---

1 Das Engagement der Gemeindereferentin setzt auf lokaler Ebene um, was die beiden großen christlichen Kirchen auf politischer Ebene in der Debatte um die Agenda 21 und die ILO-Konvention C 189 seit Jahren einfordern: neue Konzepte für nachhaltigen Konsum und gute Arbeit für Hausangestellte. Die Herausforderung, menschenwürdige Arbeit in personenbezogenen Dienstleistungen zu gewährleisten, haben sie gemeinsam mit Gewerkschaften, Frauenverbänden und Pionierinnen der feministischen Rechtswissenschaft früh aufgegriffen; vgl. dazu stellvertretend *Justitia et Pax* 2011.

2 Das Alltagsverständnis unterscheidet zwischen Betrieb und Haushalt und macht damit Arbeit, die im Privathaushalt erbracht wird, zu 'außerbetrieblicher' Arbeit. Eine gesetzliche Bestimmung des Begriffs 'Betrieb' existiert nicht. Allgemein gehen Arbeitsrechtler davon aus, dass ein 'Betrieb' eine organisatorische Einheit ist, „innerhalb derer ein Arbeitgeber allein oder in Gemeinschaft mit seinen Mitarbeitern mit Hilfe von sächlichen und immateriellen Mitteln bestimmte Arbeitstechnische Zwecke fortsetzt und verfolgt. Betriebe sind daher nicht nur wirtschaftliche oder gewerbliche Einrichtungen; entscheidendes Begriffsmerkmal ist die arbeitstechnische Zwecksetzung der Organisation" (*Kocher* 2013: 931). Kocher kommt zu dem Ergebnis, dass in einem Haushalt, in dem Arbeitnehmerinnen beschäftigt werden, eine arbeitstechnische Organisation besteht, also die arbeitsrechtlichen Regeln, die sich auf einen Betrieb beziehen, anwendbar sind. Jenseits der arbeitsrechtlichen Unsicherheiten, die durch das Alltagsverständnis mit geprägt sind, ist auch in der gewerkschaftlichen Wahrnehmung ein Betrieb etwas anderes als ein Haushalt, nicht zuletzt deshalb, weil Zutrittsrechte zum Betrieb anders geregelt sind als Zutrittsrechte zum Haushalt, was für das 'Organising' (die gewerkschaftliche Organisation der Beschäftigten) einen erheblichen Unterschied macht. Zur Privatheit der Wohnung (Art. 13 GG) s. *Kocher* 2013: 932.

3 Es ist hier nicht der Ort, sich ausführlicher mit dem Konzept der 'Dienstleistungsgesellschaft' als quasi-gesetzmäßiger Nachfolgerin der 'Industriegesellschaft' zu beschäfti-

unter den Vorzeichen der Digitalisierung nicht – wie ursprünglich vermutet – weiter per se ortsgebunden nachgefragt und erbracht. Der Augenoptiker, die Erzieherin, die Altenpflegerin, der Regal-Auffüller im Supermarkt – sie stehen vergleichsweise klassisch für Dienstleistungsberufe, wie wir sie uns eng mit dem Ort der Dienstleistung verbunden vorstellen. Viele andere moderne Dienstleister_innen – der IT-Fachmann, die Call-Center-Mitarbeiterin, der Logistik-Profi – repräsentieren längst eine neue Normalität der Dienstleistungsgesellschaft 2.0, in der weit entfernt vom Nachfrager Dienstleistungsanbieter ihren (Haupt-) Arbeitsort 'irgendwo' haben können. Mit großer Geschwindigkeit haben sie eine neue Dienstleistungsgesellschaft globaler Austauschbeziehungen entstehen lassen. Gerade durch die Digitalisierung ist Dienstleistungsaustausch zu einem wichtigen Motor der Globalisierung geworden.

Dienstleistungsarbeit wandert im Zuge dieser Entwicklung in großem Maße in den Süden, häusliche Care-Arbeit in Deutschland wird zunehmend über transnationale Fürsorgemigration gewährleistet (vgl. Schnabl 2011: 143 ff.; Scheiwe / Krawietz 2010): Altenpflegeheime für Europäer_innen in Indien, Callcenter und IT-Leistungen via Crowdsourcing sind wie die polnische Pendelmigrantin, die in deutschen Haushalten als *live-in*-Pflegekraft arbeitet, Ausdruck einer arbeitsteiligen Dienstleistungsgesellschaft neuen Typs, in der Gute Arbeit[4] durch nationale Regelungen allein nur noch schwer gewährleistet werden kann. Zwischen formeller und informeller Arbeit entstehen dabei international neue Grauzonen. Und die International Labour Organization (ILO) wird als Akteur für eine internationale Ordnung Guter Arbeit unter den Vorzeichen der globalen Dienstleistungsbeziehungen immer wichtiger, ebenso wie die transnationale Zusammenarbeit von Gewerkschaften und Arbeitnehmerbewegungen.[5]

---

gen. Zuletzt hat sich *Hesse* 2013 kritisch mit der zugrunde liegenden Dreisektoren-Hypothese *Fourastiés* auseinandergesetzt. Unabhängig von der grundsätzlichen Debatte ist festzuhalten, dass die Beschäftigung im Privathaushalt weder unter dem Label der Dienstleistungsgesellschaft noch in dem von Hesse präferierten Konzept der Wertschöpfungskette ausreichende Aufmerksamkeit gefunden hat.

4 Für den im ILO-Kontext verwandten Begriff *decent work* hat sich im deutschen Gewerkschafts- und Politikdiskurs überwiegend der Begriff 'Gute Arbeit' durchgesetzt; vgl. den Wikipedia-Eintrag 'Gute Arbeit' unter http://de.wikipedia.org/wiki/ Gute_Arbeit, Zugriff: 16.12.2013.

5 Die Erarbeitung der ILO-Konvention C 189 ist mit ihrer expliziten Geltung für formelle und informelle Arbeitsverhältnisse eine Pionierleistung; vgl. u.a. DGB 2012: 4 sowie *Kocher* in diesem Band.

Share Economy und Care Economy: Neue Trends in einer entwickelten Dienstleistungsgesellschaft

Es herrscht Konsens darüber, dass in den entwickelten Volkswirtschaften die Nachfrage nach Arbeit, die im und für den Haushalt erbracht wird, zunehmen wird: Der demografische Wandel führt dazu, dass immer mehr Menschen immer länger leben und im fortgeschrittenen Lebensalter bei der Bewältigung des Lebensalltags auf Hilfe angewiesen sind, die nicht mehr umfassend innerfamiliär erbracht werden kann (Rothgang et al. 2011: 9).[6] Gleichzeitig verändert die Digitalisierung Arbeiten und Leben: Der Haushalt wird Ort von (marktrelevanter) Produktion und Dienstleistung. Die Grenzen des 'Betriebs' und damit auch die zwischen Haushalt und Betrieb verschwimmen. Neue Formen der Produktion und der Nutzung von Gütern revolutionieren unsere Vorstellungen von Arbeit und Eigentum. Smart-Home-Angebote, die Dienstleistungen und Produktion rund um den Haushalt verknüpfen, wachsen – mit einem geschätzten Umsatzvolumen von 4 Milliarden Euro allein in Europa bis 2017.[7]

Zwei Begriffe, unter denen diese neuen Trends einer entwickelten Dienstleistungsgesellschaft zurzeit – allerdings ganz unabhängig voneinander – diskutiert werden, sind 'Share Economy' und 'Care Economy'. Care Economy betrachtet die Wirtschaftsentwicklung aus der Perspektive der Pflege- und Sorgedienstleistungen im weitesten Sinne, die – in unserer alternden arbeitsteiligen Gesellschaft – vermehrt nachgefragt, neu organisiert und professionalisiert werden. Unter der Bezeichnung Share Economy werden wirtschaftliche Dynamiken gefasst, die sich den (digital verknüpften) neuen Diensten verdanken, die Kunden ein Wirtschaftsgut leihen, statt es zu verkaufen (vgl. Welskop-Deffaa 2013).

Care Economy – weibliche Fürsorge-Aufgaben im Wandel

Die Diskussion zur Care Economy ist überwiegend feministisch geprägt[8] und richtet das Augenmerk auf die Tatsache, dass die Bewältigung der Fürsorge-

---

6 Darauf verweist auch die aktive Anwerbung von Haushaltshilfen für Pflege im Haushalt über die Bundesagentur für Arbeit, s. Bundesagentur für Arbeit 2013.

7 So die Wirtschaftsberatungsgesellschaft Deloitte, vgl. „Die Scheu vor dem intelligenten Haus soll weichen". Frankfurter Allgemeine Zeitung vom 4.12.2013, S. 12 (vgl. auch „Der Datensammler klopft an die Haustür. Google kauft für über drei Milliarden Dollar einen Thermostat- und Rauchmelder-Hersteller". Berliner Zeitung vom 15.01.2014, S. 9.

8 Vgl. z.B. Manifest und Kampagne der European Women's Lobby 2006.

Aufgaben in der entwickelten Dienstleistungsgesellschaft (vorläufig) eine Frauendomäne bleibt. Die Fürsorge-Aufgaben werden zwar schrittweise professionalisiert und die Leistungserbringer_innen werden inzwischen immer öfter bezahlt, aber die Bezahlung ist überwiegend schlecht und die Arbeitsbedingungen sind häufig prekär. Die Tatsache, dass die Care-Leistungen im Familienkontext traditionell unbezahlt erbracht wurden und weiter häufig unbezahlt erbracht werden, trägt dazu bei, ihre faire Bewertung in der Arbeitswelt zu erschweren: Bis heute sind verberuflichte Dienstleistungen, „die verschiedene Formen von generativer Sorgearbeit zum Inhalt haben, Sackgassenberufe – immer noch schlecht bezahlt, repetitiv, oft als weibliche Zuverdienst- bzw. Helferinnenberufe strukturiert und ohne nennenswerte berufliche Entwicklungschancen“ (Meier-Gräwe 2012: 178).

Uta Meier-Gräwe erinnert an Debatten zu Beginn des 20. Jahrhunderts, als es um den Aufbau eines Berufsbildungssystems für die nach und nach entstehenden ‘Frauenberufe’ ging, und an die in diesem Kontext bis heute wiederkehrenden Muster der Prekarisierung und Familialisierung. Vonseiten der Kammern gab es erheblichen Widerstand gegen eine Integration weiblicher Handwerke in eine reguläre Berufsausbildung. Als Argument wurde vorgetragen, dass die Damenschneiderei, das Wäschenähen oder das Frisieren kein Handwerk im eigentlichen Sinne, das heißt kein ‘Beruf auf Lebenszeit’ seien, sondern allenfalls eine voreheliche Beschäftigung bzw. ‘ein ganz bescheidenes Lernen für den Hausbedarf’ , Lernen also für die Aufgaben, die im Lebenslauf vor allem im familiären Kontext unbezahlt erbracht werden sollten. Aus diesem Grunde eigneten sich die weiblichen Handwerke vermeintlich nicht für eine strenge gesetzliche Erfassung (vgl. ebd.; Meier-Gräwe in diesem Band).

Bis heute setzt sich dieses Wahrnehmungsmuster besonderer Nähe zu unbezahlt familiär zu erbringenden Leistungen fort – unter anderem bei Erzieherinnen, Altenpflegerinnen, Hauswirtschafterinnen – und es gerät konzeptionell aus dem Blick, dass (weiblich geprägter) generativer Sorgearbeit nicht nur der Status von gesellschaftlich notwendiger Arbeit innewohnt, sondern dass sie dem Anspruch Guter Arbeit ebenso genügen muss wie männlich geprägte Industriearbeit.

> „Die durch die ‘invisible hand’ der Frauen erbrachten Leistungen zur Humanvermögensbildung und -erhaltung wurden von männlichen Ökonomen nicht als Arbeit anerkannt oder eben bestenfalls als ‘Arbeit aus Liebe’ apostrophiert, was bis heute zu vielfältigen Benachteiligungen der weiblichen Hälfte der Gesellschaft entlang ihrer Biografie führt.“ (Meier-Gräwe 2012: 178)

Die Forschung zur Care Economy,[9] für die *Meier-Gräwe* hier exemplarisch steht, entschlüsselt die Zuschreibungsmuster weiblicher 'Zuständigkeiten' und ihre Auswirkungen auf die Bewertung von Hausarbeit und personenbezogenen Dienstleistungen:

> „Die Zuweisung der Haus- und Fürsorgearbeit an die Frau erwies sich [...] als ein wohlkalkulierter Schritt der Architekten der neu entstehenden Industriegesellschaft, der die Stabilisierung des Sozialen sicherstellen sollte. Diese Geschlechterrollenkonstruktion wurde zum einen über die Verrechtlichung geschlechtsspezifischer Zuweisungsmuster abgestützt, zum anderen über deren Naturalisierung, indem gesellschaftliche Ungleichheiten und Strukturen als ›von Natur gegeben‹ dargestellt wurden. An der Verbreitung dieser Geschlechterrollenideologie, welche die Prinzipien männlich und weiblich als unversöhnlich und unvereinbar gegenüberstellte, hatten die Repräsentanten des sich im 19. Jahrhundert rasch ausdifferenzierenden Wissenschaftssystems, insbesondere Mediziner, Juristen, Ökonomen und Soziologen, einen ganz erheblichen Anteil. Diese Ideologie war mit einer historischen Neu-Konstruktion von Weiblichkeit verbunden, welche die Rolle der Frau auf die der Ehefrau und Mutter reduziert hat und in einen standardisierten weiblichen Lebenslauf mündete. Es handelt sich um die naturrechtlich begründete Familialisierung der Frau." (Meier-Gräwe 2012: 179)

Im historischen Kontext einer solch umfassenden Familialisierung von Care-Arbeit sind steigende Nachfrage nach und (weibliches) Angebot von Care-Leistungen im Zuge der demografischen Entwicklung nicht automatisch mit Guter Arbeit für diejenigen verbunden, die heute als Dienstleistungskräfte in Privathaushalten tätig sind. Schlechte Bezahlung, ungenügende soziale Absicherung, unklare Arbeitsbedingungen und Unklarheiten über die Reichweite von Arbeitsschutzregelungen sind Realitäten des Arbeitsplatzes Haushalt, der die dort geleistete Arbeit und die schwierigen Arbeitsbedingungen hinter den Türen der privaten Wohnung tendenziell unsichtbar macht (vgl. Kocher 2013: 930 ff.)

Auf die vielfältigen Diskriminierungsrisiken von Beschäftigten in der Fürsorgearbeit im Privathaushalt verweist die feministische Forschung im Umfeld des Konzepts der Care-Ökonomie. Hinzu kommt die Tatsache, dass Frauen ihre eigenen familiären Aufgaben vernachlässigen (müssen), wenn sie – oft aus ökonomischer Not – Fürsorgearbeit in einem Privathaushalt (im Ausland) annehmen. Viele Frauen, besonders diejenigen, die als Pendelmigrantinnen

9 Eine treffende Übersetzung von Care Economy ist nicht so einfach. Der Begriff 'Lebensweltökonomie', der von *Madörin* (2010: 82) vorgeschlagen wird, erscheint insgesamt am ehesten geeignet, auch wenn er einige Assoziationen des englischen Begriffs nicht transportiert.

und/oder *live-in*-Pflegekräfte in Deutschland arbeiten und ihre Familien in der Heimat allein lassen, erleben ihre Situation als anstrengend und belastend.[10]

Wichtig ist jedoch, über der Wahrnehmung der Risiken und der zum Teil schreienden Ungerechtigkeiten bei irregulärer Beschäftigung im Privathaushalt nicht zu übersehen, dass in den expandierenden Beschäftigungsmöglichkeiten im Privathaushalt grundsätzlich Emanzipationspotenzial stecken kann. Historisch hat die Arbeitsmigration der Männer in die Industriezentren die wirtschaftliche Lage ihrer Familien verbessert (und zugleich Belastungen durch Trennung mit sich gebracht). Auch die Arbeitsmigration der Frauen, die der neuen Nachfrage nach Fürsorgearbeit folgt, ist grundsätzlich geeignet, die ökonomische Situation der Familie im Heimatland nachhaltig zu verbessern und zugleich die Stellung der Frau in der Familie – als Familienernährerin[11] – zu stärken. Stereotype in der familiären Rollenverteilung in der eigenen Familie können ins Wanken geraten, allerdings wird unter Umständen gleichzeitig im Zielland der Fürsorgemigration die tradierte Wahrnehmung von häuslicher Pflege als 'Frauenaufgabe' bestätigt.[12]

Manche Beschreibung von Problemen, die in der Familie der Erbringerinnen von Care-Arbeit durch deren Abwesenheit entstehen können, scheint durchaus von traditionellen Vorstellungen vom 'Ort der Frau in der Familie' geprägt. Da auch die Charakterisierung haushaltsnaher als *familienbezogener* Dienstleistungen der (Re-)Familialisierung von Care-Arbeit und der Rekultivierung ihres Charakters als 'Arbeit aus Liebe' Vorschub leistet, wirken manche Verweise auf die heimische Verantwortung der Fürsorgemigrantinnen faktisch einer Entwicklung der Professionalisierungs- und Emanzipationspotenziale in den Care-Aufgaben – als Gute Arbeit – entgegen.

Die Versorgung eines pflegebedürftigen alten Menschen und die Reinigung von Bett und Bad in dessen Haushalt unterscheiden sich in Bezug auf Empathie und Professionalität nicht grundsätzlich von den gleichen Aufgaben in einem Pflegeheim. Eine adäquate Bezahlung, eine arbeitsrechtliche und

---

10 Die Interviews aus dem Forschungsteam von *Emunds* und *Schacher* 2012 machen die Situation ebenso anschaulich wie die Arbeiten von *Metz-Göckel et al.* 2008.

11 Die latente Skepsis gegenüber dem Phänomen der Familienernährerin beschreibt *Wippermann* (2011b: 33 ff.; 2013). Selbst- und Fremdbild der Nachfrage nach haushaltsnahen Dienstleistungen und Minijobs reflektiert. Derselbe in *Wippermann* 2011a und 2013. Zum Thema Familienernährerinnen darüber hinaus *Klammer et al.* 2011.

12 Vorläufig ist der Stellenwert einer Förderung haushaltsnaher Dienstleistungen zur Schaffung Guter Arbeit im Privathaushalt als Thema einer modernen Gleichstellungspolitik noch nicht ausreichend erkannt; s. BMFSFJ 2012: 30; die Barmer GEK verweist im Pflegereport 2011 auf eine Zunahme der Anzahl pflegender Männer – allerdings auf niedrigem Niveau (*Rothgang et al.* 2011: 72).

arbeitsschutzrechtliche Absicherung der Arbeit im Privathaushalt als Gute Arbeit wird daher am ehesten gelingen, wenn die im Privathaushalt erbrachten Care-Arbeiten vom Konzept 'Familie' entkoppelt werden und stattdessen klare Anforderungen an die Arbeitgeber und Auftraggeber formuliert werden, die im jetzigen Graubereich allzu häufig nicht erfüllt werden (vgl. Schnabl 2011: 153; Emunds / Schacher 2012: 66). Die Debatten im Vorfeld der Verabschiedung und Ratifizierung der ILO-Konvention C 189 und im Umfeld des ILO-Übereinkommens Ü 177 von 1996 zur Heimarbeit haben hier erste Voraussetzungen für Veränderungen geschaffen, nicht zuletzt durch den konzeptionellen Austausch von Frauen- und Arbeiterbewegung, von kirchlichem und gewerkschaftlichem Engagement (vgl. statt vieler DGB et al. 2005; Deutsche Kommission Justitia et Pax 2011).

Um die notwendige Entkopplung der Arbeit im Privathaushalt von Familien-Konzepten zu befördern, scheint es im Übrigen perspektivisch weiterführend, die Debatte um die Care Economy mit der neu entstehenden Diskussion um Chancen der Share Economy zusammenzuführen: Die Debatte um Risiken und Chancen der Dienstleistungsgesellschaft 2.0 sollte nicht an den Wohnungstüren pflegebedürftiger Menschen enden.

Share Economy – Teilen statt Haben im persönlichen Raum

Die Begrifflichkeit der Share Economy als 'nächster Stufe' wirtschaftlicher Entwicklung nach der Produktions- und Dienstleistungsökonomie rückt die fortgeschrittene Arbeits-, Dienstleistungs- und Güterteilung in den Mittelpunkt. Wir kaufen weiterhin Produkte wie Autos, aber sie sind in ein Bündel von individualisierten Dienstleistungen eingebettet: Wartungsverträge, Garantien, Zugang zu Krediten, Bildung – perfekt auf die Bedürfnisse des Kunden zugeschnitten. Bald werden wir Produkte immer seltener kaufen und stattdessen unsere (heimische) Nachfrage überwiegend direkt auf die Leistungen konzentrieren, die wir uns von diesen Produkten erhoffen.

Massenware, so eine der Vordenkerin der Share Economy, *Shoshana Zuboff*, befriedigt im Dienstleistungsbereich inzwischen genauso wenig wie bei der Güterproduktion die Wünsche der Kunden im 21. Jahrhundert. Wir fragen national und international genau die Dienste und Leistungen nach, die individuell zu unseren Bedürfnissen passen (vgl. Zuboff 2013: 49). Statt 'Was habe ich dir zu verkaufen?' werden die (Dienstleistungs-)Anbieter der Zukunft fragen müssen 'Wie geht es dir? Was brauchst du? Und wie kann ich dir helfen?' Die Angebotslogik, so Zuboff, werde „vom organisierten zum individuellen Raum umschalten" (ebd.). Für Unternehmen bedeute das konkret, dass sie Strategien entwickeln müssten, um direkt die Bedürfnisse des Kunden anzusprechen. Es gehe darum, „dem Einzelnen in seinem persönlichen Raum zu helfen“ (ebd.: 51). Wer Menschen in ihrem persönlichen Raum, in ihrer Wohnung, ihrem Haushalt genau die Dienstleistungen anbieten will, die sie brauchen, der wird damit zum Anbieter (neuer) haushaltsnaher und personenbezogener Dienstleistungen. Die Spezialistinnen für diesen Markt von morgen sind die Hausangestellten von heute, wenn und sofern ihr Wissen abgefragt und ihre Qualifikation gefördert wird.

Der 'Betrieb' als Arbeitsort verliert in der neuen Dienstleistungsgesellschaft, in der Share Economy, ganz generell seine Prägekraft für Arbeitsverhältnisse und Arbeitsbeziehungen. Menschen arbeiten *zu Hause* (moderne Heimarbeit via Internet) und Menschen arbeiten *im Hause* (personenbezogen Dienstleistungen im Privathaushalt).

Gerade der demografische Wandel ('langes Leben') und der steigende Wohlstand mit seinen neuen Ansprüchen an persönliche und individuelle Dienstleistungen beschleunigen die Nachfrage nach qualitativ hochwertigen Dienstleistungen im Privathaushalt. Share Economy als Wirtschaftsweise des Teilens mit geringerer Nachfrage nach Gütern und steigender Nachfrage nach intelligenten Dienstleistungen verknüpft sich so mit Care Economy als Wirtschaftsform wachsender (marktlich organisierter) Fürsorgearbeit.

Der Diskurs über Share Economy wie auch der Diskurs über Care Economy sind Debatten zur Weiterentwicklung der Dienstleistungsgesellschaft, laufen bislang aber überwiegend unverbunden nebeneinander.

Gute Arbeit im Privathaushalt

Die Voraussetzungen zukünftiger Guter Arbeit im Privathaushalt, guter Arbeitsbedingungen und neuer Verdienstmöglichkeiten im Bereich haushaltsnaher Dienstleistungen lassen sich wohl am ehesten sachgerecht erfassen, wenn Chancen und Risiken von Arbeit im Bereich personenbezogener Dienstleistungen im Kontext beider Debatten betrachtet werden. Eine Reduzierung auf den Care-Economy-Diskurs läuft Gefahr, die Chancen neuer Dienstleistungen des Teilens, die Potenziale der Share Economy für eine zukunftsträchtige Gestaltung guter Arbeitsverhältnisse im Privathaushalt zu unterschätzen.

Mit dem Konzept der Share Economy entwickelt sich aktuell ein Begriffsrahmen für eine technikgetriebene, männlich konnotierte, gutes Einkommen generierende neue Wirtschaftsform[13] – die Dienstleistungsgesellschaft 2.0. Care Economy hingegen ist die Vokabel für eine weiblich konnotierte, latent prekäre Wirtschaftsform, für die technische Impulse weniger wahrgenommen und Einkommensperspektiven als eher ungünstig eingeschätzt werden.

Es ist Zeit, die Welt der männlich geprägten Wirtschaft für die Frauen und die Aufgaben des Sorgens und Pflegens zu öffnen: Die Neuverteilung zwischen bezahlter und unbezahlter Arbeit im Privathaushalt und eine neue Aufteilung zwischen Männer- und Frauenarbeit im Paarkontext hängen als Modernisierungsprojekte Guter Arbeit im Privathaushalt eng zusammen.[14]

Das Anliegen der ILO-Konvention C 189, Gute Arbeit im Privathaushalt zu gewährleisten, ist also keineswegs nur ein Thema für Frauenorganisationen in jenen Ländern des Südens, in denen formale Beschäftigung historisch geringe Chancen bietet und „Hausangestellte einen bedeutenden Anteil der einheimischen Erwerbsbevölkerung darstellen" (vgl. Vorbemerkungen der ILO-Konvention C 189).[15]

Gerade auch in den westlichen Industrieländern, die sich aktuell in einem wirtschaftlichen und gesellschaftlichen Transformationsprozess zur Dienstleistungsgesellschaft 2.0 befinden, bedarf es der konsequenten Durchsetzung Guter Arbeit im Privathaushalt.

---

13 Die Computermesse CEBIT hatte im Jahr 2013 das Schwerpunktthema 'Shareconomy' gewählt. Im Rückblick lesen sich die Zukunftsaussichten aus der Perspektive der Messeveranstalter so: „Shareconomy führt zu einer höheren Transparenz, fördert die Partizipation und schafft zahlreiche neue Geschäftsmodelle. Treiber dieser Entwicklung ist die digitale Industrie mit ihren vielfältigen Anwendungen. Ob Cloud, Social-Business oder Collaboration-Tools – zahlreiche Aussteller präsentierten in Hannover Lösungen, mit denen sich interne aber auch externe Unternehmensprozesse noch effizienter und offener gestalten lassen." http://www.cebit.de/de/ueber-die-messe/news-trends/rueck blick- cebit-2013/leitthema-shareconomy, Zugriff: 16.12.2013).

14 Zur Zeitverwendung und geschlechterhierarchischen Arbeitsteilung in Paarhaushalten detailliert *Haberkern* 2007. Zur Reduzierung bezahlter Arbeit in Abhängigkeit von persönlicher Verpflichtung zu unbezahlter Familienarbeit s. *Klenner / Schmidt* 2011; vgl. auch *BMFSFJ* 2011. Um die Zahlungsbereitschaft für Dienstleistungen im Privathaushalt zu erhöhen, sind kluge Anreizstrategien zu überlegen; ein Blick auf historische Muster zeigt, dass Spielräume durchaus vorhanden sind: *Reckendrees* 2007; *Spree* 1997; *Wierling* 1987: 282–303. Vorschläge zur Steigerung der Zahlungsbereitschaft für haushaltsnahe Dienstleistungen durch Förderung gezielten Bedarfs an Übergangsphasen im Lebenslauf erörtert *Wippermann* 2011a: 29 ff.

15 Der Wortlaut des Übereinkommens mit seinen Vorbemerkungen ist u.a. im Gesetzentwurf der Bundesregierung zur Ratifizierung der Konvention wiedergegeben: Entwurf eines Gesetzes zu dem Übereinkommen Nr. 189 der Internationalen Arbeitsorganisation vom 16. Juni 2011 über menschenwürdige Arbeit für Hausangestellte, BT-Drs. 17/12951 vom 28.03.2013; http://dip21.bundestag.de/dip21/btd/17/129/1712951. pdf, Zugriff: 22.01.2014; die zitierte Passage findet sich dort auf S. 8).

Die Gewährleistung von Arbeits- und Gesundheitsschutz und die Durchsetzung uneingeschränkter Arbeits- und Sozialrechtsansprüche für Hausangestellte müssen in der gewerkschaftlichen Wahrnehmung mehr in das Zentrum der Aufmerksamkeit rücken. Nicht nur weil generell die Vertretung von 'Randbelegschaften' und die Durchsetzung der Interessen prekär Beschäftigter für die Gewerkschaften in Europa zu Zukunftsfragen geworden sind,[16] sondern auch weil die Fixierung auf den 'Betrieb' alten Zuschnitts als Ort gewerkschaftlicher Aktivität weder für die Share- noch für die Care-Ökonomie per se passen wird.

Gute Arbeit im Privathaushalt – heute noch Neuland gewerkschaftlichen Organisings – wird morgen Kernelement von Dienstleistungsforschung und der Interessenvertretung von Arbeitnehmer_innen in einer entgrenzten Arbeitswelt sein.

Literatur

BMFSFJ [Bundesministerium für Familie, Senioren, Frauen und Jugend] (Hg.), 2011: Neue Wege – Gleiche Chancen. Gleichstellung von Frauen und Männern im Lebensverlauf. Erster Gleichstellungsbericht. Berlin.

BMFSFJ [Bundesministerium für Familie, Senioren, Frauen und Jugend] (Hg.), 2012: 25 Jahre Bundesfrauenministerium. Von der Frauenpolitik zu einer nachhaltigen Politik der fairen Chancen für Frauen und Männer. Berlin.

Bundesagentur für Arbeit, Zentrale Auslands- und Fachvermittlung (ZAV), 2013: Haushaltshilfen – Arbeitsmarktzulassung (Stand Juli 2013), http://www.arbeitsagentur.de/Dienststellen/besondere-Dst/ZAV/downloads/AMZ/Merkblatt-zur-Vermittlung- in-Haushalte-mit-Pflegebeduerftigen.pdf (Zugriff: 16.12.2013).

Deutsche Kommission Justitia et Pax (Hg.), 2011: Menschenwürdige Arbeit für Hausangestellte – eine Frage von Geschlechtergerechtigkeit und Solidarität! Dokumentation einer Veranstaltung im Rahmen des „Runden Tisches Gender" der Deutschen Kommission Justitia et Pax am 22.02.2011 in Köln. Bonn.

DGB [Deutscher Gewerkschaftsbund] (Hg.), 2012: Hausangestellte – das Ende der Ausbeutung? Das neue Übereinkommen 189 der Internationalen Arbeitsorganisation. Berlin.

DGB [Deutscher Gewerkschaftsbund] / Evangelischer Entwicklungsdienst / Friedrich-Ebert-Stiftung / Global Labour Initiative und Deutsche Kommission Justitia et Pax (Hg.), 2005: 11 gute Gründe das IAO-Abkommen über Heimarbeit zu ratifizieren. Bonn. „Die Scheu vor dem intelligenten Haus soll weichen". Frankfurter Allgemeine Zeitung vom 4.12.2013, S. 12.

---

16 Zu den komplexen Herausforderungen der Gewerkschaften und ihrer Option für die Randbelegschaften vgl. *Lehndorff* 2013 (besonders S. 194); vgl. aber auch *Sommer* 2012.

EMUNDS, Bernhard / Schacher, Uwe, 2012: Ausländische Pflegekräfte in Privathaushalten, Frankfurt a.M. (Frankfurter Arbeitspapiere Nr. 61).

EUROPEAN WOMEN'S LOBBY, 2006: Who cares? Care Services for all women and men in Europe", Prag 20.10.2006, http://www.frauenrat.de/fileadmin/Website_Archiv/files/FinalCareManifest.pdf (Zugriff: 6.12.2013.

FUCHS, Johann / Zika, Gerd, 2010: „Arbeitsmarktbilanz bis 2025. Demografie gibt die Richtung vor", IAB-Kurzbericht 12 (2010), http://doku.iab.de/kurzber/2010/kb1210.pdf (Zugriff: 16.12.2013). „Gute Arbeit", Wikipedia, http://de.wikipedia.org/wiki/Gute_Arbeit (Zugriff: 16.12.2013).

HABERKERN, Klaus, 2007: „Zeitverwendung und Arbeitsteilung in Paarhaushalten", Zeitschrift für Familienforschung 19. Jg. H. 2 (2007), S. 159–185.

HESSE, Jan-Otmar, 2013: „Ökonomischer Strukturwandel. Zur Wiederbelebung einer wirtschaftshistorischen Leitsemantik", Geschichte und Gesellschaft 39 (2013), S. 86–115.

KLAMMER, Ute / Motz, Markus (Hg.), 2011: Neue Wege – Gleiche Chancen. Expertisen zum Ersten Gleichstellungsbericht der Bundesregierung. Wiesbaden.

KLAMMER, Ute / Klenner, Christina / Pfahl, Svenja, 2011: „Frauen als Ernährerinnen der Familie: Politische und rechtliche Herausforderungen", in: Bundesministerium für Familie, Senioren, Frauen und Jugend (Hg.): Zeit für Verantwortung – Politische und rechtliche Handlungsstrategien, Berlin, S. 55–115.

KLENNER, Christina / Schmidt, Tanja, 2011: „Teilzeitarbeit im Lebensverlauf von abhängig beschäftigten Frauen", in: Klammer, Ute / Motz, Markus (Hg.): Neue Wege – Gleiche Chancen. Expertisen zum Ersten Gleichstellungsbericht der Bundesregierung. Wiesbaden, S. 253–311.

KOCHER, Eva, 2013: „Hausangestellte im deutschen Arbeitsrecht Ratifikation der ILO-Konvention 189", Neue Zeitschrift für Arbeitsrecht 17 (2013), S. 929–984.

KRAMP-KARRENBAUER, Annegret / Schröder, Kristina (Hg.), 2013: „Mama zahlt!" Familienernährerinnen berichten. Freiburg.

LEHNDORFF, Steffen, 2013: „Verschiedene Welten? Gewerkschaften in der europäischen Krise", Das Argument 301 (2013), S. 181–199. „Leitthema der CeBIT 2013. Shareconomy erfasst alle Bereiche des digitalen Alltags", http://www.cebit.de/de/ueber-die-messe/news-trends/rueckblick-cebit-2013/leitthema-shareconomy (Zugriff: 16.12.2013).

MADÖRIN, Mascha, 2010: „Care Ökonomie – eine Herausforderung für die Wirtschaftswissenschaften", in: Bauhardt, Christine / Caglar, Gülay (Hg.): Gender and Economics. Feministische Kritik der politischen Ökonomie. Wiesbaden, S. 81–104.

MEIER-GRÄWE, Uta, 2012: „Die Systemrelevanz generativer Sorgearbeit. Oder: Was kommt nach dem Töchterpflegepotential? Gendersensible Lebenslaufpolitik als Instrument zur Bewältigung des demographischen Wandels und zur Ermöglichung von Verantwortung im Lebenslauf", Jahrbuch für christliche Sozialwissenschaften 53 (2012), S. 171–190.

METZ-GÖCKEL, Sigrid / Morokvasic-Müller, Mirjana / Münst, Agnes Senganata (Hg.), 2008: Migration and Mobility in an Enlarged Europe. A Gender Perspective. Leverkusen.

NAEGELE, Gerhard (Hg.), 2010: Soziale Lebenslaufpolitik. Wiesbaden.

RECKENDREES, Alfred, 2007: „Konsummuster im Wandel. Haushaltsbudgets und Privater Verbrauch in der Bundesrepublik Deutschland, 1952–1998“, Jahrbuch für Wirtschaftsgeschichte H. 2 (2007), S. 29–61.

ROTHGANG, Heinz / Iwansky, Stephanie / Müller, Rolf / Sauer, Sebastian / Unger, Rainer, 2011: Barmer GEK Pflegereport 2011. St. Augustin (Schriftenreihe zur Gesundheitsanalyse, Band 11), https://presse.barmer-gek.de/barmer/web/Portale/ Presseportal/Subportal/Infothek/Studien-und-Reports/Pflegereport/Pflegereport-2011/ Content-Pflegereprot-2011.html (Zugriff: 16.12.2013).

SCHEIWE, Kirsten / Krawietz, Johanna (Hg.), 2010: Transnationale Sorgearbeit. Rechtliche Rahmenbedingungen und gesellschaftliche Praxis. Wiesbaden.

SCHNABL, Christa, 2011: „Arbeiter(innen) ohne Grenzen. Zur Dringlichkeit einer sozialethischen Reflexion über transnationale Fürsorgearbeit“, Jahrbuch für Christliche Sozialwissenschaften 52 (2011), S. 143–167.

SOMMER, Michael, 2012: „Vorwort“, in: Deutscher Gewerkschaftsbund (Hg.): Hausangestellte – das Ende der Ausbeutung? Das neue Übereinkommen 189 der Internationalen Arbeitsorganisation. Berlin, S. 2–3.

SPREE, Reinhard, 1997: „Klassen- und Schichtenbildung im Medium des privaten Konsums. Vom späten Kaiserreiche in die Weimarer Republik“, Historical Social Research 22 (1997), S. 29–80.

WELSKOP-DEFFAA, Eva M., 2012: „Lebenslaufpolitik – Anforderungen an Generationen- und Geschlechtergerechtigkeit in einer Gesellschaft des langen Lebens“, Jahrbuch für christliche Sozialwissenschaften 53 (2012), S. 17–35.

WELSKOP-DEFFAA, Eva M., 2013: „Watch the gap. Politik für eine Gesellschaft des langen Lebens“, Herder-Korrespondenz 67. Jg. H. 1 (2013), S. 37–42.

WELSKOP-DEFFAA, Eva M., 2013: „Wir sind nicht das kleine gallische Dorf. Ehrenrettung der Dienstleistung“, Spiegelonline vom 30.11.2013, http://ml.spiegel.de/ article.do?id=936433 (Zugriff: 16.12.2013).

WIERLING, Dorothee, 1987: „Der bürgerliche Haushalt der Jahrhundertwende aus der Perspektive der Dienstmädchen“, in: Pierenkemper, Toni (Hg.): Haushalt und Verbrauch in historischer Perspektive. Zum Wandel des privaten Verbrauchs in Deutschland im 19. und 20. Jahrhundert, St. Katharinen, S. 282–303.

WIPPERMANN, Carsten, 2011a: Haushaltsnahe Dienstleistungen: Bedarfe und Motive beim beruflichen Wiedereinstieg. Eine repräsentative Untersuchung vom DELTA-Institut für das Bundesministerium für Familie, Senioren, Frauen und Jugend, hg. vom Bundesministerium für Familie, Senioren, Frauen und Jugend. Berlin.

WIPPERMANN, Carsten, 2011b: Zeit für Wiedereinstieg – Potenziale und Perspektiven. Eine Untersuchung vom DELTA-Institut und von Sinus Sociovision für das Bundesministerium für Familie, Senioren, Frauen und Jugend, hg. vom Bundesministerium für Familie, Senioren, Frauen und Jugend. Berlin.

WIPPERMANN, Carsten, 2012: Frauen im Minijob. Motive und (Fehl-)Anreize für die Aufnahme geringfügiger Beschäftigung im Lebenslauf. hg. vom Bundesministerium für Familie, Senioren, Frauen und Jugend. Berlin.

WIPPERMANN, Carsten, 2013: „Familienernährerinnen: Wechselfälle im Lebenslauf – Vielfalt gesellschaftlicher Wirklichkeit“, in: Kramp-Karrenbauer, Annegret / Schröder,

Kristina (Hg.): „Mama zahlt!“ Familienernährerinnen berichten, Freiburg, S. 137–152.

Zuboff, Shoshana, 2013: „Die dritte Phase des Kapitalismus“, Band eins Ausgabe 05 (2013), S. 49–53.

Johanna Krawietz

Kontroversen um den Haushalt zu Beginn des 20. Jahrhunderts in Deutschland – Ambivalenzen der Haushaltsrationalisierung und die Zementierung der Hausfrauenarbeit

1. Zum Wandel des Haushalts

Der Haushalt ist der „räumlich, wirtschaftlich und sozial definierte Ort der Lebensführung, in dem grundlegende materiell-physische, kulturelle, soziale und emotionale Bedürfnisse des Individuums befriedigt werden" (Geissler 2010: 931). In ihrer Definition hebt Birgit Geissler die vielfältigen Sinnbezüge und gesellschaftlichen Funktionen hervor, die dem Haushalt zukommen. Diese Sinnbezüge und gesellschaftlichen Funktionen des Haushalts unterliegen einem historischen Wandel. Vor allem Rationalisierungsbestrebungen erweisen sich dabei als treibende Kraft.

Insbesondere um die Wende zum 20. Jahrhundert bis zum Ende der Weimarer Republik im Jahre 1933 nahmen Rationalisierungsideen wachsenden Einfluss auf die Haushaltsorganisation. Der Beitrag zeichnet diese Entwicklung beispielhaft anhand von zwei Reformmodellen nach: dem ‘Einküchenhaus’ und der ‘Frankfurter Küche’.[1]

Dabei geht es vorrangig darum, welche AkteurInnen die Rationalisierung des Haushalts vorantrieben und mit welchen Begründungsmustern sie ihre Vorstellungen einer rationalen Haushaltsorganisation durchzusetzen versuchten. Das Ringen der AkteurInnen um die Rechtfertigung bzw. Kritik an der Rationalisierung des Haushalts verdeutlicht, dass das Verständnis von Haushaltsarbeit über das Alltagsverständnis von Tätigkeiten wie Putzen, Waschen und Kochen hinausgeht und sich nicht auf deren instrumentell-technisch Seite beschränken lässt. Weil sich Haushaltsarbeit meist auf andere Personen bezieht, kann sie mit Ilona Ostner und Hiltraud Schmidt-Waldherr (1983: 233 f.) als ‘Bezie-

---

1 Grundlage der nachfolgenden Überlegungen bilden Ergebnisse aus dem zweijährigen Forschungsprojekt „Die Regulierung des Arbeitsplatzes Privathaushalt – Verrechtlichung und Ausdifferenzierung haushaltsnaher Tätigkeiten und sozialer Dienste" an der Universität Hildesheim, gefördert durch die Fritz-Thyssen-Stiftung. Für ihre konstruktiven Kommentare zu früheren Versionen des Beitrags danke ich Tobias Lüddecke, Jana Keding, Kirsten Scheiwe, Wolfgang Schröer und Verena Schwach.

hungsarbeit' eingeordnet werden. Ostner und Schmidt-Waldherr unterscheiden drei Ebenen, über die soziale Beziehungen durch Haushaltsarbeit gestaltet und stabilisiert werden: materielle Sorge, Sorge für das seelische Wohlbefinden und Verständigungsarbeit (ebd.). Auf die Bedeutung der Verständigungsarbeit weist auch Geissler (2010) hin: Haushaltsarbeit habe identitätsstiftenden Charakter. Sie könne als eine in „symbolisch vermittelte Vorstellung vom 'richtigen Leben' eingebundene Tätigkeit bzw. als emotional und normativ verankerter Habitus" (ebd.: 934) der Mitglieder eines Haushalts begriffen werden. Insbesondere Familie wird über die alltäglichen Abläufe und rituellen Praktiken in der Haushaltsarbeit und Haushaltsorganisation hergestellt. Wie in den folgenden Überlegungen aufgezeigt wird, ging es in den Kontroversen um die Rationalisierung des Haushalts insbesondere um die Frage, wie Familie und das Familienleben durch Haushaltsarbeit gestaltet werden soll. In der Auseinandersetzung zwischen emanzipatorischen und konservativen AkteurInnen setzte sich ein Verständnis von Haushaltsarbeit und Haushaltsorganisation durch, das die Rolle der Ehefrau und Mutter als Hausfrau zementierte.

Um die Frage zu beantworten, was unter Rationalisierung verstanden werden kann, müssen zwei Ebenen unterschieden werden. Zum einen handelt es sich bei diesem Begriff um ein Schlagwort, das seit Beginn des 20. Jahrhunderts von Akteurinnen der Rationalisierungsströmung verwendet wurde. Es bezeichnete die damals aktuellen technischen Entwicklungen und Prinzipien der Arbeitsorganisation, die auf Effizienz ausgerichtet und mit einem ausgeprägten Fortschrittsglauben verbunden waren. Zum anderen wird Rationalisierung im wissenschaftlichen Kontext als ein theoretisches Konzept unterschiedlicher Entwicklungen der Modernisierung betrachtet. Angelehnt an Brigitte Aulenbacher und Tilla Siegel (1993: 73) beschreibt der Begriff Rationalisierung ein „planmäßiges, zweckgerichtetes, rechenhaftes, 'wissenschaftliches' Vorgehen". Das vorrangige Ziel dabei ist, die „Vergeudung von Kraft, Material und Zeit zu minimieren und so den Ertrag zu optimieren" (Degele / Dries 2005: 95). Das Handeln folgt Zweck-Mittel-Rationalitäten, ist planvoll und geht mit einer Verwissenschaftlichung einher (vgl. ebd.). Damit stellt Rationalisierung gleichzeitig auch „den schrittweisen Prozess der Ablösung von zufälligen, planlosen und traditionsgebundenen durch arbeitsteilige, normierte, standardisierte, organisierte und bürokratisch verwaltete Lebensformen" dar (ebd.: 95). Bei diesem „Ordnen und Systematisieren" geht es vor allem darum, die Wirklichkeit „vorhersehbar und beherrschbar zu machen" (van der Loo / van Reijen 1997: 34, zit. nach Degele / Dries 2005: 96). Nach Nina Degele und Christian Dries zeichnet sich das Ergebnis einer solchen Modernisierung durch drei Merkmale aus: erstens Säkularisierung durch Entmystifizierung und Verwissenschaftlichung, zweitens „Glauben an die Vernunft und Empirie" und drittens eine durch „Fortschritte in der Technik möglich gewordene Unterwerfung der Natur“ (Degele / Dries 2005: 96). In den folgenden Überlegungen werden beide Ebenen des Begriffs der Rationalisierung einbezogen, also sowohl seine Verwendung als Alltagsbegriff als auch als analytische Kategorie.

Historisch lässt sich die Frage nach ‘guter’ Haushaltsführung bis zur griechischen und römischen Ökonomik zurückverfolgen. Vernunft und Ratio stellten bereits damals zentrale Begriffe der Haushaltsführung dar. Jedoch bestimmten Ideen von Tugend und sittlich-moralische Vorstellungen die Lebensführung im Haushalt. In der Neuzeit wird dem Begriff der Vernunft seit der Aufklärung eine neue Bedeutung im Sinne ‘ökonomischer Rationalität’ zugesprochen (vgl. Methfessel 1992: 23). Vor dem Hintergrund der Herausbildung des industriellen Kapitalismus hat der Haushalt in seiner Form und in seinen Funktionen eine tief greifende Transformation erfahren. Der massive Bevölkerungszuwachs in den Städten in der zweiten Hälfte des 19. Jahrhunderts führte zu einem radikalen Bruch mit den vorindustriellen Wohnweisen, der auch das Innenleben der Haushalte und damit die alltägliche Lebensführung, die Haushaltsarbeit und den Hausfrauenalltag grundlegend veränderte (vgl. Borscheid 1997b: 477). Im vorindustriellen ‘ganzen Haus’(vgl. Brunner 1966) fielen produktive und konsumtive Tätigkeiten zusammen. Die Hausmutter übernahm zwar hauszentrierte Tätigkeiten, für die Produktion war aber nicht nur sie, sondern auch der Hausvater verantwortlich. Bedingt durch die Ausdifferenzierung eines marktorientierten Wirtschaftssystems und die industrielle Erwerbsarbeit, trennten sich Wohn- und Arbeitsstätte, die Produktion von Gütern für den Markt wurde aus dem Haushalt ausgelagert. Der Haushalt verlor im Verlauf des 19. Jahrhunderts seine wirtschaftliche Funktion und wurde zum Ort des Wohnens und der Privatsphäre. Frauen wurde durch die ‘Neudefinition ihres Wesens’ die Tätigkeit der umsorgenden Mutter und Hausfrau und damit die alleinige Zuständigkeit für Haushaltsarbeit zugewiesen (vgl. Schlegel-Matthies 1995: 20 ff.).

2. Die Diskussion um alternative Formen der Haushaltsorganisation um die Wende zum 20. Jahrhundert: Das Einküchenhaus

2.1 Das Konzept des Einküchenhauses

Bis zum Aufkommen der Diskussion um das Einküchenhaus waren Wohnküchen eine weit verbreitete Form der Haushaltsorganisation. Im zentralen Küchenraum wurde nicht nur gekocht und gegessen, er diente auch als Ort, an dem sich die Familie und andere Mitglieder des Haushalts wie Bedienstete versammelten. Um die Wende zum 20. Jahrhundert wurden alternative Konzepte der Haushaltsorganisation diskutiert, verbunden mit Forderungen nach einer Rationalisierung (vgl. Stahl 1977; Kittler 1980; Orland 1983; Krell 1984; Wierling 1987). Eines dieser Konzepte war das sogenannte Einküchenhaus.

Dieses Haushaltsmodell war zwar schon zuvor vereinzelt erwähnt worden, z.B. von August Bebel im Jahre 1879 (vgl. Bebel 1946: 303). Als konkrete Idee wurde das Einküchenhaus im damaligen Deutschland jedoch erstmals um 1900 von Vertreterinnen der Frauenbewegung und Architekten speziell im Kontext der damaligen Debatte über Wohnungsreform und Frauenemanzipation diskutiert. Es war die Frauenrechtlerin und Sozialdemokratin Lily Braun, die das Einküchenhaus im Jahre 1897 auf einem Arbeitsschutzkongress in Zürich und im Jahre 1901 in ihrer Broschüre „Frauenarbeit und Hauswirthschaft" einer breiteren Öffentlichkeit vorstellte (vgl. Uhlig 1981: 61).

Es gab verschiedene Konzepte des Einküchenhauses und auch die wenigen realisierten Projekte sind durchaus unterschiedlich. Gemeinsam ist ihnen aber das genossenschaftliche Konzept der Haushaltsorganisation. Die einzelnen Wohnungen sollten nicht mehr mit einer privaten Wohnküche ausgestattet werden. Herzstück des Einküchenhauses war stattdessen eine zentral bewirtschaftete Großküche innerhalb eines Mehrparteienhauses bzw. eines Häuserkomplexes, die zumeist im Keller oder Erdgeschoss lag und durch einen Speiseaufzug und ein Haustelefon mit den Privatwohnungen verbunden war. Sie sollte durch bezahltes Personal bewirtschaftet werden, bei dem Mahlzeiten und Speisen bestellt werden konnten. Einige der wenigen realisierten Häuser verfügten auch über gemeinsame Speisesäle. Teilweise gehörten weitere Gemeinschafts- und Serviceangebote zum Konzept, wie zum Beispiel Dachterrassen, Wäschekeller und Kindergärten, in denen Personal die Kinder betreuen sollte (vgl. auch zum Vergleich verschiedener Modelle Uhlig 1981).

Das Einküchenhaus: Köchinnen in der Gemeinschaftsküche – 1909

Quelle: ullstein bild

Im Modell des Einküchenhauses bilden sich die oben beschriebenen Rationalisierungsideen ab (vgl. Methfessel 1992: 34 ff.). Durch Arbeitsteilung zwischen dem Privathaushalt und angestellten Hauswirtschafterinnen sollte die Produktivität der Haushaltsarbeit gesteigert werden. In die Entwürfe für Einküchenhäuser flossen neueste wissenschaftliche Errungenschaften ein. Statt der Überlieferung durch Traditionen sollten neue wissenschaftliche Ernährungs- und Hygieneerkenntnisse dazu beitragen, die vorherrschende Armut zu verringern (vgl. Schmidt-Waldherr 1999: 4). In den ersten fünf Berliner Einküchenhäusern wurde beispielsweise das Reinigen der Kleider und Schuhe etagenweise organisiert: Benutzte Kleidung wurde von den HausbewohnerInnen in einen doppeltürigen Schrank gelegt, vom Reinigungspersonal herausgenommen, zur Zentralreinigung gebracht und nach erfolgter Reinigung wieder zurück in den Schrank gelegt (vgl. Uhlig 1981: 31). Moderner Maschineneinsatz sollte die Haushaltsorganisation effizienter machen. Lily Braun entwickelte die Vision, in den Zentralküchen arbeitssparende moderne Technik zu nutzen. Als Beispiele nannte sie Abwaschmaschinen, Waschmaschinen, Speisenaufzüge und eine Zentralheizung (vgl. Braun 1901: 21). Die in Berlin realisierten Einküchenhäuser waren dementsprechend mit einer zentralen

Warmwasserversorgung, mit einer Zentralstaubsaugluftanlage und mit einer Anlage zur automatischen Belüftung sämtlicher Zimmer mit vorgewärmter Luft ausgestattet (vgl. Uhlig 1981: 31).

An die Einbindung neuester wissenschaftlicher Erkenntnisse war außerdem die Idee geknüpft, die alltägliche Lebensführung der Mitglieder im Haushalt zu professionalisieren. In einer extern betriebenen Küche sollte die Hauswirtschafterin ihren Beruf ausüben: „Die ganze Hauswirtschaft steht unter einer erfahrenen Wirtschafterin, deren Beruf die Haushaltung ist." (Braun 1901: 21). Das Reinigen der Wohnungen sollten angestellte Zimmermädchen übernehmen (vgl. ebd.). Auch Bildungsideen schlugen sich im Konzept und in der Umsetzung des Einküchenhauses nieder. Beispielsweise gab es in den fünf Einküchenhäusern in Berlin einen jeder Hausgruppe angeschlossenen Hauskindergarten, in dem Reformpädagogen die Kinder nicht nur betreuten, sondern ihnen auch ein Stück „neue[r] Heimkultur" näher bringen sollten (Uhlig 1981: 31).

2.2 Kontroversen um das Einküchenhaus

An der Diskussion um das Einküchenhaus beteiligten sich unterschiedliche AkteurInnen, die das Haushaltsmodell zum Teil konträr bewerteten. Lily Braun sah in der neuen rationalen genossenschaftlichen Haushaltsorganisation umfassende Lösungsmöglichkeiten für gesellschaftliche Probleme (vgl. Schmidt-Waldherr1999: 4): Erstens verbessere sich die Wohnungs- und Lebenssituation der armen ProletarierInnen in den Einküchenhäusern durch Zusammenhalt untereinander und gegenseitige Unterstützung. Im Falle drohender Arbeitslosigkeit lasse man die ArbeiterInnen nicht verhungern und zeige Nachsicht durch „Stunden" der „Miethe" (Braun 1901: 29). Zweitens verbessere sich die Arbeitssituation der Dienstboten. In der Wirtschaftsgenossenschaft falle „die Kontrolle über das Thun und Lassen der Dienstboten seitens der einzelnen Hausfrauen" weg (ebd.: 27). So könnten sich die Dienstboten aus dem Abhängigkeitsverhältnis zum Dienstherrn lösen und sich dem Beschäftigungsstatus der Fabrikarbeiterschaft nähern. Neben einem höheren Verdienst und besseren Wohnverhältnissen ermögliche die Genossenschaft geregelte Arbeitszeiten für die Dienstboten (ebd.).

Des Weiteren sah Braun die Möglichkeit, „allgemein die Frauenemanzipation" und „eine umfassende Familien- und Lebensreform" durch „Befreiung von Hausarbeit" durchzusetzen (Schmidt-Waldherr 1999: 4). Frauen könnten von ihrer doppelten Berufspflicht – im Haushalt und außerhalb des Haushalts – entlastet werden. Zeitgleich könnten sie stärker am sozialen Leben teilhaben. Braun zufolge war das Einküchenhaus insbesondere für die zur Arbeit gezwungenen proletarischen Frauen, die sich erwerbsbedingt nicht ausreichend um ihre Kinder kümmern konnten, ein geeignetes Haushalts- und Lebensmodell. Wären die Frauen von Haushaltsarbeit befreit, könnten sie sich umso mehr der Sorgearbeit in der Familie widmen. So prophezeite Braun (1901: 27), dass sich das Verhältnis der Familienmitglieder umso intensiver entwickeln werde, je weniger diese für Haushaltsarbeit beansprucht werden. Das Einküchenhaus ermögliche Müttern, sich mit ihren Kindern und deren Erziehung zu beschäftigen: „Den Kindern aber, denen sie einst nur Pflegerin der Säuglingsjahre war, soll sie Erzieherin und Freundin werden.“ (ebd.). Die Betreuung und Erziehung der Kinder auf geschultes Personal zu verlagern, sichere den Kindern das Recht auf Selbstentfaltung und Kindheit. Das Einküchenhaus „beschütze“ die Kinder vor dem „Einfluss der Straße“ und der „traurigen Frühreife der Stadtkinder“, so Braun (ebd.).

Gegen Brauns Position brachten ArchitektInnen ökonomische Argumente ins Spiel: Eine Zentralisierung der Küchen spare keine Kosten ein (vgl. Uhlig 1981: 52). Uhlig gibt die damalige Position der Gesellschaft für Einküchenhäuser in Berlin und für neue Heim-Kultur folgendermaßen wider: „Wolle man ein rückständiges wirtschaftliches Gebiet wie das des Haushalts modernisieren, d.h. auf die Höhe des kapitalistischen Fortschrittes bringen, so könne dies nicht vermittels einer Organisationsform wie der Genossenschaft geschehen, die selbst die Konkurrenz mit strafferen Wirtschaftsführungsformen nicht durchhalte.“ (Uhlig 1981: 26 mit Verweis auf EKBV 1908: 22). Dieser Kritik schlossen sich auch sozialistische und proletarische VertreterInnen der Frauenbewegung an, wie etwa Clara Zetkin (1901a; 1901b), die sich für die ökonomische Unabhängigkeit der Arbeiterinnen und die Gleichstellung der Frau in der Ehe einsetzte, oder Henriette Fürth (1901: 371). Zetkin wandte ein, dass lediglich eine kleine Gruppe der Oberschicht in der Arbeiterschaft über die finanziellen Ressourcen verfüge, Mitglied einer Genossenschaft zu werden und ein solches Haushaltsprojekt zu realisieren. Bei Ehefrauen der Arbeiteroberschicht bestehe jedoch kein Bedarf, einer außerhäuslichen Tätigkeit nachzugehen. Auch seien die Ehemänner nicht bereit, eine solche Haushalts- und Familienreform zu fördern. Zwar bringe der Großteil der Arbeiterschaft die notwendigen psychologischen Voraussetzungen für einen genossenschaftlichen Großhaushalt mit, jedoch kritisierte Zetkin Brauns Idee scharf, es bedürfe zuerst einer gesellschaftlichen Revolution statt solcher reformistischen Schritte (Zetkin 1909a; 1909b).

Andere GegnerInnen betrachteten die Idee des emanzipatorischen Einküchenhauses als einen Angriff auf die Stabilität des bürgerlich-patriarchalen Familienmodells. Gisela Urban beschrieb die Kritik im „Westfälischen Wohnungsblatt" gar als „Sturm der Entrüstung" (Urban 1927: 236, zit. nach Uhlig 1981: 48). Für Lily Braun spiegelte die Beschreibung des Einküchenhauses als „Zukunftskarnickelstall", der das Familienleben auf das Schlafzimmer beschränke (1909: 322), jedoch lediglich Ängste des Bürgertums wider: Es halte das Genossenschaftskonzept für anzüglich, weil es das Familienleben angeblich auf die Funktion der biologischen Fortpflanzung reduziere, und befürchte, dass existenzielle familiäre Funktionen verfallen und den Familien Alltagsroutinen entzogen würden (vgl. ebd.). Insbesondere bei Sozialdemokraten und Konservativen war das Modell umstritten (vgl. Schmidt-Waldherr 1999: 4). Der SPD-Reichstagsabgeordnete Edmund Fischer, bezeichnete im Jahre 1905 das Einküchenhaus als einen „utopische[n] Traum" (Fischer 1905: 259) und forderte, Frauen sollten sich auf ihren innerlichen Wunsch rückbesinnen, ihre natürliche Rolle als Hausfrau und Mutter einzunehmen. Die proletarische Revolution werde zur Verbesserung der Gleichstellung beitragen, strebe jedoch „*nicht* Emanzipation vom Manne" (Fischer 1905: 266; Hervorh. im Orig.) an, „sondern Befreiung von dem kapitalistischen Übel, dass [sic!] die verheirateten Frauen nötigt, in der Fabrik tätig zu sein, sie ihrer Familie, ihren Kindern entreisst" (ebd.). Nach der Arbeiterrevolution würden sich die Löhne der männlichen Arbeiter erhöhen, sodass Familienhaushalte nicht mehr auf die Erwerbsarbeit der Frauen angewiesen seien. Diese könnten sich stattdessen dann in vollem Maße der Haus- und Familienarbeit widmen (ebd.).

Innerhalb der verschiedenen Lager der bürgerlichen Frauenbewegung setzte die Diskussion um das Einküchenhaus an der damaligen Auseinandersetzung um die Bewertung der Frauenarbeit im Hause und der Berufsarbeit von Frauen und Müttern an. Lily Braun hielt KritikerInnen entgegen, dass das genossenschaftliche Haushaltsmodell die Familie sogar stabilisiere. Es gelte, Haushalt und Familie voneinander zu entkoppeln: „Die Küche […] zur Grundlage der Familie zu machen, indem man erklärt, dass sie mit ihr steht oder fällt, heißt den Begriff der Familie entweihen. Wäre es tatsächlich nichts als der Herd, der sie zusammenhält, so wäre sie werth, zu Grunde zu gehen. In Wirklichkeit liegt die Sache so: Das Feststehende im Wechsel ist das Verhältnis zwischen Mann, Weib und Kindern. Seine Tiefe und Innigkeit entwickelt sich umso mehr, je mehr es losgelöst ist von äußeren Bedingungen." (Braun 1901: 28). Die Liebe der Hausfrau zu den anderen Familienmitgliedern solle nicht daran gemessen werden, wie viel Haushaltsarbeit sie leiste. Braun zufolge kann Familie umso intensiver hergestellt und gelebt werden, je mehr sich die Familie – insbesondere die Ehefrau, Hausfrau und Mutter – von den äußeren Zwängen der Haushaltsarbeit befreit. Barbara Methfessel bezeichnet dies als Prinzip, „Fürsorge direkt und nicht stellvertretend durch Arbeit auszudrücken" (1992: 49).

Maria Lischnewska, Mitglied im Vorstand des Verbandes Fortschrittlicher Frauenvereine, der dem links-radikalen Flügel der Frauenbewegung angehörte, stellte sich auf Brauns Seite. Ihrer Ansicht nach sollte das bisherige, aus ihrer Sicht sozial und ökonomisch ineffektive Haushaltsmodell, in dem jeder Haushalt für sich alleine wirtschaftet, durch das Einküchenhaus ersetzt werden. So werde die Grundlage für die außerhäusliche Erwerbsarbeit der Frau geschaffen, die wiederum die Basis für eine Ehegemeinschaft sei, denn nur die von Haushaltsarbeit und ökonomischer Abhängigkeit befreite Frau erfülle ihre Rolle als gleichberechtigte Ehefrau und Mutter in vollem Maße (Lischnewska 1906: 215 ff.).

Die Kritik, das genossenschaftliche Haushaltsmodell entziehe der Familie ihre grundlegenden Funktionen, wurde innerhalb der bürgerlichen Frauenbewegung auch Anfang der 1920er-Jahre weiter thematisiert. Die Entgegnungen auf die Kritik wurden gleichzeitig mit Forderungen des Rechts von Frauen verschränkt, eine außerhäusliche Tätigkeit auszuüben. So diskutiert Else Wer in der Zeitschrift „Die Frau" im Jahre 1921 die Frage, ob die „Vereinigung von Mutterschaft und Beruf" durch „Zentralisierung der gesamten Hauswirtschaft" zu einer „Auflösung des Familienhaushalts" führe. Ihr zufolge kommt es für die Antwort auf diese Frage darauf an, ob man glaubt, dass im Haushalt noch mehr geleistet wird als „die bloße Versorgung mit denjenigen Gütern, die zum unbedingt notwendigen Lebensunterhalt gehören" (Wer 1921: 242). Ob das Einküchenhaus als Modell Erfolg haben könne und damit Mutterschaft und außerhäusliche Arbeit für Frauen leichter vereinbar werde, hängt aus Sicht Wers davon ab, wie eng das Verständnis von Haushalt mit der Herstellung von Familie verbunden wird. Verstehe man den 'Familienhaushalt' als eine beseelte Einheit mit eigener Psyche, die Ehe und Familie aufrechterhalte, sei es um das Einküchenhaus schlecht bestellt. In diesem Fall würde eine Zentralisierung den Haushalt und damit die Familie auflösen. Das Einküchenhaus hingegen ermögliche es Frauen, ihren Aufgaben sowohl als Mutter wie auch als Erwerbstätige nachzukommen (ebd.).

Käthe Schirmacher, Vertreterin des linken bürgerlichen Flügels der Frauenbewegung,[2] erweiterte die im Konzept des Einküchenhauses integrierte Idee der außerfamiliären Organisation von Haushaltsarbeit und der Erwerbstätigkeit von Frauen als notwendige Schritte hin zu einer Emanzipation der Frauen. Sie betonte den kulturellen und nationalökonomischen Wert von Haushaltsarbeit

---

2 Im Jahre 1904 kam es zum Bruch mit der Frauenbewegung. *Schirmacher* forderte zwar weiterhin eine Verbesserung der gesellschaftlichen Situation von Frauen, positionierte sich jedoch zunehmend national-völkisch und engagierte sich später politisch als deutschnationale Abgeordnete für Westpreußen in der Nationalversammlung.

und forderte, sie als notwendige Berufsarbeit anzuerkennen und Frauen für ihre Tätigkeit zu entlohnen, damit sie nicht länger finanziell vom Ehemann abhängig sind (Schirmacher 1905: 3 ff.).

Insgesamt fand die genossenschaftliche Haushaltsführung innerhalb der Frauenbewegung kaum Zustimmung (vgl. Schmidt-Waldherr1999: 7). Zwar wurde die Idee des Einküchenhauses bis in die 1920er-Jahre immer wieder aufgegriffen. Letztendlich fand dieses Haushaltsmodell im damaligen Deutschland jedoch nur vereinzelt Eingang in die Konzepte von Gesellschaftswissenschaftlern und Architekten und es wurde nur in wenigen Fällen in größeren Städten auch tatsächlich baulich umgesetzt (vgl. Borscheid 1997a: 110). Bis auf die fünf bereits erwähnten Einküchenhäuser in Berlin und die Realisierung angegliederter Gemeinschaftseinrichtungen wie Kinderhort, Lesesaal und Turnraum wurden bis zum Ersten Weltkrieg keine weiteren Anläufe unternommen, das Modell in der Praxis zu verwirklichen (vgl. Uhlig 1981: 32). Erst in den 1970er-Jahren wurden Ideen des gemeinschaftlichen Wohnens in der StudentInnenbewegung wieder breiter gesellschaftlich diskutiert.

3. Rationalisierung der Haushaltsorganisation in den 1920er-Jahren: Die Frankfurter Küche

In den 1920er-Jahren wurde die Rationalisierung des Haushalts durchaus intensiv vorangetrieben (vgl. Methfessel 1992: 36 f.). Diese Ansätze orientierten sich jedoch nicht am emanzipatorischen Einküchenhausmodell; vielmehr setzten sich Interessen durch, die Verantwortung für die Haushaltsarbeit weiterhin der Hausfrau zuzuweisen. Beeinflusst von wissenschaftlichen Impulsen der *home economics* bzw. des *domestic science movement* in den USA (vgl. Marjorie 1980) und grundlegenden Veränderungen der industriellen Arbeitsorganisation wurden Konzepte arbeits- und kosteneinsparender wirtschaftlicher Betriebsführung auf den Wohnungsbau und damit auf die Haushaltsorganisation in Deutschland übertragen. Die begeisterte Übernahme rationeller Haushaltsorganisation in Analogie zur wissenschaftlichen Betriebsführung setzte allerdings zeitverzögert erst nach dem Ersten Weltkrieg, insbesondere seit Mitte der 1920er-Jahre ein (vgl. Sachse 1990: 49; Schlegel-Matthies 1995: 155). Populär wurden diese Vorstellungen einer rationalen Haushaltsorganisation in Deutschland durch die Übersetzung des amerikanischen Bestsellers „The New Housekeeping" der Haushaltswissenschaftlerin Christine Frederick, die 1921 unter dem Titel „Die rationelle Haushaltsführung. Betriebswissenschaftliche Studien" erschien. Das von der Architektin Erna Meyer verfasste Buch zur Haushaltsrationalisierung „Der neue Haushalt" wurde 1926 erstmals veröffentlicht und erreichte im Jahr 1932 bereits die 41.

Auflage (vgl. Sachse 1990: 49; Orland 1993: 235; Schlegel-Matthies 1995: 174).

Verfechter der Haushaltsrationalisierung fokussierten zu Beginn drei Bereiche: den Wohnungsbau und damit die Wohnungsplanung, die Haushaltseinrichtung bzw. Haushaltstechnik sowie die Arbeitsmethoden, also Arbeitsabläufe und Arbeitsorganisation (vgl. Methfessel 1992: 33, 37). Das Bauhaus als Bildungs- und Entwicklungsstätte für Architektur übertrug aus der industriellen Produktion stammende Ideen der Standardisierung und Rationalisierung auf den Haushalt und entwarf Wohnungen in „Analogie zur Fabrik“ (von Saldern / Hachtmann 2009: 5; vgl. auch Bernhardt / Vonau 2009). In dem in Frauenzeitschriften und Haushaltsratgebern breit rezipierten Buch „Die neue Wohnung“ des Architekten Bruno Taut wurde das Technische als Leitmotiv angepriesen, der Ingenieur wurde zum „Ratgeber im Alltag“ (Wildt 1996: 78).

3.1 Das Konzept der Frankfurter Küche

Als Prototyp einer planmäßigen und zweckgerichteten Rationalisierung der Haushaltsorganisation auf wissenschaftlicher Grundlage galt die im Jahre 1923 von der Architektin Margarete Schütte-Lihotzky entworfene sogenannte Frankfurter Küche (vgl. Schlegel-Matthies 1995: 158). Diese Küche wurde auf der Sonderschau ‘Der neuzeitliche Haushalt’ des Frankfurter Hausfrauenvereins, die der Bauausstellung im Jahre 1927 angegliedert war, einer größeren Öffentlichkeit präsentiert (vgl. ebd.).[3] Im Vordergrund des Entwurfs stand die Minimierung von Kraft- und Zeitaufwand. An die Stelle der verbreiteten Wohnküche als „unhygienisches Relikt alter Zeiten“ (Methfessel 1992: 38) sollte die ‘Neue Küche’ treten, deren Planung anhand von Studien erfolgte, in denen die Arbeitsabläufe wie Putzen und Essenszubereitung mit Stoppuhr und Messband genauestens beobachtet und analysiert wurden (vgl. Frederick 1921). Arbeitsvorgänge wurden zunächst in kleine Einzelschritte zerlegt, um sie anschließend zu neuen, produktiveren Abläufen zusammenzusetzen. Die Grundfläche der Küche wurde auf sechs Quadratmeter reduziert, um Arbeits- und Bewegungsabläufe sparsam zu gestalten. Alle notwendigen Materialien und Utensilien zur Haushaltsorganisation waren so verstaut und angebracht,

3 Vorgestellt wurden drei Typen der Frankfurter Küche, die den jeweiligen Bedürfnissen verschiedener Haushalte gerecht werden sollten. So unterschied Schütte-Lihotzky in ihren Entwürfen a) den Haushalt ohne Hausgehilfin mit einem Jahreseinkommen bis zu etwa 5.000 Mark, b) den Haushalt mit einer Hausgehilfin und einem Jahreseinkommen bis circa 10.000 Mark und c) den Haushalt mit zwei Hausgehilfinnen, der über ein Jahreseinkommen von über 10.000 Mark verfügte (vgl. *Schütte-Lihotzky* 1927: 122).

dass sie möglichst schnell erreichbar waren (vgl. Uhlig 1981; Borscheid 1997a).

Frankfurter Küche, Entwurf von Margarete Schütte-Lihotzky – 1927

Quelle: Foto von H. Collischonn,
Universität für angewandte Kunst Wien, Kunstsammlung und Archiv

Entsprechend den Prinzipien tayloristischer Rationalisierung der industriellen Arbeit wurde das Leben in einer Wohnung zunächst säuberlich in einzelne Funktionen gegliedert. Wohnen zerfiel in Kochen, Essen, Sich-Entleeren, Reinigen und Schlafen. Jeder dieser Funktionen wurde nun ein besonderer Raum zugewiesen: Küche, Essplatz, Toilette, Bad und Schlafzimmer. Diese Räume konnten sodann auf ihre Funktion hin optimiert werden, was darauf hinauslief, den Aufwand an Fläche, Einrichtung und notwendigen Bewegungsabläufen möglichst gering zu halten (vgl. Orland 1983: 223; Sachse 1990: 49). Die Frankfurter Küche sollte auf diese Weise wie ein industrieller Arbeitsplatz gestaltet sein. Die Wohnung wurde als „Arbeitsstätte der Hausfrauen" bezeichnet und insbesondere die Küche als „Kernstück des häuslichen Betriebs" betrachtet (Orland 1983: 223). Diese Wohnraumgestaltungsideen bilden nach

Methfessel eine Trennung der materiell-technischen von der immateriellen Arbeit bzw. die „Aufteilung von Arbeit und Leben“ ab: „Räumlich, zeitlich und emotional soll die ‘Wirtschaft’ von den Familienbeziehungen getrennt werden.“ (Methfessel 1992: 49).

Mit der Rationalisierungsströmung setzten sich auch Forderungen nach einer Standardisierung von Küchen durch. Der Aufbau und die Gestaltung der Küche waren an der Norm einer durchschnittlich gewachsenen Frau orientiert (vgl. Häußermann / Siebel 1996: 139). Die Frankfurter Küche wurde meist mit vollständiger Ausstattung als fertige Einbauküche gebaut. Es war nicht vorgesehen, eigene Möbel und Geräte mitzubringen. Das galt zum Teil auch für die Vorstellungen von den anderen Zimmern einer Wohnung. Die insgesamt geringe Größe, der Grundriss und notwendige Installationen gaben die Nutzung und Möblierung vor (ebd.). Barbara Orland (1993: 235) fasst die Leitideen des rationalen Haushalts in drei Prinzipien zusammen: „die nunmehr arbeitswissenschaftlich begründeten Prinzipien der Zeit-, Kraft- und Materialersparnis, die Vermittlung einer neuen, d.h. sachlich-funktionalen und ergonomischen Ästhetik und die alles überragende Forderung nach einer Anwendung der Technik im Haushalt“.

3.2 Durchsetzung der Frankfurter Küche

Einige Vertreterinnen des bürgerlich-gemäßigten Flügels innerhalb der Frauenbewegung äußerten sich kritisch zu den Rationalisierungsbestrebungen. Zwar erkannten sie meist explizit an, dass sich der gesellschaftliche Bereich der Erwerbsarbeit an Prinzipien der Wirtschaftlichkeit orientieren müsse. Der Privathaushalt als Gegenwelt zur Erwerbsarbeit sollte jedoch vor Rationalisierungen bewahrt werden (vgl. Thomae 1926: 100; Sachse 1990: 50). Die Skeptikerinnen befürchteten, rationale Logiken könnten Gefühle der Fürsorglichkeit, Geborgenheit und Liebe in der Erziehung der Kinder und in der Pflege der Ehe zerstören und so den Haushalt emotional entleeren. Ihrer Ansicht nach gehörte es zu den wesentlichen Aufgaben von Frauen bzw. Müttern, zum Wohl der Gesellschaft beizutragen, indem sie ihren Kindern einen ‘Schonraum’ und ihrem Ehemann einen ‘Rückzugsraum’ schufen. Durch die Rationalisierungsforderungen sahen sie deshalb die weibliche Identität gefährdet.

Trotz solcher kritischen Stimmen überwog jedoch die Zustimmung zu dem neuen Haushaltsmodell. Wohnungs- und StadtplanerInnen, ArchitektInnen, SozialpolitikerInnen, die Industrie und insbesondere die Hausfrauen selbst griffen mit Begeisterung die aus den USA kommenden Ideen der rationalen Haushaltsorganisation auf (vgl. Methfessel 1992: 33; Schlegel-Matthies 1995:

154). ArchitektInnen, die zuvor das Einküchenhaus befürworteten, entwarfen nun die sogenannte 'Neue Küche'. Noch Anfang der 1920er-Jahre hatte sich die Sozialdemokratin Meta Corssen für das Einküchenhaus eingesetzt. Im Jahre 1924 forderte sie dann jedoch, die Haushaltsorganisation nach dem industriellen Prinzip der Produktivitätssteigerung zu organisieren. Sie postulierte „eine systematische Zerlegung der Gesamtarbeit, die ein Haushalt erfordert, und neue Zusammenfassung nach Gesichtspunkten der Zeit- und Kraftersparnis und gleichzeitig eine Verbesserung der Arbeitstechnik durch Maschinen, die aber eine solche Organisation zur Voraussetzung hat" (Corssen 1924: 51).

Auch innerhalb der bürgerlich-gemäßigten Frauenbewegung wurde eine stärkere Organisation des Haushalts nach Zweck-Mittel-Prinzipien gefordert. Margarete Thomae argumentierte im Organ des Bundes Deutscher Frauenvereine „Die Frau" beispielsweise folgendermaßen: „Das nennt man Amerikanismus, der unsere Häuser leer machen sollte ihrer Seelen? Es ist einfach unsere Pflicht und Schuldigkeit unserem eigenen Leben gegenüber, dass wir keinen Funken Lebensleistung anders als auf beste Weise verwenden." (Thomae 1926: 101). Rationalisierung könne für die weibliche Lebensführung nützlich sein, um Frauen von der zeitintensiven, körperlich belastenden Haushaltsarbeit und hohen Verantwortung zu entlasten und so ihre Kräfte nicht zu verschwenden. Dabei appellierte sie an die Frauen, sich für ihr Recht auf freie Entfaltung einzusetzen. „Wir werden den Amerikanismus schon unserer deutschen Kulturform einverleiben", ermutigte sie ihre Gefährtinnen (ebd.).

Auch kehrten die BefürworterInnen der Haushaltsrationalisierung die Kritik, wonach die Rationalisierung die Familie gefährde, in ihr Gegenteil um. Die Gefahr ginge nicht von der Durchdringung des Haushalts durch zweckrationales Handeln aus. Vielmehr sei die Arbeitskraft der Hausfrauen durch die Nachkriegssituation erschöpft und die Familien seien durch die herrschenden äußeren Bedingungen wirtschaftlich überlastet. Diese Situation lasse den Hausfrauen nicht genügend Raum, um sich der Sorge und Liebe der anderen Mitglieder im Haushalt zu widmen. Da das Handeln nach rationalen Prinzipien Zeit beim Kochen, Putzen und Waschen spare, bleibe mehr Zeit für die Familie (ebd.). Auf diese Weise wurde einer rationalen Haushaltsorganisation ein stabilisierender Effekt auf Familien zugesprochen. Zudem wurde die neue Haushaltsorganisation insbesondere von staatlicher Seite gefördert. Das im Jahre 1921 gegründete 'Reichskuratorium für Wirtschaftlichkeit', das als „zentrale Rationalisierungsinstanz des Deutschen Reiches" (Sachse 1990: 49) galt, richtete 1927 eine Abteilung 'Hauswirtschaft' ein (vgl. Thomae 1926: 98).

Drei wesentliche Bedingungen beförderten die Durchsetzung der sogenannten 'Neuen Küche': erstens sozialstrukturelle Veränderungen in der personellen Haushaltsorganisation, zweitens die Ausdehnung von Bildungsideen auch auf die Haushaltsorganisation und drittens eine Aufwertung der Haushaltsarbeit, indem deren Organisation nach rationalen Prinzipien als gesamtgesellschaftliche Volksaufgabe definiert wurde (vgl. auch Schlegel-Matthies 1995: 174).

In den frühen 1920er-Jahren sanken die Realeinkommen. Den Privathaushalten stand deshalb weniger Geld zur Verfügung. Insbesondere mittlere Angestellte und das Bürgertum konnten sich nur noch weniger oder gar kein Dienstpersonal mehr leisten.[4] Im Gegenzug mussten Hausfrauen die zuvor an das Personal abgegebene Haushaltsarbeit wieder selbst übernehmen. Darüber hinaus waren sie teilweise gezwungen, einer Erwerbstätigkeit nachzugehen, um zum Lebensunterhalt der Familie beizutragen (vgl. Schlegel-Matthies 1995: 174). Letzteres galt umso mehr für Arbeiterfrauen, deren Situation durch Einkommensunsicherheit, Wohnungsnot, Unterernährung und fehlende Freizeit gekennzeichnet war (vgl. ebd.: 79).

Gemessen an der weiblichen Wohnbevölkerung lag der Anteil weiblicher Erwerbstätiger im Jahre 1907 bei ca. 31 Prozent, im Jahre 1925 hatte er sich auf 35,6 Prozent erhöht. Im selben Zeitraum stiegen allein der Anteil industrieller Arbeiterinnen von ca. 18 Prozent auf ca. 23 Prozent und der Anteil der Angestellten und Beamtinnen von 6,5 Prozent auf 12,6 Prozent. Demgegenüber nahm der Anteil der Dienstmädchen und Hausangestellten zwischen den Jahren 1907 und 1925 von ca. 16 Prozent auf 11,4 Prozent ab (Peukert 1987: 101). Der Anteil der erwerbstätigen verheirateten Frauen lag im Jahre 1925 bei fast 29 Prozent (ebd.: 150). Zusätzlich zu den Zwängen bürgerlicher Frauen, sich stärker an der Haushaltsarbeit und/oder durch Erwerbsarbeit am Lebensunterhalt der Familie zu beteiligen, wurde den Hausfrauen noch die Umsetzung von Gesundheits-, Ernährungs- und Hygieneanforderungen auf der Grundlage neuerer wissenschaftlicher Erkenntnisse angetragen. Vor diesem Hintergrund boten die betriebswirtschaftliche Organisation der Haushaltsführung und eine Rationalisierung des Wohnungsbaus eine Chance, Frauen von dem immensen Arbeitsaufwand im Haushalt zu entlasten.

Die Begeisterung für Rationalisierungskonzepte erhielt zweitens Auftrieb durch Ideen, wonach sich Frauen in der Haushaltsarbeit bilden sollten. Beeinflusst durch Wissenschaft und Pädagogik wurden seit Ende des 19. Jahrhunderts zunehmend Stimmen (auch innerhalb des konservativen

---

4 Die Zahl der Hausgehilfinnen etwa nahm seit dem Jahr 1918 kontinuierlich ab (vgl. *Wittkowski* 2013: 37).

Flügels der Frauenbewegung) laut, denen die Erziehung von Kindern und die Führung des Haushalts nicht mehr als naturgegebene Fähigkeit von Frauen galt. Gepaart mit Forderungen nach Geschlechtergleichheit setzte sich allmählich die Position durch, dass es der Bildung und Übung bedarf, damit sich mütterliche Kompetenzen voll entfalten können. In frauenspezifischen Tätigkeitsfeldern sollte Frauen die Möglichkeit gegeben werden, sich dieser „weibliche[n] Kulturaufgabe" (Tornieporth 1977: 188 ff.) zu widmen. Nach dem Prinzip 'Geistiger Mütterlichkeit' (vgl. Schrader-Breymann 1868) sollte weibliche Persönlichkeitsbildung auf die gesamte Gesellschaft wirken und für sozialen Frieden sorgen (vgl. Sachße / Tennstedt 1984: 83 ff.). Forciert wurden diese Bildungsbestrebungen zudem durch die Zunahme erwerbstätiger Frauen im Allgemeinen, insbesondere aber durch die wachsende Zahl junger Mädchen in der Fabrikarbeit, die eine Diskussion über den Verfall von Familien auslösten (vgl. Schlegel-Matthies 1995: 80). Unterricht in „häuslichen Tugenden" (ebd.) sollte den Zusammenhalt der Familie stärken und Frauen auf ihren 'wahren' Beruf als Hausfrau vorbereiten (ebd.: 102). Seit den 1880er-Jahren wurden immer mehr hauswirtschaftliche Schulen gegründet, deren Aufgabe es war, Frauen und Arbeitermädchen in den Fähigkeiten zu unterweisen, die für den Familienhaushalt als Arbeitsfeld erforderlich waren. Auf Basis wissenschaftlicher Erkenntnisse wurden ihnen der Umgang mit neuesten technischen Gerätschaften und Prinzipien wie Sparsamkeit und straffe Zeiteinteilung vermittelt, um den Haushalt effizienter zu organisieren (ebd.: 80).

Drittens erhielt die Rationalisierungsdebatte durch die sozialen und wirtschaftlichen Probleme während des Ersten Weltkriegs und in der Nachkriegszeit einen weiteren Aufschwung. Von staatlicher Seite aus versuchte man, die Haushalte zu rationalerem Wirtschaften und zu mehr Sparsamkeit anzuhalten, um die Folgen des verlorenen Krieges wie unter anderem Inflation, aber auch Phänomene sozialer Instabilität wie eine Verarmung des Mittelstandes und Knappheit an Nahrungsmitteln zu bewältigen (vgl. Borscheid 1997a: 115; Sachße 2003: 133 ff.). Durch eine „Verbilligung, Vermehrung und Verbesserung der Güter" sollten Material, Technik und Organisation des Haushalts zu einer „Steigerung des Volkswohlstands" führen (Giese 1930: 3620).

Die Vermittlung rationalen Wirtschaftens übertrug man insbesondere den Frauen, was diesen ein Tätigkeitsfeld außerhäuslicher Erwerbsarbeit eröffnete und entsprechende gesellschaftliche Anerkennung verlieh. Nachdem das Reichsvereinsgesetz 1908 es auch Frauen ermöglichte, Vereine zu gründen, schlossen sich vermehrt bürgerliche Frauen dem Bund Deutscher Frauenvereine an. Sie riefen den „Nationalen Frauendienst" ins Leben, der sich unter anderem bei der Lebensmittelversorgung und der Fürsorge für Familien von

Wehrpflichtigen und kriegsbedingt Arbeitslosen engagierte (vgl. Sachße 2003: 142). Auch förderte man von staatlicher Seite die Arbeit der Hausfrauenvereine,[5] die beispielsweise mit ihren Kriegs- und Mittelstandsküchen eine wichtige Rolle in der sozialen Kriegsfürsorge spielten (vgl. Orland 1993: 230 f.). Zahlreiche Vertreterinnen der bürgerlichen Frauenbewegung gehörten ihnen an. Die Vereine veranstalteten Kurse zu Ernährungsfragen, um insbesondere Frauen aus den Unterschichten im Umgang mit knappen Lebensmittelressourcen sowie in der Einrichtung von Volksküchen zu schulen (vgl. Sachße 2003: 146).

Zudem verstanden sich die Hausfrauenverbände als Interessenverbände, analog zu anderen berufsständischen Organisationen. Je nach ihrer politischen Ausrichtung nahmen Verbandsmitglieder Sitz und Stimme in unterschiedlichen politischen und wirtschaftlichen Gremien ein, so auch im Reichswirtschaftsrat, der sozial- und wirtschaftspolitische Gesetzesentwürfe vor der eigentlichen parlamentarischen Beratung begutachtete (vgl. Orland 1993: 240). Marie Elisabeth Lüders setzte das Thema der Haushaltsrationalisierung auf die Agenda des Reichskuratoriums für Wirtschaftlichkeit und wirkte bei der Gründung des Ausschusses zur „Rationalisierung der Hauswirtschaft“ mit (vgl. Thomae 1926: 98). Innerhalb dieses Ausschusses arbeitete sie eng mit VertreterInnen unter anderem des ‘Deutschen Normenausschusses’, des ‘Reichsausschusses für Lieferbedingungen’ und der ‘Hauptstelle für Wärmewirtschaft’ zusammen (vgl. Mühsam-Werther 1928). Ziel der Arbeit war, Haushaltsgeräte und Geschirr zu normieren und einheitliche Lieferbedingungen unter anderem für Nahrungsmittel, Textilien und Reinigungsmittel, aber auch für Küchen zu erarbeiten (vgl. auch Thomae 1926: 98). Die Resultate wurden in Kursen, Vorträgen, Vorführungen und Ausstellungen für Hausfrauen vorgestellt (vgl. Orland 1993: 240). Die Hausfrauenverbände waren auch in der seit 1926 existierenden ‘Reichsforschungsstelle für Wirtschaftlichkeit im Bau und Wohnungswesen’ vertreten und dadurch am Aufbau mehrerer Versuchssiedlungen beteiligt (vgl. Orland 1993: 240). FachvertreterInnen der Hausfrauenverbände initiierten die Gründung der sogenannten ‘Praktischen-Wissenschaftlichen Versuchsstellen’ in Leipzig und Pommeritz. Diese Einrichtungen waren Vorläufer der heutigen ‘Stiftung Warentest’ (vgl. Orland 1993: 241; Methfessel 1992: 51). Hausfrauen über Interessenverbände an gesell-

---

5 Die zahlreichen Hausfrauenvereine schlossen sich im Ersten Weltkrieg zu zwei großen zentralen Reichsverbänden zusammen. Im Reichsverband Deutscher Hausfrauenvereine fanden sich die städtischen Hausfrauenvereine, die ländlichen Hausfrauenvereine gründeten den Reichsverband landwirtschaftlicher Hausfrauenvereine. Beide Organisationen hatten unter anderem das Ziel, die Frauen an der ‘Heimatfront’ straffer zu organisieren (vgl. *Orland* 1993: 231).

schaftlichen Gestaltungsprozessen teilhaben zu lassen, wertete ihre Tätigkeit auf (vgl. Methfessel 1992: 33, 37).

Insgesamt ist festzuhalten, dass die Rationalisierungsströmung breite gesellschaftliche Anerkennung erfuhr. Zwar ließen sich die wissenschaftlich formulierten Prinzipien für die Haushaltsarbeit insbesondere für ArbeiterInnenhaushalte angesichts eines geringen Einkommens und beengter Wohnverhältnisse praktisch kaum realisieren. Die propagierten Muster-Entwürfe wurden lediglich in einzelnen Modellsiedlungen integriert (vgl. Orland 1983: 225), auch die Frankfurter Küche fand erst im Nachkriegsbau massenweise Verwendung. Dennoch gilt sie als dasjenige Küchenkonzept, das sich in der Praxis in Form der Einbauküche – wenn auch mit Variationen – durchgesetzt hat (vgl. Sachse 1990: 49 ff.).

4. Resümee

Die Veränderungen des Haushalts durch Rationalisierung zeitigten ambivalente Folgen. Zum einen stellten die Forderungen nach mehr Wirtschaftlichkeit und Effizienz überkommene Strukturen der Haushaltsorganisation infrage: „Emsiger Fleiß als zentrale Tugend" guter Haushaltsarbeit und als „Ausdruck weiblicher Tugenden" in der traditionellen Mädchenbildung wurden durch Leitnormen ökonomischen Zeit- und Krafteinsatzes abgelöst (Methfessel 1992: 33). Haushaltsarbeit wurde nun als erlernbar betrachtet, was für das damalige Weiblichkeitsverständnis nicht ohne Konsequenzen bleiben konnte, weil es den Mythos von der Frau als geborener Hausfrau und Mutter ins Wanken brachte (vgl. Schmidt-Waldherr 1999: 14; Methfessel 1992: 50). Zudem rückten die Verwissenschaftlichungen und Pädagogisierungen der Haushaltsorganisation den Haushalt in das öffentliche Interesse (vgl. Sachse 1990: 50). In der Kriegsfürsorge leisteten Hausfrauen ihren 'weiblichen' Beitrag für die Gesellschaft und den Staat. Sie erreichten Einfluss in politischen Gremien, was ihnen und ihrer Arbeit gesellschaftliche Anerkennung verlieh (vgl. auch Schmidt-Waldherr 1987: 205).

Aus einer emanzipatorischen Perspektive sind die Veränderungen durch die Rationalisierung jedoch gleichzeitig kritisch zu betrachten. Zwar hoben VertreterInnen der Rationalisierungsströmung immer wieder hervor, wie sehr sich Umfang und Form der Haushaltsarbeit durch Rationalisierung reduzieren ließen. Die Verwissenschaftlichung der Haushaltsarbeit führte jedoch auch zu hohen pädagogischen und hygienischen Anforderungen an die Hausfrauen und machte die Haushaltsorganisation im Gegenzug arbeitsintensiv (vgl. Sachse 1990: 50). Auch die erhöhte gesellschaftliche Aufmerksamkeit kann kritisch hinterfragt werden. Zwar hatten die Frauen die Möglichkeit, sich politisch einzubringen. Ihnen wurde gesellschaftliche Verantwortung zugesprochen und sie wirkten gestaltend auf die damalige Gesellschaft ein. Jedoch räumte man ihnen lediglich Gestaltungsmöglichkeiten in einem als 'frauenspezifisch' geltenden Arbeitsfeld ein (vgl. Methfessel 1992: 51).

Der Versuch der Einküchenhausbewegung, dem Haushalt den „Mantel des Häuslichen" (Thiessen 2004: 375) zu nehmen, ist nicht gelungen. Durch die Rationalisierung wurde die 'private' Haushaltsarbeit zwar insofern einer Berufslogik angeglichen, als wissenschaftliche Prinzipien der Haushaltsführung verankert wurden (vgl. Schmidt-Waldherr 1987: 205 f.). Die Änderungen im Haushalt beschränkten sich allerdings auf die Rationalisierung des „häuslichen Betriebs" (Orland 1983: 223) in der Familienwohnung. Es wurde zur Berufung deklariert, Haushaltsarbeit nach rationalen Prinzipien zu organisieren. Rationalisierungskonzepte blendeten die Bedeutung sozialer Vergemeinschaftung von Haushaltsarbeit aus und fokussierten darauf, physische Arbeitsvorgänge zu optimieren (vgl. Häußermann / Siebel 1996: 141). Um die Haushaltsarbeit zu erleichtern, sollte vor allem die Hausfrau ihre (Arbeits-) Einstellung verändern und ihre Arbeitsweise am Kriterium der Effizienz ausrichten. Damit waren nur noch die Hausfrauen selbst angesprochen; andere Entlastungsmöglichkeiten, wie etwa die Abgabe von Haushaltsarbeit an Professionelle, wurden nicht mehr thematisiert (vgl. Methfessel 1992: 39). Dadurch beließ man die Verantwortung für die Haushaltsarbeit bei der (Ehe-) Frau, isolierte diese im Haushalt und schrieb ihre Rolle als Hausfrau fest.

Literatur

AULENBACHER, Brigitte / Siegel, Tilla, 2003: Industrielle Entwicklung, soziale Differenzierung, Reorganisation der Geschlechterverhältnisse, in: Frerichs, Petra / Steinrücke, Margarete (Hg.): Soziale Ungleichheit und Geschlechterverhältnisse. Opladen, S. 65–98.

BEBEL, August, 1946 [1876]: Die Frau und der Sozialismus, 55. Auflage. Berlin.

BERNHARDT, Christoph / Vonau, Elsa, 2009: „Zwischen Fordismus und Sozialreform: Rationalisierungsstrategien im deutschen und französischen Wohnungsbau 1900–1933", Zeithistorische Forschungen / Studies in Contemporary History, Online-Ausgabe Jg. 6 H. 2 (2009), http://www.zeit historische-forschungen.de/16126041-Bernhardt-Vonau-2-2009, Zugriff: 3.12.2013.

BORSCHEID, Peter, 1997a: Der Einzug der Wissenschaften ins Private. Analysen und Texte des neunzehnten und zwanzigsten Jahrhunderts. Unter Mitarbeit von Florian Altenhöner. Frankfurt a.M. / New York.

BORSCHEID, Peter, 1997b: „Die 'taylorisierte' Hausfrau. Zu den Auswirkungen der Rationalisierungsbewegung auf den Privathaushalt der 20er Jahre", in: Gerhard, Hans Jürgen (Hg.): Struktur und Dimension. Festschrift für Karl Heinrich Kaufhold zum 65. Geburtstag. Stuttgart, S. 477–484.

BRAUN, Lily, 1901: Frauenarbeit und Hauswirthschaft. Berlin.

BRAUN, Lily, 1909: Memoiren einer Sozialistin. Berlin.

BRUNNER, Otto, 1966: „Das 'ganze Haus' und die alteuropäische 'Ökonomik'", in: Oeter, Ferdinand (Hg.): Familie und Gesellschaft. Tübingen, S. 23–56.

CORSSEN, Meta, 1921: „Hauswirtschaft", Sozialistische Monatshefte Jg. 24 (1921), S. 250–252.

CORSSEN, Meta, 1924: „Hausarbeit", Sozialistische Monatshefte Jg. 27 (1924), S. 51–53.

DEGELE, Nina / Dries, Christian, 2005: Modernisierungstheorie: eine Einführung. München.

EKBV [Einküchenhaus-Gesellschaft der Berliner Vororte und Gesellschaft für neue Heim-Kultur zur Reform des Wohnungs-, Haushaltungs- und Erziehungswesens], 1909: Das Einküchenhaus und seine Verwirklichung als Weg zu einer neuen Heimkultur, in: DF, o.O., S. 129–140 (zit. nach Uhlig 1981).

FISCHER, Edmund, 1905: „Die Frauenfrage", Sozialistische Monatshefte Jg. 11 H. 3 (1905), S. 258–266

FREDERICK, Christine, 1921: Die rationelle Haushaltsführung. Betriebswissenschaftliche Studien. Übersetzt von Irene Witte, Berlin [Amerikanische Originalausgabe: The New Housekeeping: Efficiency Studies In Home Management. Garden City u.a. 1913].

FÜRTH, Henriette, 1901: „Schlußwort von Henriette Fürth auf eine Entgegnung von Lily Braun", in: Lang, Marie (Hg.): Dokumente der Frauen, Wien, S. 370–372.

GEISSLER, Birgit, 2010: „Haushaltsarbeit und Haushaltsdienstleistungen", in: Böhle, Fritz / Voß Günther G. / Wachtler, Günther (Hg.): Handbuch Arbeitssoziologie, Wiesbaden, S. 931–962.

GIESE, Fritz, 1930: „Rationalisierung", in: Ders. (Hg.): Handwörterbuch der Arbeitswissenschaft. Halle, S. 3619–3631.

HÄUßERMANN, Harmut / Siebel, Walter, 1996: Soziologie des Wohnens. Eine Einführung in Wandel und Ausdifferenzierung des Wohnens. Weinheim / München.

KITTLER, Gertraude, 1980: Hausarbeit. Zur Geschichte einer 'Natur-Ressource', München.

KRELL, Gertraude, 1984: Das Bild der Frau in der Arbeitswissenschaft, Frankfurt a.M. / New York.

LIHOTZKY, Margarete, 1927: „Rationalisierung im Haushalt", Das neue Frankfurt Jg. 1 H. 5 (1927), S. 120–123.

LISCHNEWSKA, Maria, 1906: „Die wirtschaftliche Reform der Ehe", Mutterschutz Jg. 2 H. 2 (1906), S. 215–236.

LOO, Hans van der / Reijen, Willem van, 1997: Modernisierung: Projekt und Paradox. München (zit. nach Degele / Dries 2005).

MARJORIE, East, 1980: Home Economics. Past, Present, Future. Boston.

MEYER, Erna, 1926: Der neue Haushalt. Stuttgart.

METHFESSEL, Barbara, 1992: Hausarbeit zwischen individueller Lebensgestaltung, Norm und Notwendigkeit. Ein Beitrag zur Sozioökonomie des Haushalts. Baltmannsweiler.

MÜHSAM-WERTHER, Charlotte, 1928: „Aus der wirtschafts- und sozialpolitischen Arbeit der Vertreterinnen des Reichsverbandes Deutscher Hausfrauenvereine", Jahrbuch des Reichsverbandes Deutscher Hausfrauenvereine Jg. 3(1928), S. 42–50.

ORLAND, Barbara, 1983: „Effizienz im Heim. Die Rationalisierungsdebatte zur Reform der Hausarbeit in der Weimarer Republik", Kultur und Technik. Zeitschrift des Deutschen Museums München Jg. 7 H. 4 (1983), S. 221–227.

ORLAND, Barbara, 1993: „Emanzipation durch Rationalisierung? Der 'rationelle Haushalt' als Konzept institutionalisierter Frauenpolitik in der Weimarer Republik", in: Reese, Dagmar / Rosenhaft, Eve / Sachse, Carola / Siegel, Tilla (Hg.): Rationale Beziehungen? Geschlechterverhältnisse im Rationalisierungsprozeß. Berlin, S. 222–250.

OSTNER, Ilona / Schmidt-Waldherr, Hiltraud, 1983: „Arbeit und weiblicher Lebenszusammenhang", in: Mayer, Christine / Krüger, Helga / Rabe-Kleberg, Ursula / Schütte, Ilse (Hg.): Mädchen und Frauen. Beruf und Biographie. Genf, S. 221–239.

PEUKERT, Detlev J. K., 1987: Die Weimarer Republik. Krisenjahre der Klassischen Moderne. Frankfurt a.M.

SACHSE, Carola,1990: „Anfänge der Rationalisierung der Hausarbeit in der Weimarer Republik", in: Orland, Barbara (Hg.): HaushaltsTräume. Ein Jahrhundert Technisierung und Rationalisierung im Haushalt. Begleitbuch zur gleichnamigen Ausstellung, Königsstein / Ts., S. 49–62.

SACHßE, Christoph, 2003: Mütterlichkeit als Beruf. Sozialarbeit, Sozialreform und Frauenbewegung 1871–1929, Weinheim / Basel / Berlin.

SACHßE, Christoph / Tennstedt, Florian, 1984: „Die 'geistige Mütterlichkeit' in der Geschichte sozialer Ausbildung", in: Knie, Adrian (Hg.): Sozialpädagogik im Wandel. Geschichte. Methoden. Entwicklungstendenzen, Kassel, S. 79–91.

SALDERN, Adelheid von / Hachtmann, Rüdiger, 2009: „Das fordistische Jahrhundert: Eine Einleitung", Zeithistorische Forschungen / Studies in Contemporary History, Online-Ausgabe Jg. 6 H. 2 (2009), http://www.zeithistorische-forschungen.de/16126041-Editorial-2-2009, Zugriff: 3.12.2013.

SALOMON, Alice, 1909: „Die Revolution der Hauswirtschaft", Die Neue Rundschau Jg. 20 H. 1 (1909), S. 418–422.

SCHIRMACHER, Käthe, 1905:Die Frauenarbeit im Hause, ihre ökonomische, rechtliche und sociale Wertung, Leipzig.

SCHLEGEL-MATTHIES, Kirsten, 1995: Im Haus und am Herd. Studien zur Geschichte des Alltags, Stuttgart.

SCHMIDT-WALDHERR, Hiltraud, 1987: Emanzipation durch Professionalisierung? Politische Strategien und Konflikte innerhalb der bürgerlichen Frauenbewegung während der Weimarer Republik und die Reaktion des bürgerlichen Antifeminismus und des Nationalsozialismus, Frankfurt a.M.

SCHMIDT-WALDHERR, Hiltraud, 1999: Emanzipation durch Küchenreform? Einküchenhaus versus Küchenlabor, http://www.demokratiezentrum.org/fileadmin/media/ pdf/einkuechenhaus.pdf, Zugriff: 10.11.2012.

SCHRADER-BREYMANN, Henriette, 1868: „Zur Frauenfrage", in: Blochmann, Elisabeth / Nohl, Hermann / Weniger, Erich (Hg.): Henriette Schrader-Breymann. Kleine pädagogische Texte. Langensalza u.a., S. 8–28.

SCHÜTTE-LIHOTZKY, Grete, 1927: „Rationalisierung im Haushalt“, Das Neue Frankfurt Jg. 1 H. 5, S. 120–123.

STAHL, Gisela, 1977: „Von der Hauswirtschaft zum Haushalt oder wie man vom Haus zur Wohnung kommt. Die Ökonomie des ganzen Hauses und die Ökonomisierung der Hausfrau“, in: Neue Gesellschaft für bildende Künste Berlin (Hg.):'Wem gehört die Welt'. Kunst und Gesellschaft in der Weimarer Republik. Berlin, S. 87–108.

TAUT, Bruno, 1924: Die neue Wohnung. Die Frau als Schöpferin. Leipzig.

THIESSEN, Barbara, 2004: Re-Formulierung des Privaten. Professionalisierung personenbezogener, haushaltsnaher Dienstleistungsarbeit. Wiesbaden.

THOMAE, Margarethe, 1926: „Zur Frage der Rationalisierung der Hauswirtschaft“, in: Die Frau. Organ des Bundes Deutscher Frauenvereine. Monatsschrift für das gesamte Frauenleben unserer Zeit Jg. 34 H. 2 (1926), S. 97–101.

TORNIEPORTH, Gerda, 1977: Studien zur Frauenbildung: ein Beitrag zur historischen Analyse lebensweltorientierter Bildungskonzeptionen, Weinheim.

UHLIG, Günther, 1981: Kollektivmodell „Einküchenhaus“: Wohnreform und Architekturdebatte zwischen Frauenbewegung und Funktionalismus 1900–1933, Gießen.

URBAN, Gisela, 1927: „Das Wiener Einküchenhaus“, Westfälisches Wohnungsblatt Nr. 6 (1927), S. 234–238 (zit. nach Uhlig 1981).

WER, Else, 1921: „Familienhaushalt oder Zentralisierung der Hauswirtschaft?“, Die Frau. Monatsschrift für das gesamte Frauenleben unserer Zeit 28. Jg H. 8 (1921), S. 241–244.

WIERLING, Dorothea, 1987: Mädchen für alles. Arbeitsalltag und Lebensgeschichte städtischer Dienstmädchen um die Jahrhundertwende, Berlin / Bonn.

WILDT, Michael, 1996: Technik, Kompetenz, Modernität. Amerika als zwiespältiges Vorbild für die Arbeit in der Küche, 1920–1960, in: Lüdtke, Alf / Marßolek, Inge / von Saldern, Adelheid (Hg.): Amerikanisierung. Traum und Alptraum im Deutschland des 20. Jahrhunderts. Stuttgart, S. 78–95.

WITTKOWSKI, Mareike, 2013: „Ungleichheiten unter einem Dach. Hausgehilfinnen von 1918 bis in die 1960er Jahre“, Ariadne. Forum für Frauen- und Geschlechtergeschichte H. 63 (2013), S. 36–43.

ZETKIN, Clara, 1901a: „Die Wirtschaftsgenossenschaft“, Gleichheit Jg. 11 H. 14 (1901), S. 105–106.

ZETKIN, Clara, 1901b: „Die Wirtschaftsgenossenschaft“, Gleichheit Jg. 11 H. 15 (1901), S. 113–114.

TEIL III
PERSONALE DIENSTLEISTUNGEN UND CAREARBEIT IM ‘EIGENEN ZU HAUSE’

Heike Hoffer

Häusliche Pflege im Privathaushalt – von familiärer Sorgearbeit zum Pflegemix[1]

Zu Beginn der 18. Legislaturperiode des Deutschen Bundestags ist das Thema Pflege auf der politischen Tagesordnung weit nach oben gerückt. Alle großen Parteien haben in ihren Wahlprogrammen das Thema Pflege angesprochen. Eine weitere Pflegereform – womöglich schon kurz nach der Regierungsbildung – scheint vor der Tür zu stehen. Pflege ist im Jahre 2014 ein zentrales öffentliches (Regulierungs-)Thema.

Häusliche Pflege nimmt im Rahmen der Pflege eine besondere Stellung ein, da in Deutschland etwa 1,62 Millionen der insgesamt 2,34 Millionen Pflegebedürftigen zu Hause versorgt werden (Statistisches Bundesamt 2011: 8) und auch das Pflegeversicherungsgesetz vom Vorrang der häuslichen Pflege ausgeht.[2] Dabei wird je nach Anlass und Dauer zwischen akuter Pflegebedürftigkeit (z.B. während eines Krankenhausaufenthalts) und länger andauernder Pflegebedürftigkeit (sog. Langzeitpflegebedürftigkeit / *long-term care*) unterschieden. In der politischen Diskussion in Deutschland ist mit dem Begriff ‚Pflege' in der Regel nur die Langzeitpflegebedürftigkeit gemeint. Aus diesem Grund definieren die Gesetzliche Pflegeversicherung[3] und teilweise auch die Regelungen der Sozialhilfe – Hilfe zur Pflege[4] – als Pflegebedürftigkeit einen dauerhaften oder voraussichtlich für mindestens sechs Monate bestehenden, krankheits- oder behinderungsbedingten Hilfebedarf bei Verrichtungen im Ablauf des täglichen Lebens.[5] Als häusliche Pflege wird Langzeitpflege im

1 Die Autorin ist Wissenschaftliche Referentin im Deutschen Verein für öffentliche und private Fürsorge e.V. und zurzeit an das Bundesministerium für Gesundheit abgeordnet. Die Aussagen in diesem Beitrag stellen ihre persönliche Auffassung dar.

2 Vgl. § 3 SGB XI.

3 Vgl. § 14 Abs. 1 SGB XI.

4 Vgl. § 61 Abs. 1 S. 1 SGB XII.

5 In der Sozialhilfe – Hilfe zur Pflege – gilt nach § 61 Abs. 1 S. 2 SGB XII ein erweiterter Pflegebedürftigkeitsbegriff, nach dem bei Vorliegen der weiteren sozialhilferechtlichen Voraussetzungen (entsprechender Hilfebedarf und Unzumutbarkeit, diesen aus dem eigenen Einkommen und Vermögen zu decken) auch bei einem erwarteten Hilfebedarf von weniger als sechs Monaten Leistungen gewährt werden können. Häusliche Pflegeleistungen nach § 37 SGB V – Häusliche Krankenpflege – werden demgegenüber typischerweise für maximal vier Wochen und nur im Ausnahmefall länger gewährt. Dadurch besteht bei einem Pflegebedarf, der länger als vier Wochen, aber

Privathaushalt (und in bestimmten Formen von Wohngemeinschaften Pflegebedürftiger) bezeichnet, unabhängig davon, ob sie durch professionelle, semiprofessionelle Kräfte oder Laien erfolgt.

Etwa 90 Prozent der Pflegebedürftigen und chronisch kranken älteren Menschen in Privathaushalten werden vorrangig von nicht professionell bzw. gewerblich Pflegenden versorgt und betreut (vgl. Sachverständigenrat 2009: 361; Schneekloth / Wahl 2006: 76). Auch international geht man davon aus, dass diese sogenannten 'informell Pflegenden' ca. 75 bis 80 Prozent der häuslichen Langzeitversorgung übernehmen (vgl. Levine et al. 2010: 116). Dabei kann es sich um pflegende Angehörige, aber auch um Nachbar/innen, Bekannte oder bürgerschaftlich Engagierte handeln (vgl. Blinkert / Klie 2006). Sind verschiedene informell Pflegende an der Versorgung einer Person beteiligt, spricht man von einem ‚Pflegemix'. Schätzungen zufolge liegt die Anzahl informell Pflegender in Deutschland zwischen 0,4 und 3 Millionen (vgl. Büscher / Schnepp 2011: 473). In 64 Prozent der Fälle ist die häusliche Pflege rein privat organisiert, in weiteren 28 Prozent der Fälle wird die private häusliche Pflege im Sinne eines erweiterten Pflegemix durch professionelle, öffentlich finanzierte Dienste unterstützt (vgl. Schneekloth / Wahl 2006: 76). Lediglich 8 Prozent der zu Hause lebenden Pflegebedürftigen werden ausschließlich durch professionelle Dienste gepflegt (vgl. ebd.). Häusliche Pflege heute ist daher ein durch großes privates Engagement und privaten Organisationsaufwand gekennzeichneter Lebensbereich.

Die Pflegearbeit in diesem Lebensbereich wird dabei nach wie vor vorrangig von Frauen übernommen. Im Jahr 2010 waren von 100 Hauptpflegepersonen 72 weiblich, allerdings ist bei den männlichen Pflegepersonen ein Anstieg von 20 Prozent (1998) auf 28 Prozent (2010) zu beobachten (insbesondere pflegen mehr Söhne, vgl. BMG 2011). Überwiegend pflegen heute der Ehepartner bzw. die Ehepartnerin oder Töchter (zusammen über 60 Prozent), im Zeitverlauf gibt es kaum Veränderungen bei diesen beiden Gruppen (vgl. ebd.). Entgegen früherer Erwartungen ist der Anteil der pflegenden Nachbarn / Bekannten in den vergangenen Jahren nicht weiter gestiegen (vgl. ebd.). Demgegenüber hatte es zwischen 1992 und 2002 einen Anstieg von 4 Prozent auf 8 Prozent gegeben (vgl. ebd.). Der Anteil allein lebender Pflegebedürftiger ist von 22 Prozent (1992) über 27 Prozent (1998) auf 34 Prozent im Jahre 2010 gestiegen (vgl. BMG 2011). Charakteristisch für häusliche Pflegesituationen ist, dass es im Schnitt zwei informell Pflegende pro Pflegebedürftigem gibt

weniger als (erwartete) sechs Monate dauert, kein regelhafter Sozialleistungsanspruch (dies wird von Kritikern teilweise als 'ambulante Versorgungslücke' bezeichnet).

(vgl. Schupp / Künemund 2004: 290). Je nach sozialer Schicht werden unterschiedliche Pflegearrangements gewählt. Vor allem finanzielle Erwägungen, aber auch die Milieuzugehörigkeit beeinflussen daher die Wahl des jeweiligen Pflegearrangements (vgl. Blinkert / Klie 2008: 246; Heusinger 2006: 420). Die durchschnittliche Pflegedauer beträgt drei bis vier Jahre, variiert allerdings individuell stark (Müller et al. 2010:236).

Die Aufgaben pflegender Angehöriger sind vielfältig: Zusätzlich zu instrumentellen Pflegeleistungen wie täglicher Körperpflege, Unterstützung bei Mobilität und Ernährung, Maßnahmen der (medizinischen) Behandlungspflege und Haushaltsführung übernehmen sie oft auch weitergehende Tätigkeiten, wie beispielsweise Behördengänge und den Schriftverkehr oder auch die Aufrechterhaltung von Sozialkontakten (vgl. Schneekloth / Wahl 2006: 80). Sie unterstützten die Pflegebedürftigen dabei, Entscheidungen zu treffen, und leisten emotionalen Beistand und Zuspruch (vgl. ebd.). Die Angaben zum durchschnittlichen zeitlichen Aufwand für Hilfe, Pflege und sonstige Betreuung durch informell Pflegende sind je nach Studie unterschiedlich; sie schwanken zwischen 36,7 Stunden pro Woche (Pflegestufe I: 29,4 Stunden; Pflegestufe II: 42,2 Stunden; Pflegestufe III: 54,2 Stunden) (vgl. Schneekloth / Wahl 2006: 78–79) und 45,6 Stunden pro Woche (vgl. Eurofamcare 2007: 155) bzw. zwischen 3 bis 6 Stunden (vgl. Boeger / Pickartz 1998: 319; Gräßel 1998: 60) und 2,9 Stunden (vgl. Schupp / Künemund 2004: 292) reiner Pflegezeit pro Tag. Häusliche Pflege bedeutet teilweise erhebliche körperliche und psychische Belastungen bis hin zu eigenen Erkrankungen der informell Pflegenden (vgl. Schneekloth / Wahl 2006: 88). Besonders zeitaufwendig und belastend ist oft die Pflege an Demenz erkrankter Menschen (vgl. Gräßel 1998: 59).

Das Verhältnis der Pflegebedürftigen zu den informell Pflegenden wird vorrangig durch das allgemeine Zivil- und Strafrecht und im Falle von pflegenden Angehörigen auch durch das Familien- und Unterhaltsrecht geprägt. Demgegenüber wird das Verhältnis zwischen Pflegebedürftigen und professionell Pflegenden und insbesondere die Pflegesituation an erster Stelle durch das Sozialrecht, hier insbesondere durch das Pflegeversicherungsgesetz, sowie teilweise – soweit ambulante Dienste in den Anwendungsbereich des jeweiligen Landesheimgesetzes fallen – durch das Ordnungsrecht bestimmt.[6] Die Entwicklung von familiärer Sorgearbeit hin zu einem Pflegemix ist daher zunächst vor dem Hintergrund des Sozialrechts zu betrachten.

---

6 Eine weitere Regulierung erfolgt durch das Steuerrecht. Diese verdient eine gesonderte Analyse, ist aber nicht Gegenstand dieses Beitrags.

In dem vorliegenden Beitrag wird dargestellt, wie das Sozialrecht die Pflegearbeit für ältere Menschen in Privathaushalten reguliert. Leitfrage dabei ist, inwieweit häusliche Pflegearbeit durch das Sozialrecht explizit oder implizit beispielsweise als professionelle Arbeit bzw. Familienarbeit oder bürgerschaftliches Engagement bewertet wird und wie sich diese Bewertung historisch entwickelt hat. Im Rahmen des Beitrags werden zudem die wesentlichen Einflussfaktoren auf die sozialrechtliche Regulierung der häuslichen Pflegearbeit betrachtet und aktuelle Tendenzen analysiert.

1. Historische Entwicklung der sozialrechtlichen Regulierung der Pflegearbeit im Privathaushalt

Erste sozialrechtliche Regulierungsansätze häuslicher Pflegearbeit entstanden mit Einführung der Gesetzlichen Rentenversicherung im Jahre 1891. Leitbild war die Pflege und Versorgung von sogenannten 'Invaliden' vorrangig durch die Familie, unterstützt durch neue Rentenleistungen bei Invalidität, mithilfe derer die Anspruchsberechtigten selbst zur Finanzierung ihrer häuslichen Pflege beitragen konnten. Anders als häufig angenommen war jedoch die Pflege älterer Menschen durch die Mehrgenerationenfamilie auch damals eher die Ausnahme denn der Regelfall: Bereits zu dieser Zeit lebten ältere Menschen überwiegend im eigenen Haushalt, nicht selten auch allein, da sie entweder ledig geblieben waren oder der Ehegatte bereits verstorben war (Nave-Herz 2011: 284–286). Aufgrund der damals generell geringeren Lebenserwartung und der schlechteren medizinischen Versorgung war die Zeit der Pflegebedürftigkeit zudem vergleichsweise kurz (ebd.: 283). Da das häufig konstruierte historische ‚Ideal' der Pflege(arbeit) durch die Drei-Generationen-Familie lediglich für eine Minderheit zutraf, wurden ältere, pflegebedürftige Menschen auch durch Kollektive wie christliche Ordensgemeinschaften, Zünfte und Gesellenverbände sowie ab Ende des 19. Jahrhunderts durch erste genossenschaftliche Hausvereine unterstützt (vgl. Schulin 1997: § 1 Rn. 1).

Pflegearbeit war daher nicht nur eine Aufgabe der Familien, sondern auch der Kollektive im Gemeinwesen. Soweit Pflegearbeit durch die Familie erfolgte, war sie typischerweise unentgeltlich und nur im genannten (engen) Rahmen sozialrechtlich flankiert. Häusliche Pflege durch Zünfte oder Gesellenverbände ähnelte allerdings der Struktur nach einer sozialversicherungsrechtlich abgesicherten Leistung, da das Recht auf Krankenversorgung und Pflege hier oft über Mitgliedsbeiträge und gekoppelt an die Erwerbstätigkeit erworben wurde. Armen- und Krankenpflege durch christliche Ordensgemeinschaften oder

Hauspflegevereine folgte demgegenüber einem karitativen Ideal.[7] Bei der öffentlichen Armenfürsorge, die Ende des 19. Jahrhunderts nahezu ausschließlich in die Verantwortung der Kommunen fiel, stand demgegenüber lange Zeit die Erhaltung der materiellen Existenz im Vordergrund; persönliche Hilfen wurden erst in der Weimarer Zeit und später mit dem Bundessozialhilfegesetz[8] eingeführt (vgl. Föcking 2007: 13–14).

Anders als in der frühen Rentenversicherung waren in der Kranken- oder Unfallversicherung zunächst keine Pflegeleistungen vorgesehen. Im Jahr 1900 wurden Pflegeleistungen in die Gewerbeunfallversicherung, im Jahre 1911 die sogenannte 'Hauspflege' (als Kann-Leistung) in die Gesetzliche Kranken- und Unfallversicherung und 1925 die 'Anstaltspflege' in die Gesetzliche Unfallversicherung aufgenommen (vgl. Schulin 1997: § 1 Rn. 31–33, 36).

Dem Charakter nach lässt sich die Hauspflege jedoch nicht mit der heutigen Leistung der häuslichen Pflege bei Pflegebedürftigkeit[9] vergleichen. Es handelte sich vielmehr um eine seit dem Ende des 19. Jahrhunderts im Rahmen privater Wohlfahrtspflege entstandene umfassende Unterstützungsleistung für Familien in Notsituationen, beispielsweise bei Krankheit oder (auch erwerbsbedingter) Abwesenheit der Ehefrau bzw. Mutter (vgl. Pense et al. 1965: 12). Sie war zwischen Ehrenamt und Erwerbsarbeit angesiedelt, weil gerade in den frühen Jahren keine oder nur eine geringe Entlohnung erfolgte und es berufliche Standards nur gab, soweit sie durch die Hauspflege selbst gesetzt wurden. Die Hauspflegerin war Wirtschafterin und Pflegerin zugleich (vgl. Heyl 1906: 3); ihre Tätigkeit diente in erster Linie der Aufrechterhaltung des Hausstandes (vgl. ebd.: 2), schloss jedoch auch die Pflege im Haushalt lebender älterer Menschen ein (vgl. Pense et al. 1965: 17). Zu Problemen konnte es vor allem dann kommen, wenn ausgeprägte Pflegebedürftigkeit vorlag: Die „häufige Weigerung, in ein Pflegeheim zu gehen“, führe zur „Überforderung der Haus-

7 Ab Mitte des 19. Jahrhunderts entwickelte sich die Krankenpflege zu einem (bürgerlichen) Frauenberuf, der über viele Jahrzehnte hin vorrangig vom Wohltätigkeitsgedanken geprägt war. Parallel zur Weiterentwicklung sozialrechtlicher Leistungsansprüche bei (häuslicher) Pflegebedürftigkeit wurden die Kranken- und später die Haus- und Altenpflege schließlich zu eigenständigen Berufsbildern und grenzten sich damit von der Pflege als einer Aufgabe, die durch die Familie oder Laien mit karikativem Anspruch mit zu erledigen war, ab.. Solche beruflichen Regulierungen tragen mittelbar zur Regulierung der häuslichen Pflegearbeit bei (vgl. zur Verberuflichung der Tagespflege *Schuler-Harms* in diesem Band). Es würde jedoch den Rahmen dieses Beitrags sprengen, die Entwicklungslinien der Verberuflichung der Kranken- und Altenpflege nachzuzeichnen.

8 Vom 30.06.1961, BGBl. I, S, 815.

9 Im Sinne insbesondere des § 36 SGB XI.

pflegerin, da diese anderenfalls den ganzen Tag zur Verfügung stehen müßte“ (ebd.). Eine derart umfassende häusliche Pflegetätigkeit ginge daher „über den Charakter der Hauspflege hinaus“ (ebd.).

1923 wurde für Kriegsopfer im Reichsversicherungsgesetz bei dienstlich verursachter Pflegebedürftigkeit die Pflegezulage nach Pflegestufen eingeführt, später ergänzt durch Leistungen der Heilbehandlung sowie die Möglichkeit zur Entrichtung von Rentenversicherungsbeiträgen für ‘Ehefrauen und andere Personen , die ihren Angehörigen dauerhaft pflegten (Schulin 1997: § 1 Rn. 24). Somit wurden erstmals auch Leistungen etabliert, die unmittelbar den in der privaten häuslichen Pflegearbeit Tätigen zugute kamen. Zugleich wurde sozialrechtlich anerkannt, dass häusliche Pflege auch von (privaten) Personen außerhalb der Familie erbracht wurde, was damals häufiger vorkam als heute.

1924 wurde Pflegebedürftigkeit als Bestandteil der allumfassenden materiellen Hilfen zum ‘notwendigen Lebensbedarf’ in die „Reichsgrundsätze über Voraussetzung, Art und Maß der öffentlichen Fürsorge“[10] aufgenommen. Dies entsprach einem gewandelten Armutsverständnis, demzufolge die Unterstützung auch auf die Erhaltung und Wiederherstellung der Gesundheit und Arbeitsfähigkeit zielen sollte (vgl. Föcking 2007: 14). Zudem orientierten sich die Reichsgrundsätze erstmals an der Maxime der ‘Hilfe zur Selbsthilfe’ sowie am Ideal der individuell betreuenden (persönlichen) Hilfen (ebd.: 14, 204, 207).

Die durch die Reichsgrundsätze etablierten Fürsorgegrundsätze wurden durch das Bundessozialhilfegesetz von 1961 einerseits fortgeschrieben, andererseits aber auch weiterentwickelt. Insbesondere die individuell ausgerichtete, persönliche Hilfe in besonderen Lebenslagen, zu denen auch die Hilfe zur Pflege gehört, wurde – nunmehr als Pflichtleistung – in ihrer Bedeutung gegenüber der Hilfe zum Lebensunterhalt weiter gestärkt (vgl. Föcking 2007: 207). Während allerdings die in den Reichsgrundsätzen niedergelegte Definition der Leistung ‘Pflege’ noch eher in einem umfassenden Sinn der Tradition der Hauspflege als familienbezogene Unterstützung entsprach (ebd.: 299), wurde die Hauspflege trotz des Engagements des Deutschen Vereins für öffentliche und private Fürsorge und der Verbände der Wohlfahrtspflege nicht ins Bundessozialhilfegesetz aufgenommen (ebd.: 306). An ihrer Stelle wurde ein Rechtsanspruch mit einer engeren Definition der ‘Hilfe zur Pflege’ (nur auf ‘Wartung und Pflege’ bezogen) und die Kann-Leistung der ‘Hilfe zur Weiterführung des Haushalts’ eingeführt (ebd.: 302). Letztere entsprach in einer sehr

10 Vgl. § 6 der Reichsgrundsätze vom 4.12.1924 (RGBl. I, 765), die am 1.01.1925 in Kraft traten.

abgeschwächten Form ansatzweise der Hauspflege; allerdings war sie vorrangig auf die Weiterführung des Haushalts und persönliche Betreuung von Haushaltsangehörigen, insbesondere von Kindern, ausgerichtet und sollte dezidiert nur 'vorübergehend' sein. Eine besondere Qualifikation der zur Weiterführung des Haushalts eingesetzten Personen (vgl. zur Diskussion um die Hauspflege als 'sozialer Beruf' Pense et al. 1965: 13 ff.) war nicht vorgesehen, da man diesen Bereich vorrangig der Selbsthilfe überlassen wollte und die Kosten für semiprofessionelle Kräfte scheute (vgl. Föcking 2007: 305). An der Definition der 'Hilfe zur Pflege' wurde zudem kritisiert, dass die Aspekte 'Betreuung und Beaufsichtigung', die sich für Angehörige oft als sehr zeitintensiv und belastend darstellten, nicht in die Definition aufgenommen worden waren.

Für die häusliche Pflegearbeit hatte diese Entwicklung des Bundessozialhilfegesetzes verschiedene Konsequenzen: Zum einen führte der neue Rechtsanspruch auf Hilfe zur Pflege zu einem deutlichen Ausbau dieser Hilfeart und entsprechender Träger- und Ausbildungsstrukturen, während der fachliche Ansatz und die berufliche Entwicklung der Hauspflege an Bedeutung verloren. Häusliche Pflege wurde zunehmend verberuflicht. Dementsprechend entwikkelten sich parallel Ausbildungsangebote für die Altenpflege (vgl. Heumer / Kühn 2010). Damit nahm der karikative Aspekt in der häuslichen Pflege jedenfalls für beruflich Pflegende ab. Trotz der stärkeren Verberuflichung der Pflegearbeit übernahmen die Familien nach wie vor einen großen Teil der häuslichen Pflegearbeit. Die beginnende Verberuflichung der häuslichen Pflege und die Professionalisierung der beruflichen Pflege führten jedoch dazu, dass auch die immer noch vorwiegend von Frauen geleistete private Pflegearbeit aufgewertet wurde.

In den 1970er- und 1980er-Jahren geriet Pflegebedürftigkeit zunehmend in den politischen Fokus. Sich verändernde Familienstrukturen und die Tatsache, dass pflegebedingte Aufwendungen von Pflegebedürftigen und ihren Familien nicht mehr selbst getragen werden konnten, führten zu einer starken Zunahme der Sozialhilfebedürftigkeit von Pflegebedürftigen. In der Folge wurden 1988 Leistungen der häuslichen Pflege und bei Schwerpflegebedürftigkeit in der Gesetzlichen Krankenversicherung eingeführt. Damit war Pflegebedürftigkeit erstmals als allgemeines Lebensrisiko anerkannt, das des Schutzes durch eine Sozialversicherung bedurfte. Häusliche Pflegearbeit konnte regelhaft durch professionelle Kräfte unterstützt werden, ohne dass eine Einkommens- und Vermögensanrechnung wie in der Sozialhilfe erfolgen musste. Zugleich vergrößerte sich der Unterschied zwischen der fachlich durch das Qualitätsregime der Sozialversicherung regulierten professionellen häuslichen Pflegearbeit und der weder regulierten noch fachlich unterstützten privaten häuslichen Pflegearbeit, die sich häufig ergänzten. Gemeinsamer Nenner war jedoch, dass beide Arten von häuslicher Pflegearbeit überwiegend weiblich waren (und sind) (vgl. Hoffer 2011: 47).

Zur Alterssicherung und beruflichen Absicherung pflegender Angehöriger wurden im Recht der Unfallversicherung (z.B. Unfallversicherungsschutz bei häuslicher Pflege), Grundsicherung (z.B. Erhalt des Anspruchs auf Grundsicherung für Arbeitssuchende), Arbeitsförderung (berufliche Fortbildung) und sozialen Entschädigung (Pflegeausgleich für Witwen und Witwer nach Maßgabe des § 40 Bundesversorgungsgesetz) Leistungen etabliert (vgl. Leitherer 1997: 497). Danach gab es einige Zeit kaum sozialrechtliche Veränderungen; erst mit dem Rentenreformgesetz 1992 vom 18. Dezember 1989[11] erfolgte eine jedenfalls rentenrechtliche Besserstellung informell Pflegender, vor allem durch die rentenrechtliche Anerkennung der Pflegezeiten nicht erwerbsmäßiger Pflegepersonen als sogenannte Berücksichtigungszeiten (§ 54 Abs. 1 Nr. 3 SGB VI), die Behandlung freiwilliger Beiträge – auf Antrag – als Pflichtbeiträge (§ 177 Abs. 1 SGB VI) sowie die Möglichkeit der Entrichtung zusätzlicher Pflichtbeiträge im Sinne einer Aufstockung (vgl. Leitherer 1997: 495). Ergänzend und nachrangig bestand bereits seit 1975 die sozialhilferechtliche (und damit von der Einkommens- und Vermögenssituation des Beantragenden abhängige) Möglichkeit, für eine ehrenamtliche Pflegeperson freiwillige Beiträge zur gesetzlichen Rentenversicherung zu entrichten[12] (vgl. Leitherer 1997: 497).

Die massive Zunahme der Sozialhilfeabhängigkeit von Pflegebedürftigen führte schließlich zur Einführung der Gesetzlichen Pflegeversicherung als eigenem Sozialversicherungszweig. Sie wurde für gesetzlich Krankenversicherte unter der Bezeichnung Soziale Pflegeversicherung im Jahr 1994 im Elften Buch Sozialgesetzbuch (SGB XI)[13] verankert und trat im Jahr 1995 in Kraft. Die Pflegeversicherung diente unter anderem zwei wesentlichen Zwekken: Sie sollte eine ausreichende Anzahl an formellen bzw. professionellen Versorgungsangeboten schaffen, die solidarisch über eine Sozialversicherung finanziert werden, sowie die Sozialhilfeträger von den damals stark angestiegenen sozialhilferechtlichen Pflegekosten entlasten (vgl. Dammert 2009: 19–20;

11 Gesetz zur Reform der gesetzlichen Rentenversicherung (Rentenreformgesetz 1992), BGBl. I, S. 2261.

12 Vgl. § 69 Abs. 2 BSHG a.F.

13 Elftes Buch Sozialgesetzbuch – Soziale Pflegeversicherung (Artikel 1 des Gesetzes vom 26.05.1994, BGBl. I, S. 1014), das zuletzt durch Artikel 11 des Gesetzes vom 20. Dezember 2011 (BGBl. I, S. 2854) geändert worden ist.

Wasem 1997: 30–31). Ein weiterer, wenn auch in der sozialpolitischen und sozialrechtlichen Diskussion weniger hervorgehobener Zweck war die nachhaltige Unterstützung und Förderung der Pflegeleistungen der Familienangehörigen und der Nachbarschaftshilfe.[14]

In der Folge wurden professionelle pflegerische Versorgungsangebote, insbesondere Pflegeheime und ambulante Dienste, zahlenmäßig ausgebaut; bereits im Jahre 2000 wurde von einer zumindest quantitativen Bedarfsdeckung ausgegangen (vgl. BMG 2000: 121, 191). Durch die verbesserte Angebotsinfrastruktur und den seit Inkrafttreten der Pflegeversicherung bestehenden versicherungsrechtlichen Anspruch der Pflegebedürftigen auf Finanzierung eines großen Teils ihrer pflegebedingten Aufwendungen konnte die Inanspruchnahme der die familiäre Pflege ergänzenden oder ersetzenden ambulanten und stationären professionellen Versorgungsangebote im weiteren Verlauf deutlich erhöht werden.[15] Für die häusliche Pflegearbeit der informell Pflegenden bedeuteten die seit Einführung der Pflegeversicherung stärker verfügbaren professionellen Pflegeangebote nicht nur in tatsächlicher, sondern auch in finanzieller Hinsicht eine große Entlastung,[16] etwa wenn sie gegenüber der pflegebedürftigen Person unterhaltspflichtig waren.

Allgemein lässt sich daher festhalten, dass größere Ausweitungen im Leistungsrecht und die typischerweise daraufhin folgenden Veränderungen in der Angebotsinfrastruktur, wie sie beispielsweise mit der Einführung der Pflegeversicherung einhergingen, verbesserte Versorgungsoptionen schaffen und gleichzeitig nicht nur Pflegebedürftigen und ihren Familien finanziell unter die

14 Vgl. Gesetzentwurf der Fraktionen der CDU/CSU und FDP. Entwurf eines Gesetzes zur sozialen Absicherung des Risikos der Pflegebedürftigkeit (Pflege-Versicherungsgesetz – Pflege-VG), BT-Drucks. 12/5262 vom 24.06.1993, S. 3.

15 Nach einer im Auftrag des Bundesgesundheitsministeriums im Frühjahr 1999 durchgeführten Studie zu den Wirkungen der Pflegeversicherung entschieden sich zunächst 78 Prozent der Pflegebedürftigen in Privathaushalten für das Pflegegeld nach § 37 SGB XI und nur 21 Prozent für entweder einen ambulanten Pflegedienst (§ 36 SGB XI) oder eine Kombination aus beidem (vgl. BMG 2000: 62). Der Pflegestatistik 1999 zufolge lag das Verhältnis bei 72 zu 28 Prozent (eigene Berechnung; vgl. Statistisches Bundesamt 2001: 7). Zum Jahresende 2009 bezogen laut Pflegestatistik 46 Prozent ausschließlich Pflegegeld und 24 Prozent waren Empfänger von Sach- oder Kombinationsleistungen (vgl. Statistisches Bundesamt 2011: 8). Damit zeigt sich sowohl aufgrund von Leistungsdaten der Pflegeversicherung als auch aufgrund von repräsentativen Befragungsdaten ein eindeutiger Trend hin zur Nutzung professioneller Angebote, wobei die ebenfalls erfolgten Verschiebungen in den stationären Sektor hier nicht mit einbezogen wurden.

16 Vgl. die von *Schneekloth / Wahl* (2006: 80) berichteten Entlastungswirkungen der Einführung der Pflegeversicherung auf die informell Pflegenden.

Arme greifen, sondern auch informell Pflegende insgesamt entlasten.[17] Gleichwohl war und ist das Paradigma der Gesetzlichen Pflegeversicherung der Vorrang familiärer vor professioneller und häuslicher vor teilstationärer Pflege.[18] Zudem ist die Gesetzliche Pflegeversicherung ein 'Teilkaskosystem' geblieben, das nur einen Teil der möglicherweise notwendigen Ausgaben für professionelle und informelle Pflegeleistungen auffängt.

Neben der deutlichen Entlastung informell Pflegender, die allein durch die Einführung eines sozialversicherungsrechtlich abgesicherten Anspruchs der Pflegebedürftigen auf formelle Pflegesachleistungen sowie den Pflegegeldanspruch des SGB XI erfolgte (Schneekloth / Wahl 2006: 80), sah das Pflegeversicherungsgesetz weitere Regelungen unmittelbar zugunsten informell Pflegender vor. Dies waren einerseits Regelungen zur sozialen Sicherung, wie sie der Art nach auch zuvor schon existiert hatten: Altersvorsorge, Einbeziehung in den Unfallversicherungsschutz sowie Regelungen zur Arbeitsförderung[19] (vgl. Gallon 1998: § 44 Rn. 6). Andererseits wurden durch das Pflegeversicherungsgesetz erstmals Regelungen zur Entlastung und Gesunderhaltung informell Pflegender eingeführt:[20] zum einen die Aufgabenzuweisung an die Pflegekassen in § 45 SGB XI, nach der diese unentgeltlich Pflegekurse

17 Auch in der gegenwärtigen politischen Diskussion spielt das stark sozialrechtlich determinierte Verhältnis von formeller (professioneller) zu informeller Pflege eine große Rolle, wenn es um die fachgerechte Versorgung Pflegebedürftiger und die Entlastung informell Pflegender geht. Jeder Ausbau sozial(versicherungs)rechtlich finanzierter professioneller Pflegeangebote hat bei entsprechender Inanspruchnahme das Potenzial, informell Pflegende deutlich zu entlasten. Der Anteil öffentlich finanzierter professioneller Pflegeangebote steht allerdings in einem dauerhaften Spannungsverhältnis zur nachhaltigen Finanzierbarkeit der öffentlichen Sozial(versicherungs)systeme in einer sich demografisch weiter verändernden Gesellschaft. Daher sind Reformen über die Einführung eines neuen Pflegebegriffs hinaus (z.B. auf ein Niveau der öffentlichen Finanzierung, das demjenigen in Skandinavien vergleichbar wäre) kurz- bis mittelfristig politisch nicht zu erwarten.

18 Nach § 3 S. 1 SGB XI soll die Pflegeversicherung mit ihren Leistungen vorrangig die häusliche Pflege und die Pflegebereitschaft der Angehörigen und Nachbarn unterstützen (sog. 'Vorrang der häuslichen Pflege'). Leistungen der teilstationären Pflege und der Kurzzeitpflege gehen den Leistungen der vollstationären Pflege vor (vgl. § 3 S. 2 SGB XI). Die Leistungen der Pflegeversicherung 'ergänzen' insoweit die familiäre, nachbarschaftliche oder sonstige ehrenamtliche Pflege oder Betreuung (vgl. § 4 Abs. 2 S. 1 SGB XI).

19 Vgl. § 44 SGB XI i.d.F. des Pflegeversicherungsgesetzes vom 26.05.1994 (BGBl. I, S. 1014); dieser war insoweit als Einweisungsvorschrift zu betrachten, vgl. *Leitherer* 1997: 497.

20 Sie gingen auf erste Ansätze der 'Hilfen für Helfer' zurück, die zuvor im Kontext der Leistungen der Gesetzlichen Krankenversicherung für Schwerstpflegebedürftige (§§ 53 ff. SGB V a.F.) entwickelt worden waren, vgl. *Leitherer* 1997: 510.

für Angehörige und sonstige an einer ehrenamtlichen Pflegetätigkeit interessierte Personen anbieten sollten,[21] zum anderen der in § 37 Abs. 3 SGB XI a.F. verankerte Beratungsbesuch für Empfänger von Pflegegeld;[22] beides sollte neben der Sicherung der Qualität der häuslichen Pflege ausdrücklich auch der regelmäßigen Hilfestellung und Beratung der häuslich Pflegenden dienen. Schließlich zielten auch leistungsrechtliche Ansprüche der Pflegebedürftigen, insbesondere der in § 39 SGB XI a.F. verankerte Anspruch auf häusliche Pflege bei Verhinderung der Pflegeperson ('Verhinderungspflege'), der Anspruch auf Kurzzeitpflege (§ 42 SGB XI a.F.) sowie der Anspruch auf Tages- und Nachtpflege (§ 41 SGB XI a.F.), indirekt auf die Entlastung informell Pflegender.

Als zusätzliche (mittelbare) Entlastungsmaßnahme wurden mit dem Pflegeleistungsergänzungsgesetz zum 1. Januar 2002[23] niedrigschwellige Betreuungsangebote beispielsweise für die Betreuung von Demenzkranken eingeführt, die mit dem Pflege-Weiterentwicklungsgesetz[24] im Jahre 2008 insbesondere der Höhe nach ausgebaut wurden (§ 45b SGB XI: Zusätzliche Betreuungsleistungen[25]). Auf infrastruktureller Ebene im Rahmen der Weiterentwicklung der Versorgungsstrukturen sind der Ausbau von insbesondere niedrigschwelligen Betreuungsangeboten (§ 45c Abs. 3 SGB XI) und die modellhafte Förderung von Möglichkeiten zur Vernetzung der Hilfen für Demenzkranke sowie die Förderung ehrenamtlicher Strukturen sowie der Selbsthilfe (§ 45d SGB XI) zu nennen. Mit dem Pflege-Neuausrichtungs-Gesetz[26] wurden zum 1. Januar 2013 weitere Leistungsverbesserungen für Menschen mit Demenz geschaffen,

21 Vgl. § 45 SGB XI i.d.F. des Pflegeversicherungsgesetzes vom 26.05.1994 (BGBl. I, S. 1014); es war (und ist) streitig, ob § 45 einen Rechtsanspruch der informell Pflegenden (auf ermessensfehlerfreie Entscheidung, da es sich um eine Soll-Vorschrift handelt) begründete (so *Gallon* 1998: § 45 Rn. 5) oder lediglich eine Aufgabenzuweisung an die Pflegekassen darstellte (so *Leitherer* 1997: 511).

22 Mithilfe dieses Pflegegelds sollten die Pflegebedürftigen – in der Regel durch Weitergabe an informell Pflegende – die Pflege durch Laien in der eigenen Häuslichkeit sicherstellen.

23 Gesetz zur Ergänzung der Leistungen bei häuslicher Pflege von Pflegebedürftigen mit erheblichem allgemeinen Betreuungsbedarf (Pflegeleistungs-Ergänzungsgesetz – PflEG) vom 14.12.2001, BGBl. I, S. 3728.

24 Gesetz zur strukturellen Weiterentwicklung der Pflegeversicherung (Pflege-Weiterentwicklungsgesetz – PfWG) vom 28.05.2008, BGBl. I, S. 874.

25 Diese – qualitätsgesicherten – Leistungen im Gegenwert von bis zu 200 Euro pro Monat sind insbesondere zur Entlastung bei der häuslichen Betreuung von kognitiv beeinträchtigten Menschen, z.B. Demenzkranken, gedacht.

26 Gesetz zur Neuausrichtung der Pflegeversicherung (Pflege-Neuausrichtungs-Gesetz – PNG) vom 23.10.2012, BGBl. I, S. 2246.

darunter erstmals die Möglichkeit, Betreuung als Sachleistung in Anspruch zu nehmen, und die Förderung von Pflege-Wohngemeinschaften, die einen Mittelweg zwischen der Versorgung in der eigenen Häuslichkeit und vollstationären Pflegeeinrichtungen darstellen.

Die bereits genannten Leistungen zur sozialen Sicherung für informell Pflegende wurden in der Folge weiter ausgedehnt, vor allem im Kontext der 2008 durch das Pflegezeitgesetz[27] eingeführten Pflegezeit. Während sich Arbeitnehmer/innen nach dem Pflegezeitgesetz unentgeltlich von ihrer Arbeitspflicht befreien lassen können, um Angehörige zu pflegen, ermöglicht es das Anfang 2012 in Kraft getretene Familienpflegezeitgesetz,[28] Arbeitszeit anzusparen, um sich (vergütet) für die Pflege von Angehörigen freistellen zu lassen.

Mit der beschriebenen Entwicklung der Gesetzlichen Pflegeversicherung war eine Neubewertung der häuslichen Pflegearbeit durch Angehörige und andere informell Pflegende verbunden: Nachdem ein Professionalisierungsprozess bislang vorrangig bei professionell Pflegenden eingesetzt hatte, befasste sich die Pflegewissenschaft zunehmend mit der (Belastungs-)Situation häuslich Pflegender (vgl. statt aller Gräßel 1998) und die Sozialwissenschaft thematisierte die Rolle insbesondere von Frauen in der häuslichen Pflegearbeit (vgl. Hoffer 2011: 47, 48). Die Analyse der Belastungen informell Pflegender trug dazu bei, dass sich die Regulierungsbemühungen stärker auf Maßnahmen fokussierten, die der Entlastung häuslich Pflegender (und letztlich der Stabilität der häuslichen Pflegesituation) und zugleich der fachlichen Unterstützung durch professionell Pflegende dienten. Gleichstellungspolitische Aspekte haben demgegenüber in der Entwicklung der Regulierung von häuslicher Pflegearbeit durch die Gesetzliche Pflegeversicherung bislang eine eher untergeordnete Rolle gespielt;[29] sie kamen in der politischen Diskussion eher bei Gesetzen zum Tragen, die eine bessere Vereinbarkeit von Erwerbsarbeit und Pflege bezwecken, wie beispielsweise dem Pflegezeitgesetz und dem Familienpflegezeitgesetz.

---

27 Gesetz über die Pflegezeit (Pflegezeitgesetz – PflegeZG) vom 28.05.2008, BGBl. I, S. 874, 896.

28 Gesetz zur Vereinbarkeit von Pflege und Beruf (Familienpflegezeitgesetz – FPfzG) vom 6.12.2011, BGBl. I, S. 2564.

29 Anders als beispielsweise in Japan, wo die Einführung des Pflegegeldes, das besondere Anreize für informelle häusliche Pflege setzt, bei Einführung einer der deutschen vergleichbaren Pflegeversicherung durch Frauenverbände verhindert wurde.

2. *Wesentliche Einflussfaktoren auf die Regulierung der häuslichen Pflegearbeit*

Aus der historischen Entwicklung lassen sich einige wesentliche Faktoren ableiten, die die sozialrechtliche Regulierung der häuslichen Pflegearbeit beeinflusst haben und noch immer bestimmen. Dazu zählen zuallererst *gesellschaftliche Entwicklungen* wie die Alterung der Bevölkerung, das zunehmende Verschwinden der (ohnehin auch in der Vergangenheit nur eingeschränkt vorhandenen) Mehrgenerationenhaushalte, die Zunahme weiblicher Erwerbstätigkeit und berufsbedingter Mobilität sowie die teilweise Erosion nachbarschaftlicher Netzwerke. Die Einführung und der Ausbau der Gesetzlichen Pflegeversicherung und die faktische (weitestgehende) Verschiebung der Pflegekosten von der Finanzierung durch die Bürger/innen oder die Sozialhilfe hin zu einer Sozialversicherung, aber auch die gesetzliche Definition von Pflege als 'gesamtgesellschaftliche Aufgabe' (§ 8 SGB XI) zeigen, dass Pflege zunehmend als 'öffentliche' und weniger als 'private' Aufgabe begriffen wird. Damit entwickelte sich die häusliche Pflegearbeit von überwiegend familiär geprägter Sorgearbeit hin zu einem 'Pflegemix', bei dem viele Akteure zum Gelingen häuslicher Pflege zusammenwirken. Dieser Pflegemix wiederum zog die zunehmende Regulierung häuslicher Pflegearbeit in verschiedenen sozialrechtlichen (und auch in arbeitsrechtlichen, steuerrechtlichen, ordnungsrechtlichen etc.) Gesetzen, und damit einen ‚Regulierungsmix' nach sich.

Die Gestaltung dieses Regulierungsmix war und wird auch von *politischen Faktoren* mit bestimmt. Dazu gehören aktuell insbesondere die pflegepolitische Forderung nach Gleichstellung von kognitiv/psychisch beeinträchtigten Pflegebedürftigen mit somatisch Pflegebedürftigen im Rahmen der Einführung eines neuen Pflegebedürftigkeitsbegriffs, kommunalpolitische Forderungen nach erneuter Entlastung von Ausgaben der Sozialhilfe sowie stärkerer 'Kommunalisierung' der Pflege, behindertenpolitische Impulse aus der Diskussion um Selbstbestimmung und Teilhabe / Inklusion, die Pflegebedürftigkeit als Unteraspekt von Behinderung begreift, und die beginnende berufspolitische Emanzipationsbewegung in den Pflege- und sozialen Berufen (z.B. in der Diskussion um eigenständige Pflegekammern). Gleichstellungspolitisch wurde das Thema (häusliche) Pflege und sozialrechtliche Regulierung insbesondere durch den Ersten Gleichstellungsbericht der Bundesregierung (BMFSFJ 2011) aufgegriffen (vgl. Hoffer 2011: 49).

Als *fachlich-konzeptionelle Einflussfaktoren* sind gegenwärtig insbesondere das neue Verständnis von Pflegebedürftigkeit, das durch den Beirat zur Überprüfung des Pflegebedürftigkeitsbegriffs und den Expertenbeirat zur konkreten

Ausgestaltung des neuen Pflegebedürftigkeitsbegriffs ausgearbeitet wurde (vgl. BMG 2009; 2013; Hoffer 2013: 14 ff.), die Weiterentwicklung von pflegerischen und Betreuungskonzepten beispielsweise für demenziell erkrankte Menschen sowie die Verbesserung der Zusammenarbeit zwischen Pflege- und Betreuungskräften und Laien und der Unterstützungs- und Entlastungskonzepte für informell Pflegende zu nennen. Der mittelfristig erwartete Mangel an qualifizierten Pflegefachkräften stellt vollstationäre wie ambulante Pflegeeinrichtungen vor Herausforderungen bei der Besetzung von Stellen, die möglicherweise dazu führen werden, dass Pflege- und Betreuungsaufgaben in stärkerem Maße als bisher auf nicht examinierte Kräfte übertragen wird. Um das informelle Pflegepotenzial auch zukünftig zu erhalten, wird der Anleitung und Schulung von informell Pflegenden durch Professionelle eine größere Bedeutung zukommen. Es bleibt abzuwarten, ob und inwieweit dies die Tätigkeit informell Pflegender weiter aufwerten oder dazu führen wird, die aus gleichstellungspolitischer Sicht zu kritisierende Zuweisung häuslicher Pflegearbeit an Frauen zu perpetuieren.

3. Aktuelle politische Tendenzen in der Regulierung häuslicher Pflegearbeit

Vor dem Hintergrund der historischen Betrachtung und der Analyse der Einflussfaktoren lassen sich zusammenfassend einige aktuelle politische Tendenzen in der (Regulierung der) häuslichen Pflegearbeit benennen.

Zunächst zeigt sich insgesamt eine Verschiebung im Pflege-Verständnis von ‘familiärer Sorgearbeit’ hin zu einer ‘gesamtgesellschaftlichen Aufgabe’. Zudem hat insbesondere die größere Inanspruchnahme professioneller Dienste, aber auch die im historischen Verlauf stetig steigenden Leistungsbeträge, die den Pflegebedürftigen zur Finanzierung professioneller Dienste zur Verfügung stehen, die Bedeutung der formellen Pflege verstärkt.[30] Zeitgleich ist jedoch trotz der erwarteten Abnahme des Pflegepotenzials (Büscher / Schnepp 2011:473) ein relativer Bedeutungszuwachs der informellen Pflege zu beobachten: So steigt die Zahl informell Pflegender pro Pflegebedürftigem (Rothgang et al. 2011: 74); gleichzeitig steigt der Bedarf an in der Regel informeller Pflege, insbesondere an Betreuung, durch die Zunahme von Menschen mit Demenzerkrankungen.

---

30 Zuletzt gab es sogar Forderungen nach einer ‘Vollversicherung’ in der Pflege seitens der Gewerkschaft ver.di („Gutachten zur Pflege: Solidarische Vollversicherung ist längst überfällig und bezahlbar“, vgl. http://www.verdi.de/presse/pressemitteilungen/ ++co++04a7bc68-2efd-11e2-a735-0019b9e321cb. (20.03.2014)

Informell Pflegende werden (fachlich wie politisch) zunehmend als eigene Zielgruppe wahrgenommen, für die eigene Konzepte und Leistungen angeboten werden (in der Pflegeversicherung, auf kommunaler Ebene, aber auch bei der Frage der Vereinbarkeit von Pflege und Beruf). Eine fachliche Entwicklung, die Pflege als teilhaberelevant einstuft und Pflegekonzepte als Teilhabekonzepte entwirft, rückt auch die Teilhabe informell Pflegender stärker in den Fokus und erzeugt lösungsbedürftige Fragen an den Schnittstellen zu anderen Sozialleistungssystemen, insbesondere zur Eingliederungshilfe für behinderte Menschen.

Die weitere Ausdifferenzierung der Berufe und Berufsprofile in der professionellen Pflege sowohl nach Qualifikationsniveau als auch nach Professionen (einschließlich einem Wiedererstarken von Konzepten familienbezogener Pflege) flexibilisiert den Pflegemix und wirft neue sozialrechtliche Regulierungsfragen auf. Eine stärkere Flexibilisierung ('Deregulierung') und verbesserte Kombinationsmöglichkeiten bei den Leistungen bieten eine immer bessere Chance auf einen optimierten Pflegemix.

Nicht zuletzt rücken in der Pflege neue politische Dimensionen, wie die der Gleichstellungspolitik, ins Blickfeld und erfordern eine Neubewertung der bestehenden gesetzlichen Regelungen unter zusätzlichen Gesichtspunkten. Die sozialrechtliche Regulierung der häuslichen Pflegearbeit bleibt also auch in der 18. Legislaturperiode in Bewegung – auf die Ergebnisse darf man gespannt sein.

Literatur

BLINKERT, Baldo / Klie, Thomas, 2006: „Die Zeiten der Pflege". Zeitschrift für Gerontologie und Geriatrie 39. Jg. H. 6 (2006), S. 202–210.

BLINKERT, Baldo / Klie, Thomas, 2008: „Die Versorgungssituation pflegebedürftiger Menschen vor dem Hintergrund von Bedarf und Chancen", in: Bauer, Ullrich/ Büscher, Andreas (Hg.): Soziale Ungleichheit und Pflege. Beiträge sozialwissenschaftlich orientierter Pflegeforschung. Wiesbaden, S. 238–258.

BMFSFJ [Bundesministerium für Familie, Senioren, Frauen und Jugend] (Hg.), 2011: Neue Wege – Gleiche Chancen. Gleichstellung von Frauen und Männern im Lebensverlauf. Erster Gleichstellungsbericht. Berlin.

BMG [Bundesministerium für Gesundheit] (Hg.), 2000: Wirkungen der Pflegeversicherung. Forschungsprojekt im Auftrag des Bundesministerium für Gesundheit, durchgeführt von Schneekloth, U. und Müller, U. für I+G Gesundheitsforschung, München, und Infratest Burke Sozialforschung, München. Baden-Baden [Schriftenreihe des Bundesministeriums für Gesundheit. Band 127].

BMG [Bundesministerium für Gesundheit] (Hg.), 2009: Bericht des Beirats zur Überprüfung des Pflegebedürftigkeitsbegriffs. Berlin.

BMG [Bundesministerium für Gesundheit] (Hg.), 2011: Wirkungen des Pflege-Weiterentwicklungsgesetzes. Abschlussbericht zur Studie und zu den Repräsentativerhebungen von TNS Infratest Sozialforschung, München. Berlin.

BMG [Bundesministerium für Gesundheit] (Hg.), 2013: Bericht des Expertenbeirats zur konkreten Ausgestaltung des neuen Pflegebedürftigkeitsbegriffs. Berlin.

Boeger, Annette / Pickartz, Andrea, 1998: „Die Pflege chronisch Kranker in der Familie". *Pflege* 11 (1998), S. 319–323.

Büscher, Andreas / Schnepp, Wilfried, 2011: „Die Bedeutung von Familien in der pflegerischen Versorgung", in: Schaeffer, Doris / Wingenfeld, Klaus (Hg.): Handbuch Pflegewissenscha*ft*. Weinheim / München, S. 469–487.

Dammert, Matthias, 2009: Angehörige im Visier der Pflegepolitik. Wie zukunftsfähig ist die subsidiäre Logik der deutschen Pflegeversicherung? Wiesbaden.

Eurofamcare-Konsortium (Hg.), 2007: *EUROFAMCARE*. Services for Supporting Family Carers of Older Dependent People in Europe. Characteristics, Coverage and Usage. The National Survey Report for Germany, http://www.uke.de/extern/euro famcare/documents/deliverables/nasure_de.pdf Zugriff: 20.03.2014.

Föcking, Friederike, 2007: Fürsorge im Wirtschaftsboom – Die Entstehung des Bundessozialhilfegesetzes von 1961. München.

Gallon, Thomas-Peter, 1998: § 44, in: Klie, Thomas / Krahmer, Utz (Hg.), Sozialgesetzbuch XI – Soziale Pflegeversicherung, Lehr- und Praxiskommentar, 1. Auflage, Baden-Baden.

Gräßel, Elmar, 1998: „Häusliche Pflege dementiell und nicht dementiell Erkrankter. Teil II: Gesundheit und Belastung der Pflegenden". Zeitschrift für Gerontologie und Geriatrie 31. Jg H. 1 (1998), S. 57–62.

Heumer, Mechthilde / Kühn, Cornelia, 2010: Die Entstehung und Entwicklung der Altenpflegeausbildung – Historische Rekonstruktion des Zeitraums 1950 bis 1994 in Nordrhein-Westfalen. Hamburg.

Heusinger, Josefine, 2006: „Pflegeorganisation und Selbstbestimmung in häuslichen Pflegearrangements". Zeitschrift für Gerontologie und Geriatrie 39. Jg. H. 6 (2006), S. 418–422.

Heyl, Hedwig, 1906: Hilfsbuch für die Hauspflege. Berlin.

Hoffer, Heike, 2011: Geschlechtergerechte Pflege als Herausforderung für eine gleichstellungsorientierte Pflegepolitik, Zeitschrift des deutschen Juristinnenbundes (djbZ) H. 2 (2011), S. 47–56.

Hoffer, Heike, 2012: 50 Jahre Hilfe zur Pflege: Zur Wiederentdeckung einer einstigen Sozialinnovation, in: Fahlbusch, Jonathan (Hg.): 50 Jahre Sozialhilfe – eine Festschrift. Berlin, S. 230–248.

Hoffer, Heike, 2013: Der Expertenbeirat zur konkreten Ausgestaltung des neuen Pflegebe-dürftigkeitsbegriffs revisited, in: Gesundheits- und Sozialrecht: Zeitschrift für das gesamte Gesundheitswesen Bd. 67 H. 4 (2013), S. 14–20.

Leitherer, Stephan, 1997: „Leistungen der Pflegepersonen", in: Schulin, Bertram (Hg.): Handbuch des Sozialversicherungsrechts. Band 4: Pflegeversicherungsrecht. München, S. 493–512.

LEVINE, Carol / Halper, Deborah / Peist, Ariella / Gould, David A., 2010: „Bridging Troubled Waters: Family Caregivers, Transitions, And Long-Term Care“, Health Affairs 29. Jg H. 1 (2010), S. 116–124.

NAVE-HERZ, Rosemarie, 2011: „Die Familie in Europa als ‘Fürsorgeinstitution’ für ihre älteren Mitglieder – Historischer Rückblick und zukünftige Perspektiven“, in: Bertram, Hans / Ehlert, Nancy (Hg.): Familie, Bindungen, Fürsorge: Familiärer Wandel in einer vielfältigen Moderne, Leverkusen, S. 281-298.

MÜLLER, Rolf / Unger, Rainer / Rothgang, Heinz, 2010: Wie lange Angehörige zu Hause gepflegt werden. Reicht eine zweijährige Familien-Pflegezeit für Arbeitnehmer? Soziale Sicherheit 10. Jg H. 6/7 (2010), S. 230–237.

PENSE, Rudolph / Jonas, Carmen / Petersen, Hans, 1965: Die Grundlagen der Hauspflege und ihre Finanzierung. Frankfurt am Main.

ROTHGANG, Heinz / Iwansky, Stephanie / Müller, Rolf / Sauer, Sebastian / Unger, Rainer, 2011: Barmer GEK Pflegereport 2011. Schwerpunktthema: Zusätzliche Betreuungsleistungen für Personen mit erheblich eingeschränkter Alltagskompetenz. St. Augustin.

SACHVERSTÄNDIGENRAT zur Begutachtung der Entwicklung im Gesundheitswesen, 2009: Koordination und Integration – Gesundheitsversorgung in einer Gesellschaft des längeren Lebens, Gutachten (Langfassung). BT-Drucks. 16/13770 vom 2.07.2009, http://dip21.bundestag.de/dip21/btd/16/137/1613770.pdf, Zugriff: 22.01.2014.

SCHNEEKLOTH, Ulrich / Wahl, Hans-Werner (Hg.), 2006: Selbständigkeit und Hilfebedarf bei älteren Menschen in Privathaushalten. Pflegearrangements, Demenz, Versorgungsangebote. Stuttgart.

SCHULIN, Bertram, 1997: „Geschichte und Zukunftsperspektiven“, in: Schulin, Bertram (Hg.): Handbuch des Sozialversicherungsrechts. Bd. 4: Pflegeversicherungsrecht. München, § 1.

SCHUPP, Jürgen / Künemund, Harald, 2004: „Private Versorgung und Betreuung von Pflegebedürftigen in Deutschland“, Wochenbericht des DIW Berlin 71. Jg. H. 20 (2004), S. 289–294.

STATISTISCHES BUNDESAMT (Hg.), 2001: Pflegestatistik 1999. Pflege im Rahmen der Pflegeversicherung. Deutschlandergebnisse, Kurzbericht unter https://www.destatis.de/DE/Publikationen/Thematisch/Gesundheit/Pflege/ PflegeDeutschlandergebnisse 5224001999004.pdf?__blob=publicationFile, Zugriff: 20.03.2014.

STATISTISCHES BUNDESAMT (Hg.), 2011: Pflegestatistik 2009. Pflege im Rahmen der Pflegeversicherung. Deutschlandergebnisse, https://www.destatis.de/DE/ Publika tionen/Thematisch/Gesundheit/Pflege/PflegeDeutschlandergebnisse 5224001099004. pdf?__blob=publicationFile, Zugriff: 20.03.2014.

WASEM, Jürgen, 1997: „Sozialpolitische Grundlagen der sozialen Pflegeversicherung“, in: Schulin, Bertram (Hg.): Handbuch des Sozialversicherungsrechts. Band 4: Pflegeversicherungsrecht. München, S. 28–58.

Helga Spindler

Grenzen für die Ablösung familiärer Sorgearbeit durch die Leistungsstruktur der Pflegeversicherung – Thesen und Lösungsvorschläge

These 1: Unbezahlte Hausarbeit hat bisher einen so zentralen Stellenwert in der häuslichen Pflege, dass Defizite geradezu vorprogrammiert sind, wenn mehr professionelle Kräfte diese Arbeit übernehmen oder ergänzen sollen.

Bei der häuslichen Pflege treffen *zwei nicht kompatible Systemvorstellungen* aufeinander, die sich nur historisch erklären lassen. In der Vergangenheit wurden Pflegearbeit und Betreuungsarbeit im Haushalt (mit-)geleistet und nur dann in stationärer Form erbracht, wenn sich häusliche Pflege als nicht durchführbar erwies oder keine Pflegepersonen (mehr) da waren. Die Kosten hierfür wurden aus dem Familienunterhalt bestritten, ohne dass sie sich als solche eindeutig herausrechnen oder statistisch abtrennen ließen. Erst später wurde die häusliche Pflege geringfügig und nur in einem Bruchteil der Fälle durch das Pflegegeld der Sozialhilfe unterstützt.[1]

Wenn nun Hausarbeit heute nichts mehr gilt und im Gegenteil eine hohe Arbeitsmarktbeteiligung erwünscht ist und im Falle der Bedürftigkeit unter dem SGB II sogar gefordert wird (vgl. Hohmeyer u.a. 2012: 7, 8), stehen Angehörige nicht mehr in gleichem Umfang wie bisher für Pflegearbeit zur Verfügung. Daraus entstehen zwangsläufig Konflikte.

Pflege und Pflegebedürftigkeit musste bis 1995 weitestgehend als *privates Risiko* bewältigt werden. Im Jahr 1994, also kurz vor der Einführung der Pflegeversicherung, waren 238.792 Bezieher von Leistungen zur ambulanten Pflege in der Sozialhilfe statistisch registriert, 1995 waren es noch 213.936 (Krahmer 1994: Vor § 68 Rz. 1; Wirtschaft und Statistik 10/1997: 724). Erst 1996 sank die Zahl ambulant Pflegebedürftiger in der Sozialhilfe bedingt durch die Einführung des Pflegegeldes in der Pflegeversicherung auf 94.537

1 Ansprüche aus anderen Sicherungssystemen werden wegen ihres geringen Umfangs und der fehlenden Einschlägigkeit für die Entwicklung der hier interessierenden Strukturen nicht berücksichtigt.

(Gerlinger / Röber 2012).[2] Diese bezogen damals in den alten Bundesländern überwiegend Pflegegeld der Sozialhilfe zwischen 378 und 1.031 DM monatlich (Krahmer 1994: § 69 Rz. 23, 34).

Schon im Jahr 1991 wurde die Zahl der zu Hause gepflegten Menschen realistisch allerdings auf mindestens 1,12 Millionen geschätzt; Pflegepersonen waren zu 26 Prozent Töchter, zu 24 Prozent Ehepartnerinnen, zu 14 Prozent Mütter, zu 13 Prozent Ehepartner, zu 11 Prozent andere Verwandte, Freunde oder Nachbarn, zu 9 Prozent Schwiegertöchter und zu 3 Prozent Söhne (Nachweis bei Jung 1994: 9). Somit wurden nur 20 Prozent der Pflegebedürftigen zumindest mit Pflegegeld unterstützt. Selbst 1994 waren die Ausgaben für diese Gruppe vergleichsweise gering: Für ambulante Pflegeleistungen insgesamt wurden 1,633 Milliarden DM gezahlt (Wirtschaft und Statistik 5/1997: 333).

Trotzdem stöhnten die Sozialhilfeträger unter der Belastung durch die Hilfe zur Pflege. Das lag allerdings vor allem an den Kosten für die stationäre Pflege. Für 330.429 Pflegebedürftige in der stationären Pflege mussten 1994 etwas über 16 Milliarden DM aufgewendet werden. Viele konnten eine Heimunterbringung angesichts der Kosten zwischen 2.500 und 4.500 DM monatlich (Krahmer 1994: Vor § 68 Rz. 6) nicht mehr privat finanzieren. Deshalb waren damals geschätzt 70 bis 90 Prozent der Heimbewohner auf Sozialhilfefinanzierung angewiesen. Die Sozialhilfeträger, die unter dem Druck dieser Ausgaben litten, hatten deshalb schon 1984 durchgesetzt, dass in § 3a Bundessozialhilfegesetz (BSHG) der *Vorrang der offenen Hilfe* festgeschrieben wurde:

> „Der Träger der Sozialhilfe soll daraufhin wirken, dass die erforderliche Hilfe soweit wie möglich außerhalb von Anstalten, Heimen oder gleichartigen Einrichtungen gewährt werden kann."[3]

Nur wegen der Kosten dieser stationären Unterbringung war die Hilfe zur Pflege zum größten Ausgabeposten in der Sozialhilfe angewachsen, der noch deutlich über den gesamten Ausgaben für Hilfe zum Lebensunterhalt lag.[4]

Das gezahlte *Pflegegeld* hatte von Anfang an *keinerlei Entgeltcharakter* (vgl. Krahmer 1994: § 69 Rz. 8). Nur falls erforderlich und generell nachrangig

---

2 Der Tabelle „Sozialhilfe für Hilfe zur Pflege nach Ausgaben und Zahl der Leistungsempfänger 1994–2009" bei *Gerlinger / Röber* 2012 liegen Daten aus der Sozialhilfestatistik des Statistischen Bundesamts zugrunde.

3 So auch § 69 Abs. 2 BSHG; dazu *Krahmer* 1994: § 69 Rz. 7.

4 Die Bruttoausgaben für die gesamte Hilfe zur Pflege betrugen 1994 ca. 17,7 Milliarden DM gegenüber 12,9 Milliarden DM Hilfe zum Lebensunterhalt außerhalb von Einrichtungen (Wirtschaft und Statistik 10/1996: 634).

sollten auch ambulant professionelle Pflegekräfte finanziert werden, was aber kaum in Anspruch genommen wurde.

Die stationären Einrichtungen, die professionelle Kräfte einsetzen und arbeitsrechtliche Vorgaben einhalten mussten, kalkulierten dagegen von Anfang an ihre Pflegesätze entsprechend. Wegen der hohen Kosten war die Unterbringung in stationären Einrichtungen bei den Sozialhilfeträgern nicht beliebt. Aber auch viele Betroffene und deren Angehörige standen ihr skeptisch gegenüber, weil sie mit einem Verlust an Selbstständigkeit und Selbstbestimmung einherging und auch weil die Qualität der Heimversorgung oft zu wünschen übrig ließ. Nicht zuletzt war die Heranziehung des Einkommens und Vermögens bei der Bedürftigkeitsprüfung im Rahmen der Sozialhilfe mit einer Erbschaftsschmälerung verbunden. Sie betraf auch die Kinder der Pflegebedürftigen, und besser verdienende Kinder mussten zusätzlich die Überleitung von Unterhaltsansprüchen fürchten (§§ 90, 91 BSHG).

Außer der differenzierten Festlegung von Pflegestufen und der Erfassung von Aufwendungen (§ 69 BSHG) wurde keine weitere Regulierungsnotwendigkeit gesehen. Während die Sozialhilfe zunächst innovativ auf das zunehmende Risiko der Pflegebedürftigkeit reagiert hatte, verlagerte sich die sozialpolitische Debatte seit den 1980er-Jahren wegen der ansteigenden Kosten für stationäre Pflege auf haushaltsrechtliche Begrenzungen und auf Überlegungen, Pflegebedürftigkeit als allgemeines Lebensrisiko vorrangig außerhalb der Sozialhilfe abzusichern (vgl. Hoffer 2012: 234 f.).

Das änderte sich mit dem Inkrafttreten der *Pflegeversicherung* zum 1. Januar 1995, die schon nach relativ kurzer Beitragsvorleistung einen festen Zuschuss auch zu stationärer Pflege vorsah und so das private Finanzierungsrisiko und den privaten Vermögenseinsatz zumindest zu Beginn ihrer Einführung begrenzte. Allerdings setzte auch die Pflegeversicherung wenn auch nicht mehr ausschließlich, so doch überwiegend nach wie vor auf die *Bewältigung des Risikos durch familiären oder nachbarschaftlichen, ehrenamtlichen Einsatz* (vgl. Hoffer 2012: 240). In Abgrenzung zum Einsatz professioneller Kräfte in einem regulären Arbeitsverhältnis bezeichne ich diesen Einsatz von Laien als Ehrenamt[5] und verwende für diese Kräfte den auch in der Pflegeversicherung benutzten Begriff Pflegepersonen (§ 19 SGB XI) im Gegensatz zur professionellen Pflegefachkraft.

Zwar gelang es wie beabsichtigt, mit den Leistungen für diese Pflegepersonen mehr Berechtigte zu erfassen und zu unterstützen, aber eben nur im ambulan-

5 Andere Untersuchungen sprechen im gleichen Zusammenhang von formellen und informellen Leistungen, vgl. z.B. *Heintze* 2012: 15.

ten Bereich. Das *Pflegegeld* lag je nach Pflegestufe zunächst zwischen 400 und 1.300 DM. Es wurde bis heute nicht nennenswert erhöht und beträgt derzeit (2013) zwischen 235 und 700 Euro. Damit stellt es eine sehr *niedrig budgetierte Anreizleistung* dar. Wie viele andere Leistungen setzt auch das Pflegegeld voraus, dass die zu vergütende Tätigkeit auf der Grundlage eines großen persönlich motivierten Engagements als nicht professionelle und nicht arbeitsrechtlich regulierte Hausarbeit erbracht wird, was meist nur um den Preis der Selbstausbeutung dieser ehrenamtlich tätigen Personen zu leisten ist. Ist keine persönliche Beziehung zwischen Pflegekraft und pflegebedürftiger Person vorhanden und wird das Pflegegeld nicht durch umfangreiche private Finanzmittel aufgestockt, sind inakzeptable Lohn- und Arbeitsbedingungen die zwangsläufige Folge. Das ist leider systemimmanent. Die meisten Arbeitgeber- und Assistenzmodelle im Behindertenbereich leiden inzwischen auch offen unter diesem Mangel.

Die Pflegeversicherung zielte von Anfang an nicht darauf, angemessene Leistungsentgelte zu finanzieren oder das Pflegeverhältnis vertraglich auszugestalten. Es gab neue Rechte, so wurden beispielsweise Beitragszahlungen zur Sozialversicherungen der Pflegeperson , die teilweise wie die Beiträge zur Rente und heute auch zur Arbeitslosenversicherung vorbildlich für die Absicherung von Familienarbeit sind, und die Rechte auf Freistellung von der nervenaufreibenden Tätigkeit im Rahmen der Verhinderungs- und Kurzzeitpflege oder das Recht auf kostenlose Pflegekurse geschaffen (§§ 39–42, 44–45d SGB XI). Sie ändern jedoch nichts daran, dass die Kerntätigkeit nicht erfasst, reguliert und im Sinne eines Arbeitsentgelts honoriert wird. Und sie ändern auch nichts daran, dass die Hauptlast der ehrenamtlichen Pflege nach wie vor von Frauen getragen wird (vgl. Nebe 2010: 416 f.).

Ein Blick in die Statistik zeigt zudem einen bisher unerforschten, wenig beruhigenden Befund: Selbst die wenigen vorhandenen Entlastungselemente werden offenbar kaum genutzt. Nach Informationen des Bundesministeriums für Gesundheit bezogen 2011 ca. 1,05 Millionen Leistungsempfänger ausschließlich Pflegegeld. Es wurden jedoch nur 45.500 Fälle von Verhinderungspflege und knapp 20.000 Fälle von Kurzzeitpflege registriert.[6] In der Rentenversicherung waren kaum mehr als 414.000 Pflegepersonen erfasst.[7] Ähnliches gilt auch für die Inanspruchnahme von Pflegezeit nach dem Pflege-

6 Fünfter Bericht über die Entwicklung der Pflegeversicherung, BT-Drucks. 17/8332 vom 12.01.2012, Anlage 2.

7 Bundesministerium für Gesundheit: Zahlen und Fakten zur Pflegeversicherung vom 13.05.2013, S. 8.

zeitgesetz von 2008.[8] Das heißt, es besteht entweder ein hartnäckiges Vermittlungsproblem oder aber das Pflegezeitgesetz geht an den Bedürfnissen der Pflegepersonen vorbei.

Im Vergleich zur Sozialhilfe räumte die Pflegeversicherung den *Pflegesachleistungen* (§ 36 SGB XI) *eine stärkere Stellung* ein. Doch auch die Sachleistung, mit der im ambulanten Bereich nun auch Leistungsentgelte von Arbeitnehmerinnen berücksichtigt wurden, war budgetiert, und zwar von Anfang an zu niedrig und ohne nennenswerte Erhöhung über viele Jahre, denn man wollte ja gleichzeitig im Wettbewerb Effizienzreserven mobilisieren (vgl. Auth 2013: 413 f.). Auch das ist gelungen, was dazu führte, dass sich wie in der stationären Pflege Minutenpflege etablierte und die Zahl der Einsätze reduzierte. Wenn doch mehr Leistung oder Rundumversorgung gewährleistet werden soll, dann sind wegen der zu niedrigen Sachleistung in diesem Zusammenhang Lohndumping und Arbeitszeitverstöße bzw. unzumutbarer Schichteinsatz bei beschäftigten Personen bekannt geworden. Immer wieder kommt es hier zu arbeitsrechtlichen Verstößen.[9] Gleichzeitig bleibt die zu pflegende Person außerhalb der kurzen Einsatzzeiten unversorgt.

Zusätzlicher Widerspruch und Druck entsteht nun dadurch, dass in vielen Zusammenhängen eine stärkere außerhäusige Erwerbstätigkeit gefordert wird. Damit steht unbezahlte Hausarbeit als Ressource in dem Umfang, wie sie bisher für die häusliche Pflege vorausgesetzt und auch immer noch genutzt wird, nicht mehr zur Verfügung. Gleichzeitig wird sie im öffentlichen Diskurs abgewertet. Mit der gleichen Berechtigung, mit der man das Betreuungsgeld als 'Herdprämie' kritisiert, ließe sich beim Pflegegeld von einer 'Bettprämie' sprechen, die von der Inanspruchnahme stationärer oder professioneller Angebote abhalten soll.

Die Betroffenen entwickeln unterschiedliche *Strategien*, um die Probleme, die aus diesem Widerspruch resultieren, zu bewältigen. Ist das Einkommen niedrig und sind die Wohnverhältnisse beengt, kommt die Beschäftigung einer Pflegekraft nicht in Betracht. In diesen Fällen können die Betroffenen allenfalls auf

8 Gesetz über die Pflegezeit (Pflegezeitgesetz) vom 28.05.2008, BGBl. I, S. 874, 896. Vgl. Antwort der Bundesregierung zu Stand und Umsetzung der Familienpflegezeit, BT-Drucks. 17/12330 vom 14.02.1013 und Fünfter Bericht über die Entwicklung der Pflegeversicherung, BT-Drucks. 17/8332 vom 12.01.2012, S. 37.

9 Zuletzt: Verstoß gegen die Zahlung eines Mindestlohns auch für Bereitschaftsdienst und hauswirtschaftliche Versorgung: LAG BaWü v. 28.11.2012 – 4 Sa 48/12, Streit 1 (2013), S. 16 f. oder früher: sittenwidrige Stundenlöhne bei der Betreuung von Schwerstpflegebedürftigen: ArbG Herne vom 5.08.1998 – 5 CA 4010/97, Sozialrecht aktuell 1999, S. 31 f.

schlecht verdienende oder arbeitslose Verwandte als Pflegepersonen zurückgreifen (so auch Hohmeyer u.a. 2012: 17) oder sie können zusätzliche Pflegeleistungen durch die Sozialhilfe erhalten, weil sie nicht über Einkommen und Vermögen verfügen. In diesem Kontext ist wichtig, dass das Pflegegeld nicht auf Grundsicherungsleistungen angerechnet wird (§ 13 SGB XI). Ab der Mittelschicht aufwärts sind mehr Ressourcen vorhanden, es gibt mehr Geld und meist mehr Platz in den Wohnungen oder Wohn- und Hausgemeinschaften. Damit sind zwar die Grundvoraussetzungen gegeben, um jemanden anzustellen. Allerdings reichen die Mittel regelmäßig nicht aus, um den vollen Betreuungsumfang im Rahmen eines regulären Arbeitsverhältnisses zu bezahlen. Nach meiner Meinung liegt hier der Schwerpunkt der anderweitig schon untersuchten prekären Ausländerbeschäftigung in Pflegehaushalten.

In der Pflegeversicherung nicht mehr begründet und damit neu zu überdenken ist dagegen der Grundsatz *Häusliche Pflege vor stationärer Pflege* (§ 3 SGB XI). Er dient genau genommen nicht der Selbstbestimmung und dem Wunsch- und Wahlrecht, das schon in § 2 SGB XI geregelt ist, sondern sollte – wie schon in der Sozialhilfe – aus Kostengründen die Inanspruchnahme regulierter professioneller Pflege in Einrichtungen eindämmen. Dass sowohl Kostenträger als auch die Pflegebedürftigen selbst sowie ihnen emotional teilweise nahestehende und/oder erbberechtigte Angehörige wenn auch aus unterschiedlichen Motiven heraus ein Interesse am Verbleib in der bisherigen Wohnung haben, ändert nichts daran, dass wegen der Leistungsstruktur der Pflegeversicherung der Grund für die Regelung weggefallen ist.

In der Sozialhilfe war der Vorrang für häusliche Pflege wegen der umfassenden kostenintensiven Leistungen bei stationärer Versorgung noch ökonomisch nachvollziehbar. In der Pflegeversicherung ist das jedoch nicht mehr der Fall. Denn sie übernimmt bei stationärer Unterbringung nicht die gesamten Kosten, sondern nur noch einen wiederum budgetierten Pflegekostenanteil, der heute in Pflegestufe II und III kaum oder nicht mehr niedriger ist als der Betrag für die ambulante Pflegesachleistung. Anders als noch in der Sozialhilfe besteht ein wirtschaftlicher Grund für die Vorrangregel damit heute eigentlich nur noch für Pflegestufe I. Dennoch besteht die Vorrangregel weiterhin und verhindert konzeptionelle Überlegungen dahingehend, wie die ambulante Pflege durch räumliche Konzentration so erbracht werden kann, dass genug regulär bezahlte Kräfte finanzierbar sind, bzw. wie man sich in Deutschland auch im ambulanten Bereich vom Vorrang eines gewachsenen familienbasierten Pflegesystems zugunsten eines servicebasierten Pflegesystems lösen kann (vgl. Heintze 2012: 5, 15 ff.). Weil die Pflegeversicherung nach wie vor auf die ehrenamtliche Leistung in der ambulanten Pflege setzt und nur hier Anreizwirkung entfaltet, steht sie dem Übergang zu professioneller, bedarfsangemessener, ambulanter Leistung im Wege, und zwar im Hinblick sowohl auf ihre Grundsätze und Organisationsvorstellungen als auch auf die Finanzierung.

These 2: Die Leistungen der ehrenamtlichen Pflegeperson werden im pflegerischen Bereich zu gering, im hauswirtschaftlichen Bereich nur teilweise und im Betreuungsbereich fast gar nicht finanziell berücksichtigt. Deshalb lassen sich diese Leistung und insbesondere die unbezahlte Betreuungsarbeit im Einzelhaushalt nicht kostenneutral durch regulierte professionelle Arbeit ergänzen oder ersetzen.

Wenn nun der *Privathaushalt verstärkt auch Arbeitsplatz* für professionelle Kräfte werden soll, wird augenfällig, dass die Leistungen der ehrenamtlich pflegenden Person bisher nur teilweise erfasst sind. Auch das führt zu einem grundlegenden Strukturproblem.

Zwar übernimmt in mehr als der Hälfte der häuslichen Pflegeverhältnisse eine haushaltsführende Pflegeperson (§ 19 SGB XI) die Versorgung. Allerdings taucht diese Person als *Arbeitskraft mit entsprechenden Rechten* im vorhandenen Sicherungssystem nicht auf – und sie soll ja in der Ehrenamtskonstruktion auch bewusst nicht auftreten.

Der Anspruch auf das budgetierte Pflegegeld steht nicht ihr, sondern vielmehr der pflegebedürftigen Person zu (§ 37 SGB XI): „Pflegebedürftige können anstelle der häuslichen [ambulanten professionellen; d. Verf.] Pflegehilfe ein Pflegegeld beantragen. Der Anspruch setzt voraus, dass der Pflegebedürftige mit dem Pflegegeld dessen Umfang entsprechend die erforderliche Grundpflege und hauswirtschaftliche Versorgung in geeigneter Weise selbst sicherstellt.“ Die dahintersteckende Philosophie lässt sich in etwa so zusammenfassen: Die pflegebedürftige Person sorgt grundsätzlich selbst für sich und mobilisiert erforderlichenfalls eigenverantwortlich ehrenamtliche Pflegebereitschaft in ihrem sozialen Umfeld.

Verschärft wird die mangelnde Erfassung der Leistung der Pflegeperson durch den *Pflegebegriff* (§ 14 SGB XI). Er konzentriert sich auf körperbezogene Verrichtungen. Der gesamte Betreuungs- und Beaufsichtigungsbedarf wird säuberlich herausdefiniert, der hauswirtschaftliche Bedarf nur sehr begrenzt einbezogen. Und selbst für die erfassten Tätigkeiten wird bei einem kalkulierten Mindeststundenaufwand von monatlich 45 Stunden (Pflegestufe I) lediglich 235 Euro Pflegegeld ‘bezahlt’, bei 90 Stunden (Pflegestufe II) sind es 440 Euro und bei 150 Stunden und mehr (Pflegestufe III) 700 Euro. In aller Regel liegt der tatsächliche Aufwand jedoch weitaus höher. Daher wird ein

Großteil der von der Pflegeperson geleisteten Arbeit ohne jegliches Entgelt geleistet. Zwar ist beim Betreuungs- und Beaufsichtigungsbedarf nachgebessert worden und die zeitaufwendige Betreuungsarbeit wird im Pflegebegriff neuerdings nur minimal berücksichtigt,[10] allerdings wieder mit einer budgetierten und von weiteren einengenden Voraussetzungen abhängigen Leistung von 100 bis 200 Euro pro Monat (§§ 45a und b SGB XI). Diese Reformen gehen zwar in die richtige Richtung, sind aber immer noch eher auf Abwehr und Einschränkung hin formuliert, weil schon diese Tätigkeiten eigentlich nicht mehr zur bisherigen Philosophie des Gesetzes passen. Auch wenn die entsprechenden Geldbeträge immer wieder aufgestockt werden, bleibt letztlich unklar, welche Leistungsstrukturen dadurch überhaupt abgedeckt werden sollen. Wie will man das, was Pflegepersonen insgesamt an notwendigen Leistungen und tatsächlichem Stundenaufwand erbringen, kostenneutral in ein reguläres Arbeitsverhältnis umwandeln oder durch zusätzliche bezahlte Arbeitseinsätze ergänzen?

These 3: Es gibt bereits einen Pflegemix, der jedoch nicht bedarfsdeckend ausgestattet ist, unter Organisationsmängeln leidet und darüber hinaus zulasten der Pflegeperson geht.

Oft wird der Einwand erhoben, die Situation der häuslichen Pflege sei nicht so schlimm, denn es gebe einen *Pflegemix*, also ein Nebeneinander von ehrenamtlicher und professioneller Pflege durch die Sachleistung und den ambulanten Pflegedienst. Unerwähnt bleibt, dass dieser Pflegemix von Anfang an auf Kosten der ehrenamtlichen Kraft geht und trotz des höheren finanziellen Aufwands letztlich völlig unzureichend ist. Wie wenig in Deutschland trotz der Einführung der Pflegesachleistung der Übergang zu einem servicebasierten Pflegesystem gelungen ist, zeigt der differenzierte Vergleich mit einigen skandinavischen Ländern (vgl. Heintze 2012: 28 f., 35 f.).

Auch für die Pflegesachleistung gelten die verrichtungsfixierten Leistungskategorien. Die Beschäftigten der Pflegedienste stehen unter erheblichem Druck, möglichst effizient und schnell zu arbeiten, und sind durch die Pflicht zur Dokumentation der Leistungen zusätzlich belastet. Wenn der ambulante Pflegedienst an Werktagen ein- oder zwei Mal für kurze Zeit da war, bleibt die Pflegeperson den Rest des Tages und das Wochenende – meist allein – für die Versorgung verantwortlich, dann aber ohne Pflegegeld, denn die euphemi-

10 Für Personen mit „erheblich eingeschränkter Alltagskompetenz“ kann das Pflegegeld in Pflegestufe I und II um 70 respektive 85 Euro erhöht werden; siehe § 123 SGB XI in der seit 1.01.2013 gültigen Fassung des Gesetzes zur Neuausrichtung der Pflegeversicherung (Pflege-Neuausrichtungs-Gesetz) vom 23.10.2012, BGBl. I, S. 2246.

stisch sogenannte Kombinationsleistung § 38 SGB XI lässt schon bei verhältnismäßig geringem Stundeneinsatz der ambulanten Pflegedienste das Pflegegeld für die ehrenamtliche Kraft ganz wegfallen.

Dabei war schon bei Einführung der Pflegeversicherung bekannt, dass viele der zu Hause lebenden Pflegebedürftigen unterversorgt und viele pflegende Angehörige überlastet und überfordert waren. Sie hätten dauerhaft durch zusätzliche Sachleistungen unterstützt werden müssen. Auch war bereits damals klar, dass ab mittlerer Pflegebedürftigkeit ambulante Pflege zu höheren Kosten führt als stationäre Pflege (mit ausführlichen Nachweisen Hopfe 1995).

Es gibt aber noch weitere Probleme der ambulanten professionellen Pflege, die sich auf ihren Ausbau auswirken. Die Arbeitsbedingungen einschließlich der Entlohnung sind jetzt schon genauso schlecht und nervenaufreibend wie im stationären Bereich (vgl. Auth 2013: 415 f., 418 f.). Dazu kommt, dass die Fahrten zu den teilweise weit auseinander liegenden Einsatzstellen immens viel Zeit kosten und im Übrigen auch die Umwelt unnötig belasten. Diese Situation ist die Folge einer unreflektierten Wettbewerbsideologie, die die Pflegeversicherung von Anfang an transportierte (vgl. Auth 2013: 414, 421). Damit wurde der planmäßige Aufbau einer wohnortnahen Versorgung verhindert – ein Mangel, der jetzt durch zusätzliche Beratungsstützpunkte krampfhaft kompensiert werden soll.

Um es deutlich zu sagen: Für diejenigen, die 24 Stunden oder auch nur 8 oder 12 Stunden Betreuung und Beaufsichtigung benötigen, sich hauswirtschaftlich praktisch nicht mehr versorgen können und deshalb zur Unterstützung weitgehend oder vollständig auf professionelle Dienstleistungen angewiesen sind, ist eine *stationäre Unterbringung meist preiswerter*. Oder die zu pflegende Person muss zumindest in enger räumlicher Nähe zu anderen Pflegebedürftigen wohnen, die von denselben Kräften gepflegt und beaufsichtigt werden, damit die ambulante Pflege nicht teurer wird als die stationäre Pflege.

These 4: Lösungsmöglichkeiten müssen zunächst in einer neuen Regulierung der ambulanten Pflegeleistungen und ihrer Organisation gefunden werden.

Die Missstände bei der Pflege sind nach meiner Auffassung keine Folgen fehlender Regulierung der Arbeit in Privathaushalten, sondern resultieren aus der *falschen Regulierung im Pflegeversicherungssystem*. Sie müssen deshalb – so unbequem es ist – auch dort angegangen werden, bevor man noch mehr Pflegekräfte in diesen Tätigkeiten verheizt oder gar wie *Stefan Sell* (2010) ein (prekäres) Sonderrecht für ausländische Pflegepersonen fordert (siehe dazu weiter unten).

Als Erstes wäre der *Pflegebegriff* neu zu fassen, was ja auch schon lange in Angriff genommen, aber noch nicht umgesetzt wurde.[11] Er muss sich von der rein technischen Verrichtungszählung lösen und krankheitsangemessener sowie bedarfsorientierter werden. Schon allein eine solche Neudefinition provoziert Konflikte, zumal sie mit einer Leistungsausweitung und damit auch einer Beitragserhöhung verbunden wäre. Das sollte aber nicht gegen eine Reform sprechen. Denn es ist nicht gesagt, dass alle identifizierten Bedarfe auch von der Pflegeversicherung übernommen werden müssen, dass ehrenamtlicher Einsatz überflüssig wird oder dass Beitragserhöhungen weiter von den Arbeitgebern mitgetragen werden müssen. In jedem Fall schädlich ist hingegen die Weigerung, den Bedarf überhaupt erst einmal realistisch zu erfassen.

Das Zweite wäre der *Wegfall der Regel vom Vorrang häuslicher Pflege* zumindest für Pflegebedürftige mit einem hohen Betreuungsaufwand. Das klingt zunächst irritierend, damit ist jedoch keinesfalls gemeint, Pflegebedürftige in großem Umfang zu einer Übersiedlung in ein Heim zu zwingen. Ihr Wunsch- und Wahlrecht soll bestehen bleiben und sogar präzisiert werden. Wie bereits erwähnt, wurde diese Vorrangregel nicht deshalb eingeführt, weil das Selbstbestimmungerecht der Pflegebedürftigen besonders geschützt werden sollte, sondern um Kosten durch den dabei immer vorausgesetzten, umfangreichen ehrenamtlichen Einsatz zu sparen.[12] Hätten die Sozialhilfeträger im letzten Jahrhundert für die ambulante Versorgung Pflegebedürftiger genauso viel aufbringen müssen wie für stationär Untergebrachte, wäre diese Vorrangregel überhaupt nicht entstanden. Sie lenkt davon ab, dass das heutige Problem darin liegt, die gewünschte ambulante Versorgung durch Fachkräfte so umfassend und effizient sicherzustellen, dass sie nicht länger auf ehrenamtlicher Leistung und Ausbeutung von Angehörigen oder (meist ausländischen) Pflegekräften beruht.

Ein geeigneter Einstieg in die Reform liegt meiner Meinung nach im *Aufbrechen der Kombinationsleistungen* und in der *Herstellung eines echten Pflegemixes*. Hierzu müsste § 38 SGB XI so geändert werden, dass nicht nur die üblichen Kontrolleinsätze, sondern stufenweise zehn, zwanzig und mehr

---

11 Vgl. dazu Bundesministerium für Gesundheit (Hg.): Bericht des Expertenbeirats zur konkreten Ausgestaltung des neuen Pflegebedürftigkeitsbegriffs, 27.06.2013, http://www.bmg.bund.de/fileadmin/dateien/Downloads/P/Pflegebeduerftigkeitsbegriff/130627_Bericht_Expertenbeirat_Pflegebeduerftigkeitsbegriff.pdf, Zugriff: 20.12.2013.

12 Siehe bereits oben zu § 3a BSHG. Kritisch zur geschlechtsspezifischen Auswirkung dieser Regel auch *Nebe* 2010: 422.

Einsätze des Pflegedienstes pro Monat nicht mit dem Pflegegeld verrechnet werden. Dadurch würde man auch statistisch den verbleibenden Einsatz der Pflegepersonen besser im Blick behalten und könnte mehr Erhebungen zum tatsächlichen Pflege- oder Betreuungsbedarf andocken. Das bisherige, von den ehrenamtlichen Pflegepersonen ohnehin wenig angenommene Konzept, sie nur wenige Wochen im Jahr durch Kurzzeit- oder Verhinderungspflege zu entlasten, würde von einem Konzept dauerhafter, regelmäßiger Unterstützung durch professionelle Kräfte abgelöst.

Im nach wie vor von vielen gewünschten ambulant versorgten häuslichen Bereich sind weitere Veränderungen erforderlich. Für die Dienstleistungserbringung effizienter als der Verbleib in einer – eventuell noch kostspielig umgebauten – Einzelwohnung sind *Pflegewohngemeinschaften.* Allerdings ist der Organisationsaufwand dabei offenbar sehr hoch[13] und wegen der Notwendigkeit auch privater Beziehungen ('selbstverantwortete Wohngemeinschaft') wohl noch höher als bei einem Umzug in eine stationäre Einrichtung. Kreutz (2013) weist anhand eines aktuellen Landesgesetzentwurfs in Nordrhein-Westfalen[14] auf die Gefahr hin, dass unter den gegenwärtigen Umständen sogenannte 'anbieterverantwortete Wohngemeinschaften' nicht zu einer verbesserten ambulanten Pflege führen, sondern zu kleinen Billigwohnheimen für bis zu 12 Personen mit geringem Baustandard und fast ohne professionelle Kräfte, wodurch sie vor allem für Kostenträger und Betreiber attraktiv sind.

Anstelle des derzeitigen ideologisch bedingten wettbewerblichen Wildwuchses sollten *bestehende ambulante Angebote zur Versorgung von regional abgegrenzten Haus- und Straßengemeinschaften zusammengefasst werden.* Diese wohnortnahen Pflegezentren oder Pflegeambulanzen können durchaus von verschiedenen Anbietern gemeinsam betrieben werden. Hauptsache, die ambulanten Pflegekräfte würden ihre Zeit statt im Auto auf der Straße bei den Pflegebedürftigen verbringen. In der gegenwärtigen Situation wäre ein Verfahren notwendig, das mit der Flurbereinigung in der Landwirtschaft vergleichbar ist. Die Länder und Kommunen müssten dabei für den Übergang organisatorische Verantwortung übernehmen, so wie sie das bei stationären Einrichtungen

13 Die Gruppe, die die Wohngemeinschaft bildet, verändert sich mit jeder Gesundheitsverschlechterung und mit jedem Todesfall, was intern, aber auch im Verhältnis zum Vermieter Auswirkungen hat, die aufwendig geregelt werden müssen.

14 Gesetz zur Entwicklung und Stärkung einer demographiefesten, teilhabeorientierten Infrastruktur und zur Weiterentwicklung und Sicherung der Qualität von Wohn- und Betreuungsangeboten für ältere Menschen, pflegebedürftige Menschen, Menschen mit Behinderung und ihre Angehörigen (GEPA NRW), Gesetzentwurf der Landesregierung, LRg Drucks. 16/3388 vom 26.06.2013. Das Gesetz soll zum 1.01.2014 in Kraft treten.

bereits tun. Diese neuen wohnortnahen Pflegezentren oder auch Pflegeambulanzen könnten mehr Leistungen erbringen und wären damit etwas anderes als die Pflegestützpunkte der heutigen Art, die nur über die immer unübersichtlicheren Leistungen und Leistungsanbieter beraten sollen (§§ 92c, 7 Abs. 3, 7a SGB XI). So sinnvoll eine unabhängige Beratung grundsätzlich ist, sie kann die erforderlichen Dienstleistungen nicht ersetzen – und diese sind das Problem.

Weiterhin ist ein neuer Anlauf bei der *Tagespflege* nötig. und gezielte Untersuchungen der Möglichkeiten teilstationärer Tagespflege. Leistungen zur Tagespflege sind zwar bereits vorgesehen (§ 41 SGB XI) Auch sie wurden aber zu niedrig budgetiert, sodass sie nicht einmal den Bedarf an den Wochentagen decken. Auch der mit der Tagespflege verbundene Transportaufwand ist nicht klar geregelt und es gibt keine verlässliche Infrastruktur. Die teilstationäre Tagespflege könnte eine ernsthafte Alternative zum Einsatz ausländischer Haushaltskräfte und zum aufwendigen Umbau von Pflegewohnungen darstellen, wird aber bisher nur rudimentär genutzt. Gerade für Haushalte mit erwerbstätigen Angehörigen könnte das Konzept 'Tagesstätten nicht nur für Kinder, sondern auch für Alte' nochmals neu durchdacht werden. Ein Ausbau der Tagespflege wäre mit Investitionen verbunden und würde die Kosten für die Pflege insgesamt sicherlich erhöhen. Aber selbst dann wäre sie in Kombination mit einer familiären Nachtbetreuung preiswerter als ein vollstationärer Aufenthalt und sie hätte zudem den Vorteil, dass der gewünschte Bezug zur vertrauten Umgebung bestehen bleibt.

Beim Ausbau der Tagespflege und der Zusammenfassung der ambulanten Angebote ist es wichtig, den Kommunen und vor allem den Ländern (§ 9 SGB XI) klare Aufgaben zuzuweisen. In der Übergangszeit bis zu einer Neuorganisation dürften die Länder keine Aufgaben ohne Kostenübernahme an die Kommunen weiterreichen, bevor nicht ähnlich wie in Skandinavien ein verlässliches Finanzierungssystem entwickelt ist.

Ein verstärkter Einsatz von *Selbstständigen* bzw. *Honorarkräften* hingegen ist problematisch und keinesfalls ein Allheilmittel. Scheinselbstständigkeit und sogenannte Werkverträge sind derzeit das Mittel erster Wahl, um die Ausbeutungsverhältnisse in der Pflege aufrechtzuerhalten und vorhandene Regulierungen im Leiharbeitsverhältnis oder im sonstigen Arbeits- und Entsenderecht zu umgehen. Ein Blick auf die Beschäftigungsverhältnisse von Tagesmüttern zeigt, dass es Parallelen zwischen der Pflege und der Kindertagespflege gibt und dass auch dort noch viel Wildwuchs eingedämmt werden muss.[15]

Der Einsatz von Selbstständigen erfordert *Regeln gegen Selbstausbeutung*, die vor allem in Gebührenordnungen, aber auch Arbeitszeitregeln bestehen und das Ganze auch nicht billig machen. Diese Regulierungsnotwendigkeit wird von *Sell* (2010: 8 f.) unterschätzt, wenn er vorschlägt, für Menschen aus EU-Beitrittsländern mit niedrigeren Lebenshaltungskosten vorübergehend Abweichungen vom Schutz vor Scheinselbstständigkeit und vom Arbeitszeitrecht zuzulassen. Und ob sein Vorschlag glücklich ist, ausgerechnet die bisher gerade arbeitsrechtlich oft überforderten ambulanten Pflegedienste mit der Kontrolle der Einsätze dieser Selbstständigen zu betrauen, ist auch zu bezweifeln. In einem System von wohnortnahen Pflegezentren und ausgebauter Tagespflege, das aber zuerst entwickelt werden muss, können dagegen ausländische Kräfte zu regulären Konditionen eingebunden werden.

Auch eine Neubewertung und Neuregulierung der *hauswirtschaftlichen Leistungen* steht an, wenn mehr hauswirtschaftlicher und Betreuungsbedarf entgolten werden soll. Die Verlagerung von Betreuungs- und Hauswirtschaftstätigkeiten auf weniger qualifizierte Berufsgruppen (Pflegeassistenz) ist durchaus denkbar (ausführlicher dazu Hoffer 2010: 116 f.). Aber selbst deren Löhne schlagen stärker zu Buche als das Pflegegeld und werden nicht unter 8,50 Euro pro Stunde liegen. Auch wenn arbeitszeitrechtliche Regulierungen so gelockert würden, dass ein Jonglieren mit Pausen- und Bereitschaftszeiten möglich wäre, lägen die Kosten höher als heute. Hinzu kommt, dass sich schon aus dem stationären Bereich bekannte Sicherheitsprobleme in häuslicher Umgebung verschärfen können, beispielsweise weil sich dort (noch) mehr Gelegenheiten zum Diebstahl bieten. Solche Sicherheitsprobleme lassen sich nur durch enge Vertrauensbeziehungen, Kontinuität und eben durch anständige Entlohnung reduzieren oder vermeiden.[16]

Alle Reformen kosten Geld. Ihre Finanzierung kann nicht allein aus der Pflegeversicherung erfolgen, wenngleich deren *Beitragsvolumen in jedem Fall erhöht werden* muss. Und zwar durch höhere Beitragsanteile von Arbeitnehmern, Selbstständigen und nach meiner Auffassung sogar spezifischer von

---

15 Zur prekären Situation der vorwiegend unfreiwillig in die Selbstständigkeit gedrängten Tagespflegemütter vgl. zuletzt „Kindertagespflege auf dem Prüfstand“, DJI Online Thema 2013/03, März 2013, http://www.dji.de/cgi-bin/projekte/output.php?projekt=1178, Zugriff: 20.12.2013.

16 Wie abstoßend der Einsatz von schlecht entlohnten Hauswirtschaftskräften unter diesen Sicherheitsaspekten organisiert werden muss, schildert aus den USA *Ehrenreich* 2001: S. 56 f. (Kapitel „Schrubben in Maine“).

pflegebedürftigen Menschen (die aber gezielt entlastet werden können, siehe hierzu weiter unten). Unternehmen sollten hingegen nicht weiter herangezogen werden, auch wenn sie für ihren bisherigen Anteil durch den Wegfall eines gesetzlichen Feiertages entschädigt wurden. Die paritätische Beteiligung der Arbeitgeber an der Finanzierung hatte bei der Einführung der Pflegeversicherung für erhebliche Kontroversen gesorgt (vgl. Jung 1994: 10 f.). Während man in der übrigen Sozialversicherung die Beteiligung der Arbeitgeber gut vertreten kann, hat das Pflegerisiko keinen Bezug zum Arbeitsverhältnis. Die einseitige Finanzierung eines solchen Risikos ist durchaus nicht versicherungsfremd, wird sie doch in der gesetzlichen Unfallversicherung schon lange praktiziert.

Zu einer Leistung, die auf einem höheren Niveau als bisher budgetiert würde, muss nach wie vor bei ‘Spitzenbedarfen’ eine Aufstockung aus der Sozialhilfe und aus der Eigenbeteiligung von ‘Selbstzahlern’ treten; Letztere müsste selbstverständlich je nach persönlicher Belastbarkeit limitiert sein. Auch die Überlegung, die hauswirtschaftlichen Verrichtungen durch die Pflegebedürftigen selbst und bei Bedürftigkeit durch die Sozialhilfe zu finanzieren (Hoffer 2010: 116) ist berechtigt; die Kosten würden durch Einsparungen an anderer Stelle kompensiert. Unabhängig davon, wie die Finanzierung zwischen Steuern und Sozialversicherung aufgeteilt wäre, müsste sich der Anteil der Ausgaben für professionelle Pflege am Bruttoinlandsprodukt in jedem Fall sehr deutlich erhöhen (vgl. Heintze 2012: 15, 35 f.).[17]

Die Reformkosten ließen sich allerdings durch ein neues, *gegenleistungsbezogenes Verständnis von Ehrenamt* begrenzen, das nicht nur aus familiärerer Verpflichtung, sondern auch zum *eigenen Nutzen* ausgeübt wird. So könnte beispielsweise eine ehrenamtliche Pflegetätigkeit einer Person zur kostenlosen Inanspruchnahme von Betreuungsleistungen für sie selbst berechtigen. Oder junge Erwachsene könnten – eventuell sogar zeitlich konzentriert wie beim Zivildienst – einen ehrenamtlichen Betreuungsdienst absolvieren, der später bei eigener Pflegebedürftigkeit gutgeschrieben wird oder in verminderte Zu- oder Beitragszahlung eingetauscht werden kann. Damit könnte auch ein wirksamer Beitrag dazu geleistet werden, die Lasten der ehrenamtlichen Pflege gerechter als bisher zwischen den Geschlechtern zu verteilen und damit die spezifische Genderproblematik zu entschärfen. Die bisherigen Unterstützungsmöglichkeiten (zusammengestellt bei Nebe 2010: 424 f.) reichen dafür nicht aus.

17 Zur Frage einer privaten Pflege-Versicherung möchte ich mich wegen der umstrittenen Befunde (auch bei der privaten Rentenversorgung) hier nicht äußern.

Die erforderliche langfristige Sicherung von aufgrund einer ehrenamtlichen Pflegetätigkeit erworbenen Anwartschaften ist allerdings mit erheblichen praktischen Umsetzungsproblemen verbunden. Wegen seines langen Vorlaufs müsste ein entsprechendes Ansparsystem zudem rasch institutionalisiert und dann sukzessive aufgebaut werden. Aber gerechter und nachvollziehbarer als das bisherige System wäre diese Honorierung ehrenamtlicher Tätigkeit allemal. Denn wer leistet mehr für die Finanzierung des Pflegesystems? Diejenige, die jahrelang ehrenamtlich pflegt, oder diejenige, die zwar Kinder großzieht, aber nach langer, für die öffentliche Hand teurer Ausbildung weit entfernt arbeitet oder bei Arbeitslosigkeit mobil und ganztägig der Arbeitsvermittlung zur Verfügung stehen muss und zur Pflege ihrer Eltern jedenfalls ehrenamtlich nichts mehr beitragen kann?

Literatur

AUTH, Diana, 2013: „Ökonomisierung der Pflege – Formalisierung und Prekarisierung von Pflegearbeit", in: WSI Mitteilungen 6 (2013), S. 412–422.

EHRENREICH, Barbara, 2001: Arbeit poor, München.

GERLINGER, Thomas / Röber, Michaela, 2012: „Die Ziele und Wirkungen der Pflegeversicherung", in: Bundeszentrale für Politische Bildung (Hg.): Dossier Gesundheitspolitik, vom 1.03.2012, http://www.bpb.de/politik/innenpolitik/gesundheits politik/72804/ziele-und-wirkungen-der-pflegeversicherung?p=1, Zugriff: 18.11. 2013.

HEINTZE, Cornelia, 2012: Auf der Highroad – der skandinavische Weg zu einem zeitgemäßen Pflegeversicherungssystem. Ein Vergleich zwischen fünf nordischen Ländern und Deutschland. Expertise für die Friedrich-Ebert-Stiftung, WISO Diskurs Juli 2012, http://library.fes.de/pdf-files/wiso/09243-20120730.pdf, Zugriff: 15.11.2013.

HOHMEYER, Katrin / Kopf, Eva / Fiebig, Mareike / Grüttner, Michael, 2012: Pflegetätigkeiten von Personen in Haushalten mit Arbeitslosengeld II-Bezug. Eine deskriptive Betrachtung, Nürnberg 2012 (IAB Forschungsbericht 10/2012), http://doku.iab.de/forschungsbericht/2012/fb1012.pdf, Zugriff: 19.11.2013.

HOFFER, Heike, 2010: „Irreguläre Arbeitsmigration in der Pflege: Rechtliche und politische Argumente für das notwendige Ende einer politischen Grauzone", in: Scheiwe, Kirsten / Krawietz, Johanna (Hg.): Transnationale Sorgearbeit. Rechtliche Rahmenbedingungen und gesellschaftliche Praxis, Wiesbaden, S. 95–120.

HOFFER Heike, 2012: „50 Jahre Hilfe zur Pflege: zur Wiederentdeckung einer einstigen Sozialinnovation", in: Fahlbusch, Jonathan (Hg.): 50 Jahre Sozialhilfe. Eine Festschrift. Berlin, S. 230–248.

HOPFE, Christian, 1995: „Die Pflegeversicherung – ein Beitrag zum menschenwürdigen Leben bei Pflegebedürftigkeit?", in: Zeitschrift für Sozialreform 5 (1995), S. 261–278.

JUNG, Karl, 1994: „Soziale Pflegeversicherung. Durchgesetzt gegen alle Widerstände", in: Bundesarbeitsblatt 7 (1994), S. 5–16.

KREUTZ, Daniel, 2013: Große grüne Pflegereform in Nordrhein-Westfalen, http://www.nachdenkseiten.de/upload/pdf/130816_GEPA-Pflegereform.pdf, Zugriff: 16.08.2013.

KRAHMER, Utz, 1994: Vor § 68 – § 69 BSHG, in: Bundessozialhilfe. Lehr und Praxiskommentar (LPK –BSHG), 4. Aufl., Stand vom 1.07.1994, Baden-Baden.

NEBE, Katja, 2010: „Der Vorrang häuslicher Pflege und die Genderfrage – Risiken und Chancen sozial- und arbeitsrechtlicher Regelungen", in: Hohmann-Dennhardt, Christine / Körner, Marita / Zimmer, Reingard (Hg.): Geschlechtergerechtigkeit. Festschrift für Heide Pfarr, Baden-Baden, S. 416–429.

SELL, Stefan, 2010: Abschied von einer „Lebenslüge" der deutschen Pflegepolitik. Plädoyer für eine „personenbezogene Sonderregelung" und für eine aktive Gestaltung der Beschäftigung von ausländischen Betreuungs- und Pflegekräften in Privathaushalten, Remagen 2010 (Remagener Beiträge zur Sozialpolitik 09–2010), http://www.stefan-sell.com/Sozialpolitik2010-09.pdf, Zugriff: 19.11.2013.

Margarete Schuler-Harms

Heimarbeit in einem hochregulierten Sozialleistungsbereich: Professionalisierungstendenzen in der Kindertagesbetreuung

„Eine gewerbliche Ausübung von Dienstleistungen der Kindertagespflege wird gesellschaftlich befürwortet", lautet eine Feststellung des Bundeskabinetts anlässlich einer Änderung der Sozialgesetzbücher (SGB) II und XII im Oktober 2010.[1] Sie markiert einen Prozess der Profilierung der Tagespflege als Teilsektor der Kinderbetreuungsinfrastruktur, der mit dem Tagesbetreuungsausbaugesetz 2005[2] angestoßen wurde und dessen Ende sich noch nicht deutlich abzeichnet. Der vorliegende Beitrag wird diese Tendenzen mit dem Bezug auf 'Professionalisierung' nachzeichnen. Professionalisierung bezieht sich hierbei nicht auf die Herausbildung einer 'Profession' im häufig genutzten engeren Sinn der Freiberuflichkeit;[3] denn einer solchen Tendenz folgt die Profilierung der Tagespflege nicht. Auch nach Erwerbswirtschaftlichkeit allein wird nicht gefragt, denn diese ist mit Professionalität nicht gleichzusetzen.[4] Gefragt ist nach einem Prozess, einer Tendenz oder gar einer staatlichen Strategie, die Tagespflege zu einem (anerkannten) 'Beruf' werden lassen sollen.

1. Historische Rolle und aktuelle Bedeutung der Tagespflege

Die Ursprünge der Tagespflege liegen im historischen Zieh-, Halte- und Kostkinderwesen.[5] Unter dem bis 1990 geltenden Jugendwohlfahrtsgesetz

1 Entwurf eines Gesetzes zur Ermittlung von Regelbedarfen und zur Änderung des Zweiten und Zwölften Buches Sozialgesetzbuch, BR-Drucks. 661/10, S. 151, zu Nr. 15 (zu § 11a SGB II).

2 Tagesbetreuungsausbaugesetz – TAG – vom 27.12.2004, BGBl. I, S. 3852; die wesentlichen Weiterentwicklungen finden sich im Kinder- und Jugendhilfeweiterentwicklungsgesetz – KICK – vom 8.09.2005, BGBl. I, S. 2729, im Kinderförderungsgesetz – KiFöG – vom 10.12.2008, BGBl. I, S. 2403 sowie im Gesetz zur Ermittlung von Regelbedarfen und zur Änderung des Zweiten und Zwölften Buches Sozialgesetzbuch vom 24.03.2011, BGBl. I, S. 453.

3 Nachzeichnung der Theorieansätze bei *Mieg* 2006: 343; wie hier DJI 2012: 15.

4 Soziale Anerkennung grenzt Professionalität (in dem hier verstandenen weiten Sinn) von der reinen erwerbswirtschaftlichen Tätigkeit ab, vgl. DJI 2012: 16.

5 12. Kinder- und Jugendbericht, BT-Drucks. 15/6014, S. 164 unter Bezug auf *Reyer* 1982: 723; *Schmid-Obkirchner* 2011: 232; DJI 2012.

(JWG) zählte Tagespflege als erzieherische Hilfe im Einzelfall zur sogenannten Familienpflege, die die zeitweilige Aufnahme eines fremden Kindes in die eigene Familie, seine Betreuung und Versorgung (‘Pflege’) umfasst. Tagespflege als Teil der Familienpflege galt als ideell motivierte, ihrem Charakter nach ehrenamtliche oder der Nachbarschaftshilfe zuzurechnende Tätigkeit.[6] Sie unterschied sich hierin von der professionellen Erziehertätigkeit in den sogenannten Einrichtungen und auch von der als Ausbildungsberuf konzipierten Kinderpflege.[7] Aus Gründen des Kindeswohls erforderte Familienpflege als Tages- wie als Vollzeitpflege eine förmliche Erlaubnis des Jugendamts. Besondere Anforderungen an die Qualifizierung oder Eignung von Pflegepersonen wurden aber nicht gestellt. Das 1990 grundlegend reformierte Kinder- und Jugendhilferecht normierte Tagespflege als eigenständige Form der Förderung von Kindern. Die Regelung war rudimentär; finanziell entgolten wurde der Sachaufwand der Pflegepersonen, hinzu kam ein monatliches Pflegegeld, das nach Zweck und Höhe eine Aufwandsentschädigung darstellen sollte (vgl. u.a. Weiß 2007: 44 f.).

Im aktuellen, seit 2005 maßgeblich veränderten Recht der Kinderbetreuung wurde die Tagespflege als Betreuungsform von der Familienpflege entkoppelt und mit der Betreuung in Einrichtungen zur öffentlich geförderten und gewährleisteten Infrastruktur der Kindertagesbetreuung verbunden (§ 22 i.V.m. §§ 23, 24 SGB VIII). Die Familientagespflege als Maßnahme der Hilfe zur Erziehung nach § 32 SGB VIII besteht weiterhin; im vorliegenden Beitrag bleibt sie wegen ihrer besonderen Anforderungen allerdings unberücksichtigt.[8]

Seit 1996 haben Vorschulkinder ab drei Jahren, seit August 2013 auch ein- und zweijährige Kinder einen Rechtsanspruch auf einen Betreuungsplatz (§ 24 SGB VIII). Die Tagespflege steht dabei für ein- bis dreijährige Kleinkinder gleichberechtigt neben den Kindertageseinrichtungen und soll für Kinder ab

6 Höchst instruktiv beschreibt das BSG im Urteil vom 16.09.1999 – B 7 AL 80/98, juris, Rn. 21 f. = SozR 3-4100 § 101 Nr. 10 das alte Tätigkeitsbild; vgl. auch *Lode* 2009: 38 m.w.N. Ein anderes Bild der Tagespflege zeichnet das BSG im Urteil vom 31.01.2012 – B 2 U 3/11 R, juris, Rn. 16 ff. = SozR 4-2700 § 2 Nr. 18.

7 Vgl. die Differenzierung bei *Amthor* 2003: 54 und 67 ff.: Kinderpflege als sozialer Beruf.

8 Zu ihr und zum Verhältnis von § 32 und § 23 SGB VIII in der Praxis der Jugendhilfe *Weiß* 2007: 52 ff.; *Bundesministerium der Finanzen*, Einkommensteuerrechtliche Behandlung der Geldleistungen für Kinder in Vollzeitpflege nach § 33 SGB VIII, für die Erziehung in einer Tagesgruppe nach § 32 SGB VIII, für Heimerziehung nach § 34 SGB VIII und für die intensive sozialpädagogische Einzelbetreuung nach § 35 SGB VIII, BMF-Schreiben vom 21.04.2011, Gz. IV C 3 – S 2342/07/0001 :126, Dok 2010/0744706, S. 2, BStBl. I 2011, S. 487, mit Ergänzung durch Dok 2012/1011899 vom 27.11.2012, BStBl. I 2012, S. 1226.

vier Jahren die Tagesbetreuung in Einrichtungen ergänzen (§ 24 i.V.m. § 23 SGB VIII). Für die Betreuung von Kindern unter einem Jahr dürften eltern- und familienähnliche Betreuungsformen durch im Haushalt beschäftigte Personen und durch Tagespflege besonders wichtig sein[9] und dort mangels Rechtsanspruch weiterhin privatfinanzierte Arrangements die öffentliche Förderung überwiegen (zur älteren Lage Schmid-Obkirchner 2011: 239). Für Schulkinder sind Tagespflege-Angebote von untergeordneter Bedeutung.

Tagespflege soll nach Vorstellung des Gesetzgebers etwa ein Viertel der nach §§ 22 bis 24 SGB VIII erforderlichen Betreuung abdecken.[10] Hierfür würden etwa 70.000 Tagesmütter und -väter benötigt. Zum März 2012 waren 43.000 Tagespflegepersonen registriert; 4,3 Prozent der ein- und zweijährigen Kinder wurden in Tagespflege betreut (BMFSFJ 2013: 4, 6).[11] Nach einer Erhebung der Bundesregierung wünschen sich 11 Prozent der Eltern mit Kindern unter drei Jahren ausdrücklich ein Tagespflegeangebot, 7 Prozent könnten sich ein solches vorstellen und 6 Prozent suchen eine Kombination von Tageseinrichtung und Tagespflege (BMFSFJ 2013: 13).[12]

Die Zuschreibung dieser neuen Rolle im Rahmen einer staatlichen Infrastrukturverantwortung erfordert und erzeugt Veränderungen der Tagespflege selbst. Der Bundesgesetzgeber hat dies als Ziel formuliert und einen Umbau der Tagespflege hin zu einer beruflichen Tätigkeit initiiert.[13] Um das geforderte Angebot an Kindertagespflege zu schaffen, soll der Beruf einer Tagesmutter oder eines Tagesvaters an Attraktivität gewinnen und sich die Kindertagespflege mittelfristig zu einer anerkannten und angemessen vergüteten Teil- oder Vollzeittätigkeit entwickeln. Auch höhere Qualitätsstandards werden angestrebt, die Qualifizierung der Tagespflegepersonen und die Qualität der Kindertagespflege sollen gesichert und gesteigert werden.[14] Beides, der Ausbau des Angebots sowie die Sicherung und Steigerung seiner Qualität, soll nach

---

9 Ein Drittel der betreuten Kinder im Alter unter einem Jahr hatte einen Tagespflegeplatz (bei einer absoluten Betreuungsquote von 2,8 Prozent im bundesweiten Durchschnitt), im Vergleich dazu lag der Anteil der Tagespflege bei einjährigen Kindern bei 22 Prozent und bei zweijährigen Kindern bei 11 Prozent; *BMFSFJ* 2013: 12 und Abb. 5.

10 Amtliche Begründung zum KiFöG, BT-Drucks. 16/9299, S. 14.

11 Im Vergleich: 23,4 Prozent aller ein- und zweijährigen Kinder werden in sog. Einrichtungen betreut.

12 Der Wunsch nach einer Kombination steht häufig im Zusammenhang mit besonderen Arbeitsbedingungen der Eltern.

13 Siehe oben Fn. 2. Rechtlich ist der Gewerbebegriff der selbstständigen Tätigkeit vorbehalten, während der Berufstätigkeit auch die abhängige Beschäftigung unterfällt.

14 Amtliche Begründung zum KiFöG, BT-Drucks. 16/9299, S. 14.

Vorstellung des Gesetzgebers „untrennbar verbunden" sein. Zu diesem Zweck hat der Gesetzgeber es erklärtermaßen übernommen, ein Berufsbild Kindertagespflege zu 'profilieren'.[15]

Diese Absichtserklärung in den amtlichen Begründungen mehrerer Änderungsgesetze zielt auf einen Prozess nicht näher konturierter 'Professionalisierung' und lässt insoweit unterschiedliche Deutungen zu: Der Terminus der Professionalisierung legt zum einen nahe, dass die Tagespflege von einer Gefälligkeit oder einem Ehrenamt zum sozialen Beruf entwickelt werden soll; zum anderen verweist er auf ein notwendiges Bemühen um Qualitätssteigerung. Beide Aspekte hängen sachlich zusammen, sind aber nicht identisch.

Auch wenn der erkenntnisleitende Terminus des 'Berufs' auf rechtliche und außerrechtliche Gegebenheiten verweist, lässt gerade die rechtliche Untersuchung reichen Ertrag erwarten. Die Ausbildung einer Tätigkeit zum Beruf ist ein sozialer und ökonomischer Prozess, der sich allein aus der rechtswissenschaftlichen Perspektive nicht erfassen lässt. In Bezug auf die Tagespflege liegen die Dinge freilich insofern anders, als der Gesetzgeber die staatliche Gewährleistungsverantwortung für die öffentliche Infrastruktur sorgfältig ausbuchstabiert. Infrastrukturregulierung geht häufig einher mit rechtlichen Ausprägungen von Berufsbildern, Ausbildungsordnungen, Weiterbildungsanforderungen, Vergütungsregelungen und weiteren Modalitäten; dies lässt sich etwa im Bereich der Rechtspflege, aber auch und gerade im Recht der sozialen Berufe und dem sozialrechtlichen Leistungserbringungsrecht beobachten. Im Recht der Kindertagespflege hat der Staat sich in geradezu einmaliger Weise die Rolle eines (Mit-)Akteurs für die Verberuflichung der Tagespflege zugeschrieben.

2. Tagespflege als soziale Tätigkeit

Bevor diese Entwicklungen näher betrachtet werden, ist die Tagespflege als Tätigkeit zu skizzieren. Nach § 22 Abs. 1 SGB VIII wird „Kindertagespflege von einer geeigneten Tagespflegeperson in ihrem Haushalt oder im Haushalt des Personensorgeberechtigten geleistet"; nach Maßgabe landesrechtlicher Regelungen ist Kindertagespflege begrifflich auch „in anderen Räumen" möglich. Mit dieser Definition,[16] der Zuordnung der Tagespflege zur öffentlich geförderten Betreuungsinfrastruktur in der seit 2005 neu geordneten Form

15 Ebd., S. 2, 10, 14 (dort mit expliziter Erwähnung der „Profilierung"); vgl. auch das einleitend (bei Fn. 1) angeführte Zitat in BR-Drucks. 661/10, S. 151.

16 Den Charakter einer Definition betont die amtliche Begründung des Tagesbetreuungsausbaugesetzes, BT-Drucks. 15/3676, S. 31 zu § 22 Abs. 1.

sowie den Anstößen zu einer Verberuflichung hat der Bundesgesetzgeber das Tätigkeitsfeld der Tagespflege begrifflich geweitet.

Das Begriffsmerkmal der 'Pflege am Tage' grenzt sie weiterhin zur Vollzeitpflege ab. Tagespflege lässt sich aber nicht mehr auf die Pflege eines im Haushalt der Pflegeperson und somit auf die hier besonders zu behandelnde Heimarbeit beschränken. Vielmehr differenzieren sich im weiten und offenen Rechtsrahmen nunmehr die Gestaltungsmöglichkeiten der Tagespflegetätigkeit aus. Nach wie vor weit verbreitet ist die überkommene Form der Betreuung eines oder mehrerer Kinder durch eine Frau oder (seltener) durch einen Mann in 'Heimarbeit'.[17] Daneben tritt die Tagespflege im Haushalt der personensorgeberechtigten Kindeseltern. Auch wenn § 22 Abs. 1 S. 2 SGB VIII nicht zwischen selbstständiger und abhängiger Beschäftigung unterscheidet, ist bei Pflege im Haushalt der Eltern regelmäßig von abhängiger Beschäftigung der Betreuungsperson auszugehen (Jurczyk et al. 2004: 270).[18] Tagespflege als im eigenen Haushalt der Pflegeperson geleistete Heimarbeit wird hingegen typischerweise nicht weisungsabhängig erbracht. In beiden Konstellationen ist aber nicht ausgeschlossen, dass Eltern und Tagespflegeperson eine andere Ausgestaltung wählen, im Falle der häuslichen Kindertagespflege also die Selbstständigkeit oder im Falle der Tagespflege außerhalb des Haushalts der Sorgeberechtigten die abhängige Beschäftigung.

Von der Möglichkeit des § 22 Abs. 1 S. 3 SGB VIII, das Nähere über die Abgrenzung von Tageseinrichtungen und Kindertagespflege zu regeln, haben die allermeisten Länder Gebrauch gemacht[19] und in unterschiedlichem Umfang sogenannte Groß- oder Verbundtagespflegestellen ermöglicht, bei denen mehrere Tagespflegepersonen 'in geeigneten Räumen' eine Zahl von Kindern betreuen, die über den Höchstumfang der pro Tagespflegeperson zulässigen

---

17 Dies gilt gleichermaßen für öffentlich vermittelte und geförderte sowie privat organisierte Tagespflege, vgl. *Weiß* 2007: 49 f. mit Zahlen zu 2005.

18 Vgl. auch die Einordnung durch das Bundesministerium der Finanzen, Einkommensteuerrechtliche Behandlung der Geldleistungen für Kinder in Kindertagespflege, BMF-Schreiben vom 17.12.2007, Gz. IV C 3 – S 2342/07/0001, Dok 2007/0586083, S. 1, BStBl. I 2008, S. 17. *Anja Hillmann-Stadtfeld* differenziert im Hinblick auf den Status von Tagespflegepersonen zwischen selbständiger Tätigkeit und abhängiger Beschäftigung (*Hillmann-Stadtfeld* 2009: 24 ff., 34 ff.) und bezieht offenbar eine Beschäftigung in Privathaushalten in den Tagespflegebegriff ein (ebd.: 101 f.). Das auf diese Beschäftigungsverhältnisse ausgerichtete Sozial(versicherungs)recht spricht nunmehr auch von „Tagespflege in einem Beschäftigungsverhältnis".

19 Außer Rheinland-Pfalz sehen alle Länder entsprechende Einrichtungen vor. Einen Überblick über das Landesrecht der Kindertagespflege vor und nach den hier maßgeblichen Reformen des Bundesrechts gibt *Weiß* 2007: 34 ff.

Kinderzahl hinausgeht.[20] Solche Einrichtungen 'light' werden von Tageseinrichtungen nach § 24 SGB VIII durch die Zahl der betreuten Kinder, die Zahl der kooperierenden Tagespflegepersonen und/oder die Zuordnung der Kinder zu bestimmten Pflegepersonen unterschieden.[21] Tagespflege ist in solchen Einrichtungen sowohl in selbstständiger Tätigkeit als auch im abhängigen Beschäftigungsverhältnis denkbar und typisch.

Schließlich sind auch Mischformen von Einrichtungen und Kindertagespflege denkbar. Tagespflegepersonen könnten – als Erzieherinnen 'light' – Beschäftigung in Kindertageseinrichtungen finden;[22] umgekehrt könnte dem sozialen Beruf der Kinderpflegerin in der Großtagespflege ein neues Betätigungsfeld erwachsen.[23] Ganz vereinzelt wird sogar die Tagespflege durch eine Tagespflegeperson den verwaltungsrechtlichen Anforderungen an Einrichtungen unterworfen.[24]

3. Tagespflege auf dem Weg zum sozialen Beruf?

Tagespflege in Heimarbeit war ungeachtet der Einordnung als Ehrenamt und Nachbarschaftshilfe von jeher (auch) erwerbswirtschaftlich angelegt. Ein Beruf oder gar ein Berufsbild der Tagespflege existierte aber nicht. Berufsbilder sind Bündel von Merkmalen, vorzugsweise Tätigkeiten, die sich typischerweise zu einem Beruf verbinden und diesen von anderen Berufen abgrenzen. Sie sind Teil der gesellschaftlichen und wirtschaftlichen Wirklichkeit, die ihrerseits wirtschaftlichen, technischen, sozialen und auch rechtlichen Bedingungen unterliegt und sich mit ihnen verändern kann. Berufsbilder werden in der Regel nicht rechtlich begründet; allerdings finden sich rechtliche Fixierungen beruflicher Tätigkeiten oder ganzer Berufsbilder vielfach und

20 Zu positiven und negativen Aspekten einer solchen Betreuungsform vgl. *Gerszonovicz* 2009: 127 ff.

21 Die absolute Höchstzahl liegt bei neun gleichzeitig betreuten Kindern in Baden-Württemberg und Nordrhein-Westfalen (dort zusätzlich bei höchstens drei Tagespflegepersonen), bei zehn gleichzeitig betreuten Kindern sowie zwei Tagespflegepersonen in Bayern (dort außerdem höchstens 16 insgesamt betreute Kinder), Berlin, Hessen und Schleswig-Holstein bei fünf gleichzeitig betreuten Kindern und zwei bis vier Tagespflegepersonen in Hamburg.

22 Ausdrücklich § 4 Abs. 4 S. 2 KiBiG NW.

23 Zum Berufsbild der Kindertagespflege *Amthor* 2003: 67 ff., 443 ff Die Tätigkeit der Tagespflege kommt als 'sozialer Beruf' in diesem Werk und auch bei *Sachße* 2003 nicht vor. Einen weißen Fleck in der Professionalisierungsforschung konstatieren auch *Sell / Kukula* 2013: 12.

24 Ab sechs und mehr Kindern in Nordrhein-Westfalen, vgl. § 4 Abs. 4 S. 2 KiBiG NW.

gerade in Bereichen staatlicher Infrastrukturverantwortung.[25] Berufsbildfixierende Regelungen lassen sich in der Gestaltung des Marktzugangs und in Ausbildungsordnungen aufspüren (3.1). Sie ergeben sich aus der rechtlichen Gestaltung staatlicher Sozialleistungen und privater Kostentragung (3.2 und 3.3). Auch die aus der staatlichen Gewährleistungsverantwortung folgenden rechtlichen Förderungs-, Vermittlungs- und Beratungspflichten (3.4) und die Frage der Berufsorganisation (3.5) lassen Schlüsse auf eine Neuprofilierung der Tagespflege zu.[26]

3.1 Regulierung des Marktzugangs

Das Recht des Marktzugangs lässt eine Entwicklung der Tagespflege zum 'Beruf' erkennen, die aber noch wenig konsistent verläuft.

Für den Zugang zur Tagespflege als selbstständiger Tätigkeit sind wie bei anderen sozialen Berufen zwei Stufen zu unterscheiden. Die Aufnahme einer solchen Tätigkeit steht gemäß § 43 SGB VIII unter verwaltungsrechtlichem Erlaubnisvorbehalt, der den Zugang zum erwerbswirtschaftlichen Markt der Tagespflege beschränkt. Den Zugang zur Förderung durch das Jugendamt und damit den Zugang zum Markt öffentlich geförderter Leistungserbringung regelt § 23 SGB VIII. Der ordnungsrechtliche Vorbehalt für den Berufszugang und die leistungsrechtliche Strukturierung des Zugangs zu öffentlicher Förderung verweisen auf unterschiedliche Verständnisse der Tagespflege.[27]

§ 43 SGB VIII regelt einen Erlaubnisvorbehalt für jede regelmäßige, entgeltlich erbrachte Betreuungstätigkeit im Umfang von mindestens 15 Stunden wöchentlich, die außerhalb des Haushalts der Erziehungsberechtigten erbracht und über mehr als drei Monate lang ausgeübt wird. War die Erlaubnis nach altem Recht noch auf das konkrete Pflegeverhältnis bezogen, so gilt sie nun-

---

25 Vgl. die Bezüge in der Rechtsprechung des Bundesverfassungsgerichts, BVerfGE 34, 252 (256); 59, 302 (315); 75, 246 (265); Kammerbeschluss vom 16.03.2000 – 1 BvR 1453/99 und z.B. *Quaas / Zuck* 2008: 30 mit Bezug auf Gesundheitsberufe.

26 Das DJI (2012: 17) formuliert folgende weiteren Aspekte für die praktische Ausgestaltung eines professionellen Anforderung- und Ausprägungsprinzips: informelle Fähigkeiten, Fähigkeiten und Erfahrungen (neben formalen Qualifikationen und Qualifikationsstandards), Selbstverständnis, subjektive Ansprüche und Dispositionen, gesellschaftliche Anerkennung der Tätigkeit und erwerbsbiografische Perspektiven; in Bezug auf diese Aspekte ist die rechtliche Ausgestaltung nicht bedeutungslos, aber in ihren Auswirkungen kaum zu umschreiben.

27 Dass diese Struktur auch eine Doppelrolle des Jugendamts bewirkt (vgl. *Gerstein* 2012: § 23 Rn. 2), bleibt hier außer Betracht.

mehr für die Tagespflegetätigkeit an sich[28] und betont damit implizit deren berufsrechtlichen Charakter.[29] Die Erlaubnis befugt nunmehr im Regelfall zur Betreuung von fünf gleichzeitig anwesenden fremden Kindern pro Tagespflegeperson (§ 43 Abs. 3 S. 1), in einigen Bundesländern ergänzt um Beschränkungen der Zahl pro Woche betreuter Kinder.[30]

Die Betreuung in Groß- bzw. Verbundtagespflegestellen (s.o. unter 2.) setzt in vielen Ländern mehr voraus: Teils fordert das Landesrecht eine Konzept- oder Vertretungsplanung,[31] teils bedürfen die Einrichtungen einer besonderen Bau- oder Betriebserlaubnis,[32] und vielfach werden erhöhte Qualifikationsanforderungen an die Betreuenden oder einzelne von ihnen gestellt.[33]

Die Anforderungen an die Eignung der Tagespflegeperson als Voraussetzung der Erlaubnis sind erstens dem alten Bild der Gefälligkeitspflege noch stark verhaftet und bisher wenig auf die Verberuflichung hin orientiert: Geeignet sind nach § 43 Abs. 2 SGB VIII Personen, die sich durch ihre Persönlichkeit, ihre Sachkompetenz und ihre Kooperationsbereitschaft mit Erziehungsberechtigten und anderen Tagespflegepersonen auszeichnen und außerdem über kindgerechte Räume verfügen.[34] Dieses Verständnis von Eignung stellte

---

28 Hiernach erforderte jede Aufnahme eines Kindes eine Erlaubnis des Jugendamts, vgl. *Weiß* 2007: 85.

29 Auch die Rechtsprechung versteht § 43 SGB VIII entsprechend, vgl. OVG NW, Beschluss vom 8.11.2006 – 12 B 2077/06, juris, Rn. 17 ff. (Art. 12 Abs. 1 GG als verfassungsrechtlicher Prüfmaßstab); Beschluss vom 2.09.2008 – 12 B 1224/08, juris, Rn. 9 (berufs[verfassungs]rechtliche Relevanz der Erlaubnis); BayVGH, Beschluss vom 18.10.2012 – 12 B 12.1048, juris, Rn. 26, 35 (Gleichsetzung mit sonstiger berufs- und gewerberechtlicher Erlaubnis).

30 Siehe oben Fn. 21.

31 Konzeptplanung offenbar in Hamburg, § 4 Abs. 1 KTagPflVO.

32 Eine Betriebserlaubnis analog der zu Tageseinrichtungen fordert für Einrichtungen bestimmter Größe und Öffnungszeiten, § 29 Abs. 7 HessKJGB.

33 Nr. 1.2 b), 1.3. c) VwV Kindertagespflege in BW vom 18.02.2009: Zusatzqualifikation und ab dem achten zu betreuenden Kind Qualifikation einer Betreuungsperson als Fachkraft; Art. 9 Abs. 2 S. 1 BayKiBiG: Qualifikation einer Betreuungsperson als pädagogische Fachkraft gem. § 16 Abs. 2 AV BayKiBiG und § 15 Abs. 2 S. 2 NdsAG KJHG ab dem achten zu betreuenden Kind (in Bayern ist die Tätigkeit einer Fachkraft und eine erhöhte Qualifikation ohne Rücksicht auf die Zahl der betreuten Kinder auch Fördervoraussetzung, vgl. Art. 20a BayKiBiG); erhöhte Qualifikationsanforderungen bestehen auch in Berlin (in Abhängigkeit von der Zahl der im Verbund betreuten Kinder), vgl. Nr. 3 AV-KTPF vom 21.12.2010, und Hamburg, § 4 KTagPflVO vom 18.03.2014. Die Erforderlichkeit einer Betriebserlaubnis begründet *Weiß* 2007: 51 f.

34 Ähnlich wie eine Gaststättenerlaubnis ist die Erlaubnis zur Kindertagespflege also eine Mischung aus Personal- und Sachkonzession; zur Gaststättenerlaubnis vgl. *Metzner* 2002: § 4 Rn. 1.

zunächst nicht auf die Zuverlässigkeit im wirtschaftsordnungsrechtlichen Sinn ab.[35] Es verlangte insbesondere keine Gewähr, dass die Tagespflegeperson sich voraussichtlich gesetzestreu verhalten wird. Das Erfordernis, dass eine Tagespflegeperson nicht wegen bestimmter, für die Tätigkeit einschlägiger Straftaten verurteilt wurde, wurde erst mit Aufnahme eines Verweises auf § 72a SGB VIII in § 43 Abs. 1 S. 4 Kriterium der allgemeinen Eignungsprüfung.[36]

Die rechtliche Vorstellung von der 'Eignung' einer Pflegeperson orientiert sich zweitens noch sehr eng am herkömmlichen Verständnis von Kindertagespflege. In der Vergangenheit verzichtete die Rechtsprechung auf Kriterien persönlicher und fachlicher Eignung, wie sie im Berufs- und Gewerberecht geläufig sind. Sie formulierte stattdessen andere, am Maßstab des Kindeswohls orientierte und recht unbestimmte Kriterien, die neben der gesetzlich geforderten 'Kooperationsbereitschaft' vor allem Eigenschaften vorbildlicher Eltern beschreiben.[37] Die Ankündigung einer stärkeren Professionalisierung hätte die Formulierung von Anforderungen an die Qualifikation erwarten lassen, wie sie für die im Wirtschaftsleben geforderte fachliche Kompetenz üblich sind. Berufs- und ausbildungsrechtliche Standards müssen sich aber auf andere Weise herausbilden. Mittlerweile beginnt sich immerhin ein vom Deutschen Jugendinstitut konzipierter Qualifizierungskurs im Umfang von 160 Stunden und mit fachpädagogischer Ausrichtung als höhere Qualifikationsstufe zu etablieren.[38] Diese Anforderungen konturieren allerdings vor allem den Zugang zur öffentlichen, nicht aber die Qualität der zumeist in Heimarbeit erbrachten privaten Tagespflege. Erst ein Drittel der Tageseltern verfügt über eine zumindest rudimentäre fachpädagogische Qualifizierung. Der Gesetzgeber könnte solche Tendenzen fördern, indem er – parallel etwa zum Gaststät-

---

35 Grundlegend und weiterführend dazu *Eifert* 2004: 565.

36 Eingefügt durch das Gesetz zur Stärkung eines aktiven Schutzes von Kindern und Jugendlichen (Bundeskinderschutzgesetz) vom 22.12.2011, BGBl. I, S. 2975.

37 Die Rechtsprechung verlangt von der Tagespflegeperson „mehr, als man im Allgemeinen von Eltern und anderen Erziehungsberechtigten erwartet", VG Freiburg, Urteil vom 11.11.2009 – 2 K 2260/08, Rn. 35 m.w.N.

38 Aufbauend hierauf z.B. die Anforderungen an die Erteilung eines Zertifikats durch den Bundesverband für Kindertagespflege e.V. in der Qualifizierungs- und Prüfungsordnung – Richtlinien zur Vergabe des Zertifikats „Qualifizierte Kindertagespflegeperson", abrufbar unter http://bvktp.de/files/bvktp_pruefungsordnung.pdf, Zugriff am 8.11.2013. Eine Besonderheit bildet § 6 Abs. 3 S. 1 KitaG S-A, wonach ausgebildete pädagogische Fachkräfte „vorrangig" für die Tagespflege zum Einsatz kommen. Mangels marktzugangsrechtlicher Kontingentierung führt die Regelung als 'Vorrang'-Prinzip ins Leere; als gesetzgeberische Leitlinie für Qualifikationsanforderungen wiederum wäre sie unbestimmt und möglicherweise unverhältnismäßig.

tenrecht[39] – den Nachweis eines Kursbesuchs zur Voraussetzung der Erlaubniserteilung erklärte.[40] Selbst für die Großtagespflege regelt das Landesrecht nur vereinzelt zusätzliche Anforderungen an die Sachkunde der Pflegepersonen.

Ein weiteres, schon herkömmlich bestehendes Problem dürfte sich mit Zunahme der Tagespflege in Heimarbeit zumindest nicht abschwächen. Der Bundesgesetzgeber berücksichtigt zu wenig, dass das Kind bei der Tagespflege in Heimarbeit nicht nur eine geeignete Pflegeperson und kindgerechte Räumlichkeiten, sondern eine insgesamt stabile, einfühlsame und achtungsvolle Umgebung vorfinden soll, die seinen besonderen Bedürfnissen entspricht.[41] Die Rechtsprechung hat immer wieder Fälle zu entscheiden, in denen der Ehe- oder Lebenspartner der Tagesmutter Anlass zur Versagung oder zum Widerruf einer Erlaubnis gibt. Mangels gesetzlicher Regelung gehen die Gerichte einen von zwei möglichen Wegen: Sie prüfen entweder, ob das Verhalten des Partners einen Eignungsmangel bei der Tagespflegeperson selbst zu begründen vermag,[42] oder konstruieren einen weiteren, ‘ungeschriebenen’ Versagungsgrund, der zwar nicht in der Tagespflegeperson selbst vorliegt, ihrer Sphäre aber zuzurechnen ist. Im zweiten Fall fordern die Gerichte als nicht ausdrücklich geregelte, aber ‘auf der Hand liegende’ Voraussetzung, dass in der Pflegestelle nicht andere, für die Entwicklung der dort aufgenommenen Kinder schädliche Risiken oder Gefährdungen der Tagespflegeperson zuzurechnen sind und damit deren Eignung ausschließen.[43] So begrüßenswert diese Rechtsprechung ist, so hilfreich und aus rechtsstaatlichen Erwägungen angebracht wäre es, die Auslegungsarbeit der Gerichte durch eine entsprechende gesetzliche Regelung zu erleichtern – zumal diese häusliche ‘Sphäre’ zum klassischen (und grundrechtlich besonders geschützten) Berufsbild der Kindertagespflege zählen soll.[44]

---

39 Vgl. in anderem Zusammenhang den Vergleich in OVG NW, Beschluss vom 2.09.2008 – 12 B 1224/08, juris, Rn. 3.

40 Vergleichbar etwa dem Besuch eines Lebensmittelkurses der Industrie- und Handelskammer als Voraussetzung für die Erteilung einer Gaststättenerlaubnis (§ 4 Abs. 1 S. 1 Nr. 4 GastG).

41 Entwicklungsbedarf besteht hier offenbar auch aus pädagogischer Sicht, etwa zur Feststellung der relevanten Parameter für die Beobachtung durch das Jugendamt, vgl. *Weiß* 2007: 79 f.

42 OVG NW, Beschluss vom 8.11.2006 – 12 B 2077/06, juris, Rn. 9 ff.

43 OVG Lüneburg, Beschluss vom 22.04.2010 – 4 PA 65/10, juris; BayVGH, Beschluss vom 11.12.2012 – 12 CS 12.2406, juris, Rn. 15.

44 Vorbildhaft daher die Regelungen in Berlin, Nr. III.6. Abs. 9, 10 AV-KTPF, und Thüringen, § 2 Abs. 4 ThürKitaPflegVO.

Als berufsrechtliche Regelung gerät § 43 SGB VIII auch in den Einflussbereich der europäischen Dienstleistungsrichtlinie.[45] Die verhältnismäßig geringen Eignungsanforderungen sind folglich auch an Art. 9 der Richtlinie zu messen, der Zugangshürden in Form von Genehmigungserfordernissen unter den Vorbehalt der Verhältnismäßigkeit stellt. Sind die Eignungskriterien zu unbestimmt gefasst oder zu marginal, könnte dies unter anderem die Frage aufwerfen, ob nicht eine Pflicht zur Anzeige der Tätigkeit diesen Anforderungen genügen würde. Auch dies legt nahe, die Anforderungen an die Eignung der Tagespflegepersonen zu überdenken.

Fraglich ist ferner, ob der Zweck der Gefahrenabwehr die völlige Kontrollfreiheit einer unter 15 Stunden wöchentlich ausgeübten Tagespflege rechtfertigen kann.[46] Ein erheblicher Teil privat organisierter Tagespflege in Heimarbeit wird dadurch in der alten Struktur der ideellen Familienpflege als 'Gefälligkeit' oder Nachbarschaftshilfe belassen, ohne dass die Zahl der betreuten Kinder Berücksichtigung findet.[47] Für die öffentlich geförderte Tagespflege gilt das nicht, da § 43 Abs. 2 SGB VIII für die hier vorzunehmende Eignungsprüfung keine entsprechende Untergrenze normiert. Legt man zugrunde, dass auch § 23 SGB VIII keine staatliche Bedarfssteuerung erlaubt, sondern ausschließlich dem Zweck der Gefahrenabwehr dient,[48] rechtfertigen weder das reale Bild der Tagespflege noch der Zweck der Eignungsprüfung diese Unterscheidung. Überdies birgt diese Ausgestaltung die Gefahr, nicht- und semiprofessioneller Tagespflege auf einem schwarzen oder grauen Markt Vorschub zu leisten. Im Hinblick auf die Belange des Kindeswohls wäre deshalb zumindest ein verwaltungsrechtlicher Anzeigevorbehalt für jede nicht nur vorübergehend ausgeübte Tagespflegetätigkeit von geringem Umfang zu empfehlen.[49] Diese Lösung entspräche der Rechtslage bei anderen gewerblichen Tätigkeiten, für

45 Richtlinie 2006/123/EG des Europäischen Parlaments und des Rats über Dienstleistungen im Binnenmarkt vom 12.12.2006, ABl.EU vom 27.12.2006, L 376/36.

46 Zur Entstehungsgeschichte dieser Ausnahmeregelungen *Schmid / Wiesner* 2005: 281. Keine derartige Untergrenze normiert § 15 KiFöG M-V, was die Frage aufwirft, ob § 43 SGB VIII insoweit abschließend ist.

47 Anders noch § 23 SGB VIII a.F. Das OVG Nordrhein-Westfalen ordnet im Beschluss vom 22.11.2012 – 12 B 1252/12, Rn. 22 offenbar instinktiv die erlaubnisfreie Tagespflege als „weniger qualifiziert" ein; ähnlich wohl *Lakies* 2013: § 43 Rn. 9; Beobachtungsbedarf sieht auch *Weiß* 2007: 87.

48 Statt vieler OVG Nordrhein-Westfalen, Beschluss vom 25.02.2013 – 12 A 56/13, juris, Rn. 9.

49 Der aus der Entstehungsgeschichte (vgl. Fn. 46) bekannte Einwand der Abgrenzung zum Babysitting und zur Nachbarschaftshilfe verfängt nicht, da ersteres üblicherweise im elterlichen Haushalt, letztere als 'Hilfe' typischerweise unentgeltlich oder allenfalls gegen Ersatz entstehender Aufwendungen erbracht wird.

die § 14 GewO eine Anzeigepflicht ohne Rücksicht darauf reglementiert, in welchem zeitlichen Umfang sie ausgeübt werden. Sie hätte außerdem den Vorteil einer größeren Kongruenz von berufsrechtlich erlaubter und jugendhilferechtlich geförderter Tagespflege. Und schließlich würde das diffuse Bild der Tagespflege zwischen Gefälligkeit, Nachbarschaftshilfe und Berufstätigkeit weiter geklärt.

Eine gewisse Rechtsunsicherheit zeigt sich darüber hinaus bei der Frage, ob eine selbstständig ausgeübte Tagespflegetätigkeit (zusätzlich) als Gewerbe angemeldet werden muss.[50] Ohne Frage ist die Tätigkeit gewerblich, wenn sie entgeltlich ausgeübt wird.[51] Gleichwohl könnte sie vom Anwendungsbereich der Gewerbeordnung ausgenommen sein, wenn entweder die Tätigkeit in der „Erziehung von Kindern" bestünde (§ 6 S. 1 GewO) oder wenn § 43 SGB VIII eine Spezialregelung für den Marktzugang enthielte. Letzteres ist zu verneinen, da sich der Zweck des jugendhilferechtlichen Erlaubnisvorbehalts allein auf das Kindeswohl, nicht aber auf den Schutz des Wirtschaftslebens bezieht, dem die gewerberechtliche Anmeldepflicht dient.[52] § 6 S. 1 GewO ist hingegen einschlägig. Die Ausnahme für die 'Erziehung von Kindern' ist zwar historisch auf die traditionelle Familienpflege (s.o. unter 1.) ausgerichtet, verschließt sich aber auch einer interpretatorischen Fortentwicklung durch den gesetzlich ausgeprägten staatlichen Auftrag für die Bereitstellung von Kinderbetreuungsinfrastruktur nicht. Die Anmeldung einer Tagespflegetätigkeit als Gewerbe

50 Z.B. *Tagesmutter.com*, abrufbar unter http://www.tagesmutter.com/tagesmuetter-rategeber/gewerbeanmeldung-tagesmutter/, Zugriff: 8.11.2013.

51 Bei allen Unterschieden im Handels-, Gewerbe- und Steuerrecht zeichnet sich gewerbliche Tätigkeit durch Selbstständigkeit, Dauerhaftigkeit und Gewinnerzielungsabsicht sowie durch Abgrenzung zur Freiberuflichkeit aus. Letztere erfordert künstlerische Tätigkeit oder ein Studium an einer Universität, mindestens aber einer Fachhochschule. Ähnlich ist der Begriff der Beruflichkeit bzw. Gewerblichkeit im Bau- und Wohnungseigentumsrecht geprägt, vgl. BGH, Urteil vom 13.07.2012 – V ZR 204/11, juris („teilgewerbliche Nutzung"); Sächs. OVG, Beschluss vom 7.09.2010 – 1 B 139/10, juris, Rn. 5. Der Hinweis auf der Website des *Bundesministeriums für Familie, Senioren, Frauen und Jugend*, http://www.bmfsfj.de/BMFSFJ/kinder-und-jugend,did=129090. html, Zugriff: 13.09.2013, sowie im Handbuch zur Tagespflege, abrufbar unter http://www. handbuch-kindertagespflege.de/3_wissenswertes_fuer_tagesmuetter/33_der_ arbeitsrecht liche_status_von_tagespflegepersonen/331_kindertagespflege_ist_kein_gewerbe/dok/60.ph Zugriff: 12.09.2013, bedarf insoweit der Korrektur. Der hier und da zu lesende Hinweis auf eine Freiberuflichkeit der Tagepflege oder des Erzieher_innenberufs ist schlechterdings falsch.

52 Bezogen auf Einrichtungen (Heime) BT-Drucks. 11/5948, S. 85 f.; OVG Sachsen-Anhalt, Beschluss vom 7.09.2010 – 1 B 139/10, juris.

wäre hiernach grundsätzlich möglich, ist aber nicht geboten.[53] Der Vergleich mit den Anforderungen des Gewerberechts spricht aber dafür, die Anforderungen an die Tagespflege bis zum zeitlichen Umfang von 15 Wochenstunden nicht hinter die gewerberechtlichen Anforderungen an eine berufliche Tätigkeit zurückfallen zu lassen.

3.2 Regulierung des Pflegegeldes

Ein mit einer Tätigkeit verbundenes Entgelt ist für die Frage der Beruflichkeit in der Regel nicht aussagekräftig, denn die Entgeltstruktur hängt im wirtschaftlichen Wettbewerb nicht nur – und manchmal am wenigsten – von der beruflichen Qualifikation, sondern auch von Marktgegebenheiten ab. Werden aber Entgelte als Ausdruck staatlicher Infrastrukturverantwortung durch den Staat oder in Rahmenvereinbarungen der Sozialpartner festgelegt und auch Kostenbeteiligungen der begünstigten Leistungsempfänger (hier der Eltern) geregelt, dann sind Prägungen eines Berufsbildes durch solche Regelungen möglich.

Der Gesetzgeber hat besondere Anstrengungen unternommen, um die staatlichen Geldleistungen an Tagespflegepersonen in profilbildender Weise auszugestalten. Gemäß § 23 Abs. 2 Nr. 2, Abs. 2a SGB VIII umfasst der staatliche Versorgungsauftrag laufende Geldleistungen an die Tagespflegeperson, mit denen die Jugendhilfeträger erstens die mit der Tagespflege verbundenen Sachaufwendungen erstatten, zweitens einen Betrag zur Anerkennung der Förderungsleistung in leistungsgerechter Höhe leisten und drittens die Aufwendungen der Tagespflegeperson für ihre soziale Sicherung teilweise übernehmen. Für Kinder vom zweiten Lebensjahr bis zum Schuleintritt handelt es sich hierbei nicht mehr um Ermessensleistungen der Jugendhilfe, sondern um eine Finanzierung als Teil des staatlichen Infrastrukturauftrags, die im sozialrechtlichen Dreieck als Leistung an die Eltern (anstelle des Kindes) erbracht wird (vgl. Schmid / Wiesner 2005: 276). § 90 Abs. 1 Nr. 3, Abs. 3 SGB VIII sehen eine Beteiligung der Eltern an den Kosten in Form pauschalisierter Kostenbeiträge nach Maßgabe des Landesrechts vor.

Die Funktion einer ‘Vergütung’ könnte der zweite Teil der Geldleistung übernehmen.[54] Die bundesrechtliche Ausgestaltung ist insoweit zwiespältig: Sie bleibt mit dem Bezug auf die Anerkennungsfunktion einerseits sichtlich dem alten Berufsbild einer Gefälligkeitspflege verhaftet (Weiß 2007: 92) und

---

53 So offenbar auch der Spitzenverband der Unfallkassen und der Berufsgenossenschaft für Gesundheitsdienst und Wohlfahrtspflege, der die Anmeldung als Gewerbe als Indiz für selbstständige Tätigkeit werten will; Nachweis bei *Lode* 2009: 138.

54 Zur dritten Komponente der Übernahme sozialer Absicherung siehe unten unter 3.3.

verweist andererseits mit dem Kriterium der Leistungsgerechtigkeit auf Berufsausübung. Für Letzteres spricht auch die erklärte Absicht des Gesetzgebers, eine Vergütungshöhe zu bewirken, die es der Tagespflegeperson grundsätzlich ermöglicht, ihr Auskommen mit dieser Tätigkeit zu sichern.[55] § 23 Abs. 2a SGB VIII normiert Kriterien einer leistungsgerechten Vergütung, nämlich den zeitlichen Umfang der Tätigkeit sowie Anzahl und Förderungsbedarf der betreuten Kinder. Ob die Vergütungshöhe gerichtlicher Kontrolle zugänglich ist, wie erste Entscheidungen andeuten,[56] darf mit Spannung erwartet werden. Schon seit Längerem behandelt das Einkommensteuerrecht die laufende Geldleistung durch das Jugendamt oder die Eltern als Vergütung: Das Bundesministerium der Finanzen ordnet seit 2007, also im zeitlichen Zusammenhang mit der Ausbau- und Professionalisierungsentscheidung im SGB VIII, die „Geldleistung" des Jugendamts als „Einnahme" aus freiberuflicher Tätigkeit gemäß § 18 EStG ein, die mit den „Betriebsausgaben" einer Tagespflegeperson verrechnet werden kann.[57] Die Einnahme mindert als „Einkommen" auch den Anspruch auf Arbeitslosengeld II (§ 11a Abs. 3 Nr. 2 SGB II). Zum Zwecke der Professionalisierung und auch für die vom Gesetzgeber beabsichtigte Attraktivitätssteigerung wäre folglich der Begriff der „Vergütung" in § 23 Abs. 2a SGB VIII sicher besser gewählt (ebenso Lakies 2013: § 23 Rn. 21, 26).

Im Vergleich hierzu ist das Pflegegeld für Vollzeitpflege nach § 39 SGB VIII nicht als 'Vergütung' konzipiert, sondern dient der Deckung der materiellen Aufwendungen und der Kosten der Erziehung. Einkommensteuerrechtlich werden Pflegegeld und anlassbezogene Zuschüsse als steuerfreie Beihilfen im Sinne von § 3 Nr. 11 EStG behandelt, die die Erziehung unmittelbar fördern, sofern nicht Erwerbstätigkeit widerleglich vermutet wird.[58] Diese Vermutung greift, wenn die Summe der Erziehungsbeiträge pro Haushalt und Jahr 24.000

---

55 Vgl. BT-Drucks. 16/9299, S. 15.

56 Aus der obergerichtlichen Rechtsprechung vgl. OVG Lüneburg, Urteil vom 20.11.2012 – 4 KN 319/09, juris, Rn. 57 ff., im Verfahren der Normenkontrolle einer Kreissatzung im Vergleich mit dem Erzieherberuf und bei Anerkennung eines Beurteilungsspielraums.

57 Bundesministerium der Finanzen, Einkommensteuerrechtliche Behandlung der Geldleistungen für Kinder in Kindertagespflege, BMF-Schreiben vom 17.12.2007, Gz. IV C 3 – S 2342/07/0001, Dok 2007/0586083, S. 2, aktualisiert durch Rundschreiben vom 20.05.2009, Gz. IV C 6 – S 2246/07/10002, Dok 2009/0327067. Nach alter Rechtslage wurden Zahlungen des Jugendamts (oft für bis zu fünf Kinder), nicht aber das privat geleistete Entgelt als steuerfreie Einnahmen verbucht, vgl. *Weiß* 2007: 68 f. m.w.N.

58 *Bundesministerium der Finanzen*, Einkommensteuerrechtliche Behandlung der Geldleistungen für Kinder (Fn. 8). Zur älteren Rechtslage für die Kinderpflege allgemein *Schmid / Wiesner* 2005: 282.

Euro übersteigt. Bei Zugrundelegung der aktuellen Pflegegeldsätze[59] vermutet die Finanzverwaltung erwerbsmäßige Vollzeitpflege damit grundsätzlich ab dem dritten Pflegekind. Ähnlich rechnet der Gesetzgeber beim Anspruch auf Arbeitslosengeld II: Hier sind Einnahmen für das dritte Pflegekind zu einem Viertel und ab dem vierten Pflegekind vollständig als „Einkommen" auf den Anspruch auf Grundsicherung gem. § 11 Abs. 3 Nr. 1 SGB II anzurechnen, sofern es (gem. § 11 Abs. 1 SGB II) der Sicherung des Lebensunterhalts der Pflegeperson dient.

Im Vergleich mit dem Pflegegeld für Vollzeitpflege ist der Anerkennungs-Geldbetrag also schon deutlicher als 'Vergütung' erkennbar. Allerdings ist 'Anerkennung' noch nicht 'marktmäßige Gegenleistung'. Tagespflege ist – gleichgültig ob in Heimarbeit oder in 'eigens dafür angemieteten Räumlichkeiten' erbracht – immer noch niedrig bezahlte Tätigkeit,[60] die überdies im Falle des gleichzeitigen Bezugs von Arbeitslosengeld II nicht von der durch § 10 Abs. 2 SGB II gebotenen Aufnahme einer zumutbaren Beschäftigung entbindet.[61]

3.3 Soziale Sicherung der Tagespflegetätigkeit

Ambivalenz und – aus Sicht der Betroffenen – Unsicherheit kennzeichnen die Regeln über die soziale Absicherung der Tagespflegeperson, die sich zur Feststellung einer Verberuflichungs-Tendenz ebenfalls heranziehen lassen (vgl. Lode 2009: 125 ff., 325 unter 3.; Hillmann-Stadtfeld 2009: 49 ff., Anhang 117 ff.). Aussagekräftig sind insbesondere die Ausgestaltungen der Absicherung von Krankheit und Unfall sowie die Alterssicherung.

Wird Tagespflege im Beschäftigungsverhältnis nach § 7 Abs. 1 SGB IV für die Erziehungsberechtigten, für andere Tagespflegepersonen oder für eine Kommune als Arbeitgeber erbracht, gelten die üblichen arbeits- und sozialversicherungsrechtlichen Bindungen. Deutlich komplizierter und im Hinblick auf die Frage der Professionalisierung interessanter liegen die Dinge in den übrigen Fällen, zu denen üblicherweise auch die Tagespflege in Heimarbeit zählt.

---

59 Vgl. exemplarisch die Stadt Karlsruhe, die die Höhe nach den „Grundsätzen für die finanziellen Leistungen an Pflegefamilien" der Landesjugendämter und kommunalen Landesverbände bemisst, http://www.karlsruhe.de/b3/soziales/einrichtungen/pflegekinderdienst/vollzeitpflege/finanzielles.de, Zugriff am 8.11.2013.

60 *Sell / Kukula* 2013: 25 (Übersicht) und 25 ff. (mit Bezug auf die einzelnen Bundesländer).

61 Von einer „Zwittersituation" der Tagespflege, die erst durch ein höheres Betreuungsgeld behebbar wäre, sprechen insoweit *Schmid / Wiesner* 2005: 282.

Bereits 2005 ordnete das Bundessozialgericht Tagespflegepersonen der Berufsgruppe der Erzieher zu und begründete damit ihre rentenrechtliche Versicherungspflicht nach § 2 S. 1 Nr. 1 SGB VI.[62] Wird die Tagespflege jeweils nur für eine Familie ausgeübt, kommt außerdem der Tatbestand der Soloselbstständigkeit (gem. § 2 S. 1 Nr. 9 SGB VI) zum Tragen. Im Falle der Rentenversicherungspflicht besteht auch Anspruch auf staatliche Förderung privater Altersvorsorgeaufwendungen (gem. § 10b Einkommensteuergesetz und Altersvorsorgeverträge-Zertifizierungsgesetz). Rentenversicherungsbeiträge und Aufwendungen für geförderte private Vorsorge sind als Aufwendungen zu einer angemessenen Alterssicherung anzusehen, die die Träger öffentlicher Jugendhilfe gem. § 23 SGB VIII gegen Nachweis zur Hälfte erstatten. Diese Erstattung ist wie die Vergütung als Leistung zugunsten der leistungsberechtigten Eltern zu werten und erfüllt die Funktion eines Arbeitgeberbeitrags.[63] Öffentlich geförderte Tagespflege erhält damit im Rentenrecht den Status einer arbeitnehmerähnlichen Tätigkeit.

Der unfallversicherungsrechtliche Status divergiert zwischen öffentlich vermittelter (und geförderter) Tagespflege einerseits und privat-gewerblicher Tagespflege andererseits, zu der die Heimarbeit vornehmlich gehört. Öffentlich vermittelte (und geförderte) Tagespflegepersonen sind als in der Wohlfahrtspflege selbstständig tätige Personen kraft Gesetzes unfallversichert (§ 2 Abs. 1 Nr. 9 SGB VII).[64] Die Aufwendungen für Beiträge zur Unfallversicherung werden durch die Träger öffentlicher Jugendhilfe in vollem Umfang erstattet (§ 23 Abs. 2 Nr. 3 SGB VIII). Die unfallversicherungsrechtliche Absicherung nicht geförderter Tagespflege hingegen ist von der Tagespflegeperson oder ihren Auftraggebern privatrechtlich zu organisieren.

Eine Arbeitslosenversicherung ist unter bestimmten Voraussetzungen auf Antrag und auf eigene Kosten für mehr als 15 Stunden selbstständig tätige Tagespflegepersonen möglich.[65]

---

62 BSG, Urteil vom 22.06.2005 – B 12 RA 12/04 R, juris, Rn. 10 ff.; vgl. *Kreikebohm* 2008: § 2 Rn. 3. Im Rahmen geringfügiger Tätigkeit, d.h. bis zur Einkommensgrenze von 450 Euro monatlich, besteht die Möglichkeit zur Befreiung.

63 Vgl. zu den Spitzenverbänden und dem BMFSFJ http://www.deutsche-rentenversicherung.de/cae/servlet/contentblob/205826/publicationFile/21440/maerz_2011_top_3.pdf, Stand: 15.11.2013, S. 9, mit Verweis darauf, dass nach der Intention des Gesetzgebers die erziehungsberechtigten Personen auch bei der Beschäftigung von Tagespflegepersonen nicht belastet werden sollen.

64 Vgl. zuletzt BSG, Urteil vom 31.01.2012 – B 2 U 3/11 R, juris, Rn. 18 ff., SozR 4/2700 § 2 Nr. 18.

65 §§ 28a, 349a SGB III. Hauptanwendungsfall ist eine versicherungspflichtige Beschäftigung in den vorausliegenden 24 Monaten.

Die Kranken- und Pflegeversicherungspflicht hat der Gesetzgeber in zwei zeitlichen Stufen geordnet und damit den Profilierungsprozess auf den erwarteten Statuswandel der Tätigkeit hin ausgerichtet. Bis Ende 2013 wurde zwischen verheirateten und unverheirateten Tagespflegepersonen unterschieden. Bei verheirateten Tagepflegepersonen hat die Tagespflegetätigkeit eine beitragsfreie Mitversicherung in der Krankenversicherung des Ehepartners nicht grundsätzlich ausgeschlossen. Tagespflege von bis zu fünf Kindern wird nämlich ohne Rücksicht auf den zeitlichen Umfang als nebenberufliche selbstständige Erwerbstätigkeit angesehen (vgl. § 10 Abs. 1 S. 3 i.V.m. S. 1 Nr. 4 SGB V), womit der Gesetzgeber eine seit Langem bei den Spitzenverbänden der Krankenkassen übliche pauschale Betrachtungsweise[66] aufnimmt. Die Beitragsfreiheit setzte allerdings voraus, dass der regelmäßige monatliche Verdienst ein Siebtel der monatlichen Bezugsgröße nach § 18 SGB V[67] (d.h. gegenwärtig 365 Euro monatlich) nicht überschritt. Ein höheres Einkommen erforderte freiwillige Krankenversicherung und eigenständige Pflegepflichtversicherung. In der gesetzlichen Krankenversicherung galt Tagespflege in diesem Fall unter den in § 10 Abs. 1 S. 3 SGB V formulierten Bedingungen wiederum pauschal als nebenberufliche Tätigkeit mit der Folge einer Beitragsbemessung aufgrund einer niedrigen Mindestbemessungsgrundlage (§ 240 Abs. 4 S. 5 i.V.m. S. 1 SGB V). § 23 SGB VIII ermöglicht seit 2009 Erstattungsleistungen der öffentlichen Jugendhilfe in Höhe der Hälfte der nachgewiesenen Aufwendungen zu einer angemessenen Kranken- und Pflegeversicherung. Ab 2014 entfällt die Privilegierung verheirateter Tagespflegepersonen bei der Bemessungsgrundlage. Der Gesetzgeber hegt erklärtermaßen die optimistische Erwartung, dass die Neuprofilierung der Kindertagespflege zu einer steigenden Professionalisierung und in der Folge zu einem Anstieg der Vergütung führen würde. Tagespflege würde zu einer selbstständigen Berufstätigkeit, die eine rechtliche Sonderbehandlung nicht mehr erforderte.

Diese Konstruktion weist nur mit Einschränkungen in Richtung eines ausprofilierten Berufs. Die beitragsfreie Familienversicherung sichert Tagespflegepersonen trotz äußerst niedriger Stundensätze wenigstens ein geringes eigenes

---

66 Niederschrift über die Besprechung des Arbeitskreises Versicherung und Beiträge der Spitzenverbände der Krankenkassen am 24. Oktober 2008, TOP 3: Beurteilung der Hauptberuflichkeit von Tagespflegepersonen und Auswirkungen der veränderten einkommensteuerrechtlichen Behandlung von Geldleistungen für Kinder in Kindertagespflege, abrufbar unter http://www.laufstall.de/pdf/AK_Krankenversicherungen08.pdf, Zugriff am 8.11.2013.

67 Im Zeitpunkt des Erlasses der Regelung betrug dieses 355 Euro monatlich, vgl. BT-Drucks. 16/10357, S. 26.

Einkommen; andererseits bleibt die Tagespflege gerade hierin dem überkommenen Bild des geringfügigen Nebenerwerbs und einem Rollenbild verhaftet, nach dem die (ganz überwiegend weibliche) Tagespflegeperson auf einen (männlichen) Hauptverdiener angewiesen ist und neben der Erziehung und Betreuung eigener Kinder das Haushaltseinkommen durch eine nicht- oder allenfalls semiprofessionelle Tätigkeit im eigenen Haushalt aufbessert. Jenseits gleichstellungspolitischer Bedenken bleibt ein solches Verständnis der Tätigkeit dem Bild der gefälligkeitshalber und ehrenamtlich geleisteten Tagespflege verhaftet und berücksichtigt das öffentliche Interesse an verbindlicher und qualitativer und professioneller Dienstleistung zu wenig. Eine ähnliche Verfestigung der Rollenbilder ist für den Fall der freiwilligen Kranken- und Pflegeversicherung bei entsprechendem Einkommen nicht mehr zu erwarten. Umso kritischer könnte der Wegfall der Privilegierung bei der Bemessungsgrundlage für den Fall zu bewerten sein, dass die Verdienstmöglichkeiten unter den Erwartungen des Gesetzgebers zurückbleiben. Die Regelung des § 240 Abs. 4 S. 5 SGB V sollte deshalb sorgfältig evaluiert werden.

Die soziale Sicherung privat erbrachter und bezahlter Tagespflege, wie sie in Heimarbeit bislang typisch war und für das Kind im ersten Lebensjahr oftmals immer noch ist, bleibt hinter der sozialen Sicherung öffentlicher Tagespflege zurück. *Maren Lode* sucht in ihrer Dissertation diesem Mangel dadurch abzuhelfen, dass sie Tagespflege im Auftrag einer Familie als abhängige Beschäftigung konstruiert und deutet (Lode 2009: 259 ff.).[68] Die Frage ist jedoch, ob in dieser Konstellation Gestaltungsfreiheit und Eigenverantwortlichkeit der Tagespflegeperson, wie sie auch einem modernen Bild der Tagespflege als Beruf entsprächen, angemessen abgebildet werden. *Lode* ist darin zuzustimmen, dass die Verberuflichung der Tagespflege nicht zu sozialen Schutzlücken führen darf; doch die Frage der Selbstständigkeit oder Abhängigkeit einer Tätigkeit darf auch nicht ausschließlich vom Ende her gedacht werden.

Der Zielkonflikt ist freilich nicht unüberwindlich, denn das Sozialversicherungsrecht kennt und erfasst auch selbstständige arbeitnehmerähnliche Tätigkeiten. Die soziale Absicherung der Tagespflege in Heimarbeit lässt sich beispielsweise an der Tätigkeit der Hausgewerbetreibenden orientieren, die selbstständig tätig sind, keiner Weisungsbefugnis unterliegen und auch eigene Arbeitnehmer beschäftigen können, die aber im Auftrag und für Rechnung Dritter arbeiten und von ihrem (einzigen) Auftraggeber wirtschaftlich abhän-

---

68 Zu Einschätzungen der Spitzenorganisationen der unterschiedlichen Sozialversicherungen sowie anderer Akteure in der Entwicklungsgeschichte des Rechts der Kindertagespflege *Lode* 2009: 129 ff.

gig sind.[69] Die Auftraggeber der Hausgewerbetreibenden tragen die Beiträge zur gesetzlichen Unfallversicherung voll (§ 2 Abs. 1 Nr. 6, § 150 Abs. 2 Nr. 1 SGB VII) und jene zur Rentenversicherung hälftig (§ 169 Nr. 3 SGB VI). Die so nachgebildeten Komponenten privat-gewerblicher Tagespflege würden an die öffentlich geförderte Kindertagespflege anschließen, die im Hinblick auf Vergütung und soziale Sicherung bereits arbeitnehmerähnlich ausgestaltet worden ist. Jenen arbeitnehmerähnlichen Status der öffentlich geförderten Tagespflege hat der Gesetzgeber ganz bewusst profiliert.[70] Es liegt rechtspolitisch nahe, diesen Status auf die private, in Heimarbeit erbrachte Tagespflege auszudehnen und auch Tagespflege einzuschließen, die für mehr als eine Familie erbracht wird. Für die Großtagespflege kann es hingegen bei der sehr lockeren sozialrechtlichen Rahmung privat-gewerblicher Tätigkeit verbleiben.

3.4 Der staatliche Sicherstellungsauftrag im Übrigen

Weitere Aufschlüsse ergeben die Anstrengungen des Staates zur Wahrnehmung seiner Infrastrukturverantwortung. Sie offenbaren einerseits Tendenzen zur Ausbildung der Tagespflege als professioneller, arbeitnehmerähnlicher Tätigkeit, lassen aber andererseits erkennen, dass Tagespflegepersonen die Risiken einer ambivalenten rechtlichen Ausgestaltung ihrer Tätigkeit nach wie vor nicht abgenommen werden.

Staatlich geförderte Kinderbetreuung soll nach § 23 Abs. 2 SGB VIII die Persönlichkeitsentwicklung des Kindes fördern und die Vermittlung von Werten und Regeln gewährleisten, die Erziehung und Bildung in der Familie unterstützen und ergänzen und die Eltern darin unterstützen, Erwerbstätigkeit und Kindererziehung besser zu vereinbaren. Dieser gesetzliche Auftrag lässt freilich kaum Rückschlüsse auf den erforderlichen Professionalisierungsgrad der Tagespflege zu. Qualitative Mindest- oder Regelstandards und Kriterien für eine qualitative Gleichwertigkeit mit der Betreuung in Einrichtungen sind weder bundes- noch landesrechtlich festgeschrieben. Dies ist besonders folgenreich im Falle der Kinder unter drei Jahren, für die Kindertagespflege künftig gleichwertig neben die Kindertageseinrichtungen treten soll. Die Rolle der Kindertagespflege als 'Säule' der Kindertagesbetreuung wird damit eher in quantitativer Hinsicht als in ihrer qualitativen Dimension umschrieben.

Der staatliche Infrastrukturauftrag erfordert Angebote zur Ausbildung, Qualifizierung, Beratung und Information von Tagespflegepersonen sowie einen dieser Pflicht entsprechenden, niedrigschwellig ausgestalteten individuellen

69 Vgl. § 12 Abs. 1 SGB IV.

70 BT-Drucks. 16/9299, S. 15.

Anspruch (vgl. § 23 Abs. 4 SGB VIII). Landesrechtliche Ansprüche auf Urlaubszeiten sowie Weiterbildungspflichten erfordern ebenso wie Ausfallzeiten wegen Krankheit Vertretungslösungen der Jugendhilfe als Teil des Sicherstellungsauftrags. Über ihre Rechte und Pflichten berät eine vom Bundesministerium für Familie, Senioren, Frauen und Jugend und dem Deutschen Jugendinstitut gemeinsam herausgegebene 'Handreichung' (BMFSFJ/DJI 2010). Zusammenfassend haben Tagespflegepersonen hiernach als 'kleine Selbstständige' mit vielen Stellen in Kontakt zu treten, um die erforderlichen Informationen etwa für eine passgenaue soziale Sicherung zu bekommen. Die Unübersichtlichkeit der Rechtslage vor allem im Bereich der sozialen Sicherung[71] führt sie zugleich in erhebliche, unter Umständen existenzielle Risiken, die zur immer noch rechtlich gestalteten Nebenberuflichkeit und Semiprofessionalität der Tätigkeit nicht recht passen wollen. Hier sind die Länder (als Gesetzgeber) und die Kommunen (als Infrastrukturverantwortliche) gefordert.

Erwähnenswert sind neueste Bemühungen des zuständigen Bundesministeriums um ein Aktionsprogramm, das mithilfe einer Förderung durch den Europäischen Sozialfonds auf Anstellungsverhältnisse von Tagespflegepersonen in Kommunen angelegt ist. Diese Konstruktion hätte aus Sicht der Tagespflegepersonen viele Vorteile. Sie würde vor allem die Tagespflege in Heimarbeit aus der organisations- und informationsaufwendigen, arbeits-, sozial- und steuerrechtlich riskanten Selbstständigkeit heraus- und in ein abhängiges Beschäftigungsverhältnis hineinführen, dessen rechtlicher Rahmen klarer geregelt und einfacher zu erfassen ist. Eine solche Beschäftigung bietet weitere Vorteile eines Arbeitsverhältnisses wie Lohnfortzahlung im Krankheitsfall und den Anspruch auf Urlaub[72] und ist darin auch einer arbeitnehmerähnlichen selbstständigen Tätigkeit vorzuziehen. In diese Richtung weist auch die staatliche Aufgabe, für Ausfallzeiten einer Tagespflegeperson die Kontinuität der Tagespflege sicherzustellen (§ 23 Abs. 4 S. 2 SGB VIII). Es wäre zu hoffen, dass diese Modellversuche nicht nur auf die Großtagespflege, sondern auch auf die Tagespflege in Heimarbeit nach dem französischen Vorbild der „Assistante Maternelle Agrée" (hierzu Schuler-Harms 2008: 50 ff., 139) oder die in

71 *Weiß* (2007: 67) beklagt diese Unübersichtlichkeit bereits für die alte Rechtslage und geht davon aus, dass „mit zunehmender Professionalisierung des Betreuungsangebots Tagespflege [...] Klärungen und Vereinfachungen sukzessive herbeigeführt werden müssen".

72 In Berlin und Hamburg existiert ein rechtlicher Anspruch von Tagespflegepersonen auf betreuungsfreie Zeit.

Schweden bei den Gemeinden angestellten Tagesmütter (Weiß 2007: 45)[73] zielen.

Auch Aufträge zur fachlichen Beratung und Begleitung einer Tagespflegeperson sowie zur Beratung Erziehungsberechtigter in allen Fragen der Tagespflege (§ 23 Abs. 4 S. 1, § 24 Abs. 4 S. 1) und zur Vermittlung geeigneter Personen dürften die Tendenz zur Professionalisierung stärken. Der staatliche Auftrag besteht hierbei unabhängig davon, ob es sich um ein öffentlich gefördertes oder ein privat finanziertes Angebot handelt (Schmid / Wiesner 2005: 280).

3.5 Berufsorganisation

Auch die verbandliche Organisation gilt als Merkmal einer verstärkten Professionalisierung. Die durch § 23 Abs. 4 S. 3 SGB VIII gebotene Beratung, Unterstützung und Förderung der Zusammenschlüsse von Tagespflegepersonen dürfte die Bildung beruflicher Netzwerke befördern, in denen Beratungs- und Qualifikationsangebote bereitgestellt, aber auch Aspekte und Bedarfe der beruflichen Tagespflege vorangetrieben werden können. Ein aktuelles Beispiel für Letzteres bildet die vom Bundesverband für Tagespflege in Auftrag gegebene Studie zur Bestandsaufnahme und Entwicklung angemessener Vergütungsstrukturen (Sell / Kukula 2013).

4. Ausblick

Die rechtlichen Impulse deuten auf eine Ausdifferenzierung des Tätigkeitsfeldes der Tagespflege. Mit der Großtagespflege deuten sich Strukturen einer neuen Einrichtungsinfrastruktur, wenn auch noch nicht einer neuen Einrichtungskultur an, die heimarbeitsfern ausgeübt wird, selbstständige und abhängige Beschäftigung verbindet und besondere Anforderungen an die erzieherische wie betriebswirtschaftliche Qualifikation des Personals stellt, die landesrechtlich noch zu verarbeiten sind. Auch das Modell der von der Kommune angestellten, gut qualifizierten Tagespflegeperson wird aufgelegt, mit deren Hilfe die Betreuung gewissermaßen in staatlicher Eigenleistung sichergestellt werden kann. Die Kommune selbst kommt als Trägerin von Großtagespflegestellen in Betracht, die für Kinder unter drei Jahren eine Alternative zur Betreuungsform der Einrichtung nach § 22 SGB VIII werden könnten.

Daneben besteht weiter die Tagespflege in selbstständiger Heimarbeit, deren rechtliche Ausgestaltung für die vorübergehend geleistete Tagespflege sowie die Tagespflege unter 15 Stunden wöchentlich nach wie vor der Tradition der

73 Ähnlich für Dänemark und Österreich *Jurczyk et al.* 2004: 271.

Gefälligkeitspflege verhaftet bleibt. Für die Kinderbetreuung in Heimarbeit ist dabei eine noch wenig ausgeprägte und auch rechtlich kaum unterstützte Professionalisierungstendenz zu verzeichnen. Stärkere staatliche Kontrollmöglichkeit der geringfügigen, aber dennoch gewerbsmäßig ausgeübten Tagespflege ist anzustreben. Qualitätsanforderungen und sonstige Eignungskriterien sind gesetzlich noch deutlicher auszubilden, die Vergütung als solche zu benennen und ihre Höhe leistungsgerecht zu bemessen. Kommunen müssen außerdem qualifizierte Beratungsangebote bereithalten, um die sozialen Risiken der häuslich ausgeübten Tagespflege zu mindern. Das Bild, an dem die rechtliche Ordnung dieser Tätigkeit auszurichten wäre, ist das der arbeitnehmerähnlichen Selbstständigkeit – auch dann, wenn Kinder aus mehreren Familien betreut werden. Schließlich würde sich auch in diesem Tätigkeitsfeld die etwa im Ersten Gleichstellungsbericht der Bundesregierung[74] geforderte Beseitigung der beitragsfreien Krankenversicherung von Eheleuten und der sozialversicherungsrechtlichen Privilegierung geringfügiger Beschäftigung positiv auswirken. Gegen eine zeitlich begrenzte sozialversicherungsrechtliche Privilegierung von Eltern mit eigenen kleinen Kindern, die Tagespflege in Heimarbeit wahrnehmen, ist hingegen nichts einzuwenden.

Literatur

AMTHOR, Ralph Christian, 2003: Die Geschichte der Berufsausbildung in der Sozialen Arbeit, Weinheim.

BMFSFJ [Bundesministerium für Familie, Senioren, Frauen und Jugend] (Hg.), 2013: Vierter Zwischenbericht zur Evaluation des Kinderförderungsgesetzes, Berlin, http://www.bmfsfj.de/RedaktionBMFSFJ/Broschuerenstelle/Pdf-Anlagen/Kif_C3_B6G-Vierter-Zwischenbericht-zur-Evaluation-des-Kinderf_C3_B6rderungsgesetzes,property=pdf,bereich=bmfsfj,sprache=de,rwb=true.pdf, Zugriff: 8.11.2013.

BMFSFJ [Bundesministerium für Familie, Senioren, Frauen und Jugend] / DJI [Deutsches Jugendinstitut], 2010: Vertretungsmodelle in der Tagespflege. (Praxismaterialien für die Jugendämter Nr. 4 Oktober 2010), http://www.fruehe-chancen.de/fuer_institutionen/aus_der_praxis/handreichungen/dok/460.php, Zugriff: 8.11.2013.

DJI [Deutsches Jugendinstitut] (Hg.), 2012: Kindertagespflege: Tätigkeitsfeld und Betreuungsform mit Potenzial – Ansätze einer qualitätsorientierten Weiterentwicklung, http://www.bvktp.de/files/handreichung-professionalisierung-ktp.pdf, Zugriff: 8.11.2013.

EIFERT, Martin, 2004: „Zuverlässigkeit als besondere Tätigkeitsvoraussetzung im Besonderen Verwaltungsrecht", Juristische Schulung 2004, S. 565–570.

74 Erster Gleichstellungsbericht der Bundesregierung vom 16.06.2011, BT-Drucks. 17/6240.

GERSTEIN, Hartmut, 2012: § 23, in: Fieseler, Gerhard / Schleicher, Hans / Busch, Manfred (Hg.): Kinder- und Jugendhilferecht. Gemeinschaftskommentar zum SGB VIII, Stand: Dezember 2012, München.

GERSZONOVICZ, Eveline, 2009: „Kindertagespflege als geeignete Betreuungsform für kleine Kinder“, in: Münch, Maria-Theresia / Textor, Martin R. (Hg.): Kindertagesbetreuung für unter Dreijährige zwischen Ausbau und Bildungsauftrag, Berlin, S. 121–132.

HILLMANN-STADTFELD, Anja, 2009: Das Recht der Kindertagespflege. Allgemeinrechtliche, sozialrechtliche und steuerrechtliche Rahmenbedingungen für Tagespflegepersonen, Köln.

JURCZYK, Karin, 2005: „Familiäre Kindertagesbetreuung auf dem Weg in die Zukunft“, Zentralblatt für Jugendrecht 2005, S. 455–460.

JURCZYK, Karin / Rauschenbach, Thomas / Tietze, Wolfgang / Keimeleder, Lis / Schneider, Kornelia / Schumann, Marianne / Stempinski, Susanne / Weiß, Karin / Zehnbauer, Anne, 2004: Von der Tagespflege zur Familientagesbetreuung. Zur Zukunft öffentlich regulierter Kinderbetreuung in Privathaushalten, Weinheim / Basel.

KREIKEBOHM, Ralf (Hg.), 2008: Sozialgesetzbuch, gesetzliche Rentenversicherung, SGB VI. Kommentar SGB VI, 3. Aufl., München.

LAKIES, Thomas, 2013: §§ 22–26 und §§ 43–49, in: Münder, Johannes / Meysen, Thomas / Trenceck, Thomas (Hg.): Frankfurter Kommentar zum SGB VIII: Kinder- und Jugendhilfe, 7. Aufl., Baden-Baden, S. 282–321 und 470–499.

LODE, Maren, 2010: Die soziale Absicherung von Tagespflegepersonen, Berlin.

METZNER, Richard, 2002: Gaststättengesetz. Kommentar, 6. Aufl., München.

MIEG, Harald A., 2006: „Professionalisierung“, in: Rauner, Felix (Hg.): Handbuch der Berufsbildungsforschung, 2. Aufl., Bielefeld, S. 343–350.

QUAAS, Michael / Zuck, Rüdiger, 2008: Medizinrecht, 2. Aufl., München.

REYER, Jürgen, 1982: „Entwicklung und Aufgaben der Krippe im 19. Jahrhundert“, Zeitschrift für Pädagogik 1982, S. 715–736.

SACHßE, Carola, 2003: Mütterlichkeit als Beruf. Sozialarbeit, Sozialreform und Frauenbewegung 1871 bis 1929, Weinheim u.a.

SCHMID, Heike / Wiesner, Reinhard, 2005: „Rechtsfragen der Kindertagespflege nach dem Tagesbetreuungsausbaugesetz“, Zentralblatt für Jugendrecht 92. Jg. H. 7/8 (2005), S. 274–282.

SCHMID-OBKIRCHNER, Heike, 2011: „Förderung von Kindern in Tageseinrichtungen und in Kindertagespflege“ (§§ 22–26 SGB VIII), in: Münder, Johannes / Wiesner, Reinhard / Meysen, Thomas (Hg.): SGB VIII Kinder- und Jugendhilferecht. Kommentar, 4. Aufl., S. 261–363.

SCHULER-HARMS, Margarete, 2008: „Regelungsmodelle des Familienleistungsausgleichs zwischen staatlicher Nachwuchssicherung und familiärer Gestaltungsfreiheit – Deutschland, Großbritannien und Frankreich im Vergleich“, in: Scheiwe, Kirsten / Schuler-Harms, Margarete: Aktuelle Rechtsfragen der Familienpolitik aus vergleichender Sicht, Baden-Baden, S. 14–77.

SELL, Stefan / Kukula, Nicole, 2013: Vergütung der Kindertagespflege – Bestandsaufnahme und Modelle einer leistungsorientierten Vergütungssystematik. Expertise im

Auftrag des Bundesverbandes für die Kindertagespflege, http://www.bvktp.de/files/brosch__re.pdf, Zugriff: 8.11.2013.

WEIß, Karin, 2007: Kindertagespflege nach §§ 22, 23, 24 SGB VIII, 2. Aufl., Stuttgart.

Florian Eßer und Tobias Studer

Professionalisierung von Familie? Pflegefamilien zwischen Erwerbsarbeit und Ehrenamt

Sowohl in Deutschland als auch in der Schweiz gibt es Bestrebungen, die in Pflegefamilien geleistete Arbeit zu professionalisieren. In diesem Zusammenhang wird nicht zuletzt explizit über den Status der sogenannten Vollzeitpflege[1] diskutiert: Handelt es sich hierbei um 'ganz normale' Familienarbeit, ein Ehrenamt, das innerhalb der eigenen vier Wände ausgeübt wird, oder um eine Erwerbstätigkeit mit professionellem Anspruch und entsprechender Entlohnung? Im Kern berührt diese Diskussion das Verhältnis von Privatheit und Öffentlichkeit – auch, aber nicht nur, weil es unter anderem um gesetzliche Regelungen und damit um staatliche Eingriffe in die als privat geltende familiäre Sphäre geht (vgl. Bütow et al. 2014).

Der vorliegende Beitrag beschäftigt sich mit der Frage, wie die Betreuung von Pflegekindern im familiären Kontext angesichts der gesellschaftlichen Verantwortlichkeit für diese Aufgabe sozialstaatlich und rechtlich gerahmt wird. Im Unterschied zur medialen und wissenschaftlichen Debatte, welche mehrheitlich von Privatheit und Öffentlichkeit als klar abgrenzbare topographische Sphären bestimmt ist, gehen wir davon aus, dass es sich bei Öffentlichkeit und Privatheit um soziale Konstruktionen, um soziale Dispositive handelt, die Gegenstand von Aushandlungsprozessen und gesellschaftlichen Interessenlagen sind. Sorgearbeit (*care*) kann gesellschaftlich als Scharnier zwischen öffentlicher und privater Sphäre verortet werden, wie im ersten Abschnitt dieses Beitrags theoretisch ausgeführt wird (1). In einem zweiten Schritt wird die Situation von Pflegefamilien in Deutschland und der Schweiz unter dem Aspekt verstärkter Professionalisierung kurz vorgestellt. Der Vergleich zwischen Deutschland und der Schweiz macht dabei nationalstaatlich und historisch bedingte Differenzen im Verhältnis von Erwerbsarbeit und Ehrenamtlichkeit deutlich (2). Gleichzeitig ermöglicht dieses Vorgehen auch eine kritische Rezeption und Diskussion aktueller Auseinandersetzungen um

---

1 Der Begriff der Vollzeitpflege umfasst nach § 33 SGB VIII die zeitweise oder dauerhafte Unterbringung eines Kindes in einer Pflegefamilie oder einer Erziehungsstelle und ist damit eine Maßnahme der Hilfen zur Erziehung. In der Schweiz wird der Begriff nicht einheitlich verwendet, hier wird vor allem zwischen Dauer-, Wochen- und Bereitschafts- wie auch der Tagespflege unterschieden (vgl. *Zatti* 2005: 9 f.). Bei der Vollzeitpflege handelt es sich um eine Form der Wochen- oder Dauerpflege.

das Für und Wider einer Professionalisierung des 'privaten' Lebensbereichs Pflegefamilie, die Gegenstand des dritten Abschnitts sind (3). Der Beitrag schließt mit einem Plädoyer für eine Gestaltung geteilter Sorgeverhältnisse und gemeinsam erbrachter Sorgearbeit für Kinder in öffentlicher Verantwortung jenseits ideologisierender Vorstellungen von Familialität und Professionalität (4).

1. Theoretische Rahmung

1.1 Privatheit und Öffentlichkeit als Herstellungsleistungen

'Privatheit' und 'Öffentlichkeit' sind keine abgrenzbaren topografischen Sphären, sondern vielmehr Dispositive, die den sozialen Raum vor dem Hintergrund dominanter Deutungsmuster gestalten (vgl. Demirović 2004: 2). Die Trennung zwischen Privatheit und Öffentlichkeit und die damit einhergehende soziale Ordnung ist immer Gegenstand politischer Interessen und steht entsprechend im Fokus staatlicher Institutionen. Die symbolische Ordnung wurde allerdings „vom Bürgertum als eine der Formen der Hegemonie entwikkelt. Das Bürgertum hat es bald nach seiner Entstehung verstanden, sich virtuos in diesem symbolischen Raum zu bewegen und gleichzeitig andere soziale Akteure auszugrenzen“ (ebd.). Das Verhältnis von Privatheit und Öffentlichkeit als symbolische Ordnung vollzieht sich entlang bürgerlicher Deutungsmuster, welche die Interpretation von Privatheit mit der Vorstellung ökonomischer Autonomie und gleichzeitiger geschlechtsspezifischer Aufgabenteilung durchsetzen. So droht beispielsweise die Perspektive von Arbeiterfamilien zugunsten der bürgerlichen Familienideologie marginalisiert zu werden. Nach Alex Demirović sollten deshalb neben der hegemonialen sozialen Ordnung alternative Öffentlichkeiten entwickelt werden, wie sie sich in Form von Gegenöffentlichkeiten zeigen (vgl. auch Negt / Kluge 1973). Öffentlichkeit ist nach Demirović insofern dialektisch, als das Private auf der einen Seite und die öffentliche staatlich-politische Sphäre auf der anderen Seite gleichzeitig erzeugt werden (vgl. Demirović 2004). So gesehen ist auch die Öffentlichkeit auf einen Bereich des Privaten verwiesen, der durch individuelle Autonomie und durch den privilegierten Zugang zu persönlichen Themen wie der individuellen Lebensführung bestimmt ist, da eine Veröffentlichung aller Themen die Öffentlichkeit als solche auflösen würde. Die Dialektik besteht darin, dass die der privaten Autonomie zugeordneten Themen staatlicher Einflussnahme unterworfen sind. Die symbolischen Ordnungen werden in der bürgerlichen Gesellschaft durch hegemoniale Vorstellungen etwa darüber beeinflusst, was eine Familie ausmacht, wie das Private einzurichten ist, was ein kindergerechtes Aufwachsen ermöglicht oder wie sich Menschen im öffentlichen Raum zu verhalten haben.

Sozialpädagogische Institutionen sehen sich damit konfrontiert, die Dispositive von Privatheit und Öffentlichkeit kontinuierlich herzustellen; so muss beispielsweise im Pflegekinderbereich das allfällige Spannungsverhältnis zwischen leiblichen Eltern und Pflegeeltern moderiert werden (vgl. Hünersdorf / Studer 2010). Die staatliche Ordnungs- und Kontrollfunktion wird besonders im Kontext der Fremdplatzierung deutlich oder auch im Falle von Eingriffen in die Pflegefamilien. Dies hängt maßgeblich damit zusammen, dass sozialpädagogische Interventionen in die als grundsätzlich autonom definierte private Lebenswelt vor einem gravierenden Legitimationsproblem stehen (vgl. Graf 1996; Graf / Vogel 2010). Die Pflegefamilien sind in der Regel bemüht, die Trennung zwischen dem Öffentlichen und dem Privaten gegenüber den staatlichen Akteuren aufrechtzuerhalten (vgl. Studer 2013). Die staatliche Kontrolle von Pflegeverhältnissen zeigt die ambivalente Situation, in der sich die Pflegefamilien befinden (vgl. Hünersdorf / Studer 2010): Familie erscheint als Privatsache und wird gewissermassen mit dem Schild 'Zutritt verboten' versehen (vgl. Nassehi 2003). Trotzdem nimmt die staatliche Kontrolle über Familien und insbesondere über Pflegefamilien zu, sodass die Grenzen zwischen Privatheit und Öffentlichkeit in der Wahrnehmung der Betroffenen an Deutlichkeit verlieren. Dies zeigt sich in der Schweiz beispielsweise darin, dass Pflegeeltern, bei denen die Platzierung eines Kindes nicht über die Behörden erfolgt ist, gesetzlich als selbstständig Erwerbstätige erfasst werden, was unter anderem mit entsprechenden steuerrechtlichen Pflichten verbunden ist.

1.2 Care-Arbeit zwischen Privatheit und Öffentlichkeit?

In Pflegefamilien spitzt sich das immer schon gegebene Spannungsverhältnis zwischen familiärer Privatheit und öffentlicher Verantwortung zu und die Herstellungsprozesse und Grenzziehungen zwischen den beiden Sphären werden zu einer ständigen Aufgabe aller Betroffenen. Dies kommt etwa in der Frage zum Ausdruck, wie die Pflegearbeit im Verhältnis zu Erwerbsarbeit einerseits und ehrenamtlicher Arbeit oder bürgerschaftlichem Engagement andererseits zu bewerten ist. Die alltäglich zu leistende Grenzarbeit zwischen Privatheit und Öffentlichkeit zeigt sich auch in Form der in den Pflegefamilien erbrachten Care-Arbeit selbst: Es geht eben nicht nur darum, Kinder satt und sauber zu halten, sondern sie sollen in der Pflegefamilie auch Empathie und persönliche Zuneigung erfahren können. Pflegefamilien werden öffentlich damit beauftragt, mit dieser Emotionalität eine 'Leistung' zu erbringen, die laut klassischen strukturfunktionalistischen Annahmen für die Sphäre des Privaten – und die bürgerliche Kleinfamilie im Besonderen – bestimmend sind. Bettina Hünersdorf und Tobias Studer (2010) setzen sich in diesem Zusammenhang mit dem Konzept der Liebe in Pflegefamilien auseinander und fragen, welche Bedeutung Professionalität in diesem Kontext einnimmt. Sie arbeiten heraus, „dass romantische Liebe in Pflegefamilien unwahrscheinlich ist" (ebd.: 232). Ihrer Ansicht nach sind die Beziehungen in Pflegefamilien durch Ambivalenzen einer 'künstlich' hergestellten Liebe gekennzeichnet – wobei sich auch diese Künstlichkeit wiederum erst vor dem Hintergrund der Konstruktion einer 'Privatheit' verstehen lässt, die sich selbst als 'echt' und 'natürlich' präsentiert. Ähnlich wie Heimerziehungssettings (vgl. Eßer 2013) stehen Pflegefamilien als öffentlich mit initiierte Sozialformen unter besonderem Druck zu zeigen, dass sie ihren Mitgliedern eine private Beziehungsqualität bieten können.

Deuten lassen sich diese Ambivalenzen im Rahmen neuerer Konzepte von *care*, wie sie im Kontext feministischer Theorien entwickelt wurden: *Care* bedeutet hier, dass die Sorge für andere aus dem engen Bezug sich aufopfernder mütterlicher – oder zumindest weiblicher – Liebestätigkeit befreit wird (vgl. Ostner 2011: 467) und stattdessen verteiltere und generalisiertere Formen der Sorge denkbar werden (vgl. Tronto 2009: 119 f.). Der Begriff *care* wurde dabei häufig mit einer Ethik der Sorge in Verbindung gebracht (vgl. Rendtorff 2006), die letztlich auf moralpsychologische und moralphilosophische Positionen im Anschluss an Carol Gilligan zurückgreift. *Gilligan* (1993) identifizierte eine eher beziehungsorientierte feminine und eine eher an abstrakten Gerechtigkeitsprinzipien ausgerichtete maskuline Moral andererseits. Aktuelle Ansätze beziehen sich auf *Joan Trontos* (2009) Theorie von *care*, die sie in kritischer Weiterführung und Abgrenzung zu *Gilligan* entwickelte. *Tronto* hinterfragt die enge Wechselbeziehung zwischen weiblicher Sorgearbeit und Mütterlichkeit kritisch: „The notion that 'mothering' is the paradigmatic act of caring [...] is part of our cultural construction of adequate care" (Tronto 2009: 110). Feministische Zugänge zu *care* versuchen jedoch, gerade diese „Geschlechterspezifik der Fürsorglichkeitsnorm und fürsorglicher Praxen zu dekonstruieren (*degendering care*)" (Honig / Ostner 2014; Hervorh. im Orig.) und *care* von einer anthropologischen zu einer sozialen Kategorie zu machen. Sie zeigen auf, dass die Feminisierung und Familialisierung von Sorgearbeit für Kinder historisch gesehen mit der Herausbildung einer feminin konnotierten privaten und reproduktiven Sphäre einerseits und einer maskulin konnotierten öffentlichen, produktiven Sphäre andererseits einherging. Dieses bürgerlich dominierte Dispositiv von Privatheit und Öffentlichkeit war verbunden mit einer Abwertung von solchen Aufgaben, die auf Sorge und Abhängigkeit gegründet sind, gegenüber jenen, die auf Gestaltung und Autonomie zielen. Tronto entwirft demgegenüber eine konstruktivistische Perspektive, die Sorge aus der Gebundenheit an eine weibliche Psyche sowie aus der Unmittelbarkeit dyadischer Beziehungen löst (vgl. Baader et al. 2014). Theorien von *care*, wie sie an Tronto anknüpfend diskutiert werden, fußen auf relationalen sozialtheoretischen Prämissen (vgl. Held 2006: 119). In der Folge wird soziale Verwiesenheit und die Eingebundenheit in Sorgebeziehungen als Normalfall und nicht als Sonderfall (zwischen-)menschlicher Existenz betrachtet. Es geht nicht mehr um die Frage, ob jemand der Sorge anderer bedarf, sondern wie diese Sorgearbeit konkret verteilt und ausgestaltet wird.

2. Pflegefamilien in Deutschland und der Schweiz

Im Folgenden wird zunächst der Pflegekinderbereich in Deutschland und anschließend derjenige in der Schweiz kurz vorgestellt. Der Status quo in beiden Ländern geht auf unterschiedliche historische Traditionen zurück, vor deren Hintergrund im folgenden Kapitel gegenwärtige Professionalisierungsdebatten analysiert werden können.

2.1 Zur Situation in Deutschland: Vom Hamburger Waisenhausstreit zum Kinder- und Jugendhilfegesetz

2011 waren in Deutschland knapp 76.000 Kinder in Vollzeitpflege untergebracht (Fendrich et al. 2012: 8). Ein näherer Blick in die Statistik zeigt, dass es unter den in Familien betreuten Pflegekindern ungefähr gleich viele Mädchen wie Jungen gibt; in der Heimerziehung überwiegen demgegenüber männliche Kinder und Jugendliche zumindest bis zu einem gewissen Alter (Kindler et al. 2010: 130). Zudem leben Pflegekinder momentan im Durchschnitt bereits mehr als fünf Jahre in ihrer aktuellen Pflegefamilie. Demnach „ist die Unterbringung in einer Pflegefamilie in Deutschland damit eine Hilfeform, deren zeitliche Gestaltung in der Regel Raum für den Aufbau einer Bindungsbeziehung zu den Pflegeltern und für Sozialisationseinflüsse der Pflegefamilie lässt“ (ebd.: 131). In der Mehrzahl der Fälle erfolgt die Unterbringung der Kinder in einer Pflegefamilie zunächst ohne einen gerichtlichen Eingriff in das elterliche Sorgerecht. Mit zunehmender Dauer des Pflegeverhältnisses nimmt aber die Wahrscheinlichkeit zu, dass das elterliche Sorgerecht gerichtlich eingeschränkt wird (ebd.).

Die amtlichen Statistiken erfassen lediglich jene Pflegeverhältnisse, die unter § 33 des Kinder- und Jugendhilfegesetzes (KJHG/SGB VIII) fallen, d.h. als erzieherische Hilfen konzipiert sind. Neben dieser zahlenmäßig bedeutsamsten

Kategorie gibt es jedoch auch Pflegeverhältnisse, die rechtlich als Eingliederungshilfe, als Hilfe für junge Volljährige oder privates Pflegeverhältnis im Rahmen einer Inobhutnahme sowie als Adoptionspflege ausgestaltet wurden (vgl. Küfner / Schönecker 2010: 49). Als Erziehungshilfe wiederum steht die Vollzeitpflege neben einer ganzen Reihe weiterer Maßnahmen wie der Familienhilfe, der Unterbringung in einer Tagesgruppe oder der Heimerziehung. Diese Vielfalt ist ebenso historisch gewachsen wie die Konkurrenz zu anderen Hilfeformen, insbesondere der Anstalts- oder Heimerziehung. Gerade im Hinblick auf die in Pflegeverhältnissen geleistete Care-Arbeit lohnt sich ein Blick auf die Entwicklungen des Pflegekinderwesens in Deutschland.

Bis weit ins 19. Jahrhundert hinein war ein guter Teil der Pflegeverhältnisse privat organisiert. Angesichts der Zuweisung der Sorgearbeit für Kinder an Frauen standen vor allem Mütter vor Problemen, wenn sie die alltägliche Versorgung ihrer leiblichen Kinder nicht gewährleisten konnten. Sie suchten und fanden jedoch Unterbringungsmöglichkeiten – meist indem sie die Kinder in die Obhut anderer Mütter gaben. Diese Pflegeverhältnisse wurden im Rahmen der Möglichkeiten der Beteiligten privat arrangiert und auch finanziert. Viele der Arrangements waren aus der Not geboren und entsprechend mangelhaft war die Versorgung der Kinder (vgl. Blandow / Ristau-Grzebelko 2011: 31). Auch wenn die Pflegeverhältnisse auf privatem Wegezustande kamen, handelte es sich dennoch um eine – wenn auch verborgene – Ökonomie. Dies gilt insbesondere dort, wo es sich nicht um unentgeltliche Verwandtenpflege handelte: Die Frauen erzielten damit Gewinn, dass sie im Auftrag leiblicher Mütter in ihrem privaten Haushalt die ihnen anvertrauten Kinder versorgten. Zudem arbeiteten die Kinder in den meisten Fällen unentgeltlich in der Pflegefamilie oder entgeltlich außerhalb der Familie mit und trugen so dazu bei, ihrer eigene Unterbringung und die für sie erbrachte Sorgearbeit zu finanzieren.[2]

Neben diesem privat organisierten Bereich bildete sich jedoch bereits früh auch ein institutionell abgesichertes Pflegekinderwesen heraus. Im Rahmen der kommunalen Armenverwaltung und der Wohlfahrtspolizei wurde Familien der öffentliche Auftrag erteilt, gegen Kostenübernahme für Kinder zu sorgen, die

2 Auch heute gibt es noch eine Vielzahl solcher privaten Pflegeverhältnisse, die jedoch statistisch nicht erfasst werden. Insbesondere dann, wenn Kinder im Verwandten- oder Bekanntenkreis untergebracht sind, geschieht dies häufig ohne Beteiligung des Jugendamtes – selbst in Fällen, in denen formal eine Pflegeerlaubnis nach § 44 SGB VIII nötig wäre, weil die Pflegepersonen mit dem Kind weder verwandt noch verschwägert sind und das Pflegeverhältnis länger als acht Wochen andauert (vgl. *Küfner / Schönecker* 2010: 55).

als bedürftig eingeschätzt wurden (vgl. Blandow / Ristau-Grzebelko 2011: 32). Hierbei standen Pflegeverhältnisse stets in Konkurrenz zur Anstalts- oder Heimerziehung. Sie galten nicht nur als kostengünstigere, sondern bisweilen auch als bessere Alternative. Dieses Wahrnehmungsmuster trat besonders prominent im Zuge des Hamburger 'Waisenhausstreits' im 18. Jahrhundert zutage (vgl. Scherpner 1979: 93 ff.): Nachdem bestehende Missstände in den Waisenhäusern publik gemacht und skandalisiert wurden, brachte man in den nächsten Jahren Kinder grundsätzlich nur noch in privaten Pflegeverhältnissen unter. Grund dafür war die bis heute gegenwärtige Hoffnung, dass Kinder im privaten Umfeld der Familie besser versorgt werden als im institutionellen Kontext der Heimerziehung. Auch wenn bekannt ist, dass Kinder in etlichen der im öffentlichen Auftrag arrangierten und finanzierten Pflegeverhältnissen Mangel und Unterversorgung erlitten, wurde dies in der privaten Sphäre der Familie weniger evident als in den öffentlichen Heimanstalten. Obwohl sich viele Pflegefamilien auch aus finanziellen Erwägungen auf ein Pflegeverhältnis einließen, galt es nach außen hin weiterhin als freier altruistischer Akt, ein fremdes Kind aufzunehmen. Dies hatte auch den Nebeneffekt, dass mit dem Verweis auf den ehrenamtlichen Charakter des Verhältnisses das sogenannte Kostgeld, das für die Kinder gezahlt wurde, entsprechend gering gehalten wurde – was sich wiederum in vielen Fällen negativ auf die Qualität der erbrachten Care-Arbeit ausgewirkt haben dürfte.

Die Logik, der zufolge Pflegeeltern primär aus Liebe zum Kind handeln und deshalb nur einer geringen Entlohnung bedürfen, wurde noch bis in die frühen Jahre der Bundesrepublik hinein reproduziert (vgl. Blandow / Ristau-Grzebelko 2011: 33). Erst in der sozial-liberalen Ära unter Willy Brandt sollte das Pflegegeld angehoben werden und so nicht mehr nur die Mehrauslagen der Pflegeeltern kompensieren, sondern zugleich auch deren Erziehungsleistung honorieren. Zeitgleich begann auch eine Professionalisierung der Pflegekinderdienste, die Pflegefamilien und -kinder betreuen (ebd.: 34). In den 1970er-Jahren waren deutlich mehr Kinder in Pflegefamilien als in Heimen fremduntergebracht. Zum einen wurde angenommen, dass Pflegekinder im späteren Leben bessere Chancen als Heimkinder hätten, zum anderen waren Pflegeverhältnisse nach wie vor die kostengünstigere Form der Unterbringung.

Einen weiteren gravierenden Einschnitt im Pflegekinderwesen stellte das 1990 verabschiedete Kinder- und Jugendhilfegesetz (KJHG/SGB VIII) dar. Dieses Gesetz erweiterte das Spektrum erzieherischer Hilfen erheblich. Wo zuvor im Wesentlichen Heimerziehung und Vollzeitpflege in Konkurrenz zueinander traten, gab es nun insbesondere ambulante oder teilstationäre Alternativen wie Familienhilfe, Erziehungsbeistandschaft, Tagesgruppen und Soziale Gruppenarbeit. Diese zielten und zielen darauf, starke Interventionen in Familien, wie sie mit Fremdunterbringung in der Regel verbunden sind, zu vermeiden und Alternativen anzubieten, damit das Kind so lange wie möglich in der Familie verbleiben kann. Dies hatte zur Folge, dass die in Pflegefamilien untergebrachten Kinder in der Regel bereits vorher Erfahrungen mit der Jugendhilfe gesammelt hatten und auch älter waren als vor dem Inkrafttreten des Kinder- und Jugendhilfegesetzes. „'Naive' Pflegeelternschaft ist unter solchen Umständen kaum noch möglich, sondern sie muss sich tendenziell mehr zum Expertentum für nachholende Sozialisation entwickeln." (ebd.: 35). Weil für die unterschiedlichen Bedürfnisse von Pflegekindern spezielle Angebote von Pflegefamilien angestrebt wurden, differenzierten sich die Pflegeverhältnisse zudem immer weiter aus. Auch die Arbeit mit den leiblichen Eltern geriet stärker in den Blick der Fachlichkeit – auch hierzu sollten Pflegefamilien einen Beitrag leisten.

Ganz anders als in Westdeutschland stellte sich die Situation in der DDR dar. Während die Unterbringung in Pflegefamilien in Westdeutschland als im Zweifelsfall bessere Alternative angesehen wurde, gab man in Ostdeutschland in der Regel der Heimerziehung den Vorzug. Im Wesentlichen waren zwei Gründe dafür entscheidend: Zunächst wurde die Familie nicht als idealer Ort zur Erziehung einer sozialistischen Persönlichkeit angesehen; Heimerziehung hingegen bot jene Kollektive, die hierfür die geeignete Sozialform vorgaben. Für unseren Zusammenhang interessanter ist aber der zweite Aspekt: Die ehrenamtliche Pflegefamilie der frühen Bundesrepublik orientierte sich am Modell der Versorgerehe, wonach die Frau für reproduktive haushaltsnahe Tätigkeiten von Erwerbsarbeit freigestellt ist. Es handelte sich um ein Modell, das letztlich darauf vertraute, dass die unentgeltlich vollbrachte Care-Arbeit der Frauen sich nicht nur auf leibliche Kinder, sondern auch auf Pflegekinder bezog. In der DDR aber sollten auch Frauen dem Arbeitsmarkt möglichst uneingeschränkt zur Verfügung stehen, weshalb ein ehrenamtliches Engagement als Pflegemutter gar nicht so wünschenswert erschien (ebd.: 37).

Kamen dennoch Pflegeverhältnisse zustande, waren sie in doppelter Weise durch Ehrenamtlichkeit gekennzeichnet: Was die Pflegeeltern betraf, so setzte man auf sozialistische Bürgerinnen, die am einzelnen Kind zugleich einen Dienst an der Gemeinschaft taten. Im Gegensatz zu Westdeutschland gab es aber auch keinen in vergleichbarer Weise professionalisierten Pflegekinderdienst und auch die Organisation der Vermittlung in Pflegefamilien geschah durch Instanzen, die stärker politisch und ehrenamtlich als professionell geprägt waren.[3] Dies entspricht einer allgemeinen Tendenz der Gestaltung des Wohlfahrtssystems in der DDR (vgl. Eßer 2011), die Thomas Olk als „Entprofessionalisierung" bezeichnet (2008: 644). Hiermit meint er den Tatbestand, „dass die Herausbildung eines funktional eigenständigen Systems sozialer Infrastruktur und sozialer Dienste unter Einschluss einer auf den sozialen Bereich bezogenen Profession zu Gunsten einer 'Vergesellschaftung' und Politisierung von Fürsorge und sozialer Betreuung verhindert werden sollte" (ebd.).

Nach dem Ende der DDR und der Ausweitung der Geltung des KJHG auf die gesamte Bundesrepublik wurden vermehrt Familien für die Vollzeitpflege gesucht. Doch auch wenn viele pädagogisch qualifizierte Menschen nach der Wende ihre Arbeit verloren, konnte für Frauen die Rolle der Pflegemutter, die „eine Stellung zwischen ehrenamtlichem Engagement und bezahlter Beschäftigung [bedeutet, d. Verf.] in den meisten Fällen keine Alternative zur angestrebten Berufstätigkeit bieten" (Blandow / Ristau-Grzebelko 2011: 45).

Sowohl für den Osten als auch für den Westen Deutschlands gilt weiterhin, dass Pflegeverhältnisse durch ein hohes Maß an Diffusität gekennzeichnet sind, die sich insbesondere an der Frage manifestiert, welche Partner in welcher Form an der Ausgestaltung der Vertragsverhältnisse beteiligt sind. So hat es sich mittlerweile eingebürgert, dass Jugendamt und Pflegeeltern Pflegeverträge abschließen. Nach Marion Küfner und Lydia Schönecker (2010) gibt es für diese weit verbreitete Praxis jedoch weder rechtliche noch fachliche Gründe. Die Übertragung von Rechten und Pflichten, die für die Begründung eines Pflegeverhältnisses wesentlich sind, könne nur durch die Personensorgeberechtigten geschehen: „Nur diese können den Auftrag an die Pflegeeltern erteilen, an ihrer Stelle die Erziehung und Versorgung ihres Kindes zu übernehmen. Und nur die Personensorgeberechtigten können die Pflegeeltern mit den dafür notwendigen sorgerechtlichen Befugnissen ausstatten, insbesondere auch zur Geltendmachung des Pflegegelds gegenüber dem Jugendamt befähigen" (ebd.: 73).

Zugleich ist es aber nach wie vor der Pflegekinderdienst, der im (öffentlichen) Auftrag des Jugendamtes die Eignung von Pflegepersonen einschätzt und überprüft. Hierbei ist nicht primär eine fachliche Qualifikation erforderlich; den Ausschlag bei der Beurteilung geben vielmehr „Grundhaltungen und Fähigkeiten, wie z.B. ein besonderes Interesse an Kindern und Jugendlichen, Offenheit für die Herkunftseltern, Perspektiven anderer einnehmen können,

3 So gesehen gibt es hier gewisse Ähnlichkeiten mit der Schweizer Tradition ehrenamtlicher Strukturen (siehe dazu unten 2.2).

Reflexionsfähigkeit, Humor, Commitment, Fähigkeit flexibler Problemlösung“ (Helming u.a. 2011: 410). Auch wenn sich grundsätzlich jede erwachsene Person zur Aufnahme eines Pflegekindes bereit erklären kann, lebt der bei Weitem überwiegende Teil der gegenwärtigen Pflegepersonen in einer Partnerschaft mit einer in aller Regel traditionellen Arbeits- und Geschlechterteilung, die sich am sogenannten *male breadwinner*-Modell orientiert. Ein Großteil der Pflegeeltern ist der Mittelschicht zuzuordnen und verfügt über keinen Migrationshintergrund (vgl. Helming 2011: 256).

2.2 Zur Situation in der Schweiz: Vom Verdingwesen zur Kinderbetreuungsverordnung

Der Pflegekinderbereich in der Schweiz ist aufgrund der föderalistischen Strukturen der Kinder- und Jugendhilfe heterogen (vgl. Fachstelle für das Pflegekinderwesen 2001). Dies gilt insbesondere für die privaten und staatlichen Anbieter in der Betreuung von Pflegefamilien und Pflegekindern. So sind die Eignungsabklärung und die Betreuung von Pflegefamilien teilweise durch staatliche Institutionen und bisweilen durch private Anbieter organisiert, welche über ein staatliches Mandat verfügen. Hierbei existieren historisch gewachsene, kantonale Unterschiede (vgl. Fachstelle für das Pflegekinderwesen 2001). Damit einher geht eine statistische Lücke über die Anzahl der Pflegekinder in der Schweiz, was unter anderem in einem 2005 verfassten Expertenbericht (Zatti 2005) bemängelt wurde: Es liegen keine genauen Zahlen über die Anzahl der Kinder in Pflegefamilien vor, das gilt insbesondere für Kinder in verwandtschaftlichen oder sozialräumlichen Pflegefamilien. Ähnlich wie in Deutschland wird davon ausgegangen, dass ein Großteil der Pflegeverhältnisse ohne vormundschaftliche Maßnahmen vollzogen wurde und entsprechend in der Mehrheit über verwandtschaftliche oder sozialräumliche Verhältnisse entstand (vgl. Gassmann 2010).[4]

Für die deutschsprachige Schweiz lassen sich kaum Untersuchungen finden, welche die historische Entwicklung der Kinder- und Jugendhilfe in ihrer gesamten Komplexität und über einen längeren Zeitraum hinweg erfassen. An dieser Stelle seien die Studien von Jürg Schoch, Heinrich Tuggener und Daniel Wehrli (1989) oder auch Urs Hafner (2011) erwähnt. Der Fokus in der Darstellung von Hafner liegt allerdings vor allem auf Institutionen: „Während Institu-

---

4 Es wird davon ausgegangen, dass viele Kinder bei Verwandten oder Bekannten im nahen sozialen Umfeld leben, ohne dass eine Behörde diese Unterbringung explizit veranlasst hat. Es handelt sich um eine Art faktische Pflegefamilien, die durch die Behörden im Nachhinein quasi legalisiert werden müssen. Quantitative Angaben zu diesen Pflegekonstellationen gibt es nicht.

tionen wie Klöster, Spitäler, Armenhäuser und Heime zumindest offizielle und offiziöse Quellen produzieren, die von ihrer Entstehung, Gründung, Finanzierung, Leitung, den möglichen baulichen Veränderungen und so weiter und am Rande von den Insassinnen und Insassen zeugen, hat der Aufenthalt von Kindern in fremden Familien bis ins 19. Jahrhundert kaum Spuren hinterlassen. Wer etwas darüber wissen wollte, müsste umso intensiver suchen." (Hafner 2011: 8 f.). Mittlerweile werden sowohl der Skandal um das Hilfswerk 'Kinder der Landstrasse' der Stiftung *Pro Juventute* (Leimgruber et al. 1998) wie auch die Geschichte der sogenannten Verdingkinder politisch und wissenschaftlich aufgearbeitet (vgl. Leuenberger et al. 2011; Leuenberger / Seglias 2008).[5]

Der Pflegekinderbereich in der Schweiz wurde bislang kaum historisch untersucht, insbesondere die Perspektive der Pflegekinder wurde vernachlässigt. Das mittelalterliche Hospital galt als erste Institution, die elternlose Kinder aufnahm. Im späten Mittelalter wurde das Hospital zusehends mit einem medizinischen Auftrag zur Betreuung von Betagten und Kranken ausgestattet. Bis ins 17. Jahrhundert dominierte die Unterbringung elternloser Kinder in Hospitälern und Pflegefamilien. Das änderte sich erst mit der Entwicklung von Waisenhäusern in den Städten (vgl. Tuggener 1989: 135). Die Waisenhäuser waren bis Ende des 18. Jahrhunderts meistens mit Zucht- und Arbeitshäusern verbunden, sodass Kinder und Jugendliche häufig mit erwachsenen Kriminellen in ein und derselben Institution leben mussten. „Alle diese Stätten waren nicht spezifische Institutionen für Kinder. Diese lebten oft samt Eltern und Verwandten dort, aber auch die alleinstehenden Waisenkinder lebten mit den erwachsenen Insassen dieser Institutionen zusammen." (Huonker 2004: 1). Erst im letzten Viertel des 18. Jahrhunderts kam es unter dem Einfluss der Aufklärung zu einer Verselbstständigung der Institutionen mit einem pädagogischen Auftrag (vgl. Tanner 1998: 187). Der in Deutschland gegen Ende des 18. Jahrhunderts entbrannte 'Waisenhausstreit' um den Nutzen von Waisenhäusern und die Gegenüberstellung von Institutionen und Familien (vgl. Blandow 2004: 27 ff.) fand in der Schweiz wenig Beachtung (vgl. Tanner 1998: 187). In die Arbeits-, Zucht- und Waisenhäuser wurden Arme und Kinder gesteckt. „Sie waren nämlich im Gegensatz zu Kranken, Irren und

5 So wurde seitens des Bundes im Jahr 2013 ein Runder Tisch zur Aufarbeitung des Leids von Opfern fürsorgerischer Zwangsmaßnahmen eingerichtet wie auch ein Delegierter als Verhandlungsperson zwischen Betroffenen und Institutionen bestimmt (vgl. hierzu http://www.fuersorgerischezwangsmassnahmen.ch, Zugriff: 14.02.2014). Bei dem Hilfswerk 'Kinder der Landstrasse' handelt es sich um ein Projekt der Stiftung Pro Juventute, welches von 1926 bis 1972 existierte und mit Unterstützung der Vormundschaftsbehörden Fahrenden Eltern die Kinder wegnahm (vgl. *Huonker* 2004).

Alten arbeitsfähige Menschen. Dementsprechend wurden die Anstalten als Produktionsbetriebe eingerichtet. Alle Eingeschlossenen, die Kinder inbegriffen, mussten hart arbeiten." (Fachstelle für das Pflegekinderwesen 2001: 11). Waisenhäuser gab es vor allem in den Städten, auf dem Land hingegen entwickelte sich das sogenannte Verdingwesen: Waisenkinder, die nicht von Verwandten aufgenommen werden konnten, wurden denjenigen Pflegeeltern in Obhut gegeben, die am wenigsten Kostgeld verlangten. Diese Verdingkinder wurden deshalb meist als billige Arbeitskräfte auf Bauernhöfen eingesetzt. Bereits zu Beginn des 19. Jahrhunderts wurde deren Schicksal beispielsweise in dem Buch „Der Bauernspiegel" von Jeremias Gotthelf (1837) thematisiert. Auch Carl Albert Loosli (2006 [1924]), der selbst als Verding- und Heimkind aufgewachsen war, prangerte in seinen Romanen die unhaltbaren Zustände in den Institutionen an.

Rechtliche Regulierungen des Pflegekinderbereichs entwickelten sich erst im 20. Jahrhundert und aufgrund der föderalistischen Strukturen zudem weitgehend uneinheitlich (vgl. Fachstelle für das Pflegekinderwesen 2001: 14). Der Begriff des Pflegekindes wurde erstmals 1928 im Bundesgesetz zur Bekämpfung der Tuberkulose definiert, um die Voraussetzungen dafür zu schaffen, auch Pflegekinder auf die Krankheit testen zu können (vgl. Leuenberger et al. 2011: 47). „Bis in die zweite Hälfte des 20. Jahrhunderts hinein war in einigen Kantonen die Aufnahme von Kindern in Pflegefamilien gesetzlich nicht geregelt." (Hafner 2011: 148). Für den Pflegekinderbereich traten auf gesamtschweizerischer Ebene 1978 verbindliche Regelungen in Kraft. Die Pflegekinderverordnung (PAVO)[6] regelt die Bewilligung von Pflegeplätzen und die Aufsicht darüber sowie die formellen Zuständigkeiten. Nach dem Demokratieverständnis in der Schweiz ist der Staat auf der Ebene der einzelnen Kantone angesiedelt und der Bund ist nur subsidiär bzw. bei neu dazu gekommenen Aufgaben zuständig. Die subsidiäre Gesellschaftsstruktur sieht vor, dass der Bund selbst möglichst wenige Vorschriften erlässt, um die kantonale Autonomie aufrechtzuerhalten. Deshalb enthält die PAVO keine verbindlichen Weisungen, sondern steckt lediglich einen Rahmen ab, der den Kantonen einen Umsetzungsspielraum belässt (vgl. Möckli 2008).

2002 verlangte die Nationalrätin Jacqueline Fehr in einem Postulat an den Bundesrat die Prüfung der Frage, wie der Pflegekinderbereich in der Schweiz

6 Verordnung über die Aufnahme von Pflegekindern vom 19.10.1977, in Kraft seit dem 1.01.1978; seit 29.11.2002 lautet der Titel Verordnung über die Aufnahme von Kindern zur Pflege und zur Adoption.

professionalisiert werden könnte.[7] Daraufhin wurde ein Expertenbericht (Zatti 2005) in Auftrag gegeben, der für eine Revision der PAVO plädierte. Das Reformvorhaben scheiterte jedoch zum einen, weil die föderalistischen Strukturen der Schweiz kaum verbindliche Vorgaben des Bundes gegenüber kantonalen Regelungen zulassen, zum anderen aber auch an der öffentlichen Skepsis gegenüber einer staatlichen Regulierung privater Betreuungsverhältnisse.[8]

3. Diskurse zur Professionalisierung der Vollzeitpflege in Deutschland und in der Schweiz

Wie bereits eingangs dargelegt, sind die Diskussionen um die Professionalisierung von Pflegeverhältnissen im Kontext übergreifender Prozesse der öffentlichen Verantwortungsübernahme für vormals allein der Familie überlassene Care-Arbeit zu verstehen. Fachpolitische Vertreter beharren jedoch darauf, dass besonders für die Felder der Tagespflege (vgl. dazu Schuler-Harms in diesem Band) und der Vollzeitpflege aus der 'Veröffentlichung' der Aufgaben keine 'Verstaatlichung' folge (vgl. BMFSFJ 2013: 66): „Vielmehr kommt es zu neuen Formen privater Verantwortungsübernahme im öffentlichen Raum und wohl auch zu neuen Formen öffentlicher Verantwortungsübernahme im privaten Raum." (AGJ 2013). Gleichwohl stellt sich die Frage, wie diese Care-Arbeit zwischen öffentlicher und privater Verantwortung so organisiert werden kann, dass die Pflegeverhältnisse sowohl dem öffentlichen Auftrag als auch den Bedürfnissen der Kinder und der Pflegepersonen entsprechen. Diese Frage bildet auch den Kern der Diskussionen um 'Professionalisierung'; sie wird allerdings durchaus unterschiedlich beantwortet, je nachdem, auf welcher der folgenden drei Ebenen die Debatte geführt wird:

(1) die Entscheidung darüber, ob ein Pflegeverhältnis für ein Kind arrangiert werden soll, und wenn ja, welches;

(2) die Betreuung von Pflegefamilien sowie des Pflegeverhältnisses und aller hieran beteiligten Personen (einschließlich der sogenannten 'Herkunftsfamilie' des Kindes);

(3) die Professionalisierung der Pflegefamilien selbst und die konkrete Ausgestaltung des Pflegeverhältnisses im Alltag.

---

7 Zu diesem Postulat vgl. die Geschäftsdatenbank der Schweizer Bundesversammlung: http://www.parlament.ch/d/suche/seiten/geschaefte.aspx?gesch_id=20023239, Zugriff: 29.01.2014.

8 Zur Debatte um die Revision der PAVO vgl. auch Bundesamt für Justiz, Ausserfamiliäre Betreuung von Kindern, http://www.ejpd.admin.ch/content/ejpd/de/home/themen/gesellschaft/ref_gesetzgebung/ref_abgeschlossene_projekte0/ref_kinderbetreuung.html, Zugriff: 2.01.2014.

Zu (1): Entscheidung über und Vermittlung von Kindern in Pflegeverhältnisse

In Deutschland sind die kommunalen Jugendämter – und hier wiederum die dort tätigen sozialpädagogischen Fachkräfte – für die Auswahl von Pflegefamilien und für die Vermittlung von Pflegekindern in diese Familien zuständig. Zwar sind über den Jugendhilfeausschuss auch zivile und politische Akteure aus der Kommune in die Arbeit des Jugendamts eingebunden, das im 19. Jahrhundert noch überwiegend von Ehrenamt getragene operative Geschäft ist allerdings spätestens seit den Jahren der Weimarer Republik professionalisiert. Während sich diese Professionalisierung in Westdeutschland durchweg beobachten ließ, waren die Strukturen in der DDR, wie bereits erwähnt, stärker durch ehrenamtliches Engagement gekennzeichnet. Nachdem das KJHG/ SGB VIII nach dem Beitritt der DDR zunächst in den neuen und am 1. Januar 1991 auch in den alten Bundesländern in Kraft getreten war, galt das westdeutsche Muster für Gesamtdeutschland, demzufolge (potenzielle) Pflegekinder und ihre leiblichen Eltern durch die Fachkräfte des Allgemeinen Sozialen Diensts der Jugendämter betreut werden.

In der Schweiz hingegen kam bei der Entscheidung über Pflegeverhältnisse und in der konkreten Praxis der Vermittlung von Pflegekindern dem Ehrenamt eine größere Bedeutung zu,[9] als dies in (West-)Deutschland der Fall war. Jedoch lassen sich auch hier in den vergangenen Jahren Tendenzen zu einer Professionalisierung dieser vormals weitgehend ehrenamtlichen Tätigkeiten feststellen: So wurden anfangs 2013 die aus demokratisch gewählten Bürgerinnen und Bürgern zusammengesetzten Laiengremien der Vormundschaftsbehörden durch die sogenannten Kinder- und Erwachsenenschutzbehörden (KESB) ersetzt. Diese Fachgremien bestehen aus mindestens drei Professionellen, welche aus den Bereichen der Psychologie, der Sozialen Arbeit, der Gesundheit, der Pädagogik und des Treuhandwesens kommen müssen. In der Debatte spielte die Tatsache kaum eine Rolle, dass mit der Ablösung der Laiengremien durch Professionelle eine Entdemokratisierung verbunden war.[10] Weiterhin wurde die oben genannte Pflegekinderverordnung einer Teilrevision unterzogen, die ebenfalls dem Ziel der Professionalisierung des Pflegefamilienbereichs dienen sollte (vgl. Studer 2010). Es wurden folgende zentrale

9 Allerdings gibt es große Differenzen zwischen den Kantonen, insbesondere auch zwischen den unterschiedlichen Schweizer Sprachregionen (vgl. Fachstelle für das Pflegekinderwesen 2001). Die folgenden Ausführungen beziehen sich vorwiegend auf die Deutschschweiz.

10 Es ist deshalb auch nicht weiter erstaunlich, dass die Leistungen der KESB mittlerweile wegen fehlender Bürgernähe kritisiert werden.

Umsetzungsvorschläge für die kantonalen Gesetzgebungen festgelegt:[11] Für entgeltliche Pflegeverhältnisse ist nun bereits ab einem Monat Dauer eine Bewilligungspflicht vorgesehen, die zudem nicht wie bisher mit dem 16. Altersjahr endet, sondern auch für bis zu 18-jährige Pflegekinder gilt, sofern sie ihren Lebensmittelpunkt nicht bei einem sorgeberechtigten Elternteil haben. Außerdem wird das Kindeswohl stärker betont und die Pflegekinder sollen an eine Vertrauensperson zugewiesen werden.[12] Wenn Pflegefamilien in der Schweiz ein Pflegekind aufnehmen wollen, benötigen sie gemäß Art. 316 des schweizerischen Zivilgesetzbuchs eine behördliche Bewilligung. Außerdem stehen sie unter Aufsicht durch die zuständige Behörde.[13] In der Schweiz stellt sich aktuell die Diskussion, wie damit umzugehen ist, dass Fremdplatzierungen immer häufiger nicht durch staatliche, sondern durch private Platzierungsorganisationen erfolgen. Der sozialpädagogische Dachverband *Integras* reagierte mit der Forderung nach Zertifizierung und Qualitätssicherung von Fremdplatzierungsorganisationen (vgl. Keller 2010). Die Kontroverse auf Bundesebene dreht sich in erster Linie um die Notwendigkeit der rechtlichen Regulierung dieser Organisationen respektive um die Frage, welche Bereiche Aufgabe des 'Service Public' bleiben sollen.

Zu (2): Betreuung der Pflegefamilien und -verhältnisse

In Deutschland übernimmt der Allgemeine Soziale Dienst des Jugendamts in aller Regel die Arbeit mit Pflegekindern und Herkunftseltern sowie die Hilfeplanung; die Begleitung der Pflegefamilien wird in vielen Fällen hingegen an Fachdienste delegiert. Rund drei Viertel aller Jugendämter haben eigene Pflegekinderdienste (PKD) gebildet und etwa acht Prozent haben freie Träger mit der Begleitung der Pflegefamilien beauftragt (vgl. AGJ 2013). Die jeweils damit einhergehende Professionalisierung der Begleitung und Betreuung von Pflegefamilien wird in der bundesdeutschen Fachdiskussion jedoch nicht kritisch hinterfragt. Im Gegenteil: Es besteht weitgehend Konsens, dass angesichts der immer komplexer werdenden Problemlagen von Pflegekindern und

---

11 Wie bereits erwähnt, formuliert der Bund über die Verordnung lediglich Vorschläge, wie die Kantone den Pflegekinderbereich organisieren sollen. Die Umsetzung liegt aber in der Verantwortung der Kantone.

12 Zu Einzelheiten der geänderten PAVO vgl. die Dokumentationen der Schweizer Pflegekinderaktion unter http://pflegekinder.ch/Fachwissen/Rechtliche-Grundlagen.asp, Zugriff: 2.01.2014.

13 Art. 316 lautet: „1 Wer Pflegekinder aufnimmt, bedarf einer Bewilligung der Kindesschutzbehörde oder einer anderen vom kantonalen Recht bezeichneten Stelle seines Wohnsitzes und steht unter deren Aufsicht. 2 Der Bundesrat erlässt Ausführungsvorschriften."

ihren Herkunftsfamilien eine Überforderung der Pflegefamilien droht und ein Ausbau der Unterstützung durch sozialpädagogische Fachkräfte deshalb dringend geboten ist.

Der Professionalisierungsdiskurs im Pflegefamilienbereich wurde in der Schweiz durch den bereits erwähnten Expertenbericht (Zatti 2005) angeregt. Er hat mittlerweile unterschiedliche Reaktionen hervorgerufen, der wissenschaftliche Diskurs hierzu (vgl. unter anderen Arnold et al. 2008; Gassmann 2010, 2012; Hess 2009) ist insgesamt aber eher schwach ausgeprägt. In der Debatte ist umstritten, ob eine Professionalisierung des Pflegekinderwesens über eine obligatorische Teilnahme von Pflegeeltern an Aus- und Weiterbildungskursen oder über eine verstärkte Ausbildung der betroffenen Betreuerinnen und Betreuer erreicht werden soll (siehe unter 3).

Zu (3): Professionalisierung der Pflegefamilien selbst und die konkrete Ausgestaltung des Pflegeverhältnisses im Alltag

Was das Jugendamt und die Pflegekinderdienste betrifft, wird in Deutschland anders als in der Schweiz der Ausbau professionalisierter Strukturen durchweg befürwortet, wohingegen ehrenamtliches Engagement kaum eine Rolle spielt. Auf der Ebene der Pflegefamilien ergibt sich jedoch ein ganz anderes Bild. Pflegeelternverbände und einige ProtagonistInnen der sozialpädagogischen Diskussion warnen vor einer Professionalisierung von Pflegeverhältnissen und der damit (tatsächlich oder angeblich) verbundenen 'Kolonialisierung des Familienlebens' (vgl. Wolf 2012). Ihrer Ansicht nach soll diese spezielle Form der Care-Arbeit stattdessen den mit Privatheit verbundenen Nimbus der Laienhaftigkeit und Ehrenamtlichkeit beibehalten. Dem steht jedoch entgegen, dass bereits zum gegenwärtigen Zeitpunkt rund zwölf Prozent der Pflegeverhältnisse als so weit professionalisiert gelten können, dass sie sich faktisch kaum mehr von familialisierten Formen der Heimerziehung abgrenzen lassen. Fachverbände wie die Arbeitsgemeinschaft für Kinder und Jugendhilfe (AGJ) fordern deshalb, die „Überwindung der Konkurrenzen zwischen professionalisierten Angeboten der Vollzeitpflege (Erziehungs- bzw. Vollzeitpflegestellen gem. § 33 SGB VIII) und den familienähnlichen Formen der Heimerziehung nach § 34 SGB VIII anzustreben“ (AGJ 2013). Allerdings dürfe sich diese Verberuflichung lediglich auf „die besonderen Formen der Vollzeitpflege, die vor allem für schwierige und ältere Kinder bzw. Jugendliche gedacht sind (Erziehungs- bzw. Vollzeitpflegestellen nach § 33 SGB VIII), sowie hinsichtlich der beratenden und begleitenden Fachdienste“ (ebd.) beziehen. Für alle anderen Formen hingegen solle die Trennung privat/öffentlich aufrechterhalten werden – die Aufgabenerfüllung im familiären Bereich stelle grundsätzlich keinen Beruf dar. Zugleich aber verlangt der Fachverband für alle Pflegeformen die „regelmäßige und zugleich verpflichtende Qualifikationen von Pflegeeltern genauso [...] wie die ausreichende Bereitstellung finanzieller Ressourcen für Fortbildungen und Supervision, angeleitete und pädagogisch betreute Gruppenangebote, fachpraktische Reflexionsgruppen und andere Austauschmöglichkeiten sowie konkrete entlastende Hilfen in Krisensituationen“ (ebd.). Dies lässt sich verstehen als ein salomonischer Versuch der Bearbeitung der Differenz von öffentlich und privat in einem (familien-) ideologisch stark aufgeladenen Feld: Während einige der Pflegeverhältnisse professionalisiert sind, sollen andere gerade nicht professionalisiert werden, dafür aber auf eine professionalisierte Dienstleistungsstruktur zurückgreifen können, um der Komplexität von Pflegeverhältnissen gerecht werden zu können.

In der Schweiz wird die Debatte in sehr ähnlicher Weise geführt. Durch die unterschiedlichen kantonalen Organisationsformen ist die Begleitung und Beratung von Pflegefamilien allerdings sehr heterogen strukturiert: In manchen Kantonen obliegt sie den regionalen Sozialdiensten, in anderen den Jugend- und Familienberatungsstellen und teilweise auch kantonalen Pflegekinderfachstellen (vgl. Fachstelle für das Pflegekinderwesen 2001). Gemäß der revidierten PAVO ist es Aufgabe der Kantone, „Maßnahmen zu treffen zur Ausbildung, Weiterbildung und Beratung von Pflegeeltern und Fachpersonen“ (Art. 3,2a PAVO, Stand vom 1. Januar 2013). Unter dem Aspekt der Handhabung von Privatheit und Öffentlichkeit im Kontext von ehrenamtlichen Pflegefamilien sei auf das Beispiel des Kantons Zürich verwiesen. SozialarbeiterInnen rekrutierten und begleiteten dort PflegekinderbetreuerInnen, welche die Pflegekinderaufsicht in den Gemeinden wahrnehmen und Pflegeplätze vermitteln (vgl. Häfeli 2001: 23). Im Fall einer Vollzeitpflege war eine besondere Begleitung durch die professionellen SozialarbeiterInnen vorgesehen. Strukturell gewährleisteten diese BetreuerInnen durch die lokale Nähe zu den Pflegefamilien eine kontinuierlichere Begleitung und stellten ein Scharnier zwischen Staat und Pflegefamilie dar, welches in erster Linie der Abfederung staatlicher Eingriffe in die Familie diente (vgl. Studer 2013). Mit der Einrichtung einer regionalen Fachstelle werden diese BetreuerInnen abgeschafft; damit entfiel gleichzeitig auch eine öffentliche Funktion, welche diese Personen jenseits bürokratischer Prozesse wahrnehmen konnten. An diesem Beispiel zeigt sich, dass Professionalisierung nicht zwangsläufig etwa mit Forderungen nach Aus- und Weiterbildung von Pflegefamilien verbunden sein muss, sondern auch in einer Reduktion ehrenamtlicher Arbeit bestehen kann.

4. Fazit

Der Blick auf die unterschiedlichen Regulierungsregimes, denen die Vollzeitpflege in Deutschland und der Schweiz unterliegt, macht deutlich, wie vielschichtig die Diskussion um die Professionalisierung eines Pflegekinderwesens ist, das bereits seit jeher im Spannungsfeld von Familie, Ehrenamt und Erwerbsarbeit angesiedelt ist. Gerade im Vergleich zwischen den deutlich differierenden Ausgangssituationen in der Schweiz und in Deutschland wird klar, dass einfache Dichotomien wie Beruf / Familie, privat/öffentlich und professionell/laienhaft zu unterkomplex sind, um das Phänomen 'Vollzeitpflege' angemessen zu diskutieren.

So ist die Debatte um die Professionalisierung von Pflegeverhältnissen in Deutschland primär von solchen Stimmen geprägt, die einer reflexiven Erziehungspraxis in den Pflegefamilien kritisch gegenüberstehen (vgl. Wolf 2012). Ihnen zufolge zeichnen sich Pflegefamilien, in denen – in erster Linie – Frauen die Sorgetätigkeiten übernehmen und das familiale Setting arrangieren, gerade durch ein gewisses Maß an 'Unprofessionalität' aus. Aus der Perspektive feministischer Care-Theorien betrachtet, reproduziert eine solche Kritik an der Professionalisierung von Pflegefamilien jedoch die Verschleierung von weiblicher Sorgearbeit. 'Familie' wird als heile Welt stilisiert und einer harten und von Systemanforderungen geprägten Arbeitswelt gegenübergestellt, deren Prinzipien die Familie nicht durchdringen sollen. Hierdurch wird aber auch die innerhalb dieses Schonraums erbrachte Sorgetätigkeit einer gerechten Entlohnung und arbeitsrechtlichen Absicherung entzogen. An ihre Stelle wird das klassische Modell der *male breadwinner*-Familie gesetzt, in der die durch das Erwerbseinkommen des Mannes abgesicherte Frau ehrenamtlich die Sorgearbeit für Pflegekinder verrichten kann.

Diese Stilisierung von Familie und die damit verbundene Dichotomisierung von Lebenswelt und System wird in der Schweiz aktuell an familienpolitischen Forderungen seitens bürgerlicher Parteien deutlich: So forderten die Bürgerlichen im Zusammenhang mit der eidgenössischen Vorlage, in welcher über familienpolitische Maßnahmen zur Vereinbarkeit von Familie und Beruf abgestimmt wurde, in erster Linie die Aufrechterhaltung der bürgerlichen Kleinfamilie. Der Verfassungsartikel zur Familienpolitik und zur Vereinbarkeit von Familie und Beruf wurde am 3. März 2013 mit einer Mehrheit von 54,3 Prozent der Stimmenden angenommen, scheiterte aber letztlich am Ständemehr, weil sich insgesamt 13 Stände – 11 Kantone und 4 Halbkantone – dagegen aussprachen, und zwar in erster Linie die kleineren, konservativeren Kantone. Allerdings war die Vorlage auch anderweitig umstritten, weil sie die

Vereinbarkeit von Familie und Beruf vor allem als Problem von Frauen diskutierte, ohne die Frage nach einer gerechteren Arbeitsverteilung zwischen den Geschlechtern zu stellen oder gar angemessen zu beantworten. Im Juli 2011 reichte die konservative Schweizerische Volkspartei eine familienpolitische Initiative ein, die sich für einen Steuerabzug nicht nur bei Fremdbetreuung, sondern auch bei der familiären Selbstbetreuung von Kindern aussprach.[14] Bei der Volksabstimmung über diese sogenannte 'Familieninitiative' am 24. November 2013 folgten 58,5 Prozent der Stimmberechtigten der Empfehlung seitens der Bundesversammlung vom 21. Juni 2013 und votierten gegen die Vorlage. Dieses eindeutige Ergebnis lässt sich als Ablehnung der Bevorzugung eines konservativen familiären Lebensentwurfs interpretieren, ein weiterer Backlash wurde abgewendet.

Allerdings würde es auch zu kurz greifen, aus der feministischen Kritik an einer Privatisierung und Familialisierung von Sorgearbeit zu folgern, dass Pflegeverhältnisse in jedem Fall zu professionalisieren seien. Letztlich würde dies nämlich wiederum zu einer materiellen und ideologischen Abwertung von feminisierten Dienstleistungen gegenüber reflexiv professionalisierten Formen der Kindererziehung und -betreuung führen. Zudem hat die Diskussion um eine Professionalisierung der Entscheidung über Pflegeverhältnisse und deren Ausgestaltung in der Schweiz auch zu einer Entdemokratisierung dieser Prozesse geführt. Professionalisierung kann somit auch quer zur Dichotomie von Privatheit und Öffentlichkeit wirken und Professionalität ist nicht unbedingt mit öffentlicher Verantwortungsübernahme gleichzusetzen. Sie ist deshalb für sich genommen auch keine Lösung für das von Tronto als „parochialism“ (2009: 170) kritisierte Phänomen, das in Verbindung mit der privatisierten Kernfamilie steht: *Care* werde lediglich partikularistisch als Sorge um das eigene Familienkind gedacht und nicht universalistisch auch als Sorge um weiter entfernte Personen verstanden, die vielleicht besonders bedürftig sind (vgl. Honig / Ostner 2014). Daraus ergibt sich die Frage, wie sich das Verhältnis von 'Privatheit' und 'Öffentlichkeit' im Fall öffentlicher Erziehung im privaten Raum neu austarieren lässt, ohne in die alte Dichotomie von Lebenswelt und System zu verfallen.

Literatur

AGJ [Arbeitsgemeinschaft für Kinder- und Jugendhilfe], 2013: Private Erziehung in öffentlicher Verantwortung – Folgen für die Kompetenzanforderungen in der

14 Sie reagierte damit auf das am 1.1.2011 in Kraft getretene „Bundesgesetz über die steuerliche Entlastung von Familien mit Kindern“, das es ermöglicht, die Kosten einer Fremdbetreuung von Kindern steuerlich geltend zu machen.

Kindertagespflege und der Pflegekinderhilfe. Diskussionspapier der Arbeitsgemeinschaft für Kinder- und Jugendhilfe – AGJ, http://web31.server1.hostingforyou.de/fileadmin/files/positionen/2012/Private_Erziehung_in_oeffentlicher_Verantwortung.pdf, Zugriff 30.12.2013.

ARNOLD, Claudia / Huwiler, Kurt / Raulf, Barbara / Tanner, Hannes / Wicki, Tanja (Hg.), 2008: Pflegefamilien- und Heimplatzierungen. Eine empirische Studie über den Hilfeprozess und die Partizipation von Eltern und Kindern. Zürich / Chur.

BAADER, Meike Sophia / Eßer, Florian / Schröer, Wolfgang, 2014: „Einleitung", in: Baader, Meike Sophia / Eßer, Florian / Schröer, Wolfgang (Hg.): Kindheiten in der Moderne. Eine Geschichte der Sorge. Frankfurt am Main u.a., S. 7–20.

BLANDOW, Jürgen, 2004: Pflegekinder und ihre Familien. Geschichte, Situation und Perspektiven des Pflegekinderwesens. Weinheim.

BLANDOW, Jürgen / Rustau-Grzebelko, Brita, 2011: „Entwicklungslinien der Pflegekinderhilfe", in: Kindler, Heinz / Helming, Elisabeth / Meysen, Thomas / Jurczyk, Karin (Hg.): Handbuch Pflegekinderhilfe. München, S. 30–47.

BMFSFJ [Bundesministerium für Familie, Senioren, Frauen und Jugend], 2013: 14. Kinder- und Jugendbericht. Bericht über die Lebenssituation junger Menschen und die Leistungen der Kinder- und Jugendhilfe in Deutschland. Berlin.

BÜTOW, Birgit / Pomey, Marion / Rutschmann Unternährer, Myriam / Schär, Clarissa / Studer, Tobias (Hg.), 2014 (im Erscheinen): Sozialpädagogik zwischen Staat und Familie. Alte und neue Politiken des Eingreifens. Wiesbaden.

DEMIROVIĆ, Alex, 2004: Hegemonie und das Paradox von privat und öffentlich. http://www.republicart.net/disc/publicum/demirovic01_de.pdf, Zugriff: 30.12.2013.

EßER, Florian, 2011: „Die Geschichte der Sozialen Arbeit als Profession", in: Schröer, Wolfgang / Schweppe, Cornelia (Hg.): Enzyklopädie Erziehungswissenschaft Online. Fachgebiet Soziale Arbeit. Weinheim u.a., http://www.erzwissonline.de, Zugriff: 14.02.2014.

EßER, Florian, 2013: „Familienkindheit als sozialpädagogische Herstellungsleistung. Ethnographische Betrachtungen zu 'familienähnlichen' Formen der Heimerziehung", Diskurs Kindheits- und Jugendforschung Jg. 8 H. 2 (2013), S. 163–176.

FACHSTELLE für das Pflegekinderwesen (Hg.), 2001: Handbuch Pflegekinderwesen Schweiz. Pädagogische, psychologische und rechtliche Fragen, Prävention, Prävention und Qualitätsentwicklung. 2., aktualisierte Auflage. Zürich.

FENDRICH, Sandra / Pothmann, Jens / Tabel, Agathe, 2012: Monitor Hilfen zur Erziehung 2012. Hg. von der Arbeitsgemeinschaft für Kinder- und Jugendhilfe. Dortmund.

GASSMANN, Yvonne, 2010: Pflegeeltern und ihre Pflegekinder. Empirische Analysen von Entwicklungsverläufen und Ressourcen im Beziehungsgeflecht. Münster / München.

GASSMANN, Yvonne, 2012: „Pflegeverhältnisse müssen passen. Die Einstimmung von Pflegekind und Pflegefamilie ist ein Prozess". SozialAktuell Jg. 44 H. 12 (2012), S. 14–16.

GILLIGAN, Carol, 1982/1993: Die andere Stimme. Lebenskonflikte und Moral der Frau. 6. Auflage. München / Zürich.

GOTTHELF, Jeremias, 1837: Der Bauern-Spiegel oder Lebensgeschichte des Jeremias Gotthelf von ihm selbst beschrieben. Burgdorf.

GRAF, Martin Albert, 1996: Mündigkeit und soziale Anerkennung. Gesellschafts- und bildungstheoretische Begründungen sozialpädagogischen Handelns. Weinheim.

GRAF, Martin Albert / Vogel, Christian, 2010: „Sozialarbeit als Ausdruck gesellschaftlicher Verhältnisse und Prozesse. Ein Beitrag zur Stärkung des Unterscheidungsvermögens“, in: Benz Bartoletta, Petra / Meier Kressig, Marcel / Riedi, Anna Maria / Zwilling, Michael (Hg.): Soziale Arbeit in der Schweiz. Einblicke in Disziplin, Profession und Hochschule. Bern u.a., S. 26–39.

HÄFELI, Christoph, 2001: „Die Pflegekindergesetzgebung als Teil des zivilrechtlichen Kinderschutzes“, in: Fachstelle für das Pflegekinderwesen (Hg.): Handbuch Pflegekinderwesen Schweiz. Pädagogische, psychologische und rechtliche Fragen, Prävention, Prävention und Qualitätsentwicklung. 2., aktualisierte Auflage, Zürich, S. 15–26.

HAFNER, Urs, 2011: Heimkinder. Eine Geschichte des Aufwachsens in der Anstalt. Baden.

HELD, Virginia, 2006: The Ethics of Care. Personal, Political, and Global. Oxford.

HELMING, Elisabeth, 2011: „Die Pflegefamilie als Gestaltungsleistung“, in: Kindler, Heinz / Helming, Elisabeth / Meysen, Thomas / Jurczyk, Karin (Hg.): Handbuch Pflegekinderhilfe. München, S. 227–259.

HELMING, Elisabeth / Eschelbach, Diana / Spangler, Gottfried / Bovenschen, Ina, 2011: „Einschätzung der Eignung und Vorbereitung von Pflegepersonen“, in: Kindler, Heinz / Helming, Elisabeth / Meysen, Thomas / Jurczyk, Karin (Hg.): Handbuch Pflegekinderhilfe. München, S. 399–417.

HESS, Jeannine, 2009: Pflegefamilien in der Deutschschweiz: Auswahl- und Qualifizierungsprozess. Universität Fribourg, Lizentiatsarbeit. Fribourg.

HONIG, Michael-Sebastian / Ostner, Ilona, 2014: „Die ‘familialisierte’ Kindheit“, in: Baader, Meike Sophia / Eßer, Florian / Schröer, Wolfgang (Hg.): Kindheiten in der Moderne. Eine Geschichte der Sorge. Frankfurt am Main u.a., S. 360–390.

HÜNERSDORF, Bettina / Studer, Tobias, 2010: „Pflegefamilien zwischen öffentlicher und privater Erziehung. Eine Form professioneller Liebe?“, in: Drieschner, Elmar / Gaus, Detlef (Hg.): Liebe in Zeiten pädagogischer Professionalisierung. 1. Auflage, Wiesbaden, S. 209–235.

HUONKER, Thomas, 2004: Zur Geschichte fremdplatzierter Kinder in der Schweiz. Im Auftrag des Bundesamtes für Bildung und Wissenschaft sowie der École d'études sociales et pédagogiques Lausanne. http://www.kinderheime-schweiz.ch/de/pdf/Zur_Geschichte_fremdplatzierter_Kinder_in_der_Schweiz.pdf, Zugriff: 30.12.2013.

KELLER, Andrea, 2010: „Qualität bei Fremdplatzierungen“. SozialAktuell Jg. 42 H. 1 (2010), S. 22–24.

KINDLER, Heinz / Scheuerer-Englisch, Hermann / Gabler, Sandra / Köckeritz, Christine, 2010: „Pflegekinder: Situation, Bindungen, Bedürfnisse und Entwicklungsverläufe“, in: Kindler, Heinz / Helming, Elisabeth / Meysen, Thomas / Jurczyk, Karin (Hg.): Handbuch Pflegekinderhilfe. München, S. 128–226.

Küfner, Marion / Schönecker, Lydia, 2010: „Rechtliche Grundlagen und Formen der Vollzeitpflege“, in: Kindler, Heinz / Helming, Elisabeth / Meysen, Thomas / Jurczyk, Karin (Hg.): Handbuch Pflegekinderhilfe. München, S. 48–101.

Leimgruber, Walter / Meier, Thomas / Sablonier, Roger, 1998: Das Hilfswerk für die Kinder der Landstrasse. Historische Studie aufgrund der Akten der Stiftung Pro Juventute im Schweizerischen Bundesarchiv. Erstellt durch die BLG, Beratungsstelle für Landesgeschichte im Auftr. des Eidgenössischen Departements des Inneren. Hrsg. vom Schweizerischen Bundesarchiv. Bern.

Leuenberger, Marco / Mani, Lea / Rudin, Simone / Seglias, Loretta, 2011: „Die Behörde beschliesst“ – Zum Wohle des Kindes? Fremdplatzierte Kinder im Kanton Bern 1912–1978. Baden.

Leuenberger, Marco / Seglias, Loretta, 2008: Versorgt und vergessen. Ehemalige Verdingkinder erzählen. Zürich.

Loosli, Carl Albert, 2006 [1924]: Anstaltsleben. Werke Band 1: Verdingkinder und Jugendrecht. Zürich.

Möckli, Silvano, 2008: Das politische System der Schweiz verstehen. Wie es funktioniert – Wer partizipiert – Was resultiert. 2. Auflage, Altstätten.

Nassehi, Armin, 2003: „‘Zutritt verboten!’ Über die politische Formierung privater Räume und die Politik des Unpolitischen“, in: Lamnek, Siegfried / Tinnefeld, Marie-Theres (Hg.): Privatheit, Garten und politische Kultur. Von kommunikativen Zwischenräumen. Opladen, S. 26–39.

Negt, Oskar / Kluge, Alexander, 1973: Öffentlichkeit und Erfahrung. Zur Organisationsanalyse von bürgerlicher und proletarischer Öffentlichkeit. Frankfurt am Main.

Olk, Thomas, 2008: „Soziale Infrastruktur und Soziale Dienste“, in: Bundesministerium für Arbeit und Sozialesordnung (Hg.): Geschichte der Sozialpolitik in Deutschland seit 1945. Band 10: Deutsche Demokratische Republik 1971–1989. Baden-Baden, S. 641–679.

Ostner, Ilona, 2011: „Care – eine Schlüsselkategorie sozialwissenschaftlicher Forschung?“, in: Evers, Adalbert / Heinze, Rolf G. / Olk, Thomas (Hg.): Handbuch Soziale Dienste. Wiesbaden, S. 461–481.

Rendtorff, Barbara, 2006: Erziehung und Geschlecht. Eine Einführung. Stuttgart.

Scherpner, Hans, 1979: Geschichte der Jugendfürsorge. 2. Auflage. Göttingen.

Schoch, Jürg / Tuggener, Heinrich / Wehrli, Daniel, 1989: Aufwachsen ohne Eltern: Verdingkinder, Heimkinder, Pflegekinder, Windenkinder: zur ausserfamiliären Erziehung in der deutschsprachigen Schweiz. Zürich.

Studer, Tobias, 2010: „Professionalisierung als pädagogische Leerformel. Kommentar zur Kinderbetreuungsverordnung“. SozialAktuell Jg. 42 H. 1 (2010), S. 25.

Studer, Tobias, 2013: „Professionalisierung des Pflegekinderbereichs: Ein Indikator für eine Entdemokratisierung?“, in: Geisen, Thomas / Kessl, Fabian / Olk, Thomas / Schnurr, Stefan (Hg.): Soziale Arbeit und Demokratie. Positionsbestimmung im (Post-)Wohlfahrtsstaat, Wiesbaden, S. 221–242.

Tanner, Hannes, 1998: „Die ausserfamiliäre Erziehung. Von den Waisenhäusern und Rettungsanstalten zu den sozialpädagogischen Wohngemeinschaften der Moderne“, in: Hugger, Paul (Hg.): Kind sein in der Schweiz. Eine Kulturgeschichte der frühen Jahre. Zürich, S. 185–195.

TRONTO, Joan C. 2009 [1993]: Moral Boundaries. A Political Argument for an Ethic of Care. Reprint. New York u.a.

TUGGENER, Heinrich, 1989: „Die Geschichte der ausserfamiliären Erziehung in der deutschsprachigen Schweiz im Überblick“, in: Schoch, Jürg / Tuggener, Heinrich / Wehrli, Daniel (Hg.): Aufwachsen ohne Eltern: Verdingkinder, Heimkinder, Pflegekinder, Windenkinder: zur ausserfamiliären Erziehung in der deutsch Schweiz. Zürich, S. 129–153.

WOLF, Klaus, 2012: „Professionelles privates Leben? Zur Kolonialisierung des Familienlebens in den Hilfen zur Erziehung“. Zeitschrift für Sozialpädagogik Jg. 10 H. 4 (2012), S. 395–420.

ZATTI, Kathrin Barbara, 2005: Das Pflegekinderwesen in der Schweiz. Analyse, Qualitätsentwicklung und Professionalisierung. Expertenbericht im Auftrag des Bundesamts für Justiz, http://www.ejpd.admin.ch/content/dam/data/gesellschaft/gesetzgebung/kinderbetreuung/ber_pflegekinder-d.pdf, Zugriff: 2.01.2014.

ANHANG

Verzeichnis der Autorinnen und Autoren

EẞER Florian, Dr., ist als wissenschaftlicher Mitarbeiter am Institut für Sozial- und Organisationspädagogik der Stiftung Universität Hildesheim beschäftigt. *Arbeitsschwerpunkte*: Kinder- und Jugendhilfeforschung, sozialwissenschaftliche Kindheitsforschung, Geschichte der Sozialpädagogik.

HOFFER Heike, Ass. iur., LL.M. an der Vanderbilt University, Nashville, USA. Seit 2005 Wissenschaftliche Referentin im Deutschen Verein für öffentliche und private Fürsorge e.V.; seit 2011 abgeordnet an das Bundesministerium für Gesundheit. *Arbeitsschwerpunkte*: Pflege- und Gesundheitspolitik und -recht, gleichstellungspolitische Aspekte der Pflegepolitik.

KOCHER Eva, Professorin und Inhaberin des Lehrstuhls für Bürgerliches Recht, europäisches und deutsches Arbeitsrecht sowie Zivilverfahrensrecht an der Juristischen Fakultät der Europa-Universität Viadrina, Frankfurt (Oder). *Forschungsschwerpunkte*: Arbeitsrecht, empirische Arbeitsrechtsforschung, Gender und Recht, transnationale Sozialstandards, Zivilverfahrensrecht.

KRAWIETZ Johanna, Dr., seit 2011 wissenschaftliche Mitarbeiterin am Institut für Sozial- und Organisationspädagogik, Universität Hildesheim, zuvor Doktorandin im Graduiertenkolleg „Transnationale Soziale Unterstützung". *Arbeitsschwerpunkte*: Care-Debatte, Transnationalisierung von Pflege- und Haushaltsarbeit, Soziale Gerontologie.

MEDER Stephan, Prof. Dr. jur., seit 1998 Professor für Zivilrecht und Rechtsgeschichte an der Leibniz Universität Hannover. *Arbeitsschwerpunkte*: Rechtsgeschichte, Rechtstheorie, Zivilrecht und Familienrecht.

MEIER-GRÄWE Uta, Professorin für Wirtschaftslehre des Privathaushalts und Familienwissenschaft am Institut für Wirtschaftslehre des Haushalts und Verbrauchsforschung der Justus-Liebig-Universität Gießen; *Forschungsschwerpunkte*: Familiensoziologie, Haushaltsökonomik, Gender-, Zeit- und Dienstleistungsforschung.

SCHEIWE Kirsten, 1991 Promotion zum Dr. iur. am Europäischen Hochschulinstitut Florenz, 1998 Habilitation in Frankfurt am Main; seit 1999 Professorin für Recht am Fachbereich Erziehungs- und Sozialwissenschaften der Stiftung Universität Hildesheim. *Arbeitsschwerpunkte*: Familien- und Sozialrecht, interdisziplinäre und vergleichende Untersuchungen von Recht im sozialen Kontext sowie Recht und Geschlechterverhältnisse.

Schuler-Harms Margarete, seit 2006 Professorin für Öffentliches Recht, insbesondere öffentliches Wirtschafts- und Umweltrecht an der Helmut-Schmidt-Universität / Universität der Bundeswehr Hamburg. Mitgliedschaft im Wissenschaftlichen Beirat für Familienfragen des BMFSJ sowie im Nationalen AIDS-Beirat beim Bundesministerium für Gesundheit. Stellvertretendes Mitglied des Hamburgischen Verfassungsgerichts. *Arbeitsschwerpunkte*: Recht sozialer Infrastrukturen und Dienstleistungen, Recht der sozialen Berufe, Öffentliches Familienrecht.

Spindler Helga, Rechtsanwältin seit 1975. 1982 Promotion zur Dr. jur. an der Universität München, seit 1982 Professorin für Öffentliches Recht, Sozialrecht und Arbeitsrecht, zunächst an der Fachhochschule Köln, seit 1999 an der Universität Duisburg-Essen. Ab 2014 emeritiert. Mitherausgeberin der Zeitschrift Informationen zum Arbeitslosen- und Sozialhilferecht. *Arbeitsschwerpunkte*: Grundsicherungs- und Fürsorgerecht, Beschäftigungsförderung, Gesundheitssozialrecht, Recht sozialer Dienstleistungen, prekäre Arbeitsverhältnisse, Entwicklung des aktivierenden Sozialstaates, Frauen- und Familienarmut.

Studer Tobias, Lic. phil., ist als wissenschaftlicher Mitarbeiter an der Hochschule für Soziale Arbeit der Fachhochschule Nordwestschweiz tätig. *Arbeitsschwerpunkte*: Theorien der Sozialen Arbeit, Pflegefamilienforschung, Arbeitsintegration und Ausgrenzung, Migration und Arbeit, Bildung und Sozialpädagogik.

Vormbaum Thomas, 1975 Promotion zum Dr. jur. an der Universität Münster (bei Rudolf Gmür), 1979 Promotion zum Dr. phil. (Geschichte, Politikwissenschaft) ebendort (bei Heinz Dollinger), Habilitation 1985 für die Fächer Strafrecht, Strafprozessrecht und Neuere Rechtsgeschichte ebendort (bei Jürgen Welp). Seit 1994 bis zur Pensionierung 2011 Inhaber des Lehrstuhls für Strafrecht, Strafprozessrecht und juristische Zeitgeschichte. Geschäftsführender Direktor der Institute für Juristische Zeitgeschichte und Juristische Weiterbildung an der FernUniversität in Hagen.

Willekens Harry, promoviert in den Rechtswissenschaften an der Universität Antwerpen (1986), ehemaliger Professor für Rechtssoziologie an der Universität Antwerpen, lehrt Recht an der Universität Hildesheim und vergleichendes Familien- und Erbrecht an der Universität Hannover. *Arbeitsschwerpunkte*: Familien- und Erbrecht in historischer und rechtsvergleichender Perspektive; Recht und Familienpolitik.

Juristische Zeitgeschichte

Herausgeber: Prof. Dr. Dr. Thomas Vormbaum, FernUniversität in Hagen

Abteilung 1: Allgemeine Reihe

1 *Thomas Vormbaum (Hrsg.):* Die Sozialdemokratie und die Entstehung des Bürgerlichen Gesetzbuchs. Quellen aus der sozialdemokratischen Partei und Presse (1997)
2 *Heiko Ahlbrecht:* Geschichte der völkerrechtlichen Strafgerichtsbarkeit im 20. Jahrhundert (1999)
3 *Dominik Westerkamp:* Pressefreiheit und Zensur im Sachsen des Vormärz (1999)
4 *Wolfgang Naucke:* Über die Zerbrechlichkeit des rechtsstaatlichen Strafrechts. Gesammelte Aufsätze zur Strafrechtsgeschichte (2000)
5 *Jörg Ernst August Waldow:* Der strafrechtliche Ehrenschutz in der NS-Zeit (2000)
6 *Bernhard Diestelkamp:* Rechtsgeschichte als Zeitgeschichte. Beiträge zur Rechtsgeschichte des 20. Jahrhunderts (2001)
7 *Michael Damnitz:* Bürgerliches Recht zwischen Staat und Kirche. Mitwirkung der Zentrumspartei am Bürgerlichen Gesetzbuch (2001)
8 *Massimo Nobili:* Die freie richterliche Überzeugungsbildung. Reformdiskussion und Gesetzgebung in Italien, Frankreich und Deutschland seit dem Ausgang des 18. Jahrhunderts (2001)
9 *Diemut Majer:* Nationalsozialismus im Lichte der Juristischen Zeitgeschichte (2002)
10 *Bianca Vieregge:* Die Gerichtsbarkeit einer „Elite". Nationalsozialistische Rechtsprechung am Beispiel der SS- und Polizeigerichtsbarkeit (2002)
11 *Norbert Berthold Wagner:* Die deutschen Schutzgebiete (2002)
12 *Miloš Vec:* Die Spur des Täters. Methoden der Identifikation in der Kriminalistik (1879–1933), (2002)
13 *Christian Amann:* Ordentliche Jugendgerichtsbarkeit und Justizalltag im OLG-Bezirk Hamm von 1939 bis 1945 (2003)
14 *Günter Gribbohm:* Das Reichskriegsgericht (2004)
15 *Martin M. Arnold:* Pressefreiheit und Zensur im Baden des Vormärz. Im Spannungsfeld zwischen Bundestreue und Liberalismus (2003)
16 *Ettore Dezza:* Beiträge zur Geschichte des modernen italienischen Strafrechts (2004)
17 *Thomas Vormbaum (Hrsg.):* „Euthanasie" vor Gericht. Die Anklageschrift des Generalstaatsanwalts beim OLG Frankfurt/M. gegen Werner Heyde u. a. vom 22. Mai 1962 (2005)
18 *Kai Cornelius:* Vom spurlosen Verschwindenlassen zur Benachrichtigungspflicht bei Festnahmen (2006)
19 *Kristina Brümmer-Pauly:* Desertion im Recht des Nationalsozialismus (2006)
20 *Hanns-Jürgen Wiegand:* Direktdemokratische Elemente in der deutschen Verfassungsgeschichte (2006)
21 *Hans-Peter Marutschke (Hrsg.):* Beiträge zur modernen japanischen Rechtsgeschichte (2006)

22 *Katrin Stoll:* Die Herstellung der Wahrheit (2011)
23 *Thorsten Kurtz:* Das Oberste Rückerstattungsgericht in Herford (2014)
24 *Sebastian Schermaul:* Die Umsetzung der Karlsbader Beschlüsse an der Universität Leipzig 1819–1848 (2013)

Abteilung 2: Forum Juristische Zeitgeschichte

1 *Franz-Josef Düwell / Thomas Vormbaum (Hrsg.):* Themen juristischer Zeitgeschichte (1) – Schwerpunktthema: Recht und Nationalsozialismus (1998)
2 *Karl-Heinz Keldungs:* Das Sondergericht Duisburg 1943–1945 (1998)
3 *Franz-Josef Düwell / Thomas Vormbaum (Hrsg.):* Themen juristischer Zeitgeschichte (2) – Schwerpunktthema: Recht und Juristen in der Revolution von 1848/49 (1998)
4 *Thomas Vormbaum:* Beiträge zur juristischen Zeitgeschichte (1999)
5 *Franz-Josef Düwell / Thomas Vormbaum:* Themen juristischer Zeitgeschichte (3), (1999)
6 *Thomas Vormbaum (Hrsg.):* Themen juristischer Zeitgeschichte (4), (2000)
7 *Frank Roeser:* Das Sondergericht Essen 1942–1945 (2000)
8 *Heinz Müller-Dietz:* Recht und Nationalsozialismus – Gesammelte Beiträge (2000)
9 *Franz-Josef Düwell (Hrsg.):* Licht und Schatten. Der 9. November in der deutschen Geschichte und Rechtsgeschichte – Symposium der Arnold-Freymuth-Gesellschaft, Hamm (2000)
10 *Bernd-Rüdiger Kern / Klaus-Peter Schroeder (Hrsg.):* Eduard von Simson (1810–1899). „Chorführer der Deutschen" und erster Präsident des Reichsgerichts (2001)
11 *Norbert Haase / Bert Pampel (Hrsg.):* Die Waldheimer „Prozesse" – fünfzig Jahre danach. Dokumentation der Tagung der Stiftung Sächsische Gedenkstätten am 28. und 29. September in Waldheim (2001)
12 *Wolfgang Form (Hrsg.):* Literatur- und Urteilsverzeichnis zum politischen NS-Strafrecht (2001)
13 *Sabine Hain:* Die Individualverfassungsbeschwerde nach Bundesrecht (2002)
14 *Gerhard Pauli / Thomas Vormbaum (Hrsg.):* Justiz und Nationalsozialismus – Kontinuität und Diskontinuität. Fachtagung in der Justizakademie des Landes NRW, Recklinghausen, am 19. und 20. November 2001 (2003)
15 *Mario Da Passano (Hrsg.):* Europäische Strafkolonien im 19. Jahrhundert. Internationaler Kongreß des Dipartimento di Storia der Universität Sassari und des Parco nazionale di Asinara, Porto Torres, 25. Mai 2001 (2006)
16 *Sylvia Kesper-Biermann / Petra Overath (Hrsg.):* Die Internationalisierung von Strafrechtswissenschaft und Kriminalpolitik (1870–1930). Deutschland im Vergleich (2007)
17 *Hermann Weber (Hrsg.):* Literatur, Recht und Musik. Tagung im Nordkolleg Rendsburg vom 16. bis 18. September 2005 (2007)
18 *Hermann Weber (Hrsg.):* Literatur, Recht und (bildende) Kunst. Tagung im Nordkolleg Rendsburg vom 21. bis 23. September 2007 (2008)
19 *Francisco Muñoz Conde / Thomas Vormbaum (Hrsg.):* Transformation von Diktaturen in Demokratien und Aufarbeitung der Vergangenheit (2010)
20 *Kirsten Scheiwe / Johanna Krawietz* (Hrsg.): (K)Eine Arbeit wie jede andere? Die Regulierung von Arbeit im Privathaushalt (2014)

Abteilung 3: Beiträge zur modernen deutschen Strafgesetzgebung. Materialien zu einem historischen Kommentar

1 *Thomas Vormbaum / Jürgen Welp (Hrsg.):* Das Strafgesetzbuch seit 1870. Sammlung der Änderungen und Neubekanntmachungen; Vier Textbände (1999–2002) und drei Supplementbände (2005, 2006)
2 *Christian Müller:* Das Gewohnheitsverbrechergesetz vom 24. November 1933. Kriminalpolitik als Rassenpolitik (1998)
3 *Maria Meyer-Höger:* Der Jugendarrest. Entstehung und Weiterentwicklung einer Sanktion (1998)
4 *Kirsten Gieseler:* Unterlassene Hilfeleistung – § 323c StGB. Reformdiskussion und Gesetzgebung seit 1870. (1999)
5 *Robert Weber:* Die Entwicklung des Nebenstrafrechts 1871–1914 (1999)
6 *Frank Nobis:* Die Strafprozeßgesetzgebung der späten Weimarer Republik (2000)
7 *Karsten Felske:* Kriminelle und terroristische Vereinigungen – §§ 129, 129a StGB (2002)
8 *Ralf Baumgarten:* Zweikampf – §§ 201–210 a.F. StGB (2003)
9 *Felix Prinz:* Diebstahl – §§ 242 ff. StGB (2003)
10 *Werner Schubert / Thomas Vormbaum (Hrsg.):* Entstehung des Strafgesetzbuchs. Kommissionsprotokolle und Entwürfe. Band 1: 1869 (2002); Band 2: 1870 (2004)
11 *Lars Bernhard:* Falsche Verdächtigung (§§ 164, 165 StGB) und Vortäuschen einer Straftat (§ 145d StGB), (2003)
12 *Frank Korn:* Körperverletzungsdelikte – §§ 223 ff., 340 StGB. Reformdiskussion und Gesetzgebung von 1870 bis 1933 (2003)
13 *Christian Gröning:* Körperverletzungsdelikte – §§ 223 ff., 340 StGB. Reformdiskussion und Gesetzgebung seit 1933 (2004)
14 *Sabine Putzke:* Die Strafbarkeit der Abtreibung in der Kaiserzeit und in der Weimarer Zeit. Eine Analyse der Reformdiskussion und der Straftatbestände in den Reformentwürfen (1908–1931), (2003)
15 *Eckard Voßiek:* Strafbare Veröffentlichung amtlicher Schriftstücke (§ 353d Nr. 3 StGB). Gesetzgebung und Rechtsanwendung seit 1851 (2004)
16 *Stefan Lindenberg:* Brandstiftungsdelikte – §§ 306 ff. StGB. Reformdiskussion und Gesetzgebung seit 1870 (2004)
17 *Ninette Barreneche†:* Materialien zu einer Strafrechtsgeschichte der Münchener Räterepublik 1918/1919 (2004)
18 *Carsten Thiel:* Rechtsbeugung – § 339 StGB. Reformdiskussion und Gesetzgebung seit 1870 (2005)
19 *Vera Große-Vehne:* Tötung auf Verlangen (§ 216 StGB), „Euthanasie“ und Sterbehilfe. Reformdiskussion und Gesetzgebung seit 1870 (2005)
20 *Thomas Vormbaum / Kathrin Rentrop (Hrsg.):* Reform des Strafgesetzbuchs. Sammlung der Reformentwürfe. Band 1: 1909 bis 1919. Band 2: 1922 bis 1939. Band 3: 1959 bis 1996 (2008)
21 *Dietmar Prechtel:* Urkundendelikte (§§ 267 ff. StGB). Reformdiskussion und Gesetzgebung seit 1870 (2005)
22 *Ilya Hartmann:* Prostitution, Kuppelei, Zuhälterei. Reformdiskussion und Gesetzgebung seit 1870 (2006)

23 *Ralf Seemann:* Strafbare Vereitelung von Gläubigerrechten (§§ 283 ff., 288 StGB). Reformdiskussion und Gesetzgebung seit 1870 (2006)
24 *Andrea Hartmann:* Majestätsbeleidigung (§§ 94 ff. StGB a.F.) und Verunglimpfung des Staatsoberhauptes (§ 90 StGB). Reformdiskussion und Gesetzgebung seit dem 19. Jahrhundert (2006)
25 *Christina Rampf:* Hausfriedensbruch (§ 123 StGB). Reformdiskussion und Gesetzgebung seit 1870 (2006)
26 *Christian Schäfer:* „Widernatürliche Unzucht“ (§§ 175, 175a, 175b, 182, a.F. StGB). Reformdiskussion und Gesetzgebung seit 1945 (2006)
27 *Kathrin Rentrop:* Untreue und Unterschlagung (§§ 266 und 246 StGB). Reformdiskussion und Gesetzgebung seit dem 19. Jahrhundert (2007)
28 *Martin Asholt:* Straßenverkehrsstrafrecht. Reformdiskussion und Gesetzgebung seit dem Ausgang des 19. Jahrhunderts (2007)
29 *Katharina Linka:* Mord und Totschlag (§§ 211–213 StGB). Reformdiskussion und Gesetzgebung seit 1870 (2008)
30 *Juliane Sophia Dettmar:* Legalität und Opportunität im Strafprozess. Reformdiskussion und Gesetzgebung von 1877 bis 1933 (2008)
31 *Jürgen Durynek:* Korruptionsdelikte (§§ 331 ff. StGB). Reformdiskussion und Gesetzgebung seit dem 19. Jahrhundert (2008)
32 *Judith Weber:* Das sächsische Strafrecht im 19. Jahrhundert bis zum Reichsstrafgesetzbuch (2009)
33 *Denis Matthies:* Exemplifikationen und Regelbeispiele. Eine Untersuchung zum 100-jährigen Beitrag von Adolf Wach zur „Legislativen Technik“ (2009)
34 *Benedikt Rohrßen:* Von der „Anreizung zum Klassenkampf“ zur „Volksverhetzung“ (§ 130 StGB). Reformdiskussion und Gesetzgebung seit dem 19. Jahrhundert (2009)
35 *Friederike Goltsche:* Der Entwurf eines Allgemeinen Deutschen Strafgesetzbuches von 1922 (Entwurf Radbruch) (2010)
36 *Tarig Elobied:* Die Entwicklung des Strafbefehlsverfahrens von 1846 bis in die Gegenwart (2010)
37 *Christina Müting:* Sexuelle Nötigung; Vergewaltigung (§ 177 StGB) (2010)
38 *Nadeschda Wilkitzki:* Entstehung des Gesetzes über Internationale Rechtshilfe in Strafsachen (IRG) (2010)
39 *André Brambring:* Kindestötung (§ 217 a.F. StGB). Reformdiskussion und Gesetzgebung seit 1870 (2010)
40 *Wilhelm Rettler:* Der strafrechtliche Schutz des sozialistischen Eigentums in der DDR (2010)
41 *Yvonne Hötzel:* Debatten um die Todesstrafe in der Bundesrepublik Deutschland von 1949 bis 1990 (2010)
42 *Dagmar Kolbe:* Strafbarkeit im Vorfeld und im Umfeld der Teilnahme (§§ 88a, 110, 111, 130a und 140 StGB). Reformdiskussion und Gesetzgebung seit dem 19. Jahrhundert (2011)
43 *Sami Bdeiwi:* Beischlaf zwischen Verwandten (§ 173 StGB). Reform und Gesetzgebung seit 1870 (2014)
44 *Michaela Arnold:* Verfall, Einziehung und Unbrauchbarmachung (§§ 73 bis 76a StGB). Reformdiskussion und Gesetzgebung seit dem 19. Jahrhundert (im Erscheinen)
45 *Zekai Dağaşan:* Das Ansehen des Staates im türkischen und deutschen Strafrecht (2014)

Abteilung 4: Leben und Werk. Biographien und Werkanalysen

1 *Mario A. Cattaneo:* Karl Grolmans strafrechtlicher Humanismus (1998)
2 *Gerit Thulfaut:* Kriminalpolitik und Strafrechtstheorie bei Edmund Mezger (2000)
3 *Adolf Laufs:* Persönlichkeit und Recht. Gesammelte Aufsätze (2001)
4 *Hanno Durth:* Der Kampf gegen das Unrecht. Gustav Radbruchs Theorie eines Kulturverfassungsrechts (2001)
5 *Volker Tausch:* Max Güde (1902–1984). Generalbundesanwalt und Rechtspolitiker (2002)
6 *Bernd Schmalhausen:* Josef Neuberger (1902–1977). Ein Leben für eine menschliche Justiz (2002)
7 *Wolf Christian von Arnswald:* Savigny als Strafrechtspraktiker. Ministerium für die Gesetzesrevision (1842–1848), (2003)
8 *Thilo Ramm:* Ferdinand Lassalle. Der Revolutionär und das Recht (2004)
9 *Martin D. Klein:* Demokratisches Denken bei Gustav Radbruch (2007)
10 *Francisco Muñoz Conde:* Edmund Mezger – Beiträge zu einem Juristenleben (2007)
11 *Whitney R. Harris:* Tyrannen vor Gericht. Das Verfahren gegen die deutschen Hauptkriegsverbrecher nach dem Zweiten Weltkrieg in Nürnberg 1945–1946 (2008)
12 *Eric Hilgendorf (Hrsg.):* Die deutschsprachige Strafrechtswissenschaft in Selbstdarstellungen (2010)
13 *Tamara Cipolla:* Friedrich Karl von Strombeck. Leben und Werk – Unter besonderer Berücksichtigung des Entwurfes eines Strafgesetzbuches für ein Norddeutsches Staatsgebiet (2010)
14 *Karoline Peters:* J. D. H. Temme und das preußische Strafverfahren in der Mitte des 19. Jahrhunderts (2010)

Abteilung 5: Juristisches Zeitgeschehen Rechtspolitik und Justiz aus zeitgenössischer Perspektive

Mitherausgegeben von Gisela Friedrichsen („Der Spiegel“) und RA Prof. Dr. Franz Salditt

1 *Diether Posser:* Anwalt im Kalten Krieg. Ein Stück deutscher Geschichte in politischen Prozessen 1951–1968. 3. Auflage (1999)
2 *Jörg Arnold (Hrsg.):* Strafrechtliche Auseinandersetzung mit Systemvergangenheit am Beispiel der DDR (2000)
3 *Thomas Vormbaum (Hrsg.):* Vichy vor Gericht: Der Papon-Prozeß (2000)
4 *Heiko Ahlbrecht / Kai Ambos (Hrsg.):* Der Fall Pinochet(s). Auslieferung wegen staatsverstärkter Kriminalität? (1999)
5 *Oliver Franz:* Ausgehverbot für Jugendliche („Juvenile Curfew“) in den USA. Reformdiskussion und Gesetzgebung seit dem 19. Jahrhundert (2000)
6 *Gabriele Zwiehoff (Hrsg.):* „Großer Lauschangriff“. Die Entstehung des Gesetzes zur Änderung des Grundgesetzes vom 26. März 1998 und des Gesetzes zur Änderung der Strafprozeßordnung vom 4. Mai 1998 in der Presseberichterstattung 1997/98 (2000)

7 *Mario A. Cattaneo:* Strafrechtstotalitarismus. Terrorismus und Willkür (2001)
8 *Gisela Friedrichsen / Gerhard Mauz:* Er oder sie? Der Strafprozeß Böttcher/Weimar. Prozeßberichte 1987 bis 1999 (2001)
9 *Heribert Prantl / Thomas Vormbaum (Hrsg.):* Juristisches Zeitgeschehen 2000 in der Süddeutschen Zeitung (2001)
10 *Helmut Kreicker:* Art. 7 EMRK und die Gewalttaten an der deutsch-deutschen Grenze (2002)
11 *Heribert Prantl / Thomas Vormbaum (Hrsg.):* Juristisches Zeitgeschehen 2001 in der Süddeutschen Zeitung (2002)
12 *Henning Floto:* Der Rechtsstatus des Johanniterordens. Eine rechtsgeschichtliche und rechtsdogmatische Untersuchung zum Rechtsstatus der Balley Brandenburg des ritterlichen Ordens St. Johannis vom Spital zu Jerusalem (2003)
13 *Heribert Prantl / Thomas Vormbaum (Hrsg.):* Juristisches Zeitgeschehen 2002 in der Süddeutschen Zeitung (2003)
14 *Kai Ambos / Jörg Arnold (Hrsg.):* Der Irak-Krieg und das Völkerrecht (2004)
15 *Heribert Prantl / Thomas Vormbaum (Hrsg.)*: Juristisches Zeitgeschehen 2003 in der Süddeutschen Zeitung (2004)
16 *Sascha Rolf Lüder:* Völkerrechtliche Verantwortlichkeit bei Teilnahme an „Peace-keeping"-Missionen der Vereinten Nationen (2004)
17 *Heribert Prantl / Thomas Vormbaum (Hrsg.)*: Juristisches Zeitgeschehen 2004 in der Süddeutschen Zeitung (2005)
18 *Christian Naumann:* Die „gewichtende Arbeitsweise" der Finanzverwaltung. Eine Untersuchung über die Aufgabenerfüllung der Finanzverwaltung bei der Festsetzung der Veranlagungssteuern (2008)
19 *Asmerom Ogbamichael:* Das neue deutsche Geldwäscherecht (2011)
20 *Lars Chr. Barnewitz:* Die Entschädigung der Freimaurerlogen nach 1945 und nach 1989 (2011)
21 *Ralf Gnüchtel:* Jugendschutztatbestände im 13. Abschnitt des StGB (2013)
22 *Helmut Irmen:* Stasi und DDR-Militärjustiz. Der Einfluss des MfS auf Militärjustiz und Militärstrafvollzug in der DDR (2014)

Abteilung 6: Recht in der Kunst

Mitherausgegeben von Prof. Dr. Gunter Reiß

1 *Heinz Müller-Dietz:* Recht und Kriminalität im literarischen Widerschein. Gesammelte Aufsätze (1999)
2 *Klaus Lüderssen (Hrsg.):* »Die wahre Liberalität ist Anerkennung«. Goethe und die Jurisprudenz (1999)
3 *Bertolt Brecht:* Die Dreigroschenoper (1928) / Dreigroschenroman (1934). Mit Kommentaren von Iring Fetscher und Bodo Plachta (2001)
4 *Annette von Droste-Hülshoff:* Die Judenbuche (1842) / Die Vergeltung (1841). Mit Kommentaren von Heinz Holzhauer und Winfried Woesler (2000)
5 *Theodor Fontane:* Unterm Birnbaum (1885). Mit Kommentaren von Hugo Aust und Klaus Lüderssen (2001)
6 *Heinrich von Kleist:* Michael Kohlhaas (1810). Mit Kommentaren von Wolfgang Naucke und Joachim Linder (2000)
7 *Anja Sya:* Literatur und juristisches Erkenntnisinteresse. Joachim Maass' Roman „Der Fall Gouffé" und sein Verhältnis zu der historischen Vorlage (2001)

8 *Heiner Mückenberger:* Theodor Storm – Dichter und Richter. Eine rechtsgeschichtliche Lebensbeschreibung (2001)

9 *Hermann Weber (Hrsg.):* Annäherung an das Thema „Recht und Literatur". Recht, Literatur und Kunst in der NJW (1), (2002)

10 *Hermann Weber (Hrsg.):* Juristen als Dichter. Recht, Literatur und Kunst in der NJW (2), (2002)

11 *Hermann Weber (Hrsg.):* Prozesse und Rechtsstreitigkeiten um Recht, Literatur und Kunst. Recht, Literatur und Kunst in der NJW (3), (2002)

12 *Klaus Lüderssen:* Produktive Spiegelungen. 2., erweiterte Auflage (2002)

13 *Lion Feuchtwanger:* Erfolg. Drei Jahre Geschichte einer Provinz. Roman (1929). Mit Kommentaren von Theo Rasehorn und Ernst Ribbat (2002)

14 *Jakob Wassermann:* Der Fall Maurizius. Roman (1928). Mit Kommentaren von Thomas Vormbaum und Regina Schäfer (2003)

15 *Hermann Weber (Hrsg.):* Recht, Staat und Politik im Bild der Dichtung. Recht, Literatur und Kunst in der Neuen Juristischen Wochenschrift (4), (2003)

16 *Hermann Weber (Hrsg.):* Reale und fiktive Kriminalfälle als Gegenstand der Literatur. Recht, Literatur und Kunst in der Neuen Juristischen Wochenschrift (5), (2003)

17 *Karl Kraus:* Sittlichkeit und Kriminalität. (1908). Mit Kommentaren von Helmut Arntzen und Heinz Müller-Dietz (2004)

18 *Hermann Weber (Hrsg.):* Dichter als Juristen. Recht, Literatur und Kunst in der Neuen Juristischen Wochenschrift (6), (2004)

19 *Hermann Weber (Hrsg.):* Recht und Juristen im Bild der Literatur. Recht, Literatur und Kunst in der Neuen Juristischen Wochenschrift (7), (2005)

20 *Heinrich von Kleist:* Der zerbrochne Krug. Ein Lustspiel (1811). Mit Kommentaren von Michael Walter und Regina Schäfer (2005)

21 *Francisco Muñoz Conde / Marta Muñoz Aunión:* „Das Urteil von Nürnberg". Juristischer und filmwissenschaftlicher Kommentar zum Film von Stanley Kramer (1961), (2006)

22 *Fjodor Dostojewski:* Aufzeichnungen aus einem Totenhaus (1860). Mit Kommentaren von Heinz Müller-Dietz und Dunja Brötz (2005)

23 *Thomas Vormbaum (Hrsg.):* Anton Matthias Sprickmann. Dichter und Jurist. Mit Kommentaren von Walter Gödden, Jörg Löffler und Thomas Vormbaum (2006)

24 *Friedrich Schiller:* Verbrecher aus Infamie (1786). Mit Kommentaren von Heinz Müller-Dietz und Martin Huber (2006)

25 *Franz Kafka:* Der Proceß. Roman (1925). Mit Kommentaren von Detlef Kremer und Jörg Tenckhoff (2006)

26 *Heinrich Heine:* Deutschland. Ein Wintermährchen. Geschrieben im Januar 1844. Mit Kommentaren von Winfried Woesler und Thomas Vormbaum (2006)

27 *Thomas Vormbaum (Hrsg.):* Recht, Rechtswissenschaft und Juristen im Werk Heinrich Heines (2006)

28 *Heinz Müller-Dietz:* Recht und Kriminalität in literarischen Spiegelungen (2007)

29 *Alexander Puschkin:* Pique Dame (1834). Mit Kommentaren von Barbara Aufschnaiter/Dunja Brötz und Friedrich-Christian Schroeder (2007)

30 *Georg Büchner:* Danton's Tod. Dramatische Bilder aus Frankreichs Schreckensherrschaft. Mit Kommentaren von Sven Kramer und Bodo Pieroth (2007)
31 *Daniel Halft:* Die Szene wird zum Tribunal! Eine Studie zu den Beziehungen von Recht und Literatur am Beispiel des Schauspiels „Cyankali" von Friedrich Wolf (2007)
32 *Erich Wulffen:* Kriminalpsychologie und Psychopathologie in Schillers Räubern (1907). Herausgegeben von Jürgen Seul (2007)
33 *Klaus Lüderssen:* Produktive Spiegelungen: Recht in Literatur, Theater und Film. Band II (2007)
34 *Albert Camus:* Der Fall. Roman (1956). Mit Kommentaren von Brigitte Sändig und Sven Grotendiek (2008)
35 *Thomas Vormbaum (Hrsg.):* Pest, Folter und Schandsäule. Der Mailänder Prozess wegen „Pestschmierereien" in Rechtskritik und Literatur. Mit Kommentaren von Ezequiel Malarino und Helmut C. Jacobs (2008)
36 *E. T. A. Hoffmann:* Das Fräulein von Scuderi – Erzählung aus dem Zeitalter Ludwigs des Vierzehnten (1819). Mit Kommentaren von Heinz Müller-Dietz und Marion Bönnighausen (2010)
37 *Leonardo Sciascia:* Der Tag der Eule. Mit Kommentaren von Gisela Schlüter und Daniele Negri (2010)
38 *Franz Werfel:* Eine blaßblaue Frauenschrift. Novelle (1941). Mit Kommentaren von Matthias Pape und Wilhelm Brauneder (2011)
39 *Thomas Mann:* Das Gesetz. Novelle (1944). Mit Kommentaren von Volker Ladenthin und Thomas Vormbaum (2013)
40 *Theodor Storm:* Ein Doppelgänger. Novelle (1886) (2013)
41 *Dorothea Peters:* Der Fall Kaspar Hauser als Kriminalfall und als Roman von Jakob Wassermann (2014)
42 *Jörg Schönert:* Kriminalität in der Literatur (im Erscheinen)
43 *Klaus Lüderssen:* Produktive Spiegelungen. Recht im künstlerischen Kontext. Band 3 (2014)

Abteilung 7: Beiträge zur Anwaltsgeschichte

Mitherausgegeben von Gerhard Jungfer, Dr. Tilmann Krach und Prof. Dr. Hinrich Rüping

1 *Babette Tondorf:* Strafverteidigung in der Frühphase des reformierten Strafprozesses. Das Hochverratsverfahren gegen die badischen Aufständischen Gustav Struve und Karl Blind (1848/49), (2006)
2 *Hinrich Rüping:* Rechtsanwälte im Bezirk Celle während des Nationalsozialismus (2007)

Abteilung 8: Judaica

1 *Hannes Ludyga:* Philipp Auerbach (1906–1952). „Staatskommissar für rassisch, religiös und politisch Verfolgte" (2005)
2 *Thomas Vormbaum:* Der Judeneid im 19. Jahrhundert, vornehmlich in Preußen. Ein Beitrag zur juristischen Zeitgeschichte (2006)

3 *Hannes Ludyga:* Die Rechtsstellung der Juden in Bayern von 1819 bis 1918. Studie im Spiegel der Verhandlungen der Kammer der Abgeordneten des bayerischen Landtags (2007)

4 *Michele Sarfatti:* Die Juden im faschistischen Italien. Geschichte, Identität, Verfolgung (2014)

Printed in Poland
by Amazon Fulfillment
Poland Sp. z o.o., Wrocław

59709703R00181